U0142355

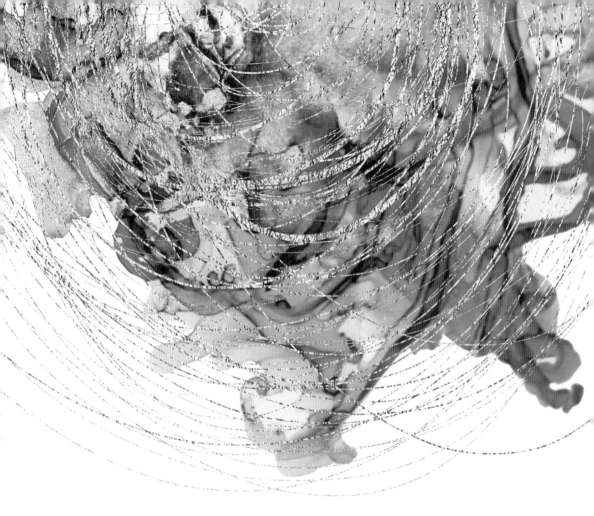

中華心理學刊
六十週年
———————————創新與超越

五南圖書出版公司 印行

主編序

「人類文化所以能成立，全由於一人的智識能傳給多數人，一代的智識能傳給次代。我費了很大的工夫得一種新知識，把他傳給別人，別人費比較小的工夫承受我的智識之全部或一部，同時騰出別的工夫又去發明新智識。（頁6）」

—— 梁啟超（1936）《科學精神與東西文化，飲冰室合集 · 文集之三十九》

《中華心理學刊》於 2018 年正式邁入六十週年，這是值得慶祝的歷史時刻。我們共同見證《中華心理學刊》自 1958 年創刊來的成長，時至今日，《中華心理學刊》不僅成為臺灣深具代表性與指標性之期刊，更陸續被收錄在國內外重要資料庫中，學刊主編與辦公室將持續努力讓《中華心理學刊》更加茁壯，提升學刊在臺灣與國際上的影響力。

一個期刊能夠經營六十年，絕非少數幾位學者能夠完成，歷屆的主編、期刊編輯助理，為了期刊的順利出版，付出無數日夜。六十年來 859 篇論文，是學者們心血成果的印記，也是建立臺灣心理學研究的基石。出色的論文與真知灼見的審查人，相輔相成，共同讓學者們的研究成果，成為具有影響力的知識。六十年，我們誠摯地感謝所有歷任主編、作者以及審查人，這是屬於您的光榮時刻。六十週年，是一項重要的里程碑，也是下一個六十年的開始。在面臨高教人才大幅縮減，臺灣學術的國際化與邊緣化同時擴大，臺灣心理學界正面臨極為嚴峻的挑戰，我們慶幸過往有不少資深傑出學者，帶領我們跨越逆境；而面對當前的困境，期待後續研究者可以效法前輩們的典範，邁向下一個甲子。

1958 年至 2018 年，若不計現任主編，二十位主編、副主編及協同主編們，讓《中華心理學刊》持續提供高品質的學術發表平臺，並持續提升期刊的國際能見度（請參考表 1）。在這六十年的期間，臺灣學術環境的改變頗為巨大，《中華心理學刊》長達三個世代的傳承，過往的經驗、使命以及願景，是需要進一步的理解與學習，才能讓往後的期刊主編，共同擁有這些榮耀與責任。2018 年 5、6 兩月，我們陸續訪談了七位歷任主編，分別為黃光國、徐嘉宏、梁庚辰、李美枝、張欣戊、黃囇莉以及謝淑蘭，了解他們在擔任主編期間時所面臨的困境與挑戰、理念與信念，以及對於期刊發展的評論與建議。主編們在擔任主編期間的感受都十分深刻，也分享許多深具啟發性的觀點與建議，以下將分為三個部分進行主編訪談的重點摘要整理。請留意這些內容的整理，可能會受限於所訪談的主編與其個人的觀點，而遺漏其他主編們的重要事蹟。

表1　1958-2018歷屆主編與重要活動

期間	主編	重要活動
1958-1972	蘇薌雨主編	・創刊：「國立臺灣大學理學院心理學系研究報告（Acta Psychologica Taiwanica）」 ・第十二期起，獲 Current Contents（根據徐嘉宏（1997）的整理，此為 SSCI 前身）收錄
1973	劉英茂主編	・明訂投稿格式須依照 APA（American Psychological Association）格式 ・更名為「中華心理學刊（Acta Psychologica Taiwanica）」
1974-1976	楊國樞主編	・重新設計期刊封面
1977-1980	鄭昭明主編	・第二十卷起改為半年刊
1980-1981	黃光國主編 *	・論文首頁增列實際出版年
1982-1985	鄭昭明主編	・期刊英文名改為「Chinese Journal of Psychology」
1985-1989	黃榮村主編 徐嘉宏副主編 *	・依照 APA 第三版修改投稿須知 ・申請加入 Psychological Abstract（PsycINFO）
1989-1997	徐嘉宏主編 *	・獲 Psychological Abstract（PsycInfo 前身）收錄 ・詳訂投稿須知
1998-2000	梁庚辰主編 * 胡志偉副主編 鄭伯壎副主編	・補足拖刊 ・增設期刊編輯助理 ・重獲國科會期刊補助
2001-2002	梁庚辰主編 * 李美枝副主編 * 襲充文副主編	・逐步增加每期刊登論文篇數
2003-2006	李美枝主編 * 張欣戊主編 *	・第四十五卷起改為季刊 ・鼓勵推廣全英文論文投稿與刊登
2006-2007	陳振宇主編 李美枝主編 *	・鼓勵具本土文化特色之研究論文
2008-2009	陳振宇主編 黃囇莉主編 *	・建立中文期刊引用規範
2010-2013	黃囇莉主編 * 陳淑惠協同主編 葉素玲協同主編	・採用線上投審稿系統
2014-2016	謝淑蘭主編 * 葉光輝協同主編 楊建銘協同主編	・獲 Cabell's International 收錄 ・增設期刊秘書

（續下頁）

表1　1958-2018歷屆主編與重要活動（續）

期間	主編	重要活動
2017-2018	姜定宇主編 李思賢協同主編 姜忠信協同主編 趙軒甫協同主編	・新增研究報告、重製研究及註冊研究等投稿文類 ・新增英文長摘要 ・獲 ProQuest、EBSCO 收錄 ・申請加入 Scopus

註：＊為參與訪談之主編；部分內容參考徐嘉宏（1997）

期刊經營的理念與使命

　　期刊創始人蘇薌雨教授對於這本期刊的期許，或許可以成為《中華心理學刊》的核心理念，他認為期刊可以藉由積極發展學術研究，並培植心理學專業人才，而能夠服務人群與貢獻社會，讓心理學能夠成為一門理論與實用兼備的學科。理論創發、人才培育以及實務意涵，應該會是關鍵的核心成分。在理論創發上，很重要的步驟就是要能提升《中華心理學刊》的國際能見度，讓國際學術社群能夠了解學刊宗旨並發表論文，才有機會讓新創理論與觀點產生可能的影響力。《中華心理學刊》曾經被 SSCI（social science citation index）收錄（蘇薌雨主編任內加入），目前亦被多個資料庫收錄，如 PsycINFO（黃榮村、徐嘉宏主編任內加入）、Cabell's International（謝淑蘭主編任內加入），以及 ProQuest 與 EBSCO（姜定宇主編任內加入）。並且採用國際投稿格式規範（黃榮村、徐嘉宏主編任內），鼓勵全英文投稿，或是編寫英文長摘要（梁庚辰主編任內），甚至主動幫忙將中文稿件翻譯成英文論文（張欣戊主編任內）。張欣戊主編曾有很高的使命感，希望能讓《中華心理學刊》重新被納入 SSCI 系統，然而由於全文翻譯所需經費與校閱時間過於龐大，因此，目前的總主編採用英文長摘要的方式進行（姜定宇主編任內）。

　　2005 年前後，學刊曾對於國際化與回應本土需要——全英文化或保有中文稿件，產生許多的反省與討論。在教育部追求學術卓越計畫的促發下，促使國內一些期刊逐步轉為全英文期刊，以達成國際化任務指標。當時李美枝主編認為，心理學的知識是無法不考量當地的社會與所處的文化，而美國主流的思考方式，也不一定能夠適用於理解臺灣或華人文化，因此《中華心理學刊》做為臺灣最重要的心理學期刊，是不能不考慮所處的文化特色，這些深具文化特色的理論與觀點卻不易以英文表述，應更適合屬於同一文化下的廣大讀者而定位。從比較務實的方面來說，《中華心理學刊》可以是年輕學者練習的場域，可以將新的想法和觀點，用擅長的語言發表在《中華心理學刊》，而當研究或實驗愈做愈好投稿到國際期刊時，再回來引用《中華心理學刊》的文章（梁庚辰，主編訪談，2018）。

在人才培育方面，梁庚辰主編樹立了一項主編角色的重要典範，認爲在評閱人與作者之間的不同意見中，主編應當成爲主動且客觀的第三人，其可以設法調和雙方的觀點，而且同時要了解 — 期刊的存在目的，就是要能提出獨特的觀點和解釋，如此才能促進科學的革命 — 因而不必然須全盤接受評閱人的觀點。而李美枝與黃囇莉主編更是投入大量的時間，協助作者修改文句，甚至是直接和作者溝通評閱人的建議，讓作者可以更爲清楚了解評閱人的想法，並且做出適當的回應與說明。事實上，姜定宇主編也曾經受惠於李美枝主編的教導，而能在《中華心理學刊》有第一篇的發表。

而在連結學術與實務方面，提供更爲多元高品質論文的發表機會，也讓《中華心理學刊》成爲許多心理學領域的重要發表平臺，在黃囇莉主編任內，則是以輔導與協助的立場，鼓勵作者持續修改稿件，而有機會在《中華心理學刊》上發表，使得期刊更爲多元。而在我們任內，則是特別新增研究報告的投稿文類，讓具啟發性、實務意涵的論文，也能夠有機會在期刊中發表。

期刊經營的困難與挑戰

《中華心理學刊》是由台灣心理學會所發行的專業學術刊物，歷任主編、副主編以及協同主編，均是無償擔任此一重責大任，而在台灣心理學會、華藝數位公司以及五南圖書公司的支持下，讓《中華心理學刊》得以不向作者收取投稿費與出版費用。然而，期刊經營不僅是費用上的持續挑戰，還包括主編們大量的時間投入。我們必須特別感謝梁庚辰主編與李美枝主編，梁庚辰主編在接任時，《中華心理學刊》面臨長期的拖刊與缺稿，即使當時已經獲得國科會（現爲科技部）的出國短期進修的補助，仍選擇放棄出國的機會，留在臺灣把期刊的出版補足，並且逐步增加每期出版的論文篇數，以達成一年四期的重要階段目標。李美枝主編任內，則是考量所需的時間投入，而放棄執行國科會通過的專題研究計畫。我們很難衡量使命感和責任的重量，不過在面臨選擇時，兩位前輩的光芒卻特別地耀眼。梁庚辰主編在訪談時說了這一段話：「這是臺灣最早設立的一個心理學期刊，你不能讓它倒，你個人的研究不做沒有關係，你個人不發表沒有關係，但是這代表臺灣心理學的傳統，代表心理學在臺灣的里程碑，這個里程碑要一直立下去，不能夠讓它消失不見。」

稿源和編務是期刊經營的兩項重點，大約是在 2000 年以前，臺灣心理學界對於期刊論文投稿的風氣普遍還不是很成熟，當時的教授聘任與升等，也並未直接與研究發表連結，因此很多研究者在做完研究後，就束之高閣而未做進一步的投稿與發表。那個時期的稿源不足，是來自於對於投稿與發表的不熟悉或缺乏必要性，因此黃囇莉主編就曾舉辦論文寫作與發表工作坊，以協助研究者整理與報告所進行之研究。然而在 2000 年至 2010 年之間，臺灣高等教育在國家政策的引導下，鼓勵教師將研究發表

於國際期刊，因此臺灣研究者轉而投稿國際期刊，造成了另一波稿源不足的現象（李美枝、黃囇莉、謝淑蘭，主編訪談，2018）。謝淑蘭主編更點明目前許多大學所要求的教師研究績效指標（如 H index），仍是以 SSCI 或 SCI（social science index）等國際指標為主，在時間與資源有限的情形下，研究者會傾向投稿於國外的期刊而非中華心理學刊。為了補足結構性稿源不足的情形，自黃囇莉主編開始，即著手策劃許多專刊，藉由聚集相近研究主題的論文，讓文章的審查可以更為精準友善，同時也能夠增加同一期論文的引用率，吸引作者投稿。另外，專刊的規劃亦能夠呼應當前的社會現象與需求，及時地提供可供實務參考的研究發現。而呼應梁庚辰主編的務實觀點，我們也設立期刊的青年學者獎，鼓勵優秀的新進學者將其博士論文投稿於本期刊。

在期刊的編輯業務上，1998 年以前都是由主編一手包辦，包括稿件的格式、錯漏字及校閱等工作（徐嘉宏，1997）。然而當期刊要逐步走向更為完整的卷期數時，審查與刊登的論文數就需要相對的提高，因此在編務工作上的負擔就極為沉重。在臺灣心理學會的支持下，梁庚辰主編的任內便開始著手設立編輯助理的職務工作，由當時的博士班研究生劉蓉果和留佳莉擔任，在這兩位助理的協助下，讓《中華心理學刊》得以更為快速地處理眾多的稿件，而能夠在二年的期間將拖刊補滿。隨後，在華藝數位公司與五南圖書公司的協助下，承接了出版前的格式校對工作，這對於編務工作有極大的幫助。目前我們正著手整合臺灣相關領域中文期刊中，有關中文文獻引用格式的規範，希望能夠進一步促進不同期刊之間的溝通合作。

期刊的未來方向與願景

回首六十年，《中華心理學刊》從臺大心理系的刊物，成長為臺灣心理學領域的重要學術期刊，黃光國主編描述得很生動：「學刊是這個學術社群的精神表現」，歷任主編的無私奉獻與使命傳承，賦予《中華心理學刊》獨特且超然的地位，維繫著臺灣心理學學術研究的卓越精神。對於期刊甚至是臺灣心理學的發展，黃光國主編提供一項可能的反思方式：一、文化主體性 —— 當研究的進行是在非西方的社會中，是否能夠突顯身處文化的獨特性；二、研究者的主體性 —— 研究者本身所想要講的理論是什麼；三、被研究對象的主體性 —— 這個文化能不能解釋跟西方人有什麼差別；四、學術社群主體性 —— 我們這個群體一定要跟西方派典有不一樣的東西。事實上，《本土心理學研究》期刊的創立，就是在呼應黃光國主編的想法。而對於《中華心理學刊》來說，相較於強調文化無所不在的想法，可能更著重於鼓勵作者保持文化敏感性（cultural sensitivity）（鄭伯壎、姜定宇、吳宗祐，2014），留意文化對於理論與結果的影響，並做出適當的回應與討論。

從知識論的角度來說，文化是可以被研究的主體，而文化的內容與可能的影響

層面，也可以經由不同的研究策略加以釐清或得到理解。論文發表所使用的語言，也從來不是決定知識本身是否具有價值的標的，不過卻是能否產生國際影響力的重要條件之一。黃光國主編所提及的學術社群主體性，可能是我們必須要謹慎思考的重要內容，不論是學術代工（鄭伯壎等人，2014），或是學術自我殖民（黃光國，主編訪談，2018），也確實反映出當前的部分現況。然而，就如同謝淑蘭主編所言，在現行獎勵與認可制度的國家政策引導下，年輕學者可能無法有足夠的自由度展現其主體性，而必須向西方世界靠攏才能獲得繼續成長的空間與資源。我們也許要對年輕學者有更多的理解與肯定，在此同時，也希望藉由此一專刊展現出資深學者在學術主體性上的積累與成就。

在國際學術領域做出重要貢獻、提升個人研究的國際能見度、讓國際學術社群理解在地文化與現象、對在地學術領域做出重要貢獻，或是對在地現象提出重要的理解與預測觀點，進而能夠增進在地社群的人們福祉。這些從不同層面創造的貢獻，都可能是《中華心理學刊》所需要努力的方向與目標，然而卻不太可能有任何單一研究者能夠同時達成上述的所有要求。我們需要更多的傑出人才加入，在不同的層面上做出卓越貢獻，在這過程中，《中華心理學刊》可以成為肯定與鼓勵的重要平臺。

學術研討會與專刊收錄

2018 年 11 月 10、11 兩日，台灣心理學會與《中華心理學刊》在臺灣大學心理學系，舉辦了「中華心理學刊六十週年」學術研討會，此次研討會涵蓋十一個心理學領域，數十名在各個領域中的傑出學者，以他們在各自領域中的長期投入和參與，剖析六十年來的發展與轉變，指出臺灣心理學未來發展的方向、機會及建議。主題演講涵蓋了實驗、生理、發展、教育、計量、臨床、組織、社會與人格、運動、諮商與輔導以及本土心理學等心理學領域，儘管仍有些領域未能納入這次的研討會（如：軍事、航空、政治或是司法心理學），然而這十一個心理學領域在臺灣有著更為久遠的發展歷史，也累積了十分豐厚的研究成果，同時，《中華心理學刊》在這項過程中扮演了相當關鍵且重要的角色。

2018 年這個研討會十分成功，現場與會嘉賓達 176 人，線上直播累積觀看總計達 1655 人次。演講的啟發可能是短暫的，我們期待這些卓越的經驗與知識，可以有更為長遠的影響力，不受時間與地點的限制，因此，《中華心理學刊》於 2019 年 12 月發行「中華六十」的專刊，希望讓更多的學者可以獲得啟發，讓研究有所突破且繼續前行。專刊收錄了八篇論文，〈臺灣心理計量之回顧、現況與展望〉（翁儷禎、陳柏熹、游琇婷，2019）、〈臺灣實驗認知心理學發展選論：以臺大心理學系為框架〉（黃榮村、櫻井正二朗、汪曼穎，2019）、〈A tale of two engrams: Roles of the hippocampus and amygdala in contextual fear conditioning〉（Liang, Chen, & Chang, 2019）、〈組織行為研究在臺灣五十年：路線、轉折及反思〉（鄭伯壎、黃敏萍，2019）、〈科學家與實務者：臺灣臨床心理學的共時性顧後瞻前〉（吳英璋等人，2019）、〈諮商心理師對安寧病人的整全照護〉（陳秉華、黃奕暉，2019）、〈以學與教為經為緯的教育心理學〉（柯華葳，2019），以及〈「實證論」與「實在論」：建構本土心理學理論的哲學基礎〉（黃光國，2019）。

中華六十專刊論文受到極大的迴響，而為了讓更多學者和研究生，有機會了解臺灣心理學研究在各個心理學領域的發展，台灣心理學會啟動研究專書編輯計畫，除了納入投稿於《中華心理學刊》的專刊文章，也邀請參加中華六十而後來投稿到其他學術期刊的論文。亦有研究團隊在參與研討會後受到啟發，而展開有關安寧照護臨床心理觀點的統整分析，也被專書邀請加入。許多論文作者，更為了專書的性質與讀者，進行內容的調整與修改。梁庚辰、陳德祐以及張世達，更是將原本的英文論文，翻譯成中文，以協助中文讀者對內容有更清楚的掌握。於是在原有的八篇論文之外，又加上了二篇，最後專書收錄了十篇論文，以下簡述各章主要內容：

第一章〈雙痕記：海馬與杏仁核在情境恐懼制約中的角色〉（梁庚辰等人）。指出臺灣過去雖然有許多生理心理學方面的研究，但大多投稿在生理學或神經科學相關的國際期刊，因此這篇文章系統性地回顧臺大生理心理學研究室，長期在學習與記憶領域的研究成果。這篇文章提出一項創新解釋觀點，說明海馬與杏仁核在情境恐懼制約學習中所扮演的角色與機制。早期學者們認為不同性質的記憶分別儲存於不同的大腦區域，這樣的主流想法逐漸演變，負責不同記憶的位置由單一腦區擴展至包含許多腦區的神經迴路，但本質上還是遵循腦功能區位化（functional localization）的原則，一個迴路負責記錄一種形式的訊息。而這篇回顧則提出其獨特的觀點，指出不同的相關腦區會用不同的方式儲存相同的訊息，例如在情境恐懼制約學習中杏仁核與海馬分別形成了兩種記憶表徵。這個新穎的觀點將使得心理學家與神經科學家重新思考，大腦區域與認知功能之間未必是單純的一一對應關係。

第二章〈臺灣實驗認知心理學發展選論：以臺大心理系為框架〉（黃榮村等人）。以臺大心理系為主體，探討六十年來實驗認知心理學的演進，文中詳細說明臺北帝國大學的成立，心理學講座的開啟，到轉換為國立臺灣大學時心理學系的創辦。臺灣大學心理系的實驗心理學，是從漢字認知研究開始，由劉英茂教授帶領下建立中文詞頻資料庫，對於後續的中文語言認知研究，提供重要的參考依據，也建立了臺灣語言心理學研究的基礎。隨後，臺大心理系也開始探討視知覺歷程，近年在葉素玲與陳建中兩位教授的努力下，讓臺大心理系的視知覺研究在國際上具有相當的地位。大約從2000年起，開始有注意力與記憶的研究、情緒資料庫的建立，以及決策與選擇行為

的研究，而有了更多元的不同發展方向。文末則指出，未來實驗認知心理學可能會更為著重在像是神經決策學、神經美學以及 AI（人工智慧）等方向，同時，也會更加貼近實務應用層面的議題。

第三章〈以學與教為經為緯的教育心理學〉（柯華葳）。心理學知識本質上是建構教育場域的核心素養，教育場域的多樣性則造就教育心理研究的獨特性。然而，在回顧近期教育心理研究成果後，發現有關學科學習的研究仍十分有限，並指出現有的教育心理學教科書需持續地更新近期研究成果、教育心理學的知識並未落實到實際教育場域，以及教育心理學應增加對不同學科學習與教學的內容。這些回顧反思突顯臺灣教育心理學研究仍有許多值得探討的議題，而這些知識對於教育現場的應用也仍有許多空間值得努力。

第四章〈臺灣心理計量研究之回顧、現況與展望〉（翁儷禎等人）。論文分析1958 年至 2017 年底，發表在中華心理學刊的 859 篇論文，其中屬於實驗認知心理學有 315 篇（36.7%）、社會與人格心理學有 161 篇（18.7%）、臨床諮商與輔導心理學有 127 篇（14.8%）、發展與教育心理學有 109 篇（12.7%）、工商與組織心理學有 58 篇（6.8%）、心理計量有 46 篇（5.4%）以及生理心理學有 24 篇（2.8%）。並且分析研究中所採用的分析方法，指出變異數分析占大宗有 402 篇（46.8%），其中又以實驗認知心理學為主，有 205 篇。文章中更討論目前國內心理計量研究人員的概況，發現在近二十年間，國內心理計量研究者人數穩定成長，然而即使如此，仍無法滿足大專院校對於心理計量研究人力的需求。心理計量領域的研究在促進其他心理學領域的發展上，扮演相當重要的地位，同時更有高度的實務價值。在該文末指出臺灣心理計量發展的重要方向有四：強化基礎訓練、發展創新模式、增進知識轉譯以及擴大合作領域。

第五章〈科學家與實務者：臺灣臨床心理學的共時性顧後瞻前〉（吳英璋等人）。臨床心理學的獨特性使得此一領域更為著重理論與實踐的連結，因此臺灣臨床心理學的發展，呈現多元豐富的樣貌。在這篇文章中，依據取樣與徵候兩項取向，系統性地回顧學者們的研究成果，包括兒童臨床心理學、睡眠心理學、乳癌創傷心理適應、心臟心理學、神經與復健心理學以及人文臨床取向研究。文中亦指出臺灣臨床心理學在重大災難上所扮演的積極角色，展現出公共心理學的臨床實踐。文末提出臨床心理學的未來發展，可以深化心理病理研究、在地化心理衡鑑以及倫理化心理治療，讓臺灣的臨床心理學能夠在學術與實務上獲得超越。

第六章〈組織行為研究在臺灣五十年：路線、轉折及反思〉（鄭伯壎、黃敏萍）。回顧組織行為研究在臺灣發展的五十年，從客位、跨文化、本土化以及全球化等研究樣貌，理解臺灣組織行為研究的脈絡，與對主流研究和理論的貢獻。依循西方理論與

概念所進行的客位研究，在發展的初期培植了臺灣組織行為研究基礎研究能力，後來試著從文化比較的跨文化觀點，則開始意識到屬於華人文化特有的現象與不同理解。而本土化的研究，則是關鍵的重要轉折，開始能夠建立屬於華人在地的概念與理論。這項體質上的轉換，也促使臺灣組織行為研究者能夠以其獨特的在地理解，提供國際主流學術社群創新知識。從學術研究的本質上，任何一種方式都能夠產生知識，並無優劣之分，然而若是考量提升人們與民眾的福祉，我們仍需要更為全面的本土研究與知識。

　　第七章〈運動心理學在臺灣三十年的回顧與展望〉（高三福、張育愷、季力康、林靜兒）。西方運動心理學的發展幾乎與心理學的發展同步，尤其是生理心理學、實驗心理學以及心理物理學等研究成果，都與運動心理學的早期發展息息相關。在臺灣運動心理學的發展上，早期仰賴少數從美國取得運動心理學博士學位的教師返臺授課，中期則是藉由大量翻譯國外教科書，促進知識的普及，而在近期則是在 2000 年成立臺灣運動心理學會後，逐步與國外專業學會與研究機構，展現密切的合作，也將臺灣優秀的研究與研究者，推到國際重要學術舞臺。同時，臺灣運動心理學更實質參與國內運動選手的競技能力提升計畫，更協助臺灣代表隊在國際級比賽中獲得佳績，因此催生出運動心理諮詢老師的培訓課程。未來，臺灣運動心理在研究與實務上，仍有許多值得發展的方向，像是高齡社會中的高齡者認知與動能力，是能夠直接呼應臺灣社會需求的重要議題。

　　第八章〈諮商心理師對安寧病人的整全照護〉（陳秉華、黃奕暉）。論文聚焦於安寧緩和醫療中，諮商心理師如何在整合生理、心理、社會、文化及靈性上扮演關鍵的角色，而能夠以病人為主體，建立全人照護模式。安寧緩和醫療是近期回應病人臨終尊嚴與人性的醫療模式，專業諮商心理師的進入方式與功能，也正在初步成形階段。與傳統諮商心理師養成訓練不同之處，在於更需要了解臨終病人在生理上的獨特需求，病人與家屬心理上的重大轉換，以及宗教人文的特殊限制與需要。因此藉由回顧相關文獻與實務經驗，提出安寧諮商心理師的專業發展建議。

　　第九章〈「實證論」與「實在論」：建構本土心理學理論的哲學基礎〉（黃光國）。黃光國教授以其個人自身經歷串連臺灣本土心理學研究的演進，以及統整自身在建構本土心理學科學哲學基礎上所做的貢獻。文中以一種自傳式的呈現方式，在社會環境、重要思想人物、學界主流觀點以及臺灣心理學發展之間輕巧的移轉，仔細地刻畫文化是怎麼被研究與理解、本土化的意涵與存在價值、如何找尋並建立本土化的知識論基礎，以及所遇到的挑戰與轉化。文章的呈現也如同標題，在實證論與實在論的反思中，試著以現象經驗的主體，建構屬於本土心理學的知識。

　　第十章〈臨床心理學於安寧緩和場域之反思踐行〉（楊于婷、林耀盛）。罹患重

大疾病到生命末期的患者，個人的自我概念、自我意象以及自我對於生命的意義等層面，都會產生極大的衝擊。這個時候，臨床心理師的介入就扮演相當關鍵的角色，協助患者重新與自己、社會以及環境連結。本文藉由生物心理社會靈性模式，說明臨床心理實務工作者如何考量患者的生理、心理以及社會三個層面，提升患者與照顧者的身心狀態，並藉由靈性的思考，讓患者與照顧者重新面對生命、無常，以及死亡。

臺灣心理學的未來發展方向

當醫生沒有病人，再先進的醫學知識也是毫無用處；當醫生缺乏高超的技術，病人也沒有希望；當病人不相信醫生時，病人也只能自求多福。醫生是解決問題的比喻，而病人則是有需求的對象。六十年來，臺灣心理學在各個領域都有長足的發展，堆疊起厚實的基礎，也開始能夠與國際主流學術社群對話，我們可以確信臺灣心理學是與國際先進知識並進，並且可以產出創新知識。同時，我們也持續地自省，這些知識對誰有價值、能解決誰的問題，進而產出許多能夠回應臺灣社會需求的特定領域知識，以及推動本土心理學的發展。不過我們也發現，在將這些心理學知識落實在人們日常生活上的技巧和方法仍然不足，臺灣社會與學術社群對於土產的知識也缺乏足夠的信心。

學術研究向來不是在於提供完美的解答，而是提供讓人可以檢視、質疑，並且推翻的論點，所以需要提供空間給創新想法，並對現存觀點保持懷疑。雖然知識僅是在反覆檢視後，所能獲得的暫時性理解，我們仍需要相信自己所創造出來的知識，能在此基礎上加以延伸應用。當醫生害怕犯百分之一的錯，會錯失幫助百分之九十九病人的機會。臺灣社會也需要提高對於臺灣心理學知識的信任，才有機會讓我們卓越的研究成果，得以造福民眾。找得到病人，醫生也才有存在的價值。

歷任主編和十篇論文，對於各領域心理學未來發展方向已經有詳細的願景，我們也不再重述。在此提出幾個回應現況的建議：一、引用《中華心理學刊》的論文，即使是投稿國際英文期刊。我們有提供英文長摘要，足以讓外國學者判斷研究品質與結果的可信度；二、發展應用心理學知識的技術和方法，用來解決實地場域的問題。心理學需要展現出能夠解決問題的實務價值，才能夠在社會中被視為重要的存在；三、提升民眾對心理學知識的理解。不論是科普書籍或是訪談社論，都會是可行的具體作法。

結語

《中華心理學刊》六十年了，中間曾經面臨無以為繼的波折，甚曾讓主編們放棄自己的人生規劃，承接傳統也承擔任務。我們感謝歷任主編、副主編以及協同主編，

在您們的帶領下，《中華心理學刊》承載著臺灣心理學的精神與使命，也讓我們能夠持續擁有這份光榮；我們感謝六十年來859篇的作者們，您們的卓越研究成果，是《中華心理學刊》的堅實內涵；我們更感謝來六十年來默默為期刊論文審稿的評閱人，您們對於專業與學術的堅持，讓《中華心理學刊》持續維持著高品質的呈現。讓我們期許《中華心理學刊》的下一個六十年！

後記

　　本書的作者之一，柯華葳教授，前國家教育研究院院長，於本書編纂期間2020年11月18日逝世。我們感謝柯老師對臺灣心理學會與《中華心理學刊》的支持，參加六十週年學術研討會、改寫投稿期刊論文，以及協助將論文編入此一專書。

姜定宇
國立中正大學心理學系

李思賢
國立臺灣師範大學
健康促進與衛生教育學系

姜忠信
國立政治大學心理學系

劉邦言
中原大學心理學系

林佳樺
國立中正大學心理學系

參考文獻

吳英璋、林耀盛、花茂棽、許文耀、郭乃文、楊建銘、⋯廖御圻（2019）：〈科學家與實務者：臺灣臨床心理學回顧與展望〉。《中華心理學刊》，*61*，361-392。doi:10.6129/CJP.201912_61(4).0006

柯華葳（2019）：〈以學與教爲經爲緯的教育心理學〉。《中華心理學刊》，*61*，417-438。doi:10.6129/CJP.201912_61(4).0008

徐嘉宏（1997）：〈編輯聲明：「主編卸職報告」〉。《中華心理學刊》，*39*，99-102。

翁儷禎、陳柏熹、游琇婷（2019）：〈臺灣心理計量之回顧、現況與展望〉。《中華心理學刊》，*61*，277-294。doi:10.6129/CJP.201912_61(4).0002

梁啟超（1936）：《飲冰室合集・文集》。北京：中華書局。

陳秉華、黃奕暉（2019）：〈諮商心理師對安寧病人的整全照護〉。《中華心理學刊》，*61*，393-416。doi:10.6129/CJP.201912_61(4).0007

黃光國（2019）：〈「實證論」與「實在論」：建構本土心理學理論的哲學基礎〉。《中華心理學刊》，*61*，439-456。doi:10.6129/CJP.201912_61(4).0009

黃榮村、櫻井正二郎、汪曼穎（2019）：〈臺灣實驗認知心理學發展選論：以臺大心理學系爲框架〉。《中華心理學刊》，*61*，295-320。doi:10.6129/CJP.201912_61(4).0003

鄭伯壎、姜定宇、吳宗祐（2014）：〈臺灣的領導研究：創新與超越〉。《中華心理學刊》，*56*，135-147。doi:10.6129/CJP.20140605

鄭伯壎、黃敏萍（2019）：〈組織行爲研究在臺灣五十年：路線、轉折及反思〉。《中華心理學刊》，*61*，341-360。doi:10.6129/CJP.201912_61(4).0005

Liang, K. C., Chen, D. Y., & Chang, S. D. (2019). A tale of two engrams: Roles of the hippocampus and amygdala in contextual fear conditioning. *Chinese Journal of Psychology, 61*, 321-340. doi:10.6129/CJP.201912_61(4).0004

作者簡介

王韋婷　現職：東吳大學心理學系副教授
　　　　學歷：國立政治大學心理學博士
　　　　研究專長：臨床心理學、健康心理學、心理腫瘤學

吳英璋　現職：國立臺灣大學心理學系名譽教授
　　　　學歷：國立臺灣大學心理學博士
　　　　研究專長：健康心理學、壓力與心理疾病、青少年偏差行為、心理治療過程探討

汪曼穎　現職：東吳大學心理學系教授
　　　　學歷：國立臺灣大學心理學博士
　　　　研究專長：知覺心理學、設計心理學、眼動、消費者心理學

季力康　現職：臺灣師範大學體育與運動科學系教授
　　　　學歷：美國普渡大學博士
　　　　研究專長：競技與健身運動心理學、籃球

林宜美　現職：高雄醫學大學心理學系教授
　　　　學歷：國立中正大學臨床心理學博士
　　　　研究專長：生理回饋與神經回饋、健康心理學、臨床心理學

花茂棽　現職：國立臺灣大學心理學系兼任教授、亞洲大學心理學系退休講座教授
　　　　學歷：威斯康辛大學麥迪遜校區臨床心理學博士
　　　　研究專長：神經行為症候群鑑別診斷、腦部之神經心理功能、神經精神疾患之心智功能

林靜兒　現職：臺中教育大學體育學系副教授
　　　　學歷：臺灣師範大學體育學系博士
　　　　研究專長：動作行為學、動作控制、動作發展、動作學習、老化與身體活動、兒童動作發展與遊戲設計、身體活動心理學

林耀盛　現職：國立臺灣大學心理學系教授
　　　　學歷：國立臺灣大學心理學博士
　　　　研究專長：臨床心理學、健康心理學、文化社會與心理病理分析學、社會
　　　　科學認識論

姜忠信　現職：國立政治大學心理學系教授
　　　　學歷：國立臺灣大學心理學博士
　　　　研究專長：兒童臨床心理學、自閉症、青少年發展

柯華葳　現職：國立中央大學學習與教學研究所榮譽教授
　　　　學歷：美國華盛頓大學教育心理所博士
　　　　研究專長：發展心理學、閱讀心理學、學習心理學、學習障礙、教育心理
　　　　學與華語文

高三福　現職：清華大學運動科學系教授
　　　　學歷：臺灣師範大學體育系博士
　　　　研究專長：競技與健身運動心理學、運動團隊與領導、網球、籃球

翁儷禎　現職：國立臺灣大學心理學系教授
　　　　學歷：加州大學洛杉磯校區心理學博士
　　　　研究專長：因素分析、結構方程模型、李克式評定量尺、老年幸福感

郭乃文　現職：國立成功大學行為醫學研究所教授
　　　　學歷：國立臺灣大學心理學博士
　　　　研究專長：神經心理治療、職場與校園之正向神經心理介入、執行功能、
　　　　復健心理學、後天性腦傷、心理危機介入、團體神經心理治療、身心障礙
　　　　系統之心智功能協助

許文耀　現職：國立政治大學心理學系教授
　　　　學歷：國立臺灣大學心理學博士
　　　　研究專長：臨床心理學、健康心理學、腫瘤心理學

張世達　現職：前國立臺灣大學心理學研究所博士後研究員
　　　　學歷：國立臺灣大學心理學博士
　　　　研究專長：學習與記憶神經生物學、動物行為、心理藥物學、生理心理學

張育愷　現職：臺灣師範大學體育與運動科學系研究講座教授
　　　　學歷：美國北卡羅萊納大學格林斯堡校區健身與競技運動科學系博士
　　　　研究專長：競技與健身運動心理學、運動科學、認知神經科學、太極拳、
　　　　八卦掌

梁庚辰　現職：國立臺灣大學心理學系特聘教授
　　　　學歷：美國加州大學爾灣校區生物學博士
　　　　研究專長：學習與記憶心理學與神經生物學、情緒心理學與神經生物學、
　　　　生理心理學、心理藥物學

陳秉華　現職：國立臺灣師範大學教育心理與輔導學系退休 / 兼任教授
　　　　學歷：美國伊利諾大學諮商心理學博士
　　　　研究專長：多元文化諮商、融入靈性的心理諮商

陳柏熹　現職：國立臺灣師範大學教育心理與輔導學系教授
　　　　學歷：國立中正大學心理所博士
　　　　研究專長：測驗評量、心理與教育統計、電腦化適性測驗

陳德祐　現職：國立成功大學心理系副教授
　　　　學歷：國立臺灣大學心理學博士
　　　　研究專長：認知與行為神經科學、藥物濫用與成癮、情緒與認知、功能性
　　　　神經造影、學習與記憶、人類及動物的功能性腦造影、心理藥物學

黃光國　現職：國立臺灣大學心理學系名譽教授
　　　　學歷：美國夏威夷大學社會心理學博士
　　　　研究專長：科學哲學與方法論、本土社會心理學

黃奕暉　現職：諮商心理師
　　　　學歷：國立臺灣師範大學教育心理與輔導學系碩士
　　　　專長：精神動力取向心理治療

黃敏萍　現職：元智大學管理學院教授兼副院長
　　　　學歷：國立臺灣大學商學博士
　　　　研究專長：組織領導、團隊管理、華人組織行為、跨文化組織管理

游琇婷　現職：國立政治大學心理學系副教授
　　　　學歷：美國伊利諾伊大學厄巴納香檳分校心理學系博士
　　　　研究專長：心理計量與統計學、多層次模型分析、潛在類別模型、長期性
　　　　追蹤資料分析

黃榮村　現職：國立臺灣大學心理學系名譽教授
　　　　學歷：國立臺灣大學心理學博士
　　　　研究專長：人類知覺、認知科學、決策與選擇行為

楊于婷　現職：國立臺灣大學醫學院附設醫院臨床心理中心臨床心理師
　　　　學歷：中原大學心理學系碩士班臨床心理學組碩士
　　　　研究專長：身心壓力衡鑑與治療、生理回饋衡鑑與治療、腫瘤患者及其家
　　　　屬的身心壓力評估與諮商、兒童青少年發展、學習、情緒、行為之心理衡鑑、
　　　　親子關係衡鑑與親職諮詢、青少年壓力調適

楊建銘　現職：國立政治大學心理學系教授
　　　　學歷：美國紐約市立大學心理學系博士
　　　　研究專長：臨床心理學、行為睡眠醫學

詹雅雯　現職：中原大學心理系助理教授
　　　　學歷：國立政治大學心理學博士
　　　　研究專長：臨床心理學、行為睡眠醫學、神經心理學

廖御圻　現職：亞洲大學心理學系助理教授
　　　　學歷：國立成功大學健康照護科學研究所臨床心理組博士
　　　　研究專長：臨床心理學、復健心理學、神經心理治療、生理回饋與神經回
　　　　饋

鄭伯壎　現職：國立臺灣大學心理學系特聘教授、傅斯年紀念講座教授
　　　　學歷：國立臺灣大學心理學博士
　　　　研究專長：華人組織與管理、企業文化與效能、領導統御與績效、工作態
　　　　度與激勵、組織網絡與關係、顧客滿意與忠誠

櫻井正二郎　現職：高雄醫學大學副教授
　　　　　　學歷：國立臺灣大學心理學博士
　　　　　　研究專長：知覺心理學、立體視覺、視覺、錯覺、視覺藝術、心理學史

目　錄

第十章　臨床心理學於安寧緩和場域之反思踐行
/ 楊于婷、林耀盛

第一章

雙痕記：海馬與杏仁核在情境恐懼制約中的角色

梁庚辰、陳德祐、張世達

前言

情境恐懼制約神經機制的流行模式與相關問題

以兩階段情境恐懼制約潛伏學習模式區隔表徵情境與聯結電擊兩歷程

兩學習歷程在海馬內的雙重解離

海馬與杏仁核在登錄情境─電擊聯結的不同策略

修正海馬在情境恐懼制約的功能

海馬內兩種功能分化的神經及心理機制

情境─電擊具雙重表徵

情境─電擊雙重表徵在杏仁核與海馬的互動模式

腦中存有單一訊息多重記憶表徵的寓意

結論

　　此論文回顧本生心實驗室對杏仁核與海馬在情境恐懼制約中不同角色的研究結果。我們發現海馬不僅參與情境表徵的形成，也參與情境與電擊的聯結，這有別於目前流行模式之想法。這兩個功能由海馬內的伽瑪氨基丁酸與乙醯膽鹼系統分別負責。易言之，對於學習情境恐懼制約，腦中會形成兩個結合情境與電擊的記憶表徵：在杏仁核形成簡單的 CS-US 反射式聯結以支援快速反應，而在海馬則建構一完形式的組態表徵以支援靈活因應。恐懼聯結有雙重記憶表徵的此一發現，在綜合考量國內與國際的生心相關研究成果下，敦促吾人重新思考生理心理學中「腦部記憶功能區位化」的確實意涵。

■ 前言

　　生理心理學（亦稱生物心理學或行為神經科學）在臺灣的建立與發展已經超過四十年。這領域旨在探討行為的神經、內分泌或遺傳基礎。本地的生心研究者致力於用動物模型（齧齒類、獼猴或迷你豬）探討正常行為或神經與精神疾患的心理生物機制（Chang, Chen, Wang, & Lai, 2016；Li & Li, 2013; Xing, Yeh, Gordon, & Shapley, 2014; Yeh et al., 2020; Weng et al., 2016），澄清神經解剖（Wang, Liao, & Wang, 2017; Hsiao, Liao, & Tsai, 2013）、神經生理（Kuo, Chiou, Liang, & Yen, 2009; Xing, Yeh, Burns, & Shapley, 2012）或神經化學之細胞與分子層次的相關運作（Chen, Ma, Lin, Cheng, Hsu, & Lee, 2017; Liao, 2018; Mishra, Cheng, Lee, & Tsai, 2009）。生心學者在臺灣雖屬於少數，但他們的發現對於該領域一些議題曾做出有意義的貢獻，甚至對行為理論有所啟發。這些研究雖然只有少數發表於《中華心理學刊》（Hung, Hsieh, & Li, 2015; Liang, 1999; Liang & Hsu, 1975; Shen & Liao, 2007），但對於臺灣生心領域的成長與茁壯卻積極參與。由於多數生心研究成果發表於國際學術期刊，因此本文有別於本書其他篇章，不以回顧中華心理學刊的著作為主，而企圖以本實驗室一系列性研究為核心，輔以本地同儕的研究成果，討論臺灣心理學界近年對一個重要的心腦議題的探索與思考。

　　過去四十年，臺灣生理心理學研究的焦點之一是學習與記憶的神經基礎。該議題目前已經跳脫出記憶僅有一種形式，而腦中僅單一區域負責記憶的古典思潮，取而代之的是，不同形式的記憶由不同的腦部結構負責其習得、儲存與提取（Knowlton & Squire, 1993）。是故學習行為會涉及腦部負責接收訊息與執行反應的一群神經組織，而相關的記憶痕跡（engram）會儲存在該組織迴路中的某一關鍵結構，例如酬賞記憶在紋狀體（striatum），空間記憶在海馬（hippocampus），恐懼記憶在杏仁核（amygdala），而感覺動作記憶則在執行該項功能的相關皮質（Squire, 2004; White & McDonald, 2002）等等。這多重記憶系統（multiple memory systems）的觀點本質上依然不脫一個功能區位化（functional localization）的傳統，只不過是將記憶依學習作業的特性，以人為認定的方式分成多種樣態，而每一樣態的記憶還是被歸諸腦部單一特定結構中。國內研究也多以此觀點為依歸。

　　許多研究顯示，學習歷程會啟動核心腦區之外的其他神經結構。然而，面對單一記憶作業涉及多重腦區的發現，有些學者認其他腦區並非關鍵儲存區的活化，只不過是訊息輸入與反應輸出所經之處，它們的功能不過是協助核心記憶區獲取資訊或執行憶痕的行動，這樣的功能不涉及神經可塑性（neural plasticity）。但是隨後研究發現感覺與運動迴路在學習歷程中顯現明確而持久的改變。這些神經變化引發兩種不同的

解釋：其中一個是維持核心腦區域是憶痕的關鍵所在，輸入端的神經變化是一步步促成最終核心憶痕的漸進改變，而輸出端的變化則爲反映並執行核心憶痕的衍生性變化（Cohen, 1985）。另一個解釋則認爲一個學習作業其實含有多樣的訊息，神經系統多重的變化，反映出腦部需啟動多個不同的記憶系統，以完整地表徵各式訊息。這兩個觀點依舊承認某一種訊息是依賴一個特定腦區或系統儲存的觀點。

這篇文章想要提出一個有別於上述觀點的思維：即不同的腦區可能用不同的方式保全同一種訊息，單一訊息的憶痕在腦中有不同複本。換言之，針對特定訊息，腦可有一個以上的核心憶痕與之對應，它們隨著腦區神經運作的差異，會表徵訊息的不同面向或運用於不同情境。這觀點早年在學習記憶神經理論的某些經典著作中曾被提及（Hebb, 1949; Konorski, 1976），但近代學者並未多加注意。本文以下的篇幅將先介紹本實驗室對於兩個主要的邊緣系統結構—海馬與杏仁核—都參與情境恐懼制約（contextual fear conditioning）中情境與電擊的聯結，但卻以不同的方式完成此一使命，並各自運用於不同情境。然後我們將對同一資訊擁有雙重記憶神經表徵的意義作深入的討論。

二 情境恐懼制約神經機制的流行模式與相關問題

恐懼制約是研究形成恐懼記憶的模式作業（model task）之一，它讓大鼠或小鼠在一個情境中，學習電擊將會隨機出現或在某一條件刺激（CS，例如：聲音）之後出現。爾後老鼠回到同一情境或遭遇到該 CS 時，便會顯出種種害怕反應，例如：僵懼不動（freezing）（Blanchard & Blanchard, 1969）。不少證據顯示海馬與杏仁核參與此一學習（Maren, 2001）。目前最流行的解釋模型是這兩個結構分別表徵此學習中不同的事件（Fendt & Fanselow, 1999）：海馬先整合所有的靜態環境線索成爲一情境表徵，而杏仁核負責將 CS 或是海馬送來的情境表徵與電擊形成聯結（圖 1-1）。

這解釋模型是基於下述研究發現：破壞背側海馬會損及情境恐懼的習得、保留或提取，但對於有 CS 出現的線索恐懼制約（cued fear conditioning）卻沒影響（Maren & Fanselow, 1997）；相對的，破壞底側杏仁核（basolateral amygdala）會損及依賴線索與情境兩種恐懼制約學習（Phillips & LeDoux, 1992）。由於這兩種學習都涉及中性刺激（情境或聲音線索）與電擊的聯結，但只有情境恐懼制約需要整合情境線索，這便導致海馬負責情境整合而杏仁核負責電擊聯結的結論，如圖 1-2 所示。

現行一些證據確實符合杏仁核擔負聯結情境與電擊角色的功能，例如另一恐懼作業—— 抑制型逃避學習—— 所示：在杏仁核內注射一些藥物會影響這個作業的記憶形成（Liang, 2006, 2009），而學習這個作業會改變底側杏仁核的神經活動（Chang,

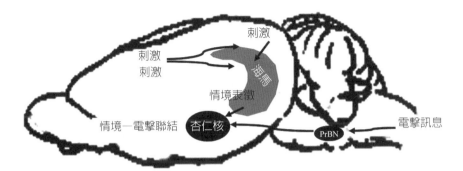

圖1-1　情境恐懼制約目前流行解釋模型之卡通示意圖，顯示海馬整合所有的情境
　　　　刺激成為情境表徵然後送至杏仁核，與腦幹痛覺相關神經核（pain-related
　　　　brainstem nuclei, PrBN）傳來之電擊訊息相互聯結。

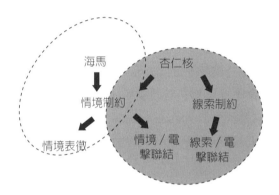

圖1-2　描述何以海馬只涉及情境表徵而杏仁核則涉及情境─電擊聯結或線索─電擊聯
　　　　結的推論理由，無底色者屬於海馬運作範圍，深底色者屬於杏仁核運作範圍。
　　　　因僅有情境制約受海馬毀損的影響，故海馬必然參與該學習之獨特歷程──形
　　　　成情境表徵。情境與線索制約均受杏仁核毀損影響，故兩者之共同歷程──與
　　　　電擊聯結──必涉及杏仁核。

Liang, & Yen, 2005）。被認為與學習記憶有關的神經可塑性長效增益作用（LTP,
long-term potentiation）會出現在杏仁核中，促進 LTP 的藥物 YC-1 也對抑制性逃避
反應的記憶有幫助（Chien, Liang, Teng, Kuo, Lee, & Fu, 2003）。在學習這作業後兩
個小時後，涉及神經活化的立即早期基因 *fos* 也會在杏仁核強烈表現（Huang, Shyu,
Hsiao, Chen, & He, 2013）。

　　然而，杏仁核涉入中性刺激與負向情緒連結的證據，並不排斥其他腦組織也可能
具有同樣的功能（Hu, Liu, & Yu, 2015; Liang, Hu, & Chang, 1996）。海馬沒有參與
情境─電擊聯結的想法其實來自間接證據，因而需要更精確的推敲與審視。它主要基
於一個極端功能區位化的觀點──腦區只負責一心智功能且一心智功能僅由一腦區負

責；換言之，心智功能與腦部結構只有一對一的映射關係。在此觀點下，一但杏仁核被認定負責中性刺激與電擊聯結，海馬就不會擔負同樣的角色。這一預設與心腦對應間具有多餘性（reduncancy）或冗裕性（degeneracy）的觀點大相逕庭。過去理論或研究無論是談及杏仁核或海馬，多只著重強調兩者在情緒或記憶的功能，甚少提及它們還在其他的認知活動扮演角色。

基於一功能可由多腦區支援而一腦區可參與多項行為的觀點，多年前本實驗室曾重新檢視海馬與杏仁核在情境恐懼制約的角色。當我們審視過去研究如何探討這一問題時，發現許多先前的實驗無法清楚地切割情境恐懼制約中形成情境表徵與聯結情境一電擊兩個歷程。這些研究將老鼠置於一特定環境中然後施予不可逃避的電擊。在這種操作下，形成情境表徵並將其聯結上電擊兩個歷程會在同一個學習嘗試中完成（圖 1-3 上半）。若要能清楚認定這兩個區域擔負的功能，則在情境恐懼制約中，表徵情境與聯結電擊兩個歷程需能被隔離區分，這樣涉及的神經結構才能清楚地被評估。我們第一個系列實驗（Chang, Chen, & Liang, 2008）採用兩階段的訓練方式來達成這個目的：在訓練的第一階段大鼠被放入一個陌生情境中自由探索，不接受任何電擊；次日，牠重回該情境中 20 秒後接受電擊，一天後接受記憶測試。第一天所形成的情境表徵原則上來自潛伏學習（latent learning），在第二天電擊之前，行為不會有任何外顯的改變。但接受電擊之後，第三天的測試階段就表現出明顯的情境恐懼反應

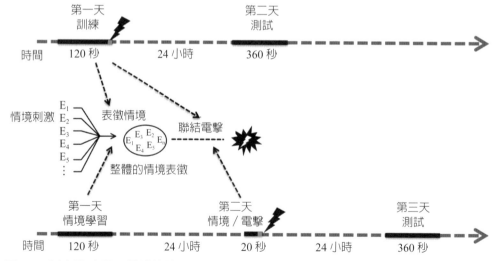

圖1-3 以實驗流程圖描述傳統的單階段訓練程序（上圖）與本實驗室（Chang et al., 2008）採取兩階段訓練程序（下方）的差異。在傳統訓練方式中，訓練前或訓練後的處置都會影響兩個歷程的習得或記憶穩固。在本實驗室的程序中，情境表徵形成歷程與情境一電擊聯結歷程分別在兩天完成，故每天學習前或學習後的操弄只會影響到單獨一個學習歷程。

（Fanselow, 1990; Rudy & O'Riley, 1999）。這實驗典範容許我們獨立操弄形成情境表徵與聯結電擊時的海馬功能，以釐清這個結構在兩種歷程中所扮演的角色（圖 1-3 下半）。

三　以兩階段情境恐懼制約潛伏學習模式區隔表徵情境與聯結電擊兩歷程

利用上述兩階段訓練模式，我們證實若有足夠的前置探索經驗，可產生相當程度的恐懼制約，僵懼反應大小會正比於第二天電擊的強弱。接著我們根據圖 1-3 分別在第一天（形成情境表徵）與第二天（聯結情境—電擊）學習前注射局部麻醉劑二丁卡因（lidocaine）來抑制海馬的功能。根據流行的解釋模型，在第一天前置探索階段壓抑海馬會減損第三天的恐懼制約反應，而在第二天接受電擊的階段壓抑海馬則否。我們卻發現不論在第一或第二天的學習階段壓抑海馬都會損害第三天的恐懼制約反應（Chang et al., 2008），暗示海馬不僅參與形成情境表徵，也參與它和電擊的聯結，這結果並不支持現行模式對情境恐懼制分工的看法。

這一學習前處置（pretraining treatment）的效果未必是來自對學習記憶本質的影響，它可能損及感覺或運動功能而使學習表現變差。然而利用先前本實驗室發展的電擊驚跳反應測試（Chen et al., 2000）卻發現海馬內注射二丁卡因不影響電擊敏感度。記憶受損亦非來自藥物產生「狀態依存效果」（state-dependent effect），因爲在電擊學習（第二天）與恐懼測試（第三天）階段都給予海馬二丁卡因，並不會使得喪失的記憶回復。尤有進者，在電擊學習後立即壓抑海馬也能造成記憶缺失，但隔數小時再壓抑就沒有影響，這結果排除任何表現因素涉入，顯示海馬確實參與了情境—電擊聯結歷程的記憶穩固（memory consolidation）（Chang et al., 2008）。

已經形成的記憶在提取之後可能會經歷重新穩固的歷程（Nader, Schafe, & LeDoux, 2000），因此任何給在提取嘗試的處置有可能妨礙記憶的「再穩固」（reconsolidation）歷程。所以，當第二天情境表徵被提取與電擊聯結時，壓抑海馬的效果可能來自干擾表徵記憶要回存時的再穩固歷程，而非情境與電擊的聯結記憶無法形成。當一隻老鼠無法回存表徵記憶時，即使可以形成情境—電擊聯結也無法提取，因爲它已記不得提取的線索。然而這個可能性被兩項證據排除：如果觀察到的記憶缺失眞是因爲情境表徵記憶再穩固的缺陷，則任何阻斷再穩固的處置都可產生同樣的效果。我們在第一天的前置探索與第二天的電擊聯結中間多插入一情境提取的嘗試，將老鼠放入探索情境後取出壓抑其海馬，如果原先觀察到的效果是基於干擾了表

徵記憶的再穩固，這一處置同樣也會干擾該歷程，使得第三天的恐懼反應降低，但是這結果並未出現（Chang et al., 2008）。

　　支持海馬涉入情境－電擊聯結的第二線證據來自線索提示的實驗。在這個實驗中，情境在暴露時與一個額外線索聯結，然後在情境－電擊聯結學習的階段，動物在進入情境接受電擊前就先給予這一線索，提取出情境表徵，這樣動物放入情境時就無需再提取表徵，可立刻接受電擊形成情境－電擊聯結的記憶（Rudy & O'Riley, 1999）。我們發現，有效的提取線索較無效的線索有助於情境恐懼制約的形成。在呈現提取線索活化情境表徵之後，尚未施予電擊之前，以壓抑海馬可以有效減損測試階段的情境恐懼記憶，原因該是情境表徵雖被提取，但聯結電擊時海馬已經失去功能，所以情境與電擊無法聯結。

　　我們更進一步發現，上述的處置影響一天後的長期記憶，不影響一小時內的短期記憶，支持海馬是穩固情境－電擊聯結記憶之所需；如若恐懼記憶的喪失是因情境表徵無法再穩固而回存，則應長期記憶與短期記憶都會因缺乏提取線索而受損。若在呈現提取線索之後、施予電擊之前，在海馬注射拮抗劑 APV 阻斷 NMDA 受體，壓抑長效增益作用的引發，一樣可以損害第三天情境恐懼記憶（Chang et al., 2008）。這一連串的實驗結果顯示海馬不僅參與情境表徵記憶，也參與電擊聯結記憶。海馬同時介入此二歷程引發下述問題：第一、這兩個歷程是依賴海馬相同或不同的神經機制？第二、海馬與杏仁核既然都參與情境－電擊的聯結，它們是否以同樣的方式執行同一任務？下面兩節將分別探討這兩個問題。

四　兩學習歷程在海馬內的雙重解離

　　海馬內眾多不同的神經傳導系統擔負不同的功能。我們首先探究它們在此二學習記憶歷程中的角色，檢驗某一系統是否參與表徵情境以及聯結電擊的歷程。先前一研究指出海馬的麩胺酸（glutamate）、乙醯膽鹼（acetylcholoine）、珈瑪氨基丁酸（GABA）以及血清素（serotonin，5-HT）系統都涉及學習與記憶（Farr, Flood, & Morley, 2000），我們在情境恐懼制約潛伏學習的不同訓練階段，分別興奮海馬 GABAA 或 5-HT1A 受體或阻斷乙醯膽鹼之蘑菇鹼（muscarinic）或麩氨酸之 NMDA 受體。為避免藥物影響學習或回憶時的表現，我們採用「學習後注射」（post-training regimen）的施藥模式來探討這些受體在記憶穩固的角色。

　　實驗結果顯示，背側海馬內不同神經傳導素系統，在兩學習歷程中呈現清楚的雙重解離。情境表徵學習後在海馬注射 GABAA 致效劑毒蕈胺（muscimol）會損害恐懼記憶，但在電擊聯結學習後注射此藥則沒有影響。相對的，在電擊聯結學習後注射

蕈菇鹼拮抗劑東莨菪鹼（scopolamine）會損害恐懼記憶，但在情境表徵學習後注射此藥物則無效。效果的大小依賴藥物注射的劑量與給予的時間而異，越接近學習越有效，顯示受影響的是記憶穩固歷程。相對於 GABAA 系統在表徵情境記憶的角色與蕈菇鹼系統在表徵電擊聯結的角色，以 8-OH-DPAT 興奮 5-HT1A 受體，或以 APV 阻斷 NMDA 受體並未造成明顯影響。所以這兩種受體在測試的劑量下，對於情境表徵或電擊聯結記憶穩固歷程的參與遠不如前兩種受體關鍵（Chang & Liang, 2012）。

　　海馬同時參與情境表徵與電擊聯結兩個學習歷程引發的另一個問題是它和杏仁核是否用同一機制完成該項任務。許多證據認為，杏仁核在恐懼條件化歷程中形成與儲存 CS-US 的單向聯結（Fanselow & LeDoux, 1999）。海馬的細胞雖亦參與肌肉反應的古典條件學習（Berger, Alger, & Thompson, 1976），但只在特定的情況下有因果關係，如 CS+ 與 CS- 的區辨逆轉（reversal of discrimination）（Miller & Steinmetz, 1997）或痕跡制約學習（trace conditioning）（Huang, Chiang, Liang, Thompson, & Liu, 2010; Solomon, Vander Schaaf, Thompson, & Weisz, 1986; Wang, Phang, Hsu, Wang, Huang, & Liu, 2013）。由於上述的研究中，情境表徵的形成與情境—電擊的聯結相隔一天，因此，操弄海馬的效果，可能只是反映了對於情境恐懼制約中的痕跡制約學習的損害。但此一想法依然是將海馬與杏仁核的不同角色，歸諸學習作業上的差異。我們將於下節中提出一有別於此的觀點：亦即海馬與杏仁核皆同時參與情境—電擊的聯結學習，唯兩者使用不同策略，並形成不同屬性的記憶內容。

五　海馬與杏仁核在登錄情境—電擊聯結的不同策略

　　我們透過比對杏仁核與海馬在提取恐懼記憶時的不同表現，來推論此二神經結構是否以同一策略收錄、處理情境—電擊聯結。前面提到，在杏仁核中 CS 與 US 是形成簡單的反射聯結（simple reflexive association），這聯結支援 CS 單向提取 US 或非制約反應（UR）。然而，過去研究顯示海馬會將所遭遇的眾多刺激整合為一群組，稱為「組態記憶」（configural memory）。組態記憶的一個特徵是回憶時群組中任一成分都足以提示整體，這稱為「樣型整補」（pattern completion; Hebb, 1949; O'Reilly & McClelland, 1994）。在這個觀點下，我們上述實驗在測試涉及海馬的恐懼記憶時，不僅可藉呈現訓練情境（CS）提取記憶，也可在從未遭遇過的新情境中，藉呈現併入記憶組態中的任一成分（包括 US 電擊在內）都足以提取記憶。相對的，涉及杏仁核的簡單反射記憶只容許原訓練情境引發對於電擊的恐懼，電擊本身是無法逆向地引發 CS 所導致的事件，因為古典制約學習中極難建立後向制約（backward conditioning）。

基於上述看法，我們利用直接與中介兩種樣型整補來測試依賴海馬與杏仁核的恐懼記憶到底有無差異（見圖1-4）。在直接樣型整補（direct pattern completion）的記憶作業中，大鼠在前兩日接受上述兩階段情境恐懼制約的潛伏學習式訓練。然後分別在原來的訓練環境與新環境中提取恐懼記憶，但在新環境測試中出現一電擊作為提取線索（Chang & Liang, 2017）。我們的結果顯示，如果沒有電擊作為提取線索，僵懼制約反應只在訓練情境中出現，不會在新情境中出現；但如果新環境給予一電擊做提取線索，僵懼反應就會大幅提升。這僵懼並非全由提醒電擊所引發，因為先前受過制約訓練的老鼠會比先前沒有受過訓練的老鼠有更強烈而持久的僵懼反應，顯示這僵懼反應來自先前制約學習的記憶。直接樣型整補的效果依賴海馬的組態記憶：在電擊訓練之後，立即壓抑海馬會阻斷在新環境中藉由電擊提醒的僵懼反應以及在原訓練環境中的僵懼反應。相對的，電擊訓練後壓抑杏仁核只降低原訓練環境中的僵懼反應。當老鼠因海馬被壓抑而無法形成情境─電擊的組態記憶時，在新環境中即使受到電擊，也僅有微弱的僵懼反應，可見正常老鼠在此狀況下的僵懼應是 CR 而非 UR。

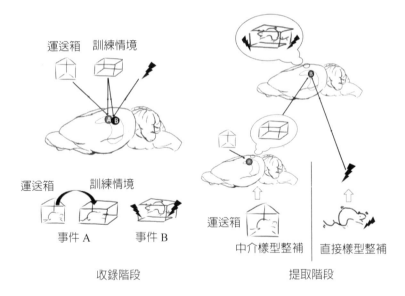

運送箱　訓練情境

運送箱　　訓練情境

事件 A　　　事件 B

收錄階段

運送箱

中介樣型整補　｜　直接樣型整補

提取階段

圖1-4　卡通圖說明直接或中介式樣型整補（direct or mediated pattern completion）。在訊息收錄學習階段的第一天，大鼠由飼養籠或運送箱送至訓練情境探索（事件A），第二天它們由飼養籠直接放入訓練情境接受電擊（事件B）。A與B事件會在海馬中形成表徵並整合成一完形組態記憶痕跡。因此運送箱、訓練情境、電擊，甚至電擊所釋放的腎上腺素都會被海馬整合成為組態記憶的一部分。記憶提取階段中，老鼠被放入一個新的環境但是先前經過運送箱、電擊，或是腎上腺素注射的提醒以便測試與電擊有直接聯繫（電擊或腎上腺素）或間接聯繫（運送箱）的線索是否能激發訓練情境的恐懼記憶。

　　在新環境測試中，觀察到的僵懂是因電擊引發 UR 這一可能性，也可被中介樣型整補（mediated pattern completion）的記憶測試完全排除，因為在這作業中無須使用電擊作為提取線索，而是用訓練前曾與情境聯結的中性線索作為新環境中的提醒刺激（Eichenbaum, 1999）。在中介樣型整補程序中，老鼠在接受前置探索訓練的首日，是由一特別的箱子（運送箱）將其從動物房，送入實驗室去探索訓練情境，因此該箱子就會與探索情境整合，成為情境組態的一部分。次日，大鼠不經此運送箱，而由飼養籠（home cage）直接送入訓練情境接受電擊（圖 1-4），運送箱因此從未和電擊有過時間上的接續性（temporal contiguity），如果海馬能整合所有曾經遇過的刺激成為組態記憶，則前一日運送箱已經與訓練情境整合，所以在電擊訓練時，海馬會將電擊加入到含有訓練情境與運送箱的整體記憶中，建構一具有威脅預期的新組態記憶。第三天測試時，大鼠再由運送箱送入一全新環境，由於運送箱已經整合入有電擊的威脅性組態記憶中，因此會成為在新環境中提取恐懼經驗的中介線索，雖然它從未直接與電擊連結。一如預期，我們發現藉由運送箱的中介，從未有過電擊的新環境也可引發僵懂反應（Chang & Liang, 2017）；同時若在電擊訓練後立即壓抑海馬，讓組態記憶無法形成，便使得這一中介線索的提醒效果消失。同樣的，在電擊訓練後立即壓抑杏仁核，會阻斷在原訓練情境的恐懼記憶，卻不影響中介線索在新環境中提醒組態記憶的效果（Chang & Liang, 2017）。

　　我們進一步發現整合進入組態記憶的訊息，除了外界環境中的遭遇，也包括內在的身心反應。電擊不僅引起個體外在的行為，也會同時激發內部的生理反應（例如：內分泌或是心跳上升）。研究發現，海馬的位置細胞可以收錄身體的內在反應及其他訊息（Moita, Rosis, Zhou, LeDoux, & Blair, 2004; Eichenbaum, Dudchenko, Wood, Shapiro, & Tanila, 1999），這讓我們懷疑海馬於情境—電擊階段是否也納入電擊所引發的其他身體反應。電擊會使體內釋放腎上腺素，並隨血流遍布全身（Gold & McCarty, 1981），從而影響到抑制型逃避記憶（Gold & van Buskirk, 1975）。實驗室先前的研究指出腎上腺素也能夠影響依賴海馬的潛伏學習（Liang, 2001; Liang & Chen, 2021; Liang, Yen, Chang, & Chen, 2005），因此電擊釋放腎上腺素能激起周邊回饋並將訊息輸入海馬，從而被海馬整合進入組態記憶之中。事實上，先前已有研究顯示，回憶前注射腎上腺素有助於情緒記憶的提取表現（de Almeida & Izquierdo, 1984）。我們實驗室發現，在新環境中測試記憶之前，先於周邊腎注射腎上腺素，確實有助於恐懼記憶的提取，且效果會隨劑量而異（圖 1-5 左）。但若在電擊訓練後立即壓抑海馬，阻斷組態記憶的生成，則測試前周邊注射腎上腺素就不能有效的激發恐懼，因為綜合所有輸入（包括腎上腺素周邊回饋）的組態記憶已不復存在（圖 1-5 右）。故在海馬形成的組態記憶，不僅包括外在情境線索，也含有身體內在情境的回饋。

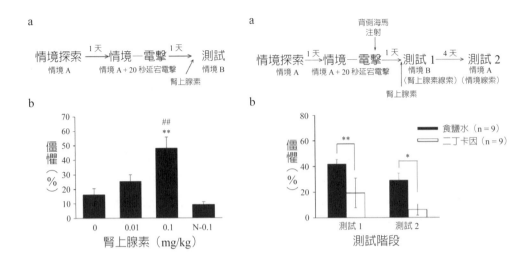

圖1-5　腎上腺素為提取組態記憶的有效線索。左圖a顯示測試以腎上腺素為有效記憶
　　　提取線索的實驗流程。左圖b為在新環境中腎上腺素引發恐懼記憶（僵懼反
　　　應）的劑量反應曲線，顯示測試前注射0.1 mg/kg為最有效劑量（**$p < 0.01$，
　　　顯著高於0 mg/kg控制組，每組受試者n = 8）。僵懼的增加源於先期習得的恐
　　　懼記憶，因為若老鼠在訓練情境中並未接受到電擊，只在新情境中注射0.1 mg/
　　　kg腎上腺素（N-0.1組）並未提升僵懼反應，表現顯著低於受過電擊並注射該劑
　　　量的組別（N-0.1組與0.1組相較，##$p < 0.01$）。右圖a顯示在第二天的電擊聯
　　　結學習後立即於海馬內注射二丁卡因抑制組態記憶形成的實驗流程，右圖b則
　　　顯示在情境—電擊聯結後立即抑制海馬使組態記憶無法形成，可有效的阻斷腎
　　　上腺素在新情境中（Test 1, **$p < 0.01$）或原訓練情境（Test 2, *$p < 0.05$）提
　　　取恐懼記憶的線索效果。

六　修正海馬在情境恐懼制約的功能

　　上述回顧的證據顯示，在情境恐懼制約中，海馬不僅處理情境的靜態資訊也將
其與疼痛的嫌惡性輸入整合，負擔了雙重任務：先為情境建構一個中性的內在表徵，
再於電擊後將它轉換成具有威脅性者。這與現在流行的解釋模式，認為海馬與杏仁
核分別負擔此二功能有所不同。然而，它卻符合與現行模式矛盾而被忽略的許多證
據：例如破壞海馬或其輸出通路會阻礙大鼠利用內在的飢渴狀態（Hsiao & Isaacson,
1971）、放射迷津中的位置（Chai & White, 2004）或是特定情境的整體型態等線索
去與食物、飲水或是酬賞藥物進行聯結（White, Chai, & Hamdani, 2005）。我們提出
的證據也符合海馬會將個體在某個特定遭遇中的所有訊息整合為一整體表徵的看法

（Eichenbaum, 1996）。

　　先前有研究指出，海馬的神經細胞對於包括酬賞與懲罰在內多種不同模式的訊息有所反應（Wood, Dudchenko, & Eichenbaum, 1999）。也有實驗研究顯示，周邊電擊確實能夠激發海馬神經活動：在特定情境施予電擊可以增加小鼠腦中海馬表現神經化學因子 SGK3 與 NGFI-B，但只呈現該中性情境刺激無此效果（von Hertzen & Giese, 2005），暗示這兩個化學指標的上升是情境與電擊聯結所致。這結果也符合下述發現：暴露於有電擊的情境增加老鼠海馬中的腦源神經滋養因子（brain-derived neurotrophic factor, BDNF）濃度，但僅單獨呈現電擊或情境，則無此效果（Hall, Thomas, & Everitt, 2000）。我們早先的實驗，曾讓大鼠在抑制型逃避作業中接受情境－電擊訓練、僅有情境暴露、僅有電擊施予、沒有刺激等四種實驗操弄（2×2），在習得之後的新近及久遠階段提取記憶，並以細胞免疫染色檢測海馬內的立即早期基因衍生蛋白 Fos 的含量。我們發現在 CA1 區段的 Fos 表現，於學習後不久會增加，情境暴露與電擊施予兩個操弄變項都得到顯著的主要效果以及交互作用效果（Yang & Liang, 2012），這顯現海馬 CA1 區段的細胞確實對情境或電擊兩個因素以及兩者的加成作用都有所反應。

　　事實上，海馬雖然過去被認為具收錄空間位置的功能，但有一研究發現，比較海馬的空間位置領域（place field）於該空間中施予電擊之前與之後的差異，無論情境制約與線索制約訓練都會修正海馬細胞的空間位置領域，而修正的程度在情境制約中尤為明顯（Moita et al., 2004），這導致該文作者如下的結論：「簡言之，本研究的結果支持海馬的位置細胞除了收錄環境中的空間訊息之外，也參與將非空間的內在動機與行為相關訊息整合到環境之中。」這結論與 Eichenbaum（1996）的觀點以及我們上述發現的結果可謂不謀而合。

七　海馬內兩種功能分化的神經及心理機制

　　我們上述的結果顯示，當海馬在形成情境表徵時，須從 GABA 原本對自身的抑制中解放。這個抑制的功能，可能原本是為了防範海馬任意整合隨機出現的相併事件，但由於老鼠在探索環境時，它所遭遇到的空間線索會一再連動（A 的旁邊總是 B），因此，這一抑制就需被移除才能形成情境表徵，故以 GABA 致效劑毒蕈胺強化這抑制時，表徵記憶就不易形成。毒蕈胺損及情境表徵記憶還有另一可能原因：就是透過結構內無區辨性的全面神經抑制，破壞了海馬原來神經迴路在正常行為狀態下的精緻協調，因此導致情境記憶的表徵建構受損。

　　先前有一研究結果與我們的並不一致，它顯示毒蕈胺在四個前置暴露嘗試前 30

分鐘注入海馬，不影響大鼠區分放射型迷津相鄰兩臂有無食物，導致其作者認為海馬在潛伏學習中並無角色（Gaskin, Chai, & White, 2005）。此差異可能來自多方面原因：情境制約利用的是制約箱內的近端線索（proximal cues）和嫌惡性刺激（電擊）相連，而放射迷津用的是迷津外牆壁上的遠端線索（distal cues）與欲求性刺激（食物）相連；我們使用學習後藥物注射，而他們使用學習前藥物注射；我們的作業強調樣型整補，而他們的強調樣型區隔（pattern separation）。更值得注意的是他們的研究於事前剝奪老鼠進食，並在剝奪下進行迷津探索。大鼠在探索嘗試時的飢餓無食物，相較於在實際學習嘗試有食物，會形成很大的正向酬賞反差（positive reward contrast）效果（Flaherty, 1996）。故該研究有前置探索的老鼠表現會變好，可能大部分來自正向酬賞的反差效果，而非全然反映潛伏學習效果。所以，該研究或許顯示海馬的 GABA 系統並未介入的是正向酬賞反差，而非潛伏學習。先前有一研究顯示，啟動杏仁核 GABA 系統會降低蔗糖的負向酬賞反差效果，但啟動海馬 GABA 系統則無效（Liao & Chuang, 2003），這符合我們上述的推論。當然也有可能 Gaskin 等人採用的前置探索作業啟動了海馬以外的其他結構，所以僅僅壓抑海馬一處效果不彰（Wiltgen, Sanders, Anagnostaras, Sage, & Fanselow, 2006）。

相對的，將中性情境表徵與電擊聯結，需要興奮海馬的乙醯膽鹼神經系統。這結果符合下列的看法：強烈的情緒事件會激發非專一性興奮，透過啟動腦幹或前腦乙醯膽鹼的神經核，強化記憶穩固的功能。另外，如同前一節所言，情境探索時遭遇電擊會使海馬重新修正其位置細胞的領域圖譜（Moita et al., 2004），毀除中腦投射到海馬的乙醯膽鹼細胞，對於已經建立的海馬位置領域圖譜並無影響，但會阻礙該情境發生變化時，海馬細胞對其位置領域的重分配現象（remapping）（Ikonen, McMahan, Gallagher, Eichenbaum, & Tanila, 2002; Leutgeb & Mizumori, 1999）。所以，阻斷海馬的蘑菇鹼受體可能是透過妨礙原本中性的位置圖譜變更成具威脅性的位置圖譜。我們的發現也符合 Hasselmo（2006）的想法，他認為將不協調的新經驗融入既有的舊記憶時，海馬乙醯膽鹼的角色非常關鍵，一如發展過程中，當新舊經驗衝突產生認知失衡（cognitive disequilibrium）時，幼兒會調適（accommodate）既有基模（schema），回應環境要求（Piaget, 1976）。海馬的乙醯膽鹼系統便變擔負著憶痕調適的功能。

八　情境—電擊具雙重表徵

綜合我們與前人的研究結果，在情境恐懼制約中，情境—電擊的聯結會形成兩個記憶痕跡：一是涉及杏仁核的 CS-US 簡單反射式聯結，它無法支援樣型整補式的提取；另一是涉及海馬的組態記憶，它將外界環境與身體內部的所有相關刺激整合成一

完整形態（gestalt）的表徵，在此表徵中，提示任何成分都足以激發整體，因此可藉由直接或中介的樣型整補支援提取。簡單反射式的聯結記憶痕跡有利於快速反應，因為透過視丘的皮質下通路就可以激發杏仁核，此即 LeDoux 所謂的低徑（low-path）傳遞。然而所引發的反應是固定而缺少變化的，因為杏仁核通過腦幹所激發的反應多半是定向的恐懼反射：諸如大小便失禁、心跳增加、血壓上升、呼吸迫促及僵直不動等。

相對的，海馬的組態記憶則是透過皮質聯絡通路運作，即 LeDoux 所謂的高徑（high-path），因為海馬長效增益作用有賴皮質輸入，此通路經歷多重轉接，雖不利於對警訊的快速反應，但它為恐懼刺激提供可變的因應方式，Eichenbaum（2000）認為這是依賴海馬記憶（包括人類的事件記憶）的最大特色。我們早先有一研究顯示：訓練大鼠學習抑制性躲避反應，學得好的老鼠會待在安全的亮廂不敢進入有過電擊的暗廂；但是如果將它們直接放在曾被電過的暗廂中，它們會最早跑回安全的亮廂（Chien, Liang, & Fu, 2008），這學習作業明顯的能因地制宜，而證據顯示它也依賴海馬（Chen et al., 2017）。

本實驗室從前的發現顯示，習得反應的可變性和海馬與前額葉內側間的互動有關，也依賴這兩區將訊息匯聚於依核（Yang & Liang, 2014）。人類事件記憶整合時空訊息與事件內容，其一大特徵是隨機因應的靈活性。大鼠的類事件記憶（episodic-like memory）也能整合時間、地點與發生的電擊，並且依賴海馬的 CA3 區段與前額皮質內側的運作（Fortin, Wright, & Eichenbaum, 2004; Hung et al., 2015; Li & Chao, 2008; Li, Hsiao, & Chen, 2011）；經外側內嗅皮質進入前額葉內側的一條神經通路，可能負責聯繫這兩區域，因它曾被發現與大鼠類事件記憶有關（Chao, Huston, Li, Wang, & de Souza Silva, 2016）。因此，本研究室與國內外其他研究室對此一議題的相關發現是彼此呼應的。

情境─電擊聯結擁有雙重的記憶痕跡引人進一步的思索，腦究竟是如何協調同一事件兩個憶痕的運作：它們維持平行而獨立運作？或構成有某種階層性的序列？前一種可能性預測會有明確的雙重解離（double-dissociation）現象：所有施於杏仁核的處置會影響到簡單的反射聯結但不影響組態記憶；而所有施於海馬的處置會影響組態記憶但不影響簡單反射聯結。我們的研究結果卻有如下發現：於情境─電擊聯結學習後立即壓抑杏仁核，影響原訓練情境的直接提取但不影響在新情境的樣型整補提取；然而在同一階段壓抑海馬卻使得兩種形式的回憶都受到損害。這一結果說明兩個記憶痕跡並非完全獨立運作，組態式的情境─電擊聯結依賴海馬的完整運作，但是簡單反射記憶則同時依賴杏仁核與海馬二者。因此海馬在情境─電擊聯結的兩個記憶痕跡的運作上都有不可或缺的角色。

九 情境─電擊雙重表徵在杏仁核與海馬的互動模式

　　這不完整的雙重解離結果引發我們對杏仁核與海馬互動的一些遐思：學習後壓抑兩個結構的任何一方都不利於在原訓練情境的提取，顯示兩個結構在聯結既有情境表徵與預期之外電擊的記憶穩固時段仍繼續互動。這樣的互動可以如一般流行模式解釋成海馬將情境表徵送入杏仁核與電擊聯結，支持的證據是海馬會調節杏仁核細胞對於情境的反應活動（Maren & Hobin, 2007），以及提取新近情境恐懼記憶依賴海馬到杏仁核的神經通路所攜帶的情境資訊（Kitamura et al., 2017）。

　　然而，我們必須注意，在此互動中杏仁核也會將電擊所引發的肢體、生理與情緒感受送入海馬並在該處與其他的訊息整合。這觀點與杏仁核可以調節海馬的長效增益作用的證據一致（Ikegaya, Saito, & Abe, 1996），也符合下列早先研究的一項發現：情境的前置暴露經驗與情境─電擊聯結事件會引發海馬內立即早期基因 *Arc*（activity-regulated cytoskeletal protein 活性調節細胞骨架相關蛋白）與 *c-Fos* 的表現，但若刻意使同時呈現的情境與電擊無法聯結，則不會啟動這兩種蛋白的表現。再者，杏仁核內注射毒蕈胺會阻斷這兩種基因在海馬的表現，但卻不影響前置暴露所啟動的海馬立即早期基因表現（Huff et al., 2006），可見杏仁核輸出能夠修飾海馬內情境─電擊聯結的功能，但無損於中性的情境表徵。

　　上述其他實驗室的結果曾被流行模式認為難以解釋，卻支持我們的觀點：海馬確實參與了表徵情境以及情境─電擊聯結兩種歷程，而杏仁核只調節在海馬的後一種歷程。此想法暗示一種可能性：杏仁核聯結情境與電擊所導致的神經變化終究要送回海馬協助其運作。這說明何以電擊後，壓抑海馬也會妨礙條件恐懼在原訓練情境的表現。杏仁核的記憶痕跡要依賴海馬才能運作，這個想法或許對於儲存恐懼記憶的一項長久爭論有所啟發：杏仁核究竟是實際儲存所在（Fanselow & LeDoux, 1999）或僅是調節所在（Cahill, Weinberger, Roozendaal, & McGaugh, 1999）。我們的結果支持一個折衷的想法：杏仁核收錄與保存固定模式的制約聯結，但是這個記憶在情境制約中需要海馬的配合才能完整表現，同時這個記憶痕跡也會持續調節在海馬形成的組態記憶，後者才能對危險威脅進行隨機調整的變動式因應。

　　我們上述想法的成立須有一項但書：這些結果僅限於兩階段潛伏學習的訓練模式，唯有這樣才能釐清海馬與杏仁核在情境制約兩個不同歷程中的角色。但過去不少行為研究顯示，反應常會因訓練或量測的方法不同而異，所以我們無法完全確認此結論在大家常用的單一階段訓練模型中的適用性。不過根據我們回顧的上述研究，即使在單一階段的訓練模式，某些實驗確實發現電擊會影響海馬的生理與生化指標，所以海馬有參與表徵情境─電擊聯結應是無庸置疑。

✚ 腦中存有單一訊息多重記憶表徵的寓意

本評述文章提出，情境恐懼制約會在腦中形成雙重記憶痕跡，此雙重痕跡有兩層意義：一是海馬涉入兩種訊息—情境表徵與情境—電擊聯結—的記憶運作；另一是兩種不同形式的情境—電擊記憶，分別涉及邊緣系統的兩個神經結構—海馬與杏仁核。恐懼記憶的雙重神經表徵呼應百年前英國神經學者 Hulings-Jackson 的想法：任一心智功能在腦中可以有位於不同階層與不同內涵的多元表徵（Ray, 2013）。它同時也符合腦可藉不同方式完成同一目標的神經冗裕性（neural degeneracy）（Sporn, Tononi, & Edelman, 2000）。神經系統表徵外界環境的冗裕性是演化上保守設計，有研究指出果蠅記憶相關結構蘑菇體（mushroom body）的神經網路，一樣支援多重記憶表徵以應付不同需求（Modi, Shuai, & Turner, 2020）。大鼠恐懼記憶的雙重痕跡在處理個體情緒危機時，會依據威脅程度與迫切狀態而決定做出反射式（reflexive）或反思式（reflective）的因應，以求得最適應環境的結果，一如人類認知運作中常被談論到系統 I 與系統 II 的功能（Sloaman, 1996）。

邇來有研究指出，大鼠情境恐懼制約產生的記憶痕跡，在杏仁核者會持續保持以支援僵僵的固定反應，但在海馬者則一段時間內會逐漸移轉到前額葉內側，最後完全獨立於情境刺激的控制而成為普遍化的焦慮（Tonegawa et al., 2018）。這樣的轉變好比人類敘事性記憶中，許多主要內容相近的事件記憶最終會喪失時空標示性而融合成知識記憶一般。大鼠海馬至前額皮質內側執行同樣的轉化，可能意涵組態恐懼記憶會轉化成靈活因應所有威脅情境的一般性策略，而保留在杏仁核者則繼續快速應付不同的特定威脅。事實上我們研究發現，可以靈活變化抑制性逃避反應（Chien et al., 2008）長期保存後，不全依賴杏仁核（Liang, McGaugh, Martinez, Jensen, Vasquez, & Messing, 1982）而是更依賴前額皮質內側（Liang, 2009; Liang et al., 1996）。

然而，在本文所討論的情境恐懼制約中，老鼠唯一可做的行為，似乎只有僵僵不動的固定反應，看不出有靈活因應的可能性，那海馬形成可變的組態記憶有何用途？若無用途，記憶痕跡轉化是否真有可能發生？我們認為，一個簡單而固定反應的學習作業如果真的產生一個靈活的記憶痕跡，可能具下列意涵：在演化的過程中，腦在面對簡單挑戰時可能會未雨綢繆，備妥問題複雜化或困難化時的因應之道。我們從下列前人的發現可以看出端倪：延宕式眼瞼反射制約（delay eyelid conditioning）無須依賴海馬完成，但海馬神經細胞會在這簡單的作業中產生相應的活動變化（Thompson, 2005）。我們可以設想：延宕制約所先行觸發的海馬活動（primed activity）有利於當作業一旦轉變，成為非要海馬不可的區辨逆轉或痕跡制約作業時，個體就可以快速地學會。這樣的狀況早年就曾被提及：Liddell（1934）訓練羊聽見嗶一聲就抬起放

在鐵板上的右後腳，當它學會這反應後被放倒成為頭部靠著鐵板的姿勢，如圖 1-6 所示。當嗶聲再度響起時，羊並不是縮回舉在空中的腳（這是它原來學會的），而是抬起靠在鐵板上的頭。這印證了即使面對一簡單且固定的反射制約，個體的腦依然會做靈活因應的神經準備。

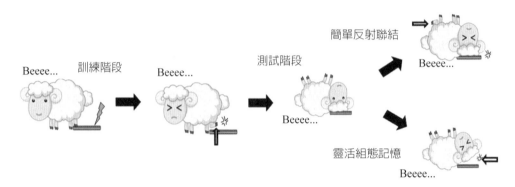

圖1-6　卡通圖描繪依據簡單反射聯結及靈活組態記憶預測Liddell實驗中的羊在沒有學過的測試情境中（被放倒而頭枕在鐵板上）可能會做的反應（本圖依Dr. J. L. McGaugh在1978～1979於UC Irvine心理生物系學習記憶課程講授內容繪製）。

　　本文的回顧雖然集中於海馬與杏仁核在情境恐懼記憶中的角色，但他們的互動絕不僅限於此，因為這兩個邊緣系統的結構也參與了其他功能。最近一個研究顯示海馬的位置細胞不僅記錄動物自身所在的地點，也記錄關鍵同伴所在的地點（Danjo, Toyoizumi, & Fujisawa, 2018）。另一研究則顯示蝙蝠在觀察示範者取得食物的飛行路徑時，其海馬中有些位置細胞會記錄示範者或環境中重要物體的位置（Omer, Maimon, Las, & Ulanovsky, 2018），這些發現暗示海馬的細胞活動在記錄社會關係中的可能角色。

　　一系列有關社會支持的研究，呼應了海馬在社會運作的重要性。這些以小鼠進行的研究顯示，持續壓力會降低海馬細胞新生並影響地點條件偏好學習，這一效果可以在遭受壓力時有同在左右伴陪而降低，此效果跟同伴支持所產生的 BDNF 或神經生長因子（NGF）有關（Cherng et al., 2010; Tzeng et al., 2013）。同伴支持會減少古柯鹼所導致的地點條件偏好（Tzeng, Cherng, Wang, & Yu, 2016）而這效果與杏仁核的 D2 受體有關（Tzeng, Cherng, Yu, & Wang, 2017）。綜觀這些結果顯示，杏仁核與海馬的互動超越了記錄自身所在情境與遭遇而擴及到社會狀態中周遭他人的存在與衝擊。這些發現意味我們應更進一步的去探討杏仁核與海馬在觀察學習（observation learning）中的角色，因為這樣的學習需要掌握人我之間的行為互動、情緒衝擊與環

境變化三者間的關係才得以奏功。

士　結論

　　生理心理學從研究學習與記憶的年代開始，尋找記憶神經憶痕的目標曾歷經多次的變動。最初的假設是憶痕座落在大腦皮質（Pavlov, 1927）或腦中其他的特定區域（Konorski, 1967）。Lashley（1950）一系列的研究發現與結論使這希望落空。然而HM 在切除顳葉內側後的失憶症（Scoville & Milner, 1957）與長效增益作用的發現（Bliss & Lomo, 1973）重燃海馬是所有記憶中樞的希望，這又隨 HM 的內隱記憶幾近正常而跌到谷底。取而代之的概念是記憶有多種形式，而腦中不同的結構負責記憶不同形式訊息（White & McDonald, 2002）。

　　如今記憶痕跡已被擴展到腦中不同的神經迴路，但依舊遵循的功能專一化的概念，不同腦部迴路收錄與儲存不同訊息。我們對於結構如何對應功能提出一個不同於以往的觀點：某個單一腦部結構未必負責一個由人類所定義的心智功能，例如情境—電擊的聯結，而是以特定的運作方式達成某些目的，這特定的運作方式應該是由該結構內外的神經迴路所規範，使得該結構必須以特殊的方式達陣。在某些情況下，腦功能的劃分或許還是有可能一如心理學家所願，與心智功能的劃分可以是同相並行（isomorphic）的，但須受制於特定的神經聯結與運作則是不爭的事實，不同的神經結構可用不同的方式處置同一資訊而達成同一功能目的。

　　我們的發現與想法擴展了「功能區位化」這個生心經典概念的視野，但這一以心理運作與神經機制共同定位腦部功能的想法，還須在情境恐懼制約以外的生心議題中，做更詳細的檢驗，才能知道它能否任重致遠。綜合研究學習記憶及其神經基礎多年經驗，我們得到的教訓是不要輕信當代流行想法，而要勇於另闢蹊徑奮力向前。第一作者還記得自己在國外讀書投出的第一篇稿件，同樣也是違背流行當道的想法而被評審者批判得體無完膚，當我完全按照評審意見修正後再投，指導教授 James L. McGaugh 卻退回我的修正稿並慎重而誠懇地說明，如果我們毫不爭辯就屈從於評審者的流行觀點，則科學界將永遠不會有不同的聲音，學術就難以進步；只有我們據理力爭，評審者才會去認真了解我們的立場，而主編才能在最終裁決中展現他的洞見與睿智。他常引用自己第一篇有關記憶穩固論文的往事，勉勵後生對研究要有「自反而縮，雖千萬人，吾往矣」的無畏精神。當年 Harry F. Harlow 寫了一封長信拒絕他第一篇促進記憶穩固的文章，規勸他年輕時別尋求發表這種違背主流的研究，以免耽誤前程；因為當時普遍認為神經系統的結構是先天固定的，記憶可因腦被破壞而受損，卻沒有可能被增進。他歷經挫折，才求得發表該文於非主流心理學期刊的機會。這一

篇回顧文章一方面是第一作者對指導教授當年教誨的一項回報；另一方面以它來祝賀中華心理學刊甲子之慶，是表達我們由衷冀望這本期刊的作者、評審、編輯以及主編，都能重視並鼓勵這種獨排眾議而不欲人云亦云的研究企圖心，使得中華心理學刊能帶動本地的心理學社群，創造出獨立於流俗的學術成績。

致謝

本文受科技部計畫與教育部國家講座教授經費的支持。

參考文獻

Berger, T. W., Alger, B., & Thompson, R. F. (1976). Neuronal substrate of classical conditioning in the hippocampus. *Science, 192,* 483-485. doi: 10.1126/ science.1257783

Blanchard, R. J., & Blanchard, D. C. (1969). Crouching as an index of fear. *Journal of Comparative Physiological Psychology, 67,* 370-375. doi: 10.1037/h0026779

Bliss, T. V. P., & Lomo, T. (1973). Long-lasting potentiation of synaptic transmission in the dentate area of the anesthetized rabbit following stimulation of the performant path. *The Journal of Physiology, 232,* 331-356. doi: 10.1113/jphysiol.1973.sp010273

Cahill, L., Weinberger, N. M., Roozendaal, B., & McGaugh, J. L. (1999). Is the amygdala a locus of "conditioned fear"? Some questions and caveats. *Neuron, 23,* 227-228. doi: 10.1016/S0896-6273(00)80774-6

Chai, S. N., & White, N. M. (2004). Effects of fimbria-fornix, hippocampus, and amygdala lesions on discrimination between proximal locations. *Behavioral Neuroscience, 118,* 770-784. （故蔡欣志教授） doi: 10.1037/0735-7044.118.4.770

Chang, C. Y., Chen, Y. W., Wang, T. W., & Lai, W. S. (2016). Akting up in the GABA hypothesis of schizophrenia: Akt1 deficiency modulates GABAergic functions and hippocampus-dependent functions. *Scientific Reports, 6,* Article 33095. （賴文崧教授） doi: 10.1038/srep33095

Chang, C. H., Liang, K. C., & Yen, C. T. (2005). Inhibitory avoidance learning altered ensemble activity of amygdaloid neurons in rats. *European Journal of Neuroscience, 21,* 210-218. （張鈞惠教授、梁庚辰教授及嚴震東教授） doi: 10.1111/j.1460-9568.2004.03821.x

Chang, S. D., Chen, D. Y., & Liang, K. C. (2008). Infusion of lidocaine into the dorsal hippocampus before or after the electric shock training phase impaired conditioned freezing in a two-phase training task of contextual fear conditioning. *Neurobiology of Learning and Memory, 89,* 95-105. （梁庚辰教授、陳德祐教授及張世達博士） doi: 10.1016/j.nlm.2007.07.012

Chang, S. D., & Liang, K. C. (2012). Roles of hippocampal GABAA and muscarinic receptors in consolidation of context memory and context-shock association in contextual fear conditioning: A double dissociation study. *Neurobiology of Learning and Memory, 98,* 17-24. （梁庚辰教授與張世

達博士）doi: 10.1016/j.nlm.2012.04.004

Chang, S. D., & Liang, K. C. (2017). The hippocampus integrates context and shock into a configural memory in contextual fear conditioning. *Hippocampus, 27,* 145-155.（梁庚辰教授與張世達博士）doi: 10.1002/hipo.22679

Chao, O. Y., Huston, J. P., Li, J.-S., Wang, A. L., & de Souza Silva, M. A. (2016). The medial prefrontal cortex-lateral entorhinal cortex circuit is essential for episodic like memory and associative object recognition. *Hippocampus, 26,* 633-645.（李季湜教授）doi: 10.1002/hipo.22547

Chen, Y. C., Ma, Y. L., Lin, C. H., Cheng, S. J., Hsu, W. L., & Lee, E. H. (2017). Galectin-3 negatively regulates hippocampus-dependent memory formation through inhibition of integrin signaling and galectin-3 phosphorylation. *Frontiers in Molecular Neuroscience, 10,* Article 217.（李小媛教授）doi: 10.3389/fnmol.2017.00217

Chen, D. Y., Ho, S. H., & Liang, K. C. (2000). Startle responses to electric shocks: Measurement of shock sensitivity and effects of morphine, buspirone and brain lesions. *Chinese Journal of Physiology, 43,* 35-47.（梁庚辰教授、陳德祐教授及何劭軒博士）

Cherng, C. G., Lin, P. S., Chuang, J. Y., Chang, W. T., Lee, Y. S., Kao, G. S., & Yu, L. (2010). Presence of conspecifics and their odor-impregnated objects reverse stress-decreased neurogenesis in mouse dentate gyrus. *Journal of Neurochemistry, 112,* 1138-1146.（游一龍教授）doi: 10.1111/j.1471-4159.2009.06505.x

Chien, W. L., Liang, K. C., & Fu, W. M. (2008). Enhancement of active shuttle avoidance response by the NO-cGMP-PKG activator YC-1. *European Journal of Pharmacology, 590,* 233-240.（符文美教授與梁庚辰教授）doi: 10.1016/ j.ejphar.2008.06.040

Chien, W. L., Liang, K. C., Teng, C. M., Kuo, S.-C., Lee, F. Y., & Fu, W. M. (2003). Enhancement of long-term potentiation by a potent nitric oxide-guanylyl cyclase activation YC-1. *Molecular Pharmacology, 63,* 1322-1328.（符文美教授與梁庚辰教授）doi: 10.1124/mol.63.6.1322

Cohen, D. H. (1985). Some organizational principles of a vertebrate conditioning pathway: Is memory a distributed property? In N. M. Weinberger, J. L. McGaugh, & G. S. Lynch (Eds.), *Memory systems of the brain* (pp. 27-48). Guilford Press: New York.

Danjo, T., Toyoizumi, T., & Fujisawa, S. (2018). Spatial representations of self and other in the hippocampus. *Science, 359,* 213-218. doi: 10.1126/science.aao3898

de Almeida, M. A. M. R., & Izquierdo, I. (1984). Effect of the intraperitoneal and intra-cerebroventricular administration of ACTH, epinephrine, or β-endorphin on retrieval of an inhibitory avoidance task in rats. *Behavioral and Neural Biology, 40,* 119-122. doi: 10.1016/S0163-1047(84)90230-9

Eichenbaum, H. (1996). Is the rodent hippocampus just for 'place'? *Current Opinion in Neurobiology, 6,* 187-195. doi: 10.1016/S0959-4388(96)80072-9

Eichenbaum, H. (1999). The hippocampus and mechanisms of declarative memory. *Behavioural Brain Research, 103,* 123-133. doi: 10.1016/S0166-4328(99)00044-3

Eichenbaum, H. (2000). A cortical-hippocampal system for declarative memory. *Nature Review of*

Neurosciences, 1, 41-50. doi: 10.1038/35036213

Eichenbaum, H., Dudchenko, P. Wood, E., Shapiro, M., & Tanila, H. (1999). The hippocampus, memory, and place cells: is it spatial memory or a memory space? *Neuron, 23,* 209-226. doi: 10.1016/s0896-6273(00)80773-4.

Fanselow, M. S. (1990) Factors governing one-trial contextual conditioning. *Animal Learning Behavior, 18,* 264-270. doi: 10.3758/BF03205285

Fanselow, M. S., & LeDoux, J. E. (1999). Why we think plasticity underlying Pavlovian fear conditioning occurs in the basolateral amygdala. *Neuron, 23,* 229-232. doi: 10.1016/S0896-6273(00)80775-8

Farr, S. A., Flood, J. F., & Morley, J. E. (2000). The effect of cholinergic, GABAergic, serotonergic, and glutamatergic receptor modulation on posttrial memory processing in the hippocampus. *Neurobiology of Learning and Memory, 73,* 150-167. doi: 10.1006/nlme.1999.3927

Fendt, M., & Fanselow, M. S. (1999). The neuroanatomical and neurochemical basis of conditioned fear. *Neuroscience & Biobehavioral Review, 23,* 743-760. doi: 10.1016/S0149-7634(99)00016-0

Flaherty, C. F. (1996). *Incentive relativity.* Cambridge, UK: Cambridge University Press.

Fortin, N. J., Wright, S. P., & Eichenbaum, H. (2004). Recollection-like memory retrieval in rats is dependent on the hippocampus. *Nature, 431,* 188-191. doi: 10.1038/ nature02853

Gaskin, S., Chai, S. C., & White, N. M. (2005). Inactivation of the dorsal hippocampus does not affect learning during exploration of a novel environment. *Hippocampus, 15,* 1085-1093.（故蔡欣志教授）doi: 10.1002/hipo.20127

Gold, P. E., & McCarty, R. (1981). Plasma catecholamines: changes after footshock and seizure-producing frontal cortex stimulation. *Behavioral & Neural Biology, 31,* 247-260. doi: 10.1016/S0163-1047(81)91259-0

Gold, P. E., & van Buskirk, R. (1975). Facilitation of time-dependent memory processes with post-trial epinephrine injection. *Behavioral Biology, 13,* 145-153. doi: 10.1016/ S0091-6773(75)91784-8

Hall, J., Thomas, K. L., & Everitt, B. J. (2000). Rapid and selective induction of BDNF expression in the hippocampus during contextual learning. *Nature Neuroscience, 3,* 533-535. doi: 10.1038/75698

Hasselmo, M. E. (2006). The role of acetylcholine in learning and memory. *Current Opinion in Neurobiology, 16,* 710-715. doi: 10.1016/j.conb.2006.09.002

Hebb, D. O. (1949). *The organization of behavior.* New York: Wiley and Sons.

Hsiao, S. S., & Isaacson, R. (1971). Learning of food and water positions by hippocampus damaged rats. *Physiology & Behavior, 6,* 81-83.（蕭世朗教授）doi: 10.1016/0031-9384(71)90020-5

Hsiao, F. C., Liao Y. H., & Tsai, L. L. (2013). Differential effects of retinal degeneration on sleep and wakefulness responses to short light-dark cycles in albino mice. *Neuroscience, 248,* 459-468.（蔡玲玲教授）doi: 10.1016/ j.neuroscience.2013.06.033

Hu, S. S. J., Liu Y. W., & Yu, L. (2015). Medial prefrontal cannabinoid CB1 receptors modulate consolidation and extinction of cocaine-associated memory in mice. *Psychopharmacology, 232,* 1803-1815.（游一龍教授與胡書榕教授）doi: 10.1007/ s00213-014-3812-y

Huang, A. C., Shyu, B. C., Hsiao, S., Chen, T. C., & He, A. B. (2013). Neural substrates of fear conditioning, extinction, and spontaneous recovery in passive avoidance learning: a c-fos study in rats. *Behavioural Brain Research, 237*, 23-31.（黃智偉教授與徐百川教授）doi: 10.1016/j.bbr.2012.09.024

Huang, C. H., Chiang, Y. W., Liang, K. C., Thompson, R. F., & Liu, I. Y. (2010). Extra-cellular signal regulated kinase 1/2 (ERK) activated in the hippocampal CA1 neurons is critical for retrieval of auditory trace fear memory. *Brain Research, 132*6, 143-153.（劉怡均教授）doi: 10.1016/j.brainres.2010.02.033

Huff, N. C., Frank, M., Wright-Hardesty, K., Sprunger, D., Matus-Amat, P., Higgins, E., & Rudy, J. W. (2006). Amygdala regulation of immediate early gene expression in the hippocampus induced by contextual fear conditioning. *Journal of Neuroscience, 26*, 1616-1623. doi: 10.1523/JNEUROSCI.4964-05.2006

Hung, H. C., Hsieh, C. J., & Li, J. S. (2015). The medial prefrontal cortex in rats contributes to the encoding process of episodic-like memory. *Chinese Journal of Psychology, 57*, 109-120.（李季湜教授）doi: 10.6129/CJP.20141127

Ikegaya, Y., Saito, H., & Abe, K. (1996). The basomedial and basolateral amygdaloid nuclei contribute to the induction of long-term potentiation in the dentate gyrus in vivo. *European Journal of Neuroscience, 8*, 1833-1839. doi: 10.1111/j.1460-9568.1996.tb01327.x

Ikonen, S., McMahan, R., Gallagher, M., Eichenbaum, H., & Tanila H. (2002). Cholinergic system regulation of spatial representation by the hippocampus. *Hippocampus, 12,* 386-397. doi: 10.1002/hipo.1109

Kitamura, T., Ogawa, S. K., Roy, D. S., Okuyama, T., Morrissey, M. D., Smith, L. M., ... Tonegawa, S. (2017). Engrams and circuits crucial for systems consolidation of a memory. *Science, 356*, 73-78. doi: 10.1126/science. aam6808

Knowlton, B. J., & Squire, L. R. (1993). The learning of categories: parallel brain systems for item memory and category knowledge. *Science, 262*, 1747-1749. doi: 10.1126/science.8259522

Konorski, J. (1976). *Integrative activity of the brain*. Chicago: University of Chicago Press.

Kuo, C. C., Chiou, R. J., Liang, K. C., & Yen, C. T. (2009). Differential involvement of anterior cingulate and primary sensorimotor cortices in sensory and affective functions of pain. *Journal of Neurophysiology, 101*, 1201-1210.（郭昶志教授、邱瑞珍教授、梁庚辰教授及嚴震東教授）doi: 10.1152/jn.90347.2008

Lashley, K. (1950). In search of the engram. *Society of Experimental Biology Symposium, 4*, 454-482.

Leutgeb, S., & Mizumori, S. J. Y. (1999). Excitotoxic septal lesions result in spatial memory deficits and altered flexibility of hippocampal single-unit representations. *Journal of Neuroscience, 19*, 6661-6672. doi: 10.1523/ JNEUROSCI.19-15-06661.1999

Li, J. S., & Chao, Y. S. (2008). Electrolytic lesions of dorsal CA3 impair episodic-like memory in rats. *Neurobiology of Learning and Memory, 89*, 192-198.（李季湜教授）doi: 10.1016/j.nlm.2007.06.006

Li, J. S., Hsiao, K. Y., & Chen, W. M. (2011). Effects of medial prefrontal cortex lesions in rats on the what-where-when memory of a fear conditioning event. *Behavioural Brain Research, 218*, 94-98. （李季湜教授）doi: 10.1016/ j.nlm.2007.06.006

Li, K. C., & Li, J. S. (2013). Conditioned taste aversion as instrumental punishment. *Journal of Experimental Psychology: Animal Behavior Process, 39*, 294-297. （李季湜教授）doi: 10.1037/a0031822

Liang, K. C. (1999). Neural mechanism underlying affective memory of the inhibitory avoidance response in rats. *Chinese Journal of Psychology, 41*, 213-220. （梁庚辰教授）

Liang, K. C. (2001). Epinephrine modulation of memory: Amygdala activation and regulation of long-term storage. In P. E. Gold & W. T. Greenough (Eds.), *Memory consolidation* (pp. 165-183). Washington DC: American Psychological Association. （梁庚辰教授）doi: 10.1037/10413-009

Liang, K. C. (2006). Neural circuitry involved in avoidance learning and memory: The amygdala and beyond. In Q. Jing, M. R. Rosenzweig, G. d'Ydewalle, H. Zhang, H. C. Chen & K. Zhang (Eds.) *Progress in psychological science around the world,* vol. 1: *Neural, cognitive and developmental issues* (pp. 315-332). Hove, UK: Psychology Press. （梁庚辰教授）

Liang, K. C. (2009). Involvement of the amygdala and its connected structures in formation and expression of inhibitory avoidance memory: Issues and implications. *Chinese Journal of Physiology, 52,* 196-214. （梁庚辰教授）doi: 10.4077/CJP.2009.AMK023

Liang, K. C. & Chen, D.Y. (2021). Epinephrine modulates memory of latent learning in an inhibitory avoidance task. *Neurobiology of Learning and Memory*, *182*, in press. （梁庚辰教授與陳德祐教授）

Liang, K. C., Hu, S. J., & Chang, S. C. (1996). Formation and retrieval of inhibitory avoidance memory: Differential roles of glutamate receptors in the amygdala and medial prefrontal cortex. *Chinese Journal Physiology, 39*, 155-166. （梁庚辰教授）

Liang, K. C., & Hsu, C. H. (1975). The role of taste in salt homeostasis in rats. *Chinese Journal of Psychology, 17*, 151-156. （梁庚辰教授）

Liang, K. C., McGaugh, J. L., Martinez, Jr., J. L., Jensen, R. A., Vasquez, B. J., & Messing, R. B. (1982). Posttraining amygdaloid lesions impair retention of an inhibitory avoidance response. *Behavioural Brain Research, 4*, 237-249. doi: 10.1016/0166-4328(82)90002-X

Liang, K. C., Yen, Y. C., Chang, S. D., & Chen, D. Y. (2005, Nov). Epinephrine enhances latent learning in an inhibitory avoidance task: involvement of the amygdaloid influence on the hippocampus. Paper presented at the meeting of Society for Neuroscience, Washington, DC. （梁庚辰教授）

Liao, R. M., & Chuang, F. J. (2003). Differential effects of diazepam infused into the amygdala and hippocampus on negative contrast. *Pharmacology, Biochemistry and Behavior, 74*, 953-960. （廖瑞銘教授）doi: 10.1016/S0091-3057(03)00023-6

Liao, W. L. (2018). Psychomotor dysfunction in Rett syndrome: insights into the neurochemical and circuit roots, *Developmental Neurobiology, 11*, 1-9. （廖文霖教授）doi: 10.1002/dneu.22651

Liddell, H. S. (1934). *The comparative physiology of the conditioned motor reflex based on experiments with the pig, dog, sheep, goat and rabbit.* Baltimore: Johns Hopkins Press.

Maren, S. (2001). Neurobiology of Pavlovian fear conditioning. *Annual Review Neuroscience, 24,* 897-931. doi: 10.1146/annurev.neuro.24.1.897

Maren, S., & Fanselow, M. S. (1997). Electrolytic lesions of the fimbria/fornix, dorsal hippocampus, or entorhinal cortex produce anterograde deficits in contextual fear conditioning in rats. *Neurobiology of Learning and Memory, 67,* 142-149. doi: 10.1006/nlme.1996.3752

Maren, S., & Hobin, J. A. (2007). Hippocampal regulation of context-dependent neuronal activity in the lateral amygdala. *Learning and Memory, 14,* 318-324. doi: 10.1101/lm.477007

Miller, D. P., & Steinmetz, J. E. (1997). Hippocampal activity during classical discrimination-Reversal eyeblink conditioning in rabbits. *Behavioral Neuroscience, 111,* 70-79. doi: 10.1037/0735-7044.111.1.70

Mishra, A., Cheng, C. H., Lee, W. C., & Tsai, L. L. (2009). Proteomic changes in the hypothalamus and retroperitoneal fat from male F344 rats subjected to repeated light-dark shifts. *Proteomics, 9,* 4017-4028.（蔡玲玲教授）doi: 10.1002/pmic.200800813

Modi, M. N., Shuai, Y., & Turner, G. C. (2020). The Drosophila mushroom body: from architecture to algorithm in a learning circuit. *Annual Review of Neuroscience, 41,* 465-484. doi:10.1146/annurev-neuro-080317-0621333

Moita, M. A. P., Rosis, S., Zhou, Y., LeDoux, J. E., & Blair, H. T. (2004). Putting fear in its place: remapping of hippocampal place cells during fear conditioning. *Journal of Neuroscience, 24,* 7015-7023. doi: 10.1523/ JNEUROSCI.5492-03.2004

Nader, K., Schafe, G. E., & LeDoux, J. E. (2000). Fear memories require protein synthesis in the amygdala for reconsolidation after retrieval. *Nature, 406,* 722-726. doi: 10.1038/35021052

Omer, D. B., Maimon, S. R., Las, L., & Ulanovsky, N. (2018). Social place-cells in the bat hippocampus. *Science, 359,* 218-224. doi: 10.1126/science.aao3474

O'Reilly, R. C., & McClelland, J. L. (1994) Hippocampal conjunctive encoding, storage, and recall: avoiding a trade-off. *Hippocampus, 4,* 661-682. doi: 10.1002/ hipo.450040605

Pavlov, I. (1927). *Conditioned reflexes.* London: Oxford University Press.

Phillips, R. G., & LeDoux, J. E. (1992). Differential contribution of amygdala and hippocampus to cued and contextual fear conditioning. *Behavioral Neuroscience, 106,* 274-285. doi: 10.1037/0735-7044.106.2.274

Piaget, J. (1976). *The grasp of consciousness: Action and concept in the young child.* (Translated by S. Wedgwood). Harvard University Press.

Ray, W. J. (2013). *Evolutionary psychology: Neuroscience perspectives concerning human behavior and experience.* London, UK: Sage Publications.

Rudy, J. W., & O'Reilly, R. C. (1999). Contextual fear conditioning, conjunctive representations, pattern completion, and the hippocampus. *Behavioral Neuroscience, 113,* 867-880. doi: 10.1037/0735-7044.113.5.867

Scoville, W. B., & Milner, B. (1957). Loss of recent memory after bilateral hippocampal lesions.

Journal of Neurology, Neurosurgery, and Psychiatry, 20, 1-11. doi: 10.1136/jnnp.20.1.11

Shen, Y. L., & Liao, R. M. (2007). The effects of acute stress on conditioned place preference. *Chinese Journal of Psychology, 49,* 351-363.（廖瑞銘教授）doi: 10.6129/CJP.2007.4904.03

Sloman, S. A. (1996). The empirical case for two systems of reasoning. *Psychological Bulletin, 119,* 3-22. doi: 10.1037/0033-2909.119.1.3

Solomon, P. R., Vander Schaaf, E. R., Thompson, R. F., & Weisz, D. J. (1986). Hippocampus and trace conditioning of the rabbit›s classically conditioned nictitating membrane response. *Behavioral Neuroscience, 100,* 729-744. doi: 10.1037/0735-7044.100.5.729

Sporns, O., Tononi, G., & Edelman, G. M. (2000). Connectivity and complexity: the relationship between neuroanatomy and brain dynamics. *Neural Networks, 13,* 909-922. doi: 10.1016/S0893-6080(00)00053-8

Squire, L. R. (2004). Memory systems of the brain: A brief history and current perspective. *Neurobiology of Learning and Memory, 82,* 171-177. doi: 10.1016/ j.nlm.2004.06.005

Thompson, R. F. (2005). In search of memory traces. *Annual Review of Psychology, 56,* 1-23. doi: 10.1146/ annurev.psych.56.091103.070239

Tonegawa, S., Morrissey, M. D., & Kitamura, T. (2018). The role of engram cells in the systems consolidation of memory. *Nature Neuroscience Reviews, 18,* 485-498. doi: 10.1038/s41583-018-0031-2

Tzeng, W. Y., Cherng, C. F., Wang, S. W., & Yu, L. (2016). Familiar companions diminish cocaine conditioning and attenuate cocaine-stimulated dopamine release in the nucleus accumbens. *Behavioral Brain Research, 306,* 146-153. doi: 10.1016/j.bbr.2016.03.034

Tzeng, W. Y., Cherng, C. G., Yu, L., & Wang, C. Y. (2017). Basolateral amygdalar D2 receptor activation is required for the companions-exerted suppressive effect on the cocaine conditioning. *Neurobiology of Learning and Memory, 137,* 48-55.（游一龍教授）doi: 10.1016/j.nlm.2016.11.007

Tzeng, W. Y., Chuang, J. Y., Lin, L. C., Cherng, C. G., Lin, K. Y., Chen, L. H., & Yu, L. (2013). Companions reverse stressor-induced decreases in neurogenesis and cocaine conditioning possibly by restoring BDNF and NGF levels in dentate gyrus. *Psychoneuroendocrinology, 38,* 425-437.（游一龍教授與陳麗仙博士）doi: 10.1016/j.psyneuen.2012.07.002

von Hertzen, L. S. J., & Giese K. P. (2005). Memory reconsolidation engages only a subset of immediate-early genes induced during consolidation. *Journal of Neuroscience, 25,* 1935-1942. doi: 10.1523/ JNEUROSCI.4707-04.2005

Wang, F. B., Liao, Y. H., & Wang, Y. C. (2017). Vagal nerve endings in visceral pleura and triangular ligaments of the rat lung. *Journal of Anatomy, 230,* 303-314.（王豐彬教授）doi: 10.1111/joa.12560

Wang, R. Y., Phang, R. Z., Hsu, P. H., Wang, W. H., Huang, H. T., & Liu, I. Y. (2013). In vivo knockdown of hippocampal miR-132 expression impairs memory acquisition of trace fear conditioning. *Hippocampus, 23,* 625-633.（劉怡鈞教授）doi: 10.1002/hipo.22123

Weng, J. C., Tikhonova, M. A., Chen, J. H., Shen, M. S., Meng, W. Y., Chang, Y. T., ... Ho, Y. J. (2016). Ceftriaxone prevents the neurodegeneration and decreased neurogenesis seen in a Parkinson's disease rat model: an immunohistochemical and MRI study. *Behavioral Brain Research, 305,* 126-139.（何應瑞教授）doi: 10.1016/ j.bbr.2016.02.034

White, N. M., & McDonald, R. J. (2002). Multiple parallel memory systems in the brain of the rat. *Neurobiology of Learning and Memory, 77,* 125-184. doi: 10.1006/ nlme.2001.4008

White, N. M., Chai, S. C., & Hamdani, S. (2005). Learning the morphine conditioned cue preference: Cue configuration determines effects of lesions. *Pharmacology, Biochemistry and Behavior, 81,* 786-796.（故蔡欣志教授）doi: 10.1006/nlme.2001.4008

Wiltgen, B. J., Sanders, M. J., Anagnostaras, S. G., Sage, J. R., & Fanselow, M. S. (2006). Context fear learning in the absence of the hippocampus. *Journal of Neuroscience, 26,* 5484-5491. doi: 10.1523/ JNEUROSCI.2685-05.2006

Wood, E. R., Dudchenko, P. A., & Eichenbaum, H. (1999). The global record of memory in hippocampal neuronal activity. *Nature, 397,* 613-616. doi: 10.1038/17605

Xing, D., Yeh, C. I., Gordon, J., & Shapley, R. M. (2014). Cortical brightness adaptation when darkness and brightness produce different dynamical states in the visual cortex. *Proceedings of the National Academy of Sciences of the United States of America, 111,* 1210-1215.（葉俊毅教授）doi:10.1073/ pnas.1314690111

Xing, D., Yeh, C. I., Burns, S., Shapley, R. M. (2012). Laminar analysis of visually evoked activity in the primary visual cortex. *Proceedings of the National Academy of Sciences of the United States of America, 109,* 13871-13876.（葉俊毅教授）doi:10.1073/pnas.1201478109

Yang, F. C., & Liang, K. C. (2014). Interaction of the dorsal hippocampus, medial prefrontal cortex and nucleus accumbens in formation of fear memory: Difference in avoidance learning and contextual fear conditioning. *Neurobiology of Learning and Memory, 112,* 186-194.（梁庚辰教授）doi: 10.1016/j.nlm.2013.07.017

Yang, Y. P., & Liang, K. C. (2012, October). Region specific c-Fos expression in formation and expression of inhibitory avoidance memory. Paper presented at the meeting of Society for Neuroscience, New Orleans, LA.（梁庚辰教授）

Yeh, C. I., Cheng, M. F., Xiao, F., Chen, Y. C., Liu, C. C., Chen, H. Y., Yen, R. F., ...Schneider, M. B. (2020). Effects of focal radiation on [18F]-Fluoro-D-Glucose positron emission tomography in the brains of miniature pigs: preliminary findings on local metabolic effects. *Neuromodulation.*（葉俊毅教授）doi: 10.1111/ner.13147.

第二章

臺灣實驗認知心理學發展選論：以臺大心理學系爲框架

黃榮村、櫻井正二郎、汪曼穎

　　本文係在《中華心理學刊》六十週年（其前身為 *Acta Psychologica Taiwanica*）之脈絡下，針對臺灣實驗心理學發展所提出之回顧與前瞻論文。本文在臺大心理學系之框架下，先檢視臺灣實驗心理學的黎明時期，也就是 1928 年臺北帝國大學設立時，在當時德國格式塔心理學（Gestalt Psychology）潮流影響下購置多項心理學儀器，臺灣實驗心理學最早所設定的學術方向，顯然呼應了當時的世界潮流。後因日本之南進政策，心理學術發展方向快速配合改弦易轍，日治結束臺灣光復後，臺大心理學系進行具有歷史連續性之原住民研究。之後實驗心理學重新觸接國際學術主流議題，開始發展具有本土獨特性之課題（如中文漢字之認知歷程研究），逐漸整合進入國際學術脈絡。本文也選擇臺大心理學系在視知覺、漢字認知、注意力與記憶、行為決策等類研究，用以析論臺灣實驗心理學界如何在國際化與彰顯本土特色議題間開展研究方向，並說明中華心理學刊在其間所扮演的重要角色。

一　前言

　　本文係在《中華心理學刊》六十週年（其前身為 *Acta Psychologica Taiwanica*）這個脈絡下，對於臺灣實驗認知心理學的發展提出觀察，但是要全面評析臺灣實驗認知心理學之發展，是一件困難的事，需合併參考相關文獻，如《中華心理學刊》過去曾做過類似的嘗試，例如 2013 年 55 卷 3 期的《臺灣認知心理學的流變》特刊，就針對了認知心理學的不同研究主題、方向、方法或社群的貢獻，作出回顧，也有個別研究者的研究回顧（鄭昭明，2011）。為了提供不同的觀點，本文另行選擇侷限在臺大心理學系之框架下做討論，亦即以臺大心理學系為框架，以六十週年的《中華心理學刊》為敘事主軸，兼及相關的歷史與國際因素的說明，有限度地討論臺灣實驗認知心理學的發展。不同的考量會有不同寫法，本文先說明這些撰寫上的限制，以免造成混淆或誤解。採取這種寫法的原因除了有別於既有的努力外，也與歷史因素考量有關，因為本次特刊旨在紀念《中華心理學刊》六十週年，而《中華心理學刊》是在 1973 年，將已發行十五年的《國立臺灣大學理學院心理學系研究報告》（1958 年創刊），轉型為由中國心理學會（現已改名台灣心理學會）發行之機關學刊，惟英文名稱仍沿用 *Acta Psychologica Taiwanica*，一直到 1982 年才改稱 *Chinese Journal of Psychology*，所以就歷史觀點而言，應有必要回到臺大心理學系源頭做一概略敘述，也就是 1928 年以後的臺北帝大心理學講座與臺大心理學系設系之時，這段期間心理學研究的能量在臺大心理學系逐漸萌芽與積累，是臺大心理學系研究報告得以在 1958 年創刊的重要背景。嗣後臺大心理學系作為臺灣的主流心理學系，支撐臺灣的實驗心理學與認知心理學的發展，形成各種研究議題於《中華心理學刊》發表，本文僅選擇若干議題做較為深入的析論。

　　根據所蒐集到的國科會（科技部）心理學門歷次規劃報告資料，1985 年臺灣心理學界講師以上的大學專任教員 84 人，其中實驗與認知類約 18%，受到 1970 年代認知心理學與人類訊息處理潮流之影響，研究主題以人類心智運作歷程為主，至於過去 1960 年代流行的動物學習與條件化歷程研究，已幾乎不再出現。到了 1993 年，臺灣心理學界大學專任教員 157 人，具一般實驗認知興趣者則約為 15%，該一階段的實驗認知研究，以文字知覺、語言處理的腦側化、視知覺研究為主。2018 年統計，全國心理學界專任教師人數已達 383 人，實驗認知領域與認知神經科學的專長則有相當程度的結合，比較難用明確數字說明此時的實驗認知領域教師人數。

　　相對於上述，臺大心理學系的專任教員在 1949 年於理學院創系時共有 5 人，1969 年 12 人，1979 年 13 人，1989 年 16 人，1999 年 22 人，2009 年 22 人，2018 年 24 人。臺大心理學系雖然兼顧各類必要的學術領域，但傳統上仍以實驗認知、人

格社會與臨床心理爲主軸，近年則因神經科學技術與觀點大幅影響實驗認知、社會行爲與臨床病理等研究領域，因此在推動跨領域互動之風氣下，開始聘任較多具有神經生物與神經影像專長的心理學者。

以上的統計數據可以窺知，《中華心理學刊》在 1982 年更名之前以臺大心理學系研究報告的角度進行出版，且其間臺大心理學系的專任教師人數也在全國心理學專任教師人數中占有相當高的比例，臺大心理學系在《中華心理學刊》一甲子發展（尤其前半）扮演極爲核心的角色，以下本文將觀察與說明臺大心理學系的研究發展方向與中華心理學刊的發表軸線，對於臺灣實驗認知心理學領域過去一甲子發展的貢獻。本文因係侷限在以臺大心理學系及《中華心理學刊》爲中心的架構，探討臺灣實驗認知心理學之發展，因此尚有不少重要部分未能列入討論，如曾志朗、洪蘭與其學生及同事組成的研究團隊，數十年來已在臺灣建立起具規模之認知神經科學實驗室，研究成果亦甚豐碩，日後其研究團隊應能自行做出綜合性評論，以明其貢獻，本文無法在此有限篇幅中另作適當之評述，合先敘明。另有龔充文、陳振宇、謝淑蘭、顏乃欣、阮啟弘、吳嫻、鄭仕坤等學者之重要研究成果，或者是一些合於本計畫架構之學者，他們在《中華心理學刊》之外的諸多重要研究發表，這些都沒有納入討論，亦宜在此基礎上予以了解。

二 臺灣實驗心理學之史前史

（一）臺北帝國大學成立緣由

臺北帝國大學創立於 1928 年，係日治時期臺灣唯一的大學。大日本帝國（即在二次大戰戰敗前日本國之自稱）自從明治維新以來致力於近代化及西化，在明治 10 年（1877 年）首先成立東京大學。1886 年（明治 19 年）頒布帝國大學令，將東京大學改稱爲帝國大學。但自 1897 年（明治 30 年）京都也成立帝國大學之後，原帝國大學改稱爲東京帝國大學，新成立在京都的則爲京都帝國大學。而後進入大正時期（1911 年至 1926 年）日本改革開放之聲浪四起（稱爲大正民主），日本帝國政府也逐步在各地（東北、九州、北海道）成立帝國大學，以充實各地高等教育之質量及符合地方民情。至 1918 年（大正 7 年）頒布大學令及 1919 年（大正 8 年）新頒布帝國大學令，加速日本高等教育機構的成立。

臺灣在 1928 年成立帝國大學之前，於 1899 年成立臺灣總督府醫學校（後來在1919 年改制爲臺灣總督府醫學專門學校，之後臺北帝國大學另設正規醫學院之醫學部，並將醫專交由臺北帝大辦理，戰後廢止），1919 年成立臺灣總督府高等商業學

校（後來改稱爲臺北高等商業學校），1919 年也成立臺灣總督府農林專門學校（現爲國立中興大學）等高等教育機構。1919 年臺灣總督府頒布臺灣教育令，統整當時尚無規劃之臺灣教育體系。但在三年後 1922 年即頒布第二次臺灣教育令，主要促使同化教育，亦即針對臺灣學童加強日語教學，將初等教育義務化。

　　在第二次頒布臺灣教育令之後，臺灣也受日本本土民主運動影響，島內外發出要求成立大學的聲音。1924 年第 10 代臺灣總督伊澤多喜男（爲臺灣總督府第一任學務部長伊澤修二之胞弟）設立籌備委員會，並由幣原坦主導籌備（李恒全，2007）。幣原坦在籌備時應該是已經確定，這是一所設立在日本殖民地上的帝國大學，因此細查當時世界各國殖民地所設之大學，擬將臺北帝國大學設計成可以達到國際標準的殖民地大學，後來幣原坦出任第一任臺北帝國大學校長至 1937 年，對於臺北帝國大學初設立與日後發展的影響相當深遠。

　　幣原坦籌設臺北帝國大學校的原始目的爲：「使日本國向南發展，研究南方之人文科學、熱帶及亞熱帶疾病與資源等自然科學相關主題爲主」，這是幣原坦主張以基礎科學爲主之國際標準殖民地大學，與臺灣總督府重視殖民實務之下的折衷結果。臺北帝國大學創校之初分爲文政、理農兩學部，在文政學部中設哲學科、史學科、文學科及政學科四科，在哲學科下設有哲學、哲學史及心理學等講座。日本帝國大學在學制上採用「講座」制，以一個講座中一位教授爲主導，下設助教授、講師或助手。臺北帝國大學心理學講座成員，由當時日本心理學會理事長松本亦太郎推薦，因爲當時日本心理學界元老元良勇次郎 1912 年壯年過逝之後，主要由松本亦太郎一人獨撐大局，所以當時主要心理學講座的教授與成員，或多或少與松本亦太郎有關。

（二）臺北帝國大學心理學講座介紹

　　當年臺北帝國大學心理學講座，教授爲飯沼龍遠，助教授爲力丸慈圓，助手是藤澤茽。他們均自東京帝國大學畢業，是松本亦太郎的學生。其中飯沼龍遠與力丸慈圓都有僧侶身分，這可能也是他們被選中而外派到臺灣的原因之一（高砂美樹，1997）[1]。飯沼龍遠在 1926 年即被臺灣總督府招聘爲教授，隨即被派至德國。雖然至今無法調查得知飯沼龍遠在德國兩年時間，到底進行何種研究、進修或拜會，但仍可依此推知後來臺北帝國大學心理學講座所購置之儀器應該是當時所訂購。（其中現在仍

---

[1]　臺北帝國大學，雖爲一帝國大學，但以當時日本觀點，是屬於因殖民目的在外地設立的帝國大學，正規的日本學術界人士不免會擔心被派遣至此，恐會影響日後的學術生涯發展。日本僧侶爲世襲制度，亦即身爲僧侶最後可能都繼承自家之寺院（日本僧侶均結婚生子），所以具有僧侶身分者，較不必有此類學術發展的考量，派遣至臺灣較無爭議。

遺留在國立臺灣大學心理學之古典儀器詳情，請參見 Spillmann, Yeh, Chen, Liang, & Sakurai, 2017 及 Spillmann, Lin, Sakurai, & Chen, 2017）。

飯沼龍遠、力丸慈圓以及當時的日本心理學界，皆受格式塔（Gestalt）心理學之影響。由臺灣大學心理學系所留存當初之儀器清冊來看，不管當時的日本心理學會松本亦太郎或是被派遣之飯沼龍遠與力丸慈圓等人，對臺北帝國大學心理學講座的期許發展方向，應是基礎實驗心理學，特別是當年流行的格式塔心理學研究。現在留存在國立臺灣大學心理學系的古典儀器中，可見到追隨當時德美等心理學先進國家所配置的設備，如超大型之 Schumann 輪型速視器，是當年 Max Wertheimer 進行假象運動（apparent motion）實驗研究的同一類型機器，是從事格式塔心理學研究的經典儀器。這些貴重儀器約在 1933 年心理學講座的館舍建成後（現在的臺大文學院後棟）正式搬入（飯沼龍遠，1934）。

（三）1934 年至 1943 年心理學講座之成果

前述飯沼龍遠等人建置實驗心理學貴重儀器時所思考的實驗室方向，與後來臺北帝國大學開創之時的重點方向（亦即「南方的人文科學」研究），其實有所不同。更具影響力的恐怕是 1930 年發生了震驚臺灣及日本內地的「霧社事件」，該一事件不但顛覆了日本帝國的「理蕃」政策，也使「民族心理學」因緣巧合的，成為新成立之臺北帝國大學心理學講座的首要研究標的。當時民族心理學最具影響力的研究是來自馮德（Wilhelm Wundt）的晚年著作《民族心理學》（Völkerpsychologie 或 Folk Psychology），在日本則由桑田芳藏於 1918 年出版的《ヴントの民族心理學》（馮德之民族心理學）一書中，介紹其大要。

桑田芳藏在其著作中分析馮德的民族心理學，認為馮德經由觀察及歸納世界不同文化，把人類文明大略分為四種：原始人、圖騰時代、英雄及神的時代、人間態，馮德認為原始人基本上與現代人類無異，但其社會僅限以家庭為主，他以當時發現之澳洲原住民及非州叢林人（Bushmen）為其近似例，認為當時已無純粹的原始人。圖騰時代的社會文明則進步到較以血緣為核心的群居形態，但也與其他群體間有婚姻交流，對於各種未知事物均設定神或靈，並發展出代表自己的圖騰。英雄及神的時代的社會文明成為實體上或分工上的組織，這樣的社會需要英雄與神，也發展出各種不同階級與工作，形成都市與非都會之區分，要有各種律法來約束大眾。人間態則近似想像中的烏托邦或是未來世界，世界最後變成一個國家、文明及宗教。

桑田芳藏在日本為研究馮德民族心理學第一人，二十世紀在日本民族心理學或是馮德的民族心理學，均由桑田芳藏的著作中獲得資訊，這在臺北帝國大學心理學講座也不例外。臺北帝國大學哲學科自 1934 年至 1943 年為止，每年出版《臺北帝國

大學哲學科研究年報》。在其中心理學講座貢獻了 7 篇論文（6 篇與原住民有關），分別為：飯沼龍遠、力丸慈圓與藤澤茽（1934）〈高砂族の形態の記憶と種族的特色とに就いて〉（On the tribal characteristics of the Formosan aborigines as seen in their memory of figure）、藤澤茽（1936）〈色彩好悪と色彩記憶ー関係並びに民族的の現象に就いて〉（Relationship between colour-preference and colour-memory and racial phenomena connected with colour-preference）、飯沼龍遠（1937）〈形態盤成績の民族的相違〉（Racial difference in the form-board test）、力丸慈圓（1937）〈臺灣に於ける各民族知能検査〉（Intelligence test applied to children of different races in Formosa.）、藤澤茽（1939）〈高砂族の行動特性（その一）：パイワンとルカイ〉（Action characteristics of Takasago tribes, (I) Rukai and Paiwan）、藤澤茽（1942）〈未開民族の叱責〉（Parental rebuke among primitive peoples）。

　　本文接著以飯沼龍遠（1937）、力丸慈圓（1937）及藤澤茽（1942）為例，看看他們進行了什麼樣的實驗，以及他們受到馮德之民族心理學影響的情況。首先，飯沼龍遠（1937）利用「型態盤」（類似「魏氏智兒童力測驗」中的圖形設計測驗）為工具測量日本人、臺灣漢人及原住民之智力，指出原住民兒童智力最低，他進一步認定是天性使然，並將研究結果與稍早霧社事件的發生做結合，認為這起事件一部分是肇因於原住民族的「筋肉性格」，認為脾氣激烈與低耐性的民族特色，以及思考能力低落，都是促成泰雅族（以前未區分出太魯閣族與賽德克族）反抗殖民政府的原因之一。飯沼龍遠把原住民兒童智力發展歸究於天性，相較於馮德民族心理學將四種時期比喻為人類發展階段，更為激進。在力丸慈圓（1937）的研究中，則以八種非文字智力測驗（「田中 B 式團體智力測驗」的一部分），針對日本人、臺灣漢人及原住民兒童的智力進行測量。結果也是相較於日本人與臺灣漢人，原住民智力表現是較差的。原住民之間的成績比較則以阿美族最高，泰雅族最低。力丸慈圓認為差異性除了來自其原本能力外，同時也懷疑測量工具對於兒童的適合性，並未如飯沼龍遠一般歸因於民族天性，但仍分族群來探討其間關係，顯然仍受馮德民族心理學的影響。至於藤澤茽（1942）利用的實驗方法，則是延續 Dembo（1931）的取花實驗，設計一個情境，讓實驗參與者在其中想辦法拿到實驗中位於遠處的花，但取花的規則設下陷阱，使得參與者按規則無法取得而讓參與者挫折，進而引發其憤怒情緒。但是藤澤茽的實驗結果發現：不論是固執地反覆嘗試同樣方法取花，既無法成功又不願放棄的泰雅族人；消極逃避的賽夏族人；一副猜疑的樣子站在框內動也不動的排灣族人；或者是嘗試著各種方法，在整個實驗進行過程中都奮力不懈的魯凱族人；在這幾個受測族群的受試者中，沒有一個參與者被引發出憤怒的情緒與表現。雖然藤澤茽的實驗不如其預期，但由其實驗設計可以看出受到馮德民族心理學的影響深遠。

（四）1943 年至 1960 年

　　自 1943 年之後，臺北帝國大學哲學科再也沒有出版研究年報。此時戰局對日本已相當不利，臺北帝國大學可能已無繼續研究之動能。1944 年臺北遭受盟軍空襲，市區傳出相當的損失，因此臺北帝國大學的人員、儀器及圖書等，陸續避難到郊區，也仍有一些來不及避開而遭受損失的情況。1945 年 8 月日本對盟軍無條件投降，結束了第二次世界大戰，同時也結束臺灣長達 50 年的日本殖民時代。同年 10 月，由中華民國政府來接收臺灣所有日本殖民的公務機關，包括臺北帝國大學。但是當時接收臺北帝國大學的人員中，並沒有心理學相關專家，先前臺北帝國大學心理學講座之空間，則由學校哲學系接管。

　　臺北帝國大學在接收以後改名為國立臺灣大學，並將學部改成學院，轉換之初共有 6 個學院 22 個系。後來在 1949 年由蘇薌雨教授為首，與陳大齊、鄭發育等人一起創立心理學系。其中鄭發育為實驗心理學者（見圖 2-1），生於 1916 年 10 月，為臺灣臺南市人，早年進入臺南第二公學校升學至臺南第二中學（現今之臺南一中），後留學日本第八高校（舊制）。因為在日本舊制數字高校（從第一到第八）類似帝國大學預科，其畢業人數較各帝國大學每年招收人數還少，因此可升學到舊制數字高校的學生，除非志在特定帝大之講座，否則均可就讀帝國大學。鄭發育在 1937 年自第八高校畢業後未立即升學，在各地觀察後，較喜愛京都帝國大學校風，於 1939 年進入京都帝國大學哲學系，並在 1941 年底以雙眼立體視覺相關論文取得學士學位，隔年 4 月升入該校大學院（研究所）繼續深造。但 1946 年因戰後時局混亂，舉家回臺灣，回臺灣以後獲聘國立臺灣大學哲學系講師。1949 年心理學系成立時，就任創系之講師。

圖2-1　鄭發育教授（左1935年臺南二中畢業紀念冊，右1991年，櫻井正二郎拍攝）

　　在國立臺灣大學心理學系創立之初，臺灣政局仍然動盪不安，各項經費、資源均極端缺乏。故早期的實驗心理學研究非常克難，今以鄭發育回臺最早期的研究來說明。鄭發育在 1952 年發表兩篇研究於《臺灣之風物》刊物，其中一篇爲〈高山族的色彩好惡〉，目的在複驗藤澤莊（1936）的實驗，且所使用工具就是一般水彩及圖畫紙；另一篇爲〈高山族的智力測驗〉，是複驗力丸慈圓（1937）的研究，與力丸慈圓同樣也是利用「田中 B 式團體智力測驗」來施測。同年鄭發育在《傅故校長斯年先生紀念論文集》中，發表利用羅夏克墨漬研究原住民個性之研究，這個研究也是複驗臺北帝國大學心理學講座藤澤莊（1939）的研究。接下來到 1960 年之前，鄭發育與林憲、陳珠璋、倪亮等臨床、教育、測量的學者，合作出版多篇心理測驗相關論文，幾乎沒有再進行實驗工作。這些論文包括鄭發育、楊有維（1954）及鄭發育（1955a，1955b），是針對臺肥工廠進行各項心理測驗的報告；又如鄭發育、陳珠璋、林憲與張肖松（1958）進行賽夏族之性格研究，湯叔貞與鄭發育（1959）及鄭發育與彭瑞雨（1960）進行大學生人格特質之研究。直到 1958 年《國立臺灣大學理學院心理學系研究報告》（*Acta Psychologica Taiwanica*）創刊，鄭發育才再恢復實驗心理學的研究發表，就在 *Acta Psychologica Taiwanica* 第一卷連發了兩篇英文報告，分別爲 Cheng（1958a）〈Learning as dynamic function of habit strength and field-structure〉，以及 Cheng（1958b）〈The effects of stomach distention on thirst: The value of using a variety of measures〉。

　　由以上鄭發育一系列的論文來看，明顯可出這一段時間的國立臺灣大學心理學系的處境與資源。尤其在最早期，如 1952 年的論文，都僅在複驗臺北帝國大學心理學講座的研究，且工具僅利用日常生活可取得的，或是臺北帝國大學心理學講座遺留的物品。在《國立臺灣大學理學院心理學系研究報告》創刊之前，則聯合臨床及心理測驗研究人員，翻譯或研發本土可用的測驗。在這個時期也可見其資源投入是相當有限的，且部分資源可能來自臺肥等半公營事業主。到了 *Acta Psychologica Taiwanica* 創刊時，鄭發育發表的兩篇論文，分別使用大小白鼠、多分支迷津、史基納箱（Skinner box）等，可能均爲新購置之儀器，且也恢復了實驗研究。

三　臺灣大學心理學系的實驗心理學研究主軸

（一）漢字認知研究

　　1960 年代中期國際學界認知心理學的進展逐漸成形，Ulric Neisser 在 1967 年出版《認知心理學》（*Cognitive Psychology*）一書，替這股進展定了一個新名，並界定

了什麼是認知心理學研究的範圍（Neisser, 1967）。這時也正是劉英茂教授對條件化歷程，提出重要看法的時候，尤其是 1964 年在 *Psychological Review* 上指出，工具性學習中有古典（或正統）條件化歷程存在，並提出條件化歷程的二成分理論；以及 1968 年在 *Journal of Experimental Psychology* 上指出，條件化歷程乃係類化作用的一個現象，不過這篇論文卻已是他告別條件化歷程（conditioning）研究的關門著作。

　　1970 年則是劉先生第一次在臺大心理系研究所，講授 Ulric Neisser（1967）全書的時候。國際思潮要能具體被察覺到且能落實在臺灣，需要有當代綜合評論的專書當為上課材料，且要有具國際性格的學術研究者來推動，當時臺灣心理學界正好就有這個機會，Ulric Neisser 剛好寫出這本相當有觀點也能蔚為潮流的專書，劉英茂教授剛好也在臺大心理學系且剛設博士班。條件化歷程在時代潮流的沖刷下逐漸淡退，主因之一是與當時流行的認知心理學主體觀念互相衝突，亦即認知心理學特別強調的主動性（active）與組織性（organizational）兩種概念。在此同時，臺灣心理學界也感受到國際學術趨勢走向的影響，逐漸從動物研究與傳統的實驗心理學，跳到強調人類自主認知層面的研究（黃榮村，2013）。

　　迫於時勢或者是體認到國際潮流，劉英茂教授在 1970 年代之後轉往認知心理學研究，開始收集中國語文基礎資料，為未來蓬勃發展的中文與漢語認知研究鋪路，並在 1975 年主催出版四萬中文字詞頻率的統計，是早期從事中文字詞認知研究者必備之工具書，可說是本國倡導認知心理學教學與研究的第一人。中文語詞統計資料的建立，幫助由動物學習轉進人類學習主題的心理學者，在運用中文刺激作為學習記憶研究的素材時，可以合理控制與規劃刺激的安排（Liu, 2013）。劉英茂教授帶領臺大心理學系的同事與學生（劉英茂、莊仲仁，1970，1971），進行這類研究，建立了從 2,000 名參與者蒐集的 1,200 中文字的意義度（meaningfulness）評定資料，以及（強／弱）語意聯想字常模，發表在《中華心理學刊》，其後許多研究也建立較小規模的中文常模資料庫，幫助相關研究主題的開展與材料控制，例如，600 個中文字的聯想字常模（胡志偉、高千惠、羅明，2005），198 個動詞的（相互）聯想強度常模（莊仲仁，1972）等。

　　劉英茂教授（劉英茂、莊仲仁、王守珍，1975）也以專書方式，出版建立在 88 萬字語料之上的中文詞頻資料庫，後續許多以中文當為素材或中文處理的語言與心理學研究，都依賴這些基礎資料進行研究，或者發展出更多的資料庫。劉英茂教授與其他有志於中文認知研究的學者，因為一些重要的語言心理學議題，必須透過操弄或控制一些重要參數（如：字頻、詞頻、部件組成、鄰字等）的方式進行研究（劉英茂，1978），所以需要建立這些基礎字詞統計的資料庫。但是在建構資料庫的過程中，也往往發現需要同時處理棘手的重要語言心理議題，例如：羅明、胡志偉及曾昱翔

（2012）於中華心理學刊發表一套部件與鄰字分析的應用資料庫，他們的部件分析軟體提供了漢字的部件組成與鄰字分析，但是由於中文字的「部件」迄無理想的定義方式，羅明等人雖然先採取「部首」以及「不屬於部首的部分」，做為拆解部件的初步定義，隨即又發現需要加入額外算法，以幫助拆字表現更為貼近一般人對於漢字部件的知覺。

　　以上的例子協助說明，中文語言認知的心理學研究所需處理的研究議題，其實具有高度複雜性，然而中文語言認知研究仍然在臺大心理學系一些關鍵教師的推動下蓬勃發展，其中也涉及其他的時代背景因素。Noam Chomsky 提倡語法的深層結構源於人類心智本能，反對行為主義對於語言的研究取向，實徵的語言心理學（Psychology of Language）研究受其影響，而約在 1950 年代後期開始發展，並且在 1960 年代蓬勃盛行。換言之，劉英茂教授於 1960 年返回臺大心理系任教時，他所協助臺大心理學系銜接的重要國際研究熱潮，除了認知心理學外，尚包括語言的心理學研究，並自此影響許多臺大心理學系師生在實驗認知心理學方面的研究方向。由此一角度，若以劉英茂教授為緣起，則可繪製其所指導碩博士學生的衍生關係圖（見圖 2-2），此圖希望能夠呈現的是以臺大心理系為研究培育起點並且取得博士學位、在實驗認知心理學相關的理論與應用領域從事研究的研究者，包括由劉英茂教授直接指導研究的研究者（層級一）、層級一於臺大心理學系指導其研究的研究者（層級二），以及接受層級二在臺大心理學系指導的研究者。此處的「指導研究」包含碩博士論文，以及與研究助理的研究合作及指導關係。

　　圖 2-2 研究者任教就職場域，涵蓋臺灣各大學心理學系以及延伸領域系所（如：臨床心理、教育、傳播、國內外業界等），而其中在臺灣大學心理學系任教者，也持續培育更多博士級的實驗認知心理學者，顯示劉英茂教授以及臺大心理學系，具體為臺灣實驗認知心理學的人才培育與延伸應用，所作出的貢獻。我們也另外特別指出，圖 2-2 的色彩標示並不代表這些實驗認知心理學研究者的整體研究發表能量或者影響力，所代表的是他們在《中華心理學刊》的研究發表足跡。圖 2-2 可以看出，除了少數幾位在《中華心理學刊》的著作產量較豐（包括劉英茂、鄭昭明、吳瑞屯、許文耀、黃榮村），以及在業界任職者比較沒有在《中華心理學刊》作發表之外，其他研究者以《中華心理學刊》為研究出口的情況普遍而且大致平均。這個觀察顯示，在地默默耕耘的《中華心理學刊》獲得這些研究者的研究挹注，同時也是這些研究者所重視的研究發表出口。

　　因為圖 2-2 的目的是從劉英茂教授與臺大心理系的出發點，來呈現《中華心理學刊》的發展，所以圖 2-2 納入的研究者僅為臺灣心理學界實驗認知領域學者的一部分，很多極具影響力的學者及／或其譜系很遺憾都無法列入，例如曾志朗教授因曾接

受劉英茂教授指導碩士論文而納入，但是圖 2-2 依所定原則只放入曾志朗教授在臺大心理學系客座時所指導的碩士生，並無法涵蓋其所培育的其他實驗認知心理學／認知神經科學研究學者。圖 2-2 也受限於採取研究指導關係的認定標準，例如謝淑蘭教授雖然曾任臺大心理系助教，圖 2-2 也沒有納入，而在臺大心理學系接受碩士論文指導但後續沒有取得博士學位的研究者也沒有納入。簡言之，圖 2-2 為了呈現臺灣大學心理學系與《中華心理學刊》的視角，而有其極大的限制性在，例如未能臚列國內其他的實驗認知心理學研究學者，也沒有辦法考量各位研究者在《中華心理學刊》以外的研究貢獻。

不過在 1978 年以前，臺灣的語言心理學研究比較集中於探討語言對於行為的影響。劉英茂（1978）回顧了 39 篇以中文為刺激材料或探討中文語言特徵的研究，歸納為三種方向，其中大部分是「語文影響人類行為的研究」（例如：詞配對的聯想強度／結構，詞的心像特性對於對聯學習的影響等），較少是語文行為的觀察研究（例如：兒童語言發展的觀察），語文行為的內在歷程研究也十分有限（例如：字詞間隔、文章標題對於文章理解的影響等）。

臺灣中文認知研究的里程碑則是劉英茂教授在 1978 發起，於臺大舉辦的「第一屆中國語文的心理學研究研討會」，此一研討會的啟動至為重要，因為它凝聚了許多華人實驗認知心理學者的力量，也讓臺灣的實驗認知心理學研究可以聚焦一個重要的本土性議題。曾志朗教授當時也從美國回國出席該次研討會，之後也參與推動這個系列的後續研討會。第四屆研討會後的出版品 *Cognitive aspects of the Chinese language*（Liu et al., 1988）則為首度在該會議系列相關的正式名稱中，出現「認知」（cognitive）字眼，但在此時乃至之前的研討內容，其實早已廣泛探討到中國語文的認知層面議題。這個會議後來也擴展到東亞語言，其目的則是放眼所有語言系統之認知運作，該研討會後來轉型為 ICPEAL（International Conference on the Processing of East Asian Languages），分別在臺灣、香港、中國、澳洲、日本、韓國各地輪流舉辦，歐美國家研究者亦熱心參與。迄今已歷 17 屆，於 2018 年 10 月 19-21 日在臺大舉辦，歡度 40 週年。

中文的認知心理研究能夠激發當時許多研究者熱忱，其中有一個重要的原因，亦即中文和西方語言有著多面向的差異，使得中文的語言認知研究可以為語言認知的若干議題提供具獨特性的資料，研究發現的意義與重要性自然容易彰顯，讓處於學術邊陲且資源不寬裕的臺灣實驗認知心理學，得以與國際接軌，提供了兼具研究理想及可行性的方向。以下將以漢字的認知研究中，臺大心理學系發表在中華心理學刊場域的議題為例，說明漢字獨特構字（orthographic）特徵所引導出的研究與方向。

有些重要的中文認知研究議題的出發點，與研究者希望用中文研究提供跨語

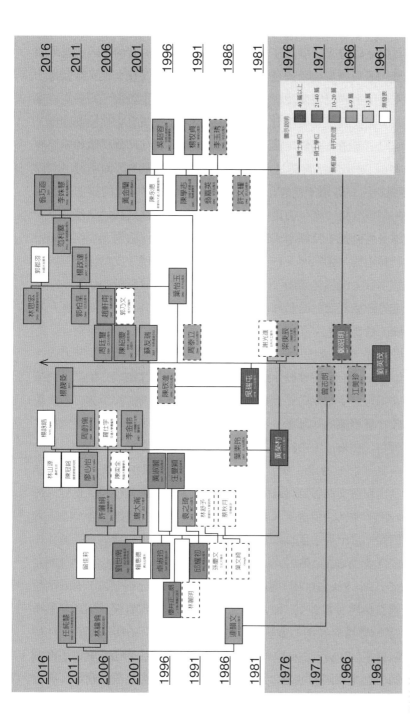

圖2-2 劉英茂教授（在臺灣大學心理學系時期）指導碩博士論文之家族關係圖。圖中垂直時間軸代表論文完成年分（下方一早，上方一晚），每個方框內的年分為該研究者在中華心理學刊發表其在臺大心理學系接受研究指導受指導的層級（博士為實線框，碩士為虛線框，研究助理無框線）。方框內機構為本論文撰稿時（2018～2019間）該研究者的任職機構。受篇幅所限，本圖揭示的研究者均為取得博士學位並在往實驗認知心理學相關的理論與應用領域發展者，其中層級一研究者由劉英茂教授指導研究，層級二研究者由層級一研究者在臺大心理學系指導研究，層級三研究者由層級二研究者在臺大心理學系指導研究。此處所稱的「指導研究」包含碩博士論文與研究助理的研究合作與指導關係。

言資料有關，但後續自然演變成為獨特的議題。例如，語音轉錄（phonological recoding）是短期記憶研究的一個重要議題，研究者爭論語言項目的記憶是否經由語音編碼後儲存，但這類研究證據來自拼音文字為主，非拼音文字的證據有限，鄭昭明（1978）於是比較語音清晰與語音混淆列表，發現語音清晰列表視覺呈現後的回憶，優於語音混淆列表，支持漢字的記憶涉及語音轉錄。但是鄭昭明也發現，不論是以字或字音的方式回憶列表，記憶表現並無差異，顯示漢字的非語音訊息也在協助回憶，才能克服同音字造成的記憶混淆。雖然短期記憶的語音轉錄議題在理論文獻相對已有些定論（Baddeley, 1986），但漢字辨認是否必經語音轉錄的議題也因而萌發（高尚仁，1982）。與此相關的另一個例子是鄭昭明（1981）嘗試驗證中文的辨認，是否展現如同西方文獻中的詞優效果，結果發現中文詞優效果以及部件辨認的字優效果。雖然這些效果的展現本身可能並不特別令人驚訝，但是詞優與字優效果不受字的筆畫數影響，而受詞（字）頻影響，鄭昭明（1981）因而認為這些發現，支持漢字需經屬性與部件分析才能觸接字義，同樣也鋪陳了漢字辨認是否必經語音編碼的議題。在這些例子裡，起初的研究思考或許源於希望採取中文材料來豐富西方研究文獻，卻在獲得一些與漢字結構相關的效應後，引發了具有本土獨特性的議題以及後續研究。

以下本文將就兩方面的漢字構字（orthography）特性來說明相關的研究方向。首先，漢字的意符（logographic）特性將字的視覺訊息集中於方塊區域（但部件之間有空間的區隔），而非拼音文字的字母序列排列，漢字的方塊特性使得筆畫、部件與整字三個層級間，形成知覺組織的「部分—整體關係」。就整體字形結構與組成部件之間形成組織的關係而言，Huang（1984）發現中文閱讀者在唸字時，可能把一個合體字讀成其組成部件（如「好」讀成「女」「子」），這種（部件）知覺（與整字結構）分離的現象，容易出現在文義脈絡（semantic context）低（文義脈絡從低到高順序：單字＜詞＜句子）或字頻低的情況下，其他實驗作業—例如：錯覺組合（illusory conjunction）、部件偵測，也出現了部件的知覺分離，且字形結構的型態會影響部件的知覺可分離性（Huang & Wang, 1992）。葉素玲與李金鈴等人（Yeh, Li, & Chen, 1997; Yeh, Li, & Chen, 1999; Yeh, 2000）運用相似性矩陣，集群分析方法，有效地說明漢字具有幾種知覺整體結構（如水平、垂直、包含等），並以視覺搜尋驗證整體漢字結構的心理影響。字形結構的類型的確影響部件的解離，水平結構漢字的部件偵測表現優於垂直字與包含字（Wang, 2002），而漢字饜足（持續注視後感覺字不像個字）的時間也具字形結構差異，同樣地是以水平結構漢字，最快產生饜足現象（鄭昭明，2011）。水平結構（相對其他結構）中部件的空間區隔比較明確而一致，是否因此協助部件的知覺表徵形成（Wang, 2002），造成水平結構漢字的整體組織性弱，則待未來研究。

　　中文字這種部件與整字的知覺組織關係，可能影響整字與部件知覺表徵相對的形成速度，而有可能因而對於字彙觸接歷程產生複雜影響。例如，漢字腦側化（lateralization）研究發現，字彙判斷作業的字形促發效果有左視區優勢（楊牧貞、鄭昭明，1992；鄭昭明，2011）；Tzeng、Hung、Cotton 及 Wang（1979）則指出，右腦側化的發現與左腦擅長系列處理而右腦擅長整體處理有關。但是腦側化的研究發現並不一致（Fang, 1997），特別是部分研究未能操弄字頻這個對於語言處理極具影響力的變項，造成結果解釋的困難（吳瑞屯、楊馥菱、林維駿，2013）。汪曼穎等人（Wang, Kuo, & Cheng, 2011）發現，中文複合字（如同臉孔）引發右腦較（左腦）強的 N170 倒立效果，顯示中文的一些右腦側化效果也有可能反映的是知覺組織層次的效應，而非字彙觸接歷程的特性。

　　中文有另一個重要構字特性，亦即部件具有不同的構字功能。複合漢字多由表意部件（semantic radical）和表音部件（phonetic radical）共同組成；表意部件（主要是字典部首）原則上與整字的字義有關，表音部件原則上與整字的唸音有關。不過表意部件只能描繪字義的範疇，提示整字明確意義的線索效能（cue validity）並不理想，加上單字多義情況普遍，表意部件的字義提示效果更顯得有限。表音部件對整字唸音提供線索的程度與方式，包括有整字完全相同、只有聲調不同、韻母相同、聲母相同與整字唸音無關等幾種可能（Zhou & Marslen-Wilson, 1999），有可能比表意部件更為精確地提示整字唸音或唸音的範疇。這些漢字構字特性引導研究者發現兩個重要而穩定的實驗室效果（劉英茂等人，2003），其一是表音部件與整字唸音相同的規則字，會比不規則字的唸字速度較快，出現所謂的規則性效果（Seidenberg, 1985），但方聖平等人（Fang, Horng, & Tzeng, 1986）並未發現規則性有顯著影響，反而發現了一致性效果，也就是與目標字具有相同表音部件的其他字，彼此的唸音是否一致會影響唸字速度，一致性高者唸字速度較快。胡志偉與吳瑞屯等研究者則發現規則性與一致性的影響皆會出現，但限於影響低頻字唸字時間（陳德祐、吳瑞屯，1993；Hue, 1992）。規則性與一致性效果的研究，與拼音文字的構字鄰項（neighbor）（Andrews, 1989, 1992）及語音鄰項（Peereman & Content, 1997）的研究文獻有密切關連，後續研究也開始釐清鄰項（neighborhood）成員多寡及其他的鄰項效應（陳紹慶，2008；劉英茂、陳紹慶、蘇友瑞，2003）。規律性效果顯示次部件單元被激發的可能性，也銜接了促發典範的研究文獻（吳瑞屯、陳欣進，2000, 2003）。這兩個效應的發現，是一個重要的開端，後續因研究設計以及研究結果複驗的問題，而引發許多結果可靠性的爭議（吳瑞屯、陳欣進，2000；吳瑞屯、楊馥菱、林維駿，2013），或是漢字辨認是否必須經過語音轉錄議題的辯論。《中華心理學刊》成為這個研究社群內，對於資料穩定度與理論嚴謹度討論的重要發表平臺，

也啟發了源源不斷與西方文獻銜接的研究成果。

　　如何把字彙（知識）觸接的效應與知覺或其他歷程的效應分離討論，則是一個棘手的問題，劉英茂等人（Liu, Wu, & Chou, 1996）提出將漢字作業中決策歷程成分區隔出來的方法，然而漢字知覺注意力層次的效應是否及如何區隔，是否可助釐清一些不一致的研究發現，過往研究則少有論及。葉素玲與蕭惠文合作的證據顯示，繁體字閱讀者對於漢字的知覺處理更為整體導向（holistic）（Liu et al., 2016），而根據劉英茂、蘇友瑞及陳紹慶（2001）估計，繁體漢字的有效表音率為 29%，低於周有光（1978）對於簡體字有效表音率（39%）的估計值，此統計特徵的差異是否可能造成簡體字讀者較繁體字讀者更為仰賴部件對於唸音的提示功能，並降低對於整字格式塔的仰賴程度？另一方面，漢字閱讀者也能覺察漢字部件功能與其位置的相關性（表意部件在左／上，表音部件在右／下），他們對部件的知覺敏感度反映了他們對於位置共變的了解，並受到字頻以及作業目標是否需要字的影響（Wang, 2006; Wang & Ching, 2009）。這類的知覺層次效應不只是一種語言學習歷程對語言結構敏感度的表現（Romberg & Saffran, 2010），也顯示字知覺歷程可能與字彙觸接的歷程有緊密關係。

　　研究者對漢字認知研究的興趣起於漢字的獨特構字特徵，漢字獨特構字特徵為漢字辨識研究鋪陳了一個具有高度理論視野的研究場域，也啟發後續研究自然地與西方文獻接軌。但漢字構字與統計特性歷經長久演化，其豐富土壤仍然具有可供研究者未來發掘更多的研究機會與議題，並藉以銜接國際研究，同時豐富本土的研究社群。過去透過中國語文心理學研究研討會的啟動與持續演進，促使臺大心理學系在這個領域擔任領導角色的研究者，可以獨立於西方研究社群而自主發展。中華心理學刊曾經也可望持續提供發表園地與當為傳播媒介，協助漢字認知研究形成一個具有本土特性的認知心理學研究主題與社群，也期許這個領域能以更開放兼容的視野，帶動具有本土特色的研究議題不斷演化與成長。

（二）視知覺歷程

　　1928 年以後設立的臺北帝大（臺大前身），受到當時格式塔學派風行的影響，曾購置不少感官功能測量與視知覺儀器，包括速視器與假象運動儀器，但旋即因日本以臺灣為基地推動南進政策之故，心理學的研究走向大幅調整，轉往具有民族性比較目的（如原住民、漢人與日本人之比較）的智力、性格、行為與色彩偏好等類研究，事實上並未真正啟動傳統實驗心理學的研究。1980 年以前鄭發育與劉英茂皆曾做過相關的視知覺研究，鄭發育 1941 年在京都大學提出學士學位論文時，主題是像差與深度知覺的關聯性，但 1949 年到臺大心理學系任教後，並未繼續這方面研究。劉英

茂則在早期指導過學生做錯覺研究，惟尚無系統性之走向與議題，整體而言，臺大心理學系早期的視知覺議題主要為教學目的而非研究。1970-1990 年代因國際認知心理學影響力大增，語言處理的認知議題逐漸普及，視知覺研究先以文字知覺為主，至於語言處理的腦側化與語音轉錄的流行議題，則係屬於廣義的實驗認知領域。

　　1980 年代中期，臺大心理學系開始發展出較具系統性之一般性視知覺的教學與研究。此時以四本通用的專書當為建構視知覺教學與研究之系統性框架：(1) Cornsweet, T. N. (1970). *Visual Perception*. New York: Academic Press. 這是一本傳統的視覺與心理物理學的入門專書，重視物理與生理層面，強調時間與空間之互動，但亦不排除由上往下之影響，如錯覺。(2) Marr, D. (1982). *Vision: A Computational Investigation into the Human Representation and Processing of Visual Information*. Cambridge, MA: MIT Press. 這是第一本全面探討計算視覺的革命性經典著作，本書對 James Gibson 的生態視覺理論相當友善（Gibson, J. J. (1979). *The Ecological Approach to Visual Perception*. Boston: Houghton Mifflin.），視之為計算視覺的同行。臺灣一向並無這類生態視覺的研究，但日本實驗心理學界一向熱絡，可能是因為日本特別重視機器人設計與流行棒球運動之故。(3) Rock, I. (1985). *The Logic of Perception*. Cambridge, MA: MIT Press. 本書更重視將視知覺視為問題解決之由上往下歷程，在錯覺輪廓的研究上最為深入，書中充滿作者聰明的想像。(4) Spillmann, L., & Werner, J.S. (1989) (Eds.). *Visual Perception: The Neurophysiological Foundations*. San Diego, CA: Academic Press. 這是一本邀集當時最具代表性的研究者，分群對最前沿的視知覺研究議題所做之綜合評析。

　　這四本書只是當為訓練的框架，在此框架上再去發展進一步的研究方向與議題。當時最早的實驗議題為「立體視覺與網膜影像的配對歷程」、「有關假目標問題之雷射試驗」與「立體視覺下雙眼配對的神經模型」（櫻井正二郎，1985，1992；櫻井正二郎、黃榮村，1986）。該系列研究除測試立體視覺之基礎假設外，並實際以不同的算則針對隨機點圖，做出成功的立體視覺模擬，為臺灣第一例。本系列與之後的研究，基本上環繞幾個主軸，以實驗探討網膜影像配對與像差偵測問題，依此檢視「立體視覺基本假設」的合理性，並廣泛探討立體視覺之低階計算與高階調控機制，分別在各種知覺屬性上予以測試。

　　所以 1980 年代中期以後發展出來的視知覺研究走向，一類是注重由下往上與由上往下之互動（top-down and bottom-up interaction），這種思考是傳統實驗認知心理學最流行的想法，也是過去長期以來錯覺研究的實驗與詮釋主流，與訊號察覺理論（Signal Detection Theory）中，所提出 d'（刺激能量）與 β（反應偏誤）的交互影響，在精神上是共通的。另一類與傳統心理學思考偏離較遠，但越來越有影響力的，

則是 David Marr 所倡議的計算視覺（computational vision），以低階視覺的訊息運算為主，不強調由上往下之主觀影響。1980 年代中期以後，臺大心理學系的視知覺研究，大體反應了國際上這兩種主流，後來在 1990 年代以後，視知覺歷程更強調大腦機制之運作，已由單一細胞與猴子的電神經生理研究，逐漸加入人體腦區造影與相關神經網絡之運作，但在主要議題的處理主軸上，看來則仍以該二取向為核心，輔以相關的神經影像或激發電位分析。

值得提出的是，採互動觀點的視知覺研究者，也比較願意關心視覺訊息中，意識與無意識內容互動的動態歷程，以及注意力扮演的角色。對低階視覺訊息處理與相對應之神經機制較感興趣者，則更關心腦區運作與計算模式議題。以臺大心理學系為發展框架的視知覺研究，包括知覺填補、知覺組織、跨感官知覺、意識與無意識處理及其互動、圖形辨識中的長距與短距機制及其互動、圖形屬性偵測、對比偵測、人臉知覺與對稱性辨識等，皆是視知覺長久以來的重要議題，但僅有其中的少部分發表於《中華心理學刊》（汪曼穎、黃榮村，2002；唐大崙、黃榮村，1998；黃榮村、唐大崙、袁之琦、黃淑麗、櫻井正二郎，2011）。

臺大心理學系多年來的努力，促使研究議題、技術與模式建構上得以與國際同步，這些努力包括葉素玲與陳建中積極的與歐美大學及研究機構合作，如加州理工學院、UC Berkely、Smith-Kettlewell Eye Research Institute、牛津大學等地，日本則有京都大學、東北大學、RIKEN 等地，都有緊密合作與研究生交流及指導，而且熱心參與國際會議，有助於提升臺大心理學系視知覺研究的能見度，如與 APCV（Asia-Pacific Conference on Vision）、ECVP（European Conference on Visual Perception）、ARVO（Association for Research in Vision and Ophthalmology）等卓富盛名的視覺與視知覺年會緊密連接，尤其是陸續在臺灣主辦 APCV 年會，對臺灣視覺研究水準與聲望的提升，具有重要的促進作用。該一國際合作模式得以成功的原因之一，係因葉素玲在高階視知覺研究方面，以及陳建中在低階／中階視覺領域，皆已有多年的個人國際合作成果，且具互補性，因此在臺灣學術界整體而言已日趨國際化之大趨勢下，造就了以臺大心理學系為核心所發展出的視知覺研究國際化。

（三）注意力與記憶研究

早期臺大心理系在尚未以認知心理學之名開設必修課程以前，皆以「學習與記憶」教授動物學習與條件化歷程、人類學習與記憶（以語文學習為主）、極短期短期與長期記憶機制等項為主，是一種強調實驗設計、變項操弄的傳統實驗心理學，尚未強調學習主動性與記憶之主觀組織性，亦未真正應用新格式塔學派（neo-Gestalist）的觀點與分析方式，但在認知心理學勃興之後，授課與研究走向有了大幅改變。另外

在一般記憶與情緒記憶的神經機制研究方面，臺大心理學系則在梁庚辰等人之推動下，分別以動物模式與人類神經影像方式，展開系統性的研究。

　　臺大心理學系對於注意力與記憶的研究，以融入主流國際研究議題為主流發展方向，A＆P（注意力與知覺）研討會由 2000 年開始舉辦（龔充文，2013），臺大心理學系相關教師也多有參與，對於發展出具國際視野的研究主題提供重要的推動力量，這些研究由《中華心理學刊》管道的發表較為有限，包括探討關於表徵特性對選擇的影響以及表徵與注意力控制的互動（葉怡玉等人，2013），或是選擇性注意力的基礎（Chou & Yeh, 2005）等。在記憶研究方面，鄭昭明教授針對 Larry Jacoby 歷程分離程序的記憶測量提出質疑以及系列性研究（黃金蘭、鄭昭明，2000；鄭昭明、黃金蘭，2012），此一主題並可參見鄭昭明（2011）對於其學習記憶之意識與無意識歷程測量的回顧。

　　雖然在注意力與記憶或是知覺、思考等研究議題的研究上，臺大心理學系的實驗認知領域學者近年多以國際期刊為主要出口，但是有一些攸關實驗認知心理學本土發展的基礎研究工作，還是會以《中華心理學刊》為主要發表平臺。除了先前提到各種中文字詞資料庫（劉英茂，2013）外，也包括情緒刺激資料庫（梁庚辰、廖瑞銘、孫倩如，2013）。這個資料庫係來自梁庚辰所推動的強化情緒研究基礎，包括建立情緒刺激的心理與行為常模資料，這是有鑑於情緒訊息的接收、處理與表達經常受到文化影響，但國內長期以來欠缺植基於本地文化的刺激常模，因此推動該一資料庫的建立。梁庚辰的倡議於 2007 年獲得當時國科會心理學門召集人廖瑞銘的支持，開始了「情緒標準刺激與反應常模的基礎研究」計畫，當時召集了注意力、記憶及其他認知心理學領域為主的各校心理學研究者，共同建置了「臺灣地區華人情緒與相關心理生理資料庫」，並於 2013 年將成果集結發表於《中華心理學刊》的專輯（梁庚辰、廖瑞銘、孫倩如，2013）。資料庫中對於各種情緒刺激材料進行大規模（常模）資料蒐集，涵蓋的情緒刺激類型包括表情（陳建中、卓淑玲、曾榮瑜，2013；龔充文、黃世錚、葉娟妤，2013），情緒圖片（顏乃欣、廖瑞銘、楊建銘、黃淑麗、蔡介立，2013），情緒詞（卓淑玲、陳學志、鄭昭明，2013；鄭昭明、陳英孜、卓淑玲、陳學志，2013），情緒隱喻詞（陳學志、詹雨臻、馮彥茹，2013），笑話（鄭昭明、陳學志、詹雨臻、蘇雅靜、曾千芝，2013），音樂（陳一平、林智祥、蔡振家，2013），以及短片（梁育綺、謝淑蘭、翁嘉英、孫蒨如，2013）。

（四）佛洛伊德與臺大心理學系

　　在《中華心理學刊》創刊的前後時期，佛洛伊德是心理學的代表性人物。作者之一就讀大學當年，臺灣精神醫學界仍處在不可能忽略精神分析的時代，讀心理學系

而對精神病理與佛洛伊德沒興趣，那是不可思議的。在那個年代，心理學的學習與記憶實驗研究，仍以功能走向爲主流，生物與分子層次都還在起步階段。作者之一因佛洛伊德而轉入臺大心理學系，但轉系之後卻發現實驗心理學無人談他，佛洛伊德與臺大心理學系的關係恐怕根本是個假議題。早期的學習與記憶教科書都會提到知覺防衛（perceptual defense）與潛抑（repression）的功能，以及對情緒字眼或禁忌字（taboo words，如與性有關字眼）的防衛作用，可以提高視覺辨識閾與皮膚電反應（GSR）的研究發現（McGinnies, 1949; Howes & Solomon, 1950），有趣的是這些研究竟未引用佛洛伊德的著作。

之後則是一連串對精神分析理論不利的發展，1953 年發現睡眠的快速眼球運動（REM）階段，可用來解釋作夢的非動機特徵；1952 年左右抗精神病藥物（如 chlorpromazine）的發明，「生物精神醫學」（biological psychiatry）開始萌芽；二戰後對性與女性的時代壓抑力量大幅減弱，所謂轉化型歇斯底里症狀（以女性爲主）大量減少；科學時代更爲重視實證與可否證性。這些因素讓學界（不包括文化藝術界）逐漸避談佛洛伊德。

但是避談並不等於不需了解。佛洛依德的理論放在當代實驗認知心理學的脈絡下，仍有值得探究的議題：

1. 佛洛伊德的心靈理論衍生自「夢的解析」，並發展成一套首尾一貫前後相容的認知心理學論述，認爲所有的心理行動皆有其因，且在腦中有內在表徵。該一理論包括精神分析學兩大基本假設，第一爲心理歷程的運作主要是潛意識的，意識性思考與情緒是例外而非原則；第二則是在腦部的運作機制下，心理活動不可能只是雜訊，不會只是碰巧發生，而是盯緊著科學定律走。特定來講，心理事件遵循精神決定論，一個人記憶內的觀念連結，與其一生的實際事件有因果性的關聯，每一個精神事件受到在它之前發生的實際事件所決定。觀念的連結不只影響有意識的心理生活，也主宰了潛意識部分，但它們走的是腦內極爲不同的通路。

2. 佛洛伊德放棄早期所主張的心智生物模式，認爲腦部發生的事件並不會導致（cause）心理事件，心理事件與腦部事件是平行運作的；懷疑高等認知功能可以分殊化到腦內特定區域或腦區的組合。換句話說，佛洛伊德不相信功能分區（functional localization）的講法。該一觀念讓佛洛伊德得以自由去思考心智的功能模式，而不必煩惱意識與潛意識功能的特定腦區在哪裡，他因此得以簡單的將其心智模式建立在三個抽象的神經網路上，每一個都有不同的特性來作不同的功能：一個負責知覺，一個管記憶，一個處理意識。這三個系統都不需定位到特定的腦區。

3. 佛洛伊德原先放棄心智的生物模式，目的乃係爲了處理臨床實務上之潛意識慾望

（unconscious desire，特指其無意識的情緒層面），並在 1900 年寫出《夢的解析》（*The Interpretation of Dream*），主張做夢是因為有潛意識有動機性的力量驅動，在夢中經過偽裝以達到願望的滿足。該理論建立在當時不完整的神經學知識上，神經元（neuron）祇有興奮而無抑制，若未作功消耗掉該能量，則依當時流行 von Helmholtz 之能量守恆原理，會延續到夜間，在控制力薄弱時跑出來，稱之為「夢乃願望滿足之歷程」。科學史家與科學哲學家屢以該理論難以在實證科學框架下予以否證，因此認為其並非科學理論。但在 Aserinsky 與 Kleitman（1953）於 *Science* 期刊發表快速眼球運動期睡眠（REM-sleep）的發現之後，就遭到否證。假如作夢主要來自晚上四、五個睡眠週期中的快速眼球運動（REM）所驅動，而 REM 又是規律性的自發性的由橋腦等幾個部位所驅動，則整個作夢過程可說自主性很低，泰半由腦部之自發性機制所驅動。如此則認為作夢是因為有動機性的力量（如願望之達成、嬰孩期被壓抑的性驅力、早期創傷經驗、白天的事件等），才會啟動的想法，就很可疑，而且應該被取代才對。也就是說，半個多世紀之後，佛洛伊德有關夢之產生的理論，已經在新的科學證據下可以被否證了，亦即做夢以「沒目的」為原則「有動機」是例外，佛洛伊德理論在此對比下，是可否證的。Crick 與 Mitchison（1983）則進一步提出，做夢乃是清除雜訊之腦部機制，以免妨礙正常訊息的處理。

4. Kandel（1999, 2012）認為現代生物學可以參與精神分析的幾個領域，當年佛洛伊德認為科學進展尚不足以建構心智的生物模式，因此自行發展出潛意識與心智結構的理論，現代生物學應可嘗試回答佛洛伊德提出的重要問題。如在佛洛伊德的原來主張中，無意識心智歷程（unconscious mental processes）可以分成底下三類：(1)「被壓抑的潛意識」（the repressed Unconscious；id, repressed parts of the ego）；(2)「一般的無意識心理活動」（preconscious unconscious），係指在集中注意力之下可進入意識，與海馬（hippocampus）及前額葉（prefrontal cortex）關係密切，是整合內隱記憶（implicit memory）與外顯記憶（explicit memory）的重要機制，也是協調整合 ego 與 superego 之處；與 (3)「程序性無意識」（procedural unconscious），係指未被壓抑亦無內在衝突，但屬於自我的無意識部分（unconscious parts of the ego），如先前事件在古典（或正統）條件化歷程中，與另一事件形成有效連接後，可以取代該事件之效果，亦即 CS 取代了 UCS 引發 UCR，這種連接過程正如技巧的程序學習，一般都是無意識的。從現在的科學發展而言，對後兩項的腦部機制了解較多，對當為精神分析主體之潛抑性質的潛意識仍了解甚少。

佛洛伊德的理論在今日看來，仍有值得實驗認知心理學做比對與建立觀點之處，

如做夢機制已有新解，但具潛抑性質的潛意識機制則仍難有科學性了解，還有佛洛伊德對腦部功能分區以及腦部事件是否可以導出心理事件的看法，也是當前認知神經心理學需要嚴肅面對的課題。近來有些理論討論呼應這些看法，認為佛洛伊德的系統並不悖離現代神經科學的實證證據及理論體系。例如在休息狀態活躍的預設模式網絡（default mode network）（Beckmann, DeLuca, Devlin, & Smith, 2005），可能可以連結佛洛伊德理論中與自我（ego）有關的次級歷程，對於腦活動形成一種階層式的調控與優化（Carhart-Harris & Friston, 2010），而皮質下（subcortical）腦部位的神經活動可以視為能量來源，意識經驗是皮質的記憶學習歷程對這些能量建構出的表現形式（Solms & Panksepp, 2012）等。臺大心理學系與臺灣實驗心理學界，未來若能在這方面的議題提出具系統性的看法或分析架構，將兼具歷史與科學意義。

（五）決策與選擇行為

由臺大心理學系出發的實驗心理學傳統，在高階的思考、推理、與問題解決議題上，陸續有所建樹，例如探討概念學習時策略選擇的影響因素（Liu & Shieh, 1975）、關係推理時選擇以形式或內容進行的影響因素（Liu & Mou, 1977）、特徵的共同／特殊性及可分離性對於類比推理的影響（Chao & Liu, 1983）、目標差異（找原因 vs. 找因果規則）對科學推理時能否發現交互作用的影響（李佩璇、連韻文，2015），也提出了較傳統的發散性思考定義更為合適的的創造力指標（「新角度假設的產出」）（林緯倫、連韻文、任純慧，2005）。這些研究與《中華心理學刊》同樣秉持嚴謹的學術高標，比較可惜的是，這些議題迄今尚未能見到系統性的發展。另外在實驗心理學史與認知科學的基礎議題（如命題式 vs. 心像式表徵）及論辯上，不管是教學或研究皆尚未能有更為深入與具系統性的發展。

這些推理與思考心理學的研究方向，相當程度受到實驗認知心理學的傳統所影響，而人類的決策與選擇行為研究者中，Duncan Luce 也是由此一傳統出發，從心理物理學推論出選擇公設（Luce, 1959）。後來 Herbert Simon 主張由於認知能量的限制，理性是有界的（bounded rationality），做最適化而非最大化之處理（Simon, 1955, 1956），與一般強調利益極大化的經濟理性不同，為後來「展望理論」（Prospect Theory; Kahneman & Tversky, 1979）的發展，提供了豐富的背景。這些屬於在該時代影響深遠的流行理論，可惜中華心理學刊是直到最近才開始有相關的研究發表（楊政達、游如淇、張文乘，2016）。

展望理論（prospect theory）同樣是由認知心理學的傳統出發，對於過往蔚為主流的經濟學規範模式（normative model，如 expected utility theory）提出很多批判，強調對得失有極為不同的認知評估方式，對同一實質問題做正面或負面框述會產生

不同行為效應等項，包括他們對 heuristics 與 biases 的研究在內，是決策與選擇行為研究文獻的經典論文，引發了許多經濟學者與心理學者的意見交流以及蝴蝶效應。1987 年解嚴前後因籌組臺大教授聯誼會，作者之一熟識經濟學系不少同仁，大約那段期間密西根大學 Clyde Coombs 來訪，因為我們都念過他與 Amos Tversky 編寫的專書（Coombs, Dawes, & Tversky, 1970），書中就有一章是〈Individual Decision Making〉，Amos Tversky 那時已是實驗心理學界知名研究者，做了不少重要研究，尤其是 Tversky（1969）與 Tversky（1972）這兩篇論文，都是我們給研究生上課時的重要書單。因此就安排 Clyde Coombs 到經濟學系做他擅長的決策行為有關 Unfolding Theory 的演講。安排的人是陳師孟，他那時的專業是總體經濟學，對理性預期理論特別有興趣與研究，跟作者說他沒認得幾位心理學家，但看過一篇登在 *Econometrica* 的展望理論。我們以前與一般心理學家一樣，不太看經濟學刊物，就像經濟學家不太看心理學刊物一樣，這一說就去查出來，是 Kahneman 與 Tversky 寫的（Kahneman & Tversky, 1979），提出的是不確定性下理性決策的描述性模式（a descriptive model of rational decision under uncertainty），強調認知因素（而非祇是規範性的極大值計算）之介入，且不符合期望效用模式的預測。這類理論在詮釋經濟行為的規範模式群中（normative models），做出了革命性的大認知偏移（Great Cognitive Shift）。

　　剛好那時作者之一有兩個做決策與選擇行為的研究生，一位是碩士生林舒予，另一位是博士生邱耀初，我們就一起研讀這篇論文，他們也想出不錯的點子，完成了學位論文（分別是 1988 年有關偏好逆轉的碩士論文，1991 年有關風險決策的博士學位論文）。1980 年左右本文作者之一去哈佛大學 Duncan Luce 與卡內基美隆大學 Herbert Simon 處，已知他們與 Clyde Coombs 及 Amos Tversky 之間在研究上的緊密關聯性，有趣的是後來才發現 Clyde Coombs 是 Amos Tversky 在密西根大學讀博士時的指導教授。Daniel Kahneman 則在 2013 年 3 月底來到臺灣，有過不同意見的交流，那時臺灣正在討論核四公投，我們在迪化街討論若以正面或負面描述方式，書寫同樣內容的公投題目，可能會造成投票上的什麼差別，他甚有所感，因為這就是他與 Amos Tversky 所提的框架效應（framing effect），可以應用到核能電廠的公投上，但未進行公投未知開票結果之前，他們的預測是否能夠再度驗證，是很難說的。2018 年 7 月上旬，現任 Society for Neuroeconomics 理事長史丹佛大學心理系的 Brian Knutson 到臺灣，問他 Amos Tversky 過世後，有無同樣專業的教授繼續他的位置，他說，沒有。另外兩位也做出重大貢獻的 Herbert Simon 與 Duncan Luce 皆已辭世，Daniel Kahneman 也退休一陣子了，就這樣，有歷史傳承意義的一代，大約過去了。

　　由神經決策角度出發提出的「軀體標記假說」（Somatic Marker Hypothesis,

SMH），則對於決策與選擇行爲中的情感因子提供了重要的理論基礎。Antonio Damasio 主張情緒對決策行爲具有正面功能，並且可在無意識下引發軀體標記，來趨吉避凶（Damasio, 1994）。軀體標記假說是一個極具革命性的見解，認爲情緒引發之軀體反應有趨吉避凶之功用，被視爲是決策行爲的正面促進力量，也讓情緒的角色再獲彰顯，並讓理性與感性互動的科學議題得以開展。理性與感性之互動，是古典議題重返當代科學研究的亮點，正如 Francis Crick 在 30 來年前提倡視覺意識與相對應的神經機制（Crick, 1994），讓意識議題重返科學舞臺一樣，情緒已成爲認知科學研究必須納入的基本元素。

　　爲了證實其理論，Antonio Damasio 與同事設計了在決策理論與應用研究領域都極爲風行，也極有影響力的愛荷華賭局作業（Iowa Gambling Task, IGT; Bechara, Damasio, Damasio, & Anderson, 1994）。在此革命性的 SMH 與 IGT 發展過程中，邱耀初的學生林錦宏在梁庚辰幾位老師的課堂上知道了 SMH，之後與邱耀初研討，秉持過去長期對行爲決策學研究精神的了解，以及實驗心理學所一向揭櫫的實驗批判思維，兩人發現利用 IGT 在正常人與腹內側前額葉皮質部（vmPFC）受損病人（正常的情緒機制受損）上，所獲得具有相當不同差異的決策選擇結果，與過去所知道的行爲決策研究結果不能相容之處甚多，研究的實驗方法也有很多可議之處，因此提出完全不同的假說與實驗予以區分並測試，與 Antonio Damasio 研究團隊的思考方向非常不同，並提出不同的預測模式與實驗結果。我們另並於 2012 年 8 月開始到 2015 年底期間，在 *Frontiers in Psychology* 開闢「Iowa Gambling Task: 20 Years After」專題，陸續刊出 24 篇評審論文，後來彙集成冊出版（Huang, Chiu, Lin, & Duann, 2018）。Antonio Damasio 也是這個論文集我們所寫之 Editorial 的主審者。就這樣，以決策與選擇行爲爲例，可以略述從臺大起頭的臺灣實驗認知心理學，如何因緣際會，花了幾十年才對接的國際接軌與轉換的過程。

四 以臺大心理學系爲框架發展出來的實驗認知心理學：本土與國際化特色及幾個建議

　　日治時期的臺北帝國大學心理學講座受日本心理學研究的指引，當時日本心理學者深受德國格式塔研究與馮德的民族心理學影響，也緣此反映在心理學講座的研究方向上；嗣後臺灣的實驗心理學，則與英美的實驗認知心理學發展有深刻的接軌。中國語文的心理學研究催化出具有本土認知心理學特色的研究議題點，對此議題有興趣的臺大心理學系教師，循《中華心理學刊》的發表場域進行發表與傳播，也進入到

國際場域。知覺與注意力研究，則以《中華心理學刊》爲輔，國際發表爲主，也促成臺灣與國際學會合辦大型年會活動，如 ASSC（Association for the Scientific Study of Consciousness, 2008）、APCV（Asia-Pacific Conference on Vision, 2010, 2017）、ICCS（International Conference on Cognitive Science, 2017）；另與日本京都大學、東北大學與東京大學的雙邊研討會，亦皆於過去及近期內持續召開。此外，臺灣心理學界藉著在臺大、政大與成大三地，分別設立科技部支援的神經影像中心，與國際學界展開密集的學術互訪及合作。這些專業活動及其內容，說明了臺灣實驗認知心理學數十年來的國際學術互動，可與過去所進行的教學研究工作做一對照，以明其活躍的發展軌跡。

過去認知神經科學、認知科學與意識研究，在傳統上比較集中在視覺、語言與控制歷程上，也是傳統實驗認知心理學之主要課題，但現在則開始以較大努力研究情緒與認知之間的關聯，也反映在神經決策學、神經美學及新一代 AI 的研究方向上，國科會與科技部亦長期專題支助情緒資料庫的建置，這是一件與過去建立語彙資料庫類似的重要工作，其影響力將會逐漸擴散出來。

從前面以臺大心理學系爲框架所解析的發展史看來，在以國際標準爲標竿的大學發展方向下，臺北帝國大學的心理學講座剛開始是嚮往格式塔心理學（Gestalt Psychology），可惜沒眞正參與，臺灣大學心理學系在精神分析盛行時則有意避談佛洛伊德，在條件化研究卓然有成後轉往認知心理學，開始學習觸接國際主流，發展特色項目，研議可應用領域與技術（如神經心理、人體工學、應用視聽覺、儀表與排程設計等），實質與國際接軌，在視覺、注意力與控制歷程、語言學習與記憶（尤其是中文處理機制）、漢字知覺與決策行爲上的表現最爲清楚，現在也開始以較大努力研究情緒與認知之間的關聯。之後還建構神經影像與腦電圖技術之應用，參與國際流行的新興議題，如意識與無意識、情緒與認知以及新一代 AI 之研究。但主要還是需要研究是否可能發展出一套面目清楚的觀點與哲學，或可稱之爲臺大觀點。如我們對腦分區活動與行爲之間的關聯性認定、情緒非線性特性如何影響認知的主張、新 AI 的心智與情緒學習、跨感官經驗的意識產生機制，以及低階視覺機制是否即已足夠詮釋人類高階知覺與美感經驗等項，皆宜有清楚的科學主張。

臺灣實驗認知心理學在相關主題領域的應用性研究上，曾經做過多項工作，涉及的主題包括有語言知覺與人因工程（如中文輸入法、儀表設計、飛航人員心理能力測試）、心理聲學與環境決策（如噪音與聽覺、汙染與自然災害之環境決策）、臨床與工商心理學之實驗認知心理學應用等項，其應用價值爲何，是否值得繼續投入，也是值得探討的未來議題。

至於臺灣實驗心理學界如何彰顯本土特色議題與具有社會應用性及社會實踐性

的議題，也是大家關切的。除了最具特色的中文漢字認知歷程研究議題外，尚有多項具有社會關連性及臨床相關之實驗議題，如本地獨具之場景錯覺（九份二山傾斜屋、臺東水往上流、小綠人等）、華人文化對知覺的影響（如場地依賴性與華人性格的關聯）、理智與情感的互動機制（以臺灣特有的藍綠、統獨與反核問題爲分析驗證對象）等項，細究這些問題之後，可能發展出一套有系統的哲學與主張出來。

參考文獻

力丸慈圓（1937）：〈臺灣に於ける各民族兒童智能檢查〉。《臺北帝國大學哲學科研究年報》，4，412-472。

吳瑞屯、陳欣進（2000）：〈中文辨識與唸字作業中字音字義促發效果的比較分析〉。《中華心理學刊》，42，65-86。

吳瑞屯、陳欣進（2003）：〈漢字辨認與唸讀裡的形似促發字相對出現頻率效果〉。《中華心理學刊》，45，75-95。doi: 10.6129/CJP.2003.4501.05

吳瑞屯、楊馥菱、林維駿（2013）：〈跨越單字辨識歷程研究裡的語音處理議題〉。《中華心理學刊》，55，289-318。doi: 10.6129/CJP.20130608

李佩璇、連韻文（2015）：〈發現交互作用困難嗎？—「探究目標」對於大學生發現變項間交互關係的影響〉。《中華心理學刊》，57，245-260。doi: 10.6129/CJP.2012.5402.07

李恒全（2007）：〈臺北帝国大学設立計画案に関する一考察：幣原坦の設立構想を中心に〉。《神戸大学大学院人間発達環境学研究科研究紀要》，1，45-64。

汪曼穎、黃榮村（2002）：〈整體診斷性與複雜度對物體辨識之影響〉。《中華心理學刊》，44，190-210。

卓淑玲、陳學志、鄭昭明（2013）：〈臺灣地區華人情緒與相關心理生理資料庫—中文情緒詞常模研究〉。《中華心理學刊》，55，493-523。doi: 10.6129/CJP.20131026

周有光（1978）：〈現代漢字聲旁的表音功能問題〉。《中國語文》，146，172-177。

林緯倫、連韻文、任純慧（2005）：〈想得多是想得好的前提嗎？探討發散性思考能在創意問題解決的角色〉。《中華心理學刊》，47，211-227。doi: 10.6129/CJP.2005.4703.02

胡志偉、高千惠、羅明（2005）：《六百個中文字的自由聯想常模》。臺北：台灣心理學會。

唐大崙、黃榮村（1998）：〈象限訊息對視覺辨識之影響〉。《中華心理學刊》，12，177-193。

桑田芳藏（1918）：〈ヴントの民族心理學〉。東京：文明書院。

高尚仁（1982）：〈中國語文的心理與研究〉。見高尚仁、鄭昭明（主編）：《中國語文的心理學研究》，頁1-47。臺北：文鶴出版公司。

高砂美樹（1997）：〈大学における心理学研究室の開設と専門教育の拡大〉。見佐藤達哉、溝口元（主編）：《通史日本の心理学》，頁208-219。京都：北大路書房。

梁育綺、謝淑蘭、翁嘉英、孫蒨如（2013）：〈臺灣地區華人情緒與相關心理生理資料庫—標準化華語版情緒電影短片材料庫與主觀評量常模〉。《中華心理學刊》，55，601-621。doi:

10.6129/ CJP.20121121

梁庚辰、廖瑞銘、孫蒨如（2013）：〈「臺灣地區華人情緒刺激常模資料」專輯序言〉。《中華心理學刊》，55，i-xv。

莊仲仁（1972）：〈聯想結構在語文學習中的作用〉。《中華心理學刊》，14，67-91。

陳一平、林智祥、蔡振家（2013）：〈以情緒感受為基礎的音樂情緒資料庫〉。《中華心理學刊》，55，571-599。doi: 10.6129/CJP.20130420b

陳建中、卓淑玲、曾榮瑜（2013）：〈臺灣地區華人情緒與相關心理生理資料庫—專業表演者臉部表情常模資料〉。《中華心理學刊》，55，439-454。doi: 10.6129/CJP.20130314

陳紹慶（2008）：〈中文字鄰項特性與聲旁—發音對應關係〉。《中華心理學刊》，50，223-239。doi: 10.6129/CJP.2008.5003.01

陳德祐、吳瑞屯（1993）：〈中文字頻對形聲字音旁作用的干涉效果〉。《中華心理學刊》，35，67-74。

陳學志、詹雨臻、馮彥茹（2013）：〈臺灣地區華人情緒與相關心理生理資料庫—中文情緒隱喻的刺激常模〉。《中華心理學刊》，55，525-553。doi: 10.6129/CJP.20130112b

湯淑貞、鄭發育（1959）：〈臺灣學生人格特質之比較研究〉。《測驗年刊》，7，38-42。

飯沼龍遠（1934）：〈臺北帝國大學心理學研究室の落成〉。《心理學研究》，9，195-196。

飯沼龍遠（1937）：〈形態盤成績の民族的相違〉。《臺北帝國大學哲學科研究年報》，4，343-420。

飯沼龍遠、力丸慈圓、藤澤茽（1934）：〈高砂族の形態の記憶と種族的特色とに就いて〉。《臺北帝國大學哲學科研究年報》，1，81-119。

黃金蘭、鄭昭明（2000）：〈歷程分離程序的檢驗：「包含／排除」與「包含—標示」作業對意識與無意識記憶的分離〉。《中華心理學刊》，42，17-36。

黃榮村（2013）：〈從條件化歷程到條件化推理〉。《中華心理學刊》，55，245-253。doi: 10.6129/CJP.20130526a

黃榮村、唐大崙、袁之琦、黃淑麗、櫻井正二郎（2011）：〈立體視覺之低階運算與高階調控〉。《中華心理學刊》，53，1-20。doi: 10.6129/ CJP.2011.5301.01

楊牧貞、鄭昭明（1992）：〈中文字彙知識的腦側化：字彙判斷作業〉。《中華心理學刊》，34，1-7。

楊政達、游如淇、張文乘（2016）：〈利用系統多因子技術檢驗視聽訊息的認知處理歷程〉。《中華心理學刊》，58，89-107。doi: 10.6129/CJP.20150704

葉怡玉、趙軒甫、黃揚名、郭柏呈、楊政達、郭郡羽、林思宏（2013）：〈表徵於選擇的角色〉。《中華心理學刊》，55，319-342。doi: 10.6129/CJP.20130525

劉英茂（1978）：〈中國語文的心理學研究：國內近年來的發展〉。《中華心理學刊》，20，1-4。

劉英茂、莊仲仁（1970）：〈一千二百個本國文字有意義度之評定〉。《中華心理學刊》，12，33-52。

劉英茂、莊仲仁（1971）：〈一千二百個本國文字有意義度之評定—續〉。《中華心理學刊》，13，75-190。

劉英茂、莊仲仁、王守珍（1975）：《常用中文詞的出現次數》。臺北：六國出版社。

劉英茂、陳紹慶、蘇友瑞（2003）：〈在中文唸名上的規則性及一致性效果〉。《中華心理學刊》，45，29-46。doi: 10.6129/CJP.2003.4501.03

劉英茂、蘇友瑞、陳紹慶（2001）。《漢字聲旁的表音功能》。高雄：復文圖書出版社。

鄭昭明（1978）：〈漢字記憶的語言轉錄與字的回譯〉。《中華心理學刊》，20，39-43。

鄭昭明（1981）：〈漢字認知的歷程〉。《中華心理學刊》，23，137-153。

鄭昭明（2011）：〈不忽略主流學術的趨勢、不盲從一般流行的看法：研究生涯的回顧與反思〉。《中華心理學刊》，53，115-148。doi: 10.6129/ CJP.2011.5302.01

鄭昭明、黃金蘭（2012）：〈「自我意識」與「無自我意識」記憶的機制：當代記憶分離研究的匯聚證據〉。《中華心理學刊》，54，47-66。doi: 10.6129/CJP.2012.5401.04

鄭昭明、陳英孜、卓淑玲、陳學志（2013）：〈華人情緒類別的結構分析〉。《中華心理學刊》，55，417-438。doi: 10.6129/CJP.20130319b

鄭昭明、陳學志、詹雨臻、蘇雅靜、曾千芝（2013）：〈臺灣地區華人情緒與相關心理生理資料庫─中文笑話評定常模〉。《中華心理學刊》，55，555-569。doi: 10.6129/CJP.20121026

鄭發育（1952a）：〈高山族的色彩好惡〉。《臺灣風物》，2(2)，4-5。

鄭發育（1952b）：〈高山族的智力測驗〉。《臺灣風物》，2(4)，2-4。

鄭發育（1955a）：〈描繪測驗〉。《臺肥五廠工友心理測驗報告》（未出版）。

鄭發育（1955b）：〈臺肥五廠工友心理測驗結論〉。《臺肥五廠工友心理測驗報告》（未出版）。

鄭發育、陳珠璋、林憲、張肖松（1958）：〈賽夏族性格之研究〉。《中國民族學報》，2，25-32。

鄭發育、彭瑞雨（1960）：〈人格之特質與知覺防衛機構之形成〉。《國立臺灣大學理學院心理學系研究報告》，2，50-59。

鄭發育、楊有維（1954）：〈臺肥五廠工業心理（適性）測驗簡介〉。《測驗年刊》，1，32-35。

顏乃欣、廖瑞銘、楊建銘、黃淑麗、蔡介立（2013）：〈臺灣地區華人情緒與相關心理生理資料庫─臺灣情緒圖片系統〉。《中華心理學刊》，55，477-492。doi: 10.6129/CJP.20130303

羅明、胡志偉、曾昱翔（2012）：〈C-CAT2：中文正體與簡體字、構字部件及鄰近字分析軟體〉。《中華心理學刊》，54，243-252。doi: 10.6129/CJP.2012.5402.07

藤澤茽（1936）：〈色彩好惡と色彩記憶─関係並に民族的現象に就いて〉。《臺北帝國大學哲學科研究年報》，3，487-522。

藤澤茽（1939）：〈高砂族の行動特性（その一）：パイワンとルカイ〉。《臺北帝國大學哲學科研究年報》，6，310-427。

藤澤茽（1942）：〈未開民族の叱責〉。《臺北帝國大學哲學科研究年報》，8，147-179。

櫻井正二郎（1985）：《立體視覺與網膜影像的配對歷程》（未出版碩士論文）。國立臺灣大學心理學研究所，臺北。

櫻井正二郎（1992）：《立體視覺下雙眼配對的神經模型》（未出版博士論文）。國立臺灣大學心理學研究所，臺北。

櫻井正二郎、黃榮村（1986）：〈有關假目標問題之雷射試驗〉。《中華心理學刊》，27，105-112。

龔充文（2013）：〈管窺臺灣心理學界過去十年在注意力與知覺領域之研究〉。《中華心理學刊》，55，359-380。doi: 10.6129/CJP.20130722

龔充文、黃世琤、葉娟妤（2013）：〈臺灣地區華人情緒與相關心理生理資料庫—大學生基本情緒臉部表情資料庫〉。《中華心理學刊》，55，455-475。doi: 10.6129/ CJP.20121226

Andrews, S. (1989). Frequency and neighborhood effects on lexical access: Activation or search? *Journal of Experimental Psychology: Learning, Memory, & Cognition, 15,* 802-814. doi: 10. 1037// 0278-7393.15.5.802

Andrews, S. (1992). Frequency and neighborhood effects on lexical access: Lexical similarity or orthographic redundancy? *Journal of Experimental Psychology: Learning, Memory, & Cognition, 18,* 234-254. doi: 10.1037/0278-7393.18.2.234

Aserinsky, E., & Kleitman, N. (1953). Regularly occurring periods of eye motility and concurrent phenomena during sleep. *Science, 118,* 273-274. doi: 10.1126/ science.118.3062.273

Baddeley, A. D. (1986). *Working Memory.* Oxford: Oxford University Press.

Bechara, A., Damasio, A. R., Damasio, H., & Anderson, S. W. (1994). Insensitivity of future consequences following damage to human prefrontal cortex. *Cognition, 50,* 7-15. doi: 10.1016/0010-0277(94)90018-3

Beckmann, C. F., DeLuca, M., Devlin, J. T., & Smith, S. M. (2005). Investigations into resting-state connectivity using independent component analysis. *Philosophical Transactions of the Royal Society of London B: Biological Sciences, 360(1457),* 1001-1013. doi: 10.1098/rstb.2005.1634

Carhart-Harris, R. L., & Friston, K. J. (2010). The default-mode, ego-functions and free-energy: a neurobiological account of Freudian ideas. *Brain, 133(4),* 1265-1283. doi: 10.1093/brain/awq010

Chao, C., & Liu, I. M., (1983). Common and specific features being dissociable or nondissociable as affecting analogical reasoning. *Chinese Journal of Psychology, 25,* 1-12.

Cheng, F. Y. (1958a). Learning as synamic function of habit strength and field-structure. *Acta Psychologica Taiwanica, 1,* 116-130.

Cheng, F. Y. (1958b). The effects of stomach distension on thirst: The value of using a variety of measures. *Acta Psychologica Taiwanica, 1,* 144-152.

Chou, W. L. & Yeh, S. L. (2005). Object-based inhibition of return: Evidence from overlapping objects. *Chinese Journal of Psychology, 47,* 1-13. doi: 10. 6129/ CJP.2005.4701.01

Coombs, C. H., Dawes, R. M., & Tversky, A. (1970). *Mathematical Psychology.* Englewood Cliffs, New Jersey: Prentice-Hall.

Cornsweet, T.N. (1970). *Visual Perception.* New York: Harcourt College Pub.

Crick, F. & Mitchison, G. (1983). The function of dream sleep. *Nature, 304,* 111-114. doi: 10.1038/304111a0

Crick, F. (1994). *The astonishing hypothesis: The scientific search for the soul.* New York: Scribner. doi: 10.1097/00005053-199606000-00013

Damasio, A. R. (1994). *Descartes' error: Emotion, reason, and the human brain.* New York: G. P. Putnam's Sons. doi: 10.7202/051028ar

Dembo,T. (1931). Der Ärger als dynamisches Problem. *Psychologische Forschung, 15*(1)*,* 1-44.

Fang, S.-P. (1997). Morphological properties and the Chinese character-word difference in laterally patterns. *Journal of Experimental Psychology: Human Perception and Performance, 23,* 1439-1453. doi: 10.1037/0096-1523.23.5.1439

Fang, S.P., Horng, R.Y., & Tzeng, O. (1986). Consistency effects in the Chinese character and pseudo-character naming tasks. In H.S.R. Kao and R. Hoosain (Eds.), *Linguistics, psychology, and the Chinese language* (pp 11-21). Hong Kong: University of Hong Kong Press.

Gibson, J. J. (1979). *The ecological approach to visual perception.* Boston: Houghton Mifflin.

Howes, D. H., & Solomon, R. L. (1950). A note on McGinnies'"Emotionality and perceptual defense." *Psychological Review, 57,* 229-234. doi: 10.1037/h0061684

Huang, J. T., & Wang, M. Y. (1992). From unit to Gestalt: Perceptual dynamics in recognizing Chinese characters. In H.-C. Chen and O.J.L. Tzeng (Eds.), *Advances in Psychology: Vol. 90. Language processing in Chinese* (pp. 3-35). North-Holland: Elsevier. doi: 10.1016/S0166-4115(08)61885-3

Huang, J. T., Chiu, Y. C., Lin, C. H., & Duann, J. R. (Eds.) (2018). *Twenty years after the Iowa Gambling Task: Rationality, emotion, and decision-making.* Lausanne: Frontiers Media. doi: 10.3389/978-2-88945-528-7

Huang, J.T. (1984). Perceptual separability and cohesive processes in reading Chinese words. In H.S.R. Kao and R. Hoosain (Eds.), *Psychological studies of the Chinese language* (pp. 57-74). Hong Kong: Chinese Language Society of Hong Kong.

Hue, C.-W. (1992). Recognition processing in character naming. In H.-C. Chen & O.J.L. Tzeng (Eds.), *Advances in Psychology: Vol. 90. Language processing in Chinese* (pp.93-107). North-Holland: Elsevier. doi: 10.1016/S0166-4115(08)61888-9

Kahneman, D., & Tversky, A. (1979). Prospect Theory: An analysis of decision under risk. *Econometrica, 47(2),* 263-292. doi: 10.2307/1914185

Kandel, E. R. (1999). Biology and the future of psychoanalysis: A new intellectual framework for psychiatry revisited. *American Journal of Psychiatry, 156,* 505-524.

Kandel, E.R. (2012). *The age of insight.* New York: Random House.

Liu, I. M., & Shieh, P. (1975). An experimental test of Strategy-selection theory in attribute identification. *Chinese Journal of Psychology, 17,* 63-68.

Liu, I. M., & Mou, L. (1977). On the process of solving three-term series problems. *Chinese Journal of Psychology, 19,* 31-38.

Liu I.M., Chen, H.C., & Chen, M. J. (Eds.) (1988). *Cognitive aspects of the Chinese language.* Hong Kong: Asian Research Service

Liu, I.M., Wu, J.T., & Chou, T.L. (1996). Encoding operation and transcoding as the major loci of the frequency effect. *Cognition, 59,* 149-168. doi: 10.1016/0010-0277(95)00688-5

Liu, I.M. (2013). Studying language databases: From characters to words to sentences. *Chinese Journal of Psychology, 55,* 231-244. doi: 10.6129/CJP.20130430

Liu, T., Chuk, T. Y., Yeh, S. L., & Hsiao, J. H. (2016). Transfer of perceptual expertise: The case of simplified and traditional chinese character recognition. *Cognitive Science, 40(8),* 1941-1968. doi: 10.1111/cogs.12307

Luce, D. (1959). *Individual Choice Behavior.* New York: Wiley.

Marr, D. (1982). *Vision: A computational investigation into the human representation and processing of visual information.* Cambridge, MA: MIT Press.

McGinnies, E. (1949). Emotionality and perceptual defense. *Psychological Review, 56(5),* 244-251.

Neisser, U. (1967). *Cognitive Psychology.* New York: Appleton-Century-Crofts.

Peereman, R., & Content, A. (1997). Orthographic and phonological neighborhoods in naming: Not all neighbors are equally influential in orthographic space. *Journal of Memory & Language, 37,* 382-410. doi: 10.1006/jmla.1997.2516

Rock, I. (1985). *The logic of perception.* Cambridge, MA: MIT Press.

Romberg, A. R., & Saffran, J. R. (2010). Statistical learning and language acquisition. Wiley Interdisciplinary Reviews: *Cognitive Science, 1,* 906-914. doi: 10.1002/ wcs.78

Seidenberg, M. S. (1985). The time course of phonological code activation in two writing systems. *Cognition, 19,* 1-10. doi: 10.1016/0010-0277(85)90029-0

Simon, H. A. (1955). A behavioral model of rational choice. *Quarterly Journal of Experimental Psychology, 59,* 99-118.

Simon, H. A. (1956). Rational choice and the structure of the environment. *Psychological Review, 63,* 129-138. doi: 10.1037/h0042769

Solms, M., & Panksepp, J. (2012). The "Id" knows more than the "Ego" admits: Neuropsychoanalytic and primal consciousness perspectives on the interface between affective and cognitive neuroscience. *Brain Sciences, 2*(2), 147-175.

Spillmann, L., & Werner, J. S. (Eds.). (1989). *Visual perception: The neurophysiological foundations.* San Diego, CA: Academic Press.

Spillmann, L., Lin, T. H., Sakurai, S., & Chen, C. C. (2017). The historical psychological instruments at National Taiwan University. *Chinese Journal of Psychology, 59,* 213-250. doi: 10.6129/ CJP.20171228

Spillmann, L., Yeh, S. L., Chen, C. C., Liang, K. C., & Sakurai, S. (2017). The collection of historical instruments at National Taiwan University. *History of Psychology, 20,* 251-256. doi: 10.1037/ h0101582

Tversky, A. (1969). The intransitivity of preferences. *Psychological Review, 76,* 31-48. doi: 10.1037/ h0026750

Tversky, A. (1972). Elimination by aspects: A theory of choice. *Psychological Review, 79(4),* 281-299. doi:10.1037/h0032955

Tzeng, O., Hung, D., Cotton, B., & Wang, W. (1979). Visual lateralization effect in reading Chinese characters. *Nature, 282,* 499-501. doi: 10.1038/282499a0

Wang, M. Y., & Ching, C. L. (2009). Recognition intent and word recognition. *Consciousness and Cognition, 18*, 65-77. doi: 10.1016/j.concog.2008.10.004

Wang, M. Y. (2002). The nature of character-component interaction in Chinese character perception. *Psychologia, 45,* 162-175. doi: 2117/psysoc.2002.162

Wang, M. Y. (2006). Examining the bias for orthographic components using an apparent motion detection task. *Psychologia, 49,* 193-213. doi: 10.2117/psysoc.2006.193

Wang, M. Y., Kuo, B. C., & Cheng, S. K. (2011). Chinese characters elicit face-like behavioral and N170 inversion effects. *Brain & Cognition, 77,* 419-431. doi: 10.1016/ j.bandc.2011.08.016

Yeh, S. L., Li, J. L., & Chen, K. M. (1999). Classification of the shapes of Chinese characters: Verification by different predesignated categories and varied sample sizes. *Chinese Journal of Psychology, 39*, 66-73.

Yeh, S.L. (2000). Structure detection of Chinese characters: Visual search slope as an index of similarity between different-structured character. *Chinese Journal of Psychology, 42,* 191-216.

Yeh, S.-L., Li, J. L., & Chen, I-P. (1997). The perceptual dimensions underlying the classification of the shapes of Chinese characters. *Chinese Journal of Psychology, 39*, 47-74.

Zhou, X., & Marslen-Wilson, W. (1999). Sublexical processing in reading Chinese. In J. Wang, A. W. Inhoff, & H.-C. Chen (Eds.), *Reading Chinese script: A cognitive analysis* (pp.37-63). Mahwah, NJ: Lawrence Erlbaum Associates Publishers. doi: 10.1080/016909699386176

第三章 以學與教為經為緯的教育心理學

柯華葳

　　教育心理學是研究學習者、學習歷程和教學歷程的一門學科。心理學早期提出的實驗幾乎都與學習有關，因此心理學理論成為教育研究的基礎似乎天經地義。只是透過實驗室提出一般性的學習原則難以滿足教育現場的變化與多樣。本文透過現有的後設分析文獻說明教育心理學立基於心理學的理論與實驗，一路走來，逐漸形成適合教育系統的研究，如不同學科學習的學與教及合作學習等。然，回頭檢視多數的教育心理學教科書內容，介紹學科學習的教科書僅只少數，而與學習有關的理論仍以個體學習的研究為主。本文以閱讀的心理學研究轉化成閱讀的教學研究為例，提出教科書需要呼應今日教育研究與教育現場所看重的議題，如互動與學習的理論及實務，以更全備師資培育之功。

一　前言

　　教育工作旨在提供各種條件與環境以促進和提升個體的成長，也就是透過教育手段改變人的行為、認知與態度。教育心理學則是研究這些改變的科學，尤其重視研究教學歷程如何影響學生的改變（Mayer, 1987/1997）。簡言之，教育心理學是研究學習者、學習歷程和教學歷程的一門科學（Slavin, 2011/2013）。這是一般教育心理學教科書對教育心理的定義及對其使命的認定。教育心理學研究以學與教為經為緯，而學習狀況是教學設計的基礎，若不知道如何學，不容易設計相對應的教。因此研究學習者和學習歷程是教育心理學的主要內涵。這也是為什麼初期心理學關於學習的研究，如記憶或是練習，或是發展心理學對個體成長的描述是教育心理學教科書的基本內容。其實教育心理學起源更早，十九世紀教育哲學心理學者如培斯塔洛奇、赫爾巴特、福祿貝爾等人兼顧知情意、實施愛的教育、重視教學方法與教師培養與訓練，奠定了教育心理學理論與實踐的基礎（張春興，1996）。然因教育哲學心理學只指出方向，沒有在教育實踐中獲得驗證，當科學化的實證心理學出現後，似乎帶來解決教育問題的希望，加上當時桑代克（被稱為教育心理學之父）大力提倡以科學方法改革教育，早期心理學者如 William James 常被邀請向教育界人士說明學習原理，還有教科書的出版，如 Thorndike 的《教學導論》（*Introduction to teaching*）和《數學心理學》（*Psychology of arithmetic*）（Berliner, 1993），「以心理學原理原則在教育上應用」的教育心理學變成了應用心理學理論與研究，依附心理學的學科（張春興，1996；Berliner, 1993）。教育心理學採用心理學的學習理論，成了一個傳統。這段教育心理學歷史在 1993 年 D.C. Berliner 以〈100 年教育心理學的旅程：由感興趣、忽略到尊重實務〉（The 100-year journey of educational psychology: From interest, to disdain, to respect for practice）為題一文中有相當詳細的說明，包括教育心理學的起源，影響教育心理學的理論及人物，以及到 1993 年，Berliner 對教育心理學的期許。

　　只是心理學提供的是描述（descriptive）理論，描述在某一特定情況下，某些人如何達成研究者所設計作業之要求的事實。而教育要求的是處方（prescriptive）理論（Glaser & Resnick, 1972）。教育工作者需要的是在什麼情況下，達成改變最有效的方法。Sternberg（1986）因應教育需求，曾提出教育理論要有以下四個特質：

1. 特定的（specification）：它要能提供教師一個清楚完整且特定的描述，教師因而知道如何去應用它。
2. 學科相關的（content relevant）：它要適合某特定學科的內容。
3. 年齡相關的（age relevant）：它要適合某特定年齡層的學習者。
4. 要與心理學的理論配合（fit with psychology theory）。

　　回應 Sternberg 提出的教育理論特質，檢視早期心理學提出的學習理論，基本上這些理論偏向一般性與個人性。一般性指理論跨領域、跨年齡通用。個人性指這些理論僅適用於解釋個體的發展與學習。這些理論不特別看重學科特色與不同學生發展的狀況，以及個體間或是全體互動可能對學習的影響。且在實驗程序要求下，許多環境因素都被研究者釐清與控制了。然而，教育現場面對的問題是動態的、有差異化的。心理學理論不能確切回應學校裡的現實，很多時候就遭教育執行者忽略了。

　　1960 年代起，因認知科學的興起，而後受俄國心理學者 Vygotsky 社會建構與近側發展區（zone of proximal development, ZPD; Vygotsky, 1978）論述的影響，研究者對影響個體學習與成長的環境更敏銳（contextually sensitive），強調知識是在活動、文化中使用、發展而成的產物。知識是情境的產物，學習歷程與結果及認知歷程與發展會因情境而異（Brown, Collins, & Dugnil, 1989）。因此研究學習的研究者導入第一線教師的看法，使研究有實務的信效度，學科學習的研究從而興起。例如 Gobbo 與 Chi（1986）對科學學習歷程的探討，Greeno 等人研究數學文字題的發展（Riley, Greeno, & Heller, 1983），Schoenfeld（1985）則探究數學解題的歷程，Brown 和同事（1983）探討了關於閱讀理解的歷程。這些針對學科學習的研究進而帶出 Lee Shulman（1987）以教師專業為主題的研究，高倡教師在學科知識與學科教學知識上專業的必要性。Shulman（1987）提出教師應具備：(1) 學科內容知識、(2) 學科教學知識、(3) 對學習者的認識及 (4) 對教育價值與目的的認識。

　　在此氛圍下，研究學習與教學的學者有新的提議，包括整合多項研究領域的學習科學（learning sciences）和設計取向研究（design-based research, DBR）（Sawyer, 2006）。這些提議都針對如何使教與學研究更接近教學現場，也更接近學生學習，其中包括看重學習歷程以及如何促進學習以使學習更有效。後者最直接反應在教師和學生的互動上，因此更強調教學時的對話或討論（Applebee, Langer, Nystrand, & Gamoran, 2003）。背後的理念是肯定學生以口語表達（externalization & articulation）已知或是正在學習的知識，更有助於知識的建構，例如 Chi 與同事（1989, 1994）的研究證實學生自我解釋（self-explanation）增進對物理和機械概念的理解。因此，教師如何引導學生說出知識，或稱「對話式教學」（dialogic Instruction）或「教學對話」（instructional conversation），包括討論都有助於學生知識的學習與建構 [1]。

---

[1]　關於「對話式教學」（dialogic instruction）或「教學對話」（instructional conversation）是近年教學上的議題。Dialogic Instruction 有許多姐妹稱呼，如 dialogic teaching、dialogic pedagogy、dialogic inquiry、dialogic learning、dialogic education（Bakker, Smit, & Wegerif,

雖有這時期學科與教學的研究，然張春興（1996）和 Berliner（1993）各在其文結語中提到需要重新定義教育心理學，使之不只是應用學科。Berliner 期許，教育心理學研究者的責任是要將教育問題心理化（psychologize about educational problem），不能只做中間人，將心理學帶到教育場域。自 1993 至今，四分之一世紀將過，教育心理學內容又是如何，有什麼新趨勢？

本文將探既有的後設分析研究文獻和近年一些研究，特別是學科學習與教學及科技進入教學等文獻說明新世紀的教育心理學研究，進一步討論教育心理學教科書的範疇與重新設計教科書內容的必要性。

二 文獻回顧

（一）由認知心理學到教學

如前言所述，二十世紀 60 年代以探討人思維歷程為主的認知心理學，藉口頭報告與分析（verbal report），電腦模擬人思維歷程，探討個體如何儲存、轉換、保存及使用訊息，並由一般性的解題，如解河內塔（Tower of Hanoi）、解棋、解邏輯題（Newell & Simon, 1972），延伸到由不同學科領域知識，探討各學科的學思歷程，如解機械題（Chi, Bassok, Lewis, Reiman, & Glaser, 1989）、物理題（Chi, Feltovich, & Glaser, 1981; Chi, de Leeuw, Chiu, & LaVancher, 1994）、數學題（Riley, Greeno, & Heller, 1983）等。這些研究以有效學習為目標，結合認知心理學研究與教育實務，發掘不同學科學習的歷程以為改進教學的依據。大約同時，俄國心理學學者 Vygotsky 的社會建構論，強調社會互動促進認知成長的論述亦開始被美國研究者納入研究中。

2015）。在研究文獻裡，對話教學包括很廣，以 Applebee、Langer、Nystrand 和 Gamoran（2003）所發展教學觀察系統所紀錄的包括不論是師或生提出的開放性問題、教師的提問、提問後的對談等，而後 Applebee 等人將之分為環境建置如教師鼓勵學生用他人的問題或是建議啟動討論、或是教師的問題會促進學生分析問題等。在觀察項目中 Applebee 等也檢視課室對話中是否延展了教材內容，如與過去或是未來議題的銜接等。最後 Applebee 等將這些對話統稱討論為主的取向（discussion-based approaches）。另一篇論文關於教學對話（文中在教學對話下有小標寫小組討論）包括教師有機會聽學生說出他們的理解、教師提供有挑戰的問題以輔助討論等（Saunders & Goldenberg, 1999）。總體而言，教師提問、師生互問與對話以及學生小組討論似乎都可以稱教學對話。對話教學（小組討論）不只使用在文學、語文課上，也在數學課室裡（如 Bakker, Smit, & Wegerif, 2015）。本文引用的論文 Boardman、Boele 及 Klingner（2018）以及回顧的文獻 Murphy、Wilkinson、Soter 及 Hennessey（2009）都肯定課室討論對學習的重要性。

　　閱讀的研究可謂此趨勢中之翹楚。受 Vygotsky ZDP 關於預備度（readiness）論述的影響（Brown, 1992, p.168），Brown 和 Day（1983）以口頭報告方式整理出閱讀理解過程中讀者使用的閱讀策略及其步驟，而後立基於這些策略與步驟，Palincsar 和 Brown（1984）演化出鷹架設計，提出交互教學模式（reciprocal teaching program，亦有翻譯為交替學習）。此模式是由老師先示範閱讀時自己如何問自己問題，做摘要，預測下文的內容，澄清不明的地方。其中摘要過程更清楚列出步驟，如：除去重覆處、不重要處、以屬性名詞代替一般名詞、寫出主題句等（Palincsar & Brown, 1984）。教師示範這些歷程與步驟後，師生交替進行這些活動，漸漸地教師只提供回饋，由學生自行閱讀。這教學過程又稱漸進釋責，教師逐漸讓學生擔起學習的責任。

　　Palincsar 和 Brown（1984）當年針對七年級學生，控制學生的識字能力，也就是學生識字量都達一般七年級學生的水準，只在閱讀理解上有困難。實驗的結果非常好。他們進一步引介此方法到一般的教室，使閱讀理解表現差的學生都能達到一般的程度。而摘要教學與交互學習的教學此後也廣為各地的研究者所採用，包括臺灣（如：陸怡琮，2011；連啟舜，2002）。而由學習歷程研究轉化至教學的研究歷程（圖 3-1）亦是前面所提許多學科教學研究的模式。

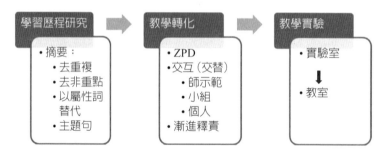

圖3-1　由學習歷程到教學歷程的研究過程：以閱讀理解為例

（二）設計取向研究

　　Brown（1992）針對教育研究與現場教學需求的差距，以 Palincsar 和他（1984）的研究為例，提出設計實驗（design experiment）一概念，期盼立基理論上且在實務情境中，有系統地找出有效的教學方法與策略，且回饋學習理論。此提議獲得回響，產出一專有名詞稱「設計取向研究（DBR）」。DBR 特色包括：
1. DBR 目標兼顧理論與實務，兩者像一股纏繞（intertwined）的繩索。

2. 研究與發展是持續不段的循環（cycle），設計、執行、分析、再設計、再執行、再分析。

3. DBR 要提出可與實務者分享的理論（sharable theories）。

4. 研究必須在真實情境中進行，需要提出雙方切磋琢磨後，對所知學習現象有的修改（refine），而不只記錄實驗結果。

5. DBR 需記錄研究所使用方法與執行過程（the Design-Based Research Collective, 2003）。

　　不少文獻比較整理出 DBR 和一般實驗研究的異同，指出 DBR 研究者會在眾多且複雜變項的實際情境中，爬梳情境的特色。研究期間必須常與相關參與者互動，所設計的實驗須因地制宜而常有所修飾，以發展與修飾出符合情境特色的實驗設計。換句話說，DBR 的教學介入不是事先設計好的套裝軟體，而是在研究過程中不斷進行形成性評鑑，讓研究者知道如何有更有效的教學。此外，DBR 不強調只有一種研究方法（the Design-Based Research Collective, 2003），研究上較多探混合方法（mixed methods）（Anderson & Shattuck, 2012; Barab & Squire, 2004）。DBR 研究群期待研究結果不只是創意的解決當下的教學問題，也為學習與教學帶出更適當的理論（the Design-Based Research Collective, 2003）。

　　2012 年 Anderson 和 Shattuck 回顧自 1992 年開始，十年後的 DBR 論文（2002～2011）。研究者以 DBR 和教育兩關鍵詞在 Google Scholar 搜尋，獲得 1940 篇論文，再縮小範圍至每一年被引用次數最高的前五名，且排除研討會論文、書的篇章，則僅剩 47 篇（2002 年只有兩篇）。47 篇中討論或介紹 DBR 者不在少數（16 篇），提出實驗證據者僅 31 篇，其中 21 篇與科技教學有關。這些研究質與量研究法並用，提供豐富的現場描述，所報告內容僅一篇處最後階段（final stage），多數報告在三或更多的循環（iteration）中的研究。研究結果包括學生有更多的學習及態度與動機上的進展、對教育情境有更多的認識等，但都未說明有效的方法是什麼（what works）。如 Anderson 和 Shattuck 引用這十年出版最多 DBR 論文的作者之一 D. Ketelhut（River City project）所說：「我想沒人能發展一個兩三星期的教學介入，就說研究者對教師有直接的影響力。但我可以提供很多個別教師改變態度、認識科技、改變教學焦點的例子。」

　　不過，由近年發表的論文，可以看出 DBR 的原則有其影響力，被不少研究有效教學的研究者採納。這在新世紀趨勢三、呼應教育現場需求的教室教學實驗研究會進一步說明。

（三）教育心理學研究的回顧

回顧研究文獻可以看到不同時期研究的重點與所採用的理論。對於教育心理學研究的回顧，本文大多數採已出版的文獻後設分析爲論述的基礎。

1. 國外期刊

Pintrich（2000）曾以其所主編 1996 至 2000 年五年間在 *Educational Psychologist*（EP）所刊登的論文主題分析當時教育心理學研究狀況。他特別提到與過去 EP 刊登的論文比較，研究者比較採多向度架構去認識學習者（individual in context），包括認知、動機、社會以及它們和眞實生活所產生的多項度互動（multiplicative interaction）。Pintrich 指出在這五年間有許多論文議題是關於整合認知、動機和社會理論的我規範學習（self-regulated learning），由社會能力和社會自我規範促進學業自我規範與學業成就的研究。

Nolen（2009）收集 2007 年在教育心理學領域影響指數（impact factor）最高的六本期刊：*Journal of Educational Psychology*、*Educational Psychologist*、*Journal of Learning Science*、*Educational Psychology Review*、*Contemporary Educational Psychology* 和 *Learning and Individual Differences* 在 2003 至 2007 年間共出版的 758 篇論文，採其標題和關鍵詞，產生 596 個專業術語（term），再彙整成 25 類，如：電腦、電腦輔助教學、科技、超媒體、人機互動、網路、軟體、教學媒體都歸到教育科技類。又如閱讀、閱讀理解、語音覺識、寫作能力、拼音、文本結構、推論、組字知識都歸到識讀類（literacy）。然後 Nolen 以 SPSS Text Analysis 分析術語出現頻率和併現率（co-occurring），發現：

1. 期刊論文聚焦最高的前五類分別是：教室學業成就（占 36%）、學習與記憶（33.2%）、情意／動機／信念（31%）、認知推理（21%）及教學（21%）。

2. 在 *Journal of Educational Psychology* 中聚焦最高的是識讀類（39.4%），且這五年都保持最高出現率，其中 2006 年就占 53% 出現率，其次爲教室學業成就和學習與記憶。其他五本期刊的識讀類研究出現平均排行是 14（Nolen, 2009, Table 3）。

3. 有相當比例的併現率，如情意／動機信念和學業成就併現率爲 14%，學業成就和學習與記憶併現率爲 12%。換句話說，研究時類別之間是有關聯的。

Mitchell 和 McConnell（2012）也曾分析 *Contemporary Educational Psychology*（CEP）這一份期刊從 1995 至 2010 的論文。他們除以研究議題分類，也以各篇論文所使用的理論及以所研究的學科分類。在議題方面有五類，包括 (1) 學科，如：數學、閱讀、科學、寫作；(2) 認知歷程（cognitive processing），如注意力、認知負

荷、理解、記憶、推理、後設認知、學習遷移；(3) 個別差異，包括學習成就、創造力、性別差異、動機、自我效能、考試焦慮；(4) 方法與專業發展。如分析方法、專業發展；(5) 教學和學習（teaching and learning）包括辯論、教室情境、合作學習、小組討論、作筆記、學習方法。在理論採用方面，則包括行為學派、認知建構、資訊處理、後設認知和社會認知。

1995 至 2010 的 CEP 論文中最常出現的議題是個別差異，其中以動機為研究者最常提及的議題，如 Nolen（2009）針對六本期刊所分析的類別，情意 / 動機 / 信念是出現率屬高的議題。其次是學科議題，而學科中數學和閱讀是研究者常探討的題目，這也如 Nolen（2009）觀察到 *Journal of Educational Psychology* 中論文聚焦最高的是識讀類。至於認知歷程研究，Mitchell 和 McConnell 發現在 1995 至 2010 後面 6 至 8 年有減少的趨勢，特別是在記憶和後設認知方面的論文篇數減少。至於研究者的立論依據，1995 至 2010 年僅有八篇論文以行為學派為基礎，多數學者使用認知與社會認知的論述。2006 年以後，使用社會認知理論的論文逐漸超越使用認知理論的論文篇數。值得一提的是，動機議題在理論分類上，被置於社會認知下來探討，如 Pintrich（2000）一文所示。至於自我效能這一概念在國內的定義中可能類似心理發展與適應中的自我概念、生活適應、心理需求與自尊（葉寶玲、陳秉華、陳盈君、蔡毅樺，2010），在國外也是被放在社會認知架構下來研究的。

不只教育心理學門的研究，在 e-learning 研究文獻後設分析也看到與社會認知、社會建構有關的論述受到相當的重視，有許多互動的、合作的學習研究（Shih, Feng, & Tsai, 2008）。這將在下一段科技進入教室有更多的說明。

2. 國內期刊

葉寶玲等人（2010）曾分析教育心理學報 1967 至 2007 四十年共 454 篇論文之內容。研究群參考國外期刊如 *Journal of Counseling Psychology*、*Journal of Vocational Behavior*、*Journal of Career Development* 等五種偏向諮商與職業輔導類期刊的內容分析，先提出一些類別，再經多次研究者間的討論後定案的內容分成九類，包括：諮商與輔導、教師行為與教學、心理發展與適應、學習議題、測驗與統計、家庭議題、特殊教育、性別議題和無法編入上述八個類別的文章與研究，稱其他類。

這九類中以「學習議題」、「心理發展與適應」、「教師行為與教學」和「諮商與輔導」出版的篇數較多。學習議題中有交替學習及學科為主題的研究如閱讀理解、語文學習。葉寶玲等研究者將篇數最多的四類各依主題再細分，找出有一半以上文章皆探討的主題為主要研究議題（請見表 3-1）。葉等的分析顯示在 2007 年之前，學科和互動不算是主要研究議題。基本上當時的研究或許有學科，但學科不算是研究的

主要對象，不是研究的主角。

表3-1　教育心理學報1967至2007出現比例最高的研究議題

類別	篇數	比例[a]	主要研究議題[b]
學習議題	179	28%	學業成就、後設認知與認知歷程、推理思考、智力發展、動作技能學習、學習動機、語文學習
心理發展與適應	146	23%	情緒與道德發展、人際關係、人格發展、自我概念、生活適應、心理需求、自尊
教師行為與教學	81	13%	教學策略、訓練課程、教學效果、教師期待、能力分班教學
諮商與輔導	80	13%	生涯議題、督導研究、輔導工作實施概況、諮商效能

a 指占所有篇章的比例。

b 主要議題指各類中有一半以上文章探討的議題。

　　接續葉等人（2010）的分析，本文作者和同事以葉等人的類別分析 2008 至 2018 年《教育心理學報》的文章內容。首先看到近十年，每一年出版的論文篇數增多。1967 至 2007 四十年共 454 篇，每年平均出版 15 篇。2008 至 2018 有 287 篇，每年平均 29 篇。這十年每一年的出版量，幾乎是過去四十年每一年的一倍。

　　在 287 篇論文中，篇數最多類別為心理發展與適應（大約 81 篇，約占 28%）和學習議題（大約 73 篇，約占 25%）。然其中心理發展與適應和學習議題有重疊處，教師行為與教學與學習議題也都有重疊處。例如中學生快樂與學習能力之關係的縱貫性研究（許崇憲，2018）可以屬心理發展與適應亦可以屬學習議題。又如教師教學情緒、學生學業情緒與動機涉入之關係探究（張映芬、程炳林，2017）亦可屬教師行為與教學和學習議題。就如 Nolen（2009）所提併現率，情意／動機信念和學業成就有併現，學業成就和學習與記憶亦有併現。因此分類上若各篇論文不能跨議題分屬不同類別，本文作者必須武斷的指派每一篇的屬性。為免主觀，本文只呈現作者觀察到近十年《教育心理學報》所刊登論文的特色。

(1)論文題目上清楚標出學科的研究不在少數，其中以與閱讀相關和數學學習為最多。閱讀相關大約有 43 篇，數學有 20 篇，其中至少有兩期閱讀特刊，如 2011 年 43(S) 和 2018 年 49(4)。

(2)測驗編制與建模的論文大約有 52 篇，如〈閱讀理解成長測驗之編製研究〉（蘇宜芬、洪儷瑜、陳柏熹、陳心怡，2018）或是〈以結構方程式探討大學生校園投入與憂鬱情緒關係模式〉（潘宜均，2016）。在測驗與統計這一類別中也可以看到以學科為主的議題如蘇宜芬等人（2018）的閱讀理解或是數

學後設認知（凃金堂，2015）。

(3)以文獻進行後設分析的論文亦不在少數，如〈以磁共振照影取向探討身體活動與神經認知功能老化：回顧與展望〉（張育愷、祝堅恆、王俊智、楊高騰，2013）、〈臺灣中文字詞教學研究之文獻回顧與展望〉（王瓊珠，2012）、〈口語和閱讀關聯性研究之文獻回顧與展望〉（劉惠美、張鑑如，2011）、〈國內諮商與心理治療質性研究之研究方法與研究題材之初步性整合分析〉（王麗斐、林淑君，2010）、〈教育心理學報四十年之內容分析〉（葉寶玲等人，2010）、〈工作壓力對工作滿足、職業倦怠影響之研究：統合分析取向〉（黃寶園，2009）、〈依附與其相關因素之後設分析——臺灣近二十年文獻的研究〉（黃淑滿、周麗端、葉明芬，2008）。這代表相似議題的研究數量夠多，可以透過後設分析，看出一些研究或是研究成果上的趨勢。

(4)新興議題如網路成癮，不論是工具編製（林青穎、王智弘、陳淑惠、劉淑慧、柯志鴻，2015）或是探討網路成癮的診斷標準（施香如、許韶玲，2016）及檢視網路成癮是否是心理疾病（許韶玲、施香如，2013）、探討成癮與社會支持的關係（方紫薇，2010）。這顯示研究與社會脈動的扣合。

(5)以資料庫分析基本資料，如漢字部件的位置規則與文字特性相關（曾千芝、陳學志、張瓅勻、胡中凡、陳修元，2018）、以文字屬性檢驗小學國語課本生字學習的順序（曾昱翔、胡志偉、羅明、呂明蓁、呂菁菁，2014）及中文部件組字與形構資料庫（陳學志、張瓅勻、邱郁秀、宋曜廷、張國恩，2011）。這顯示研究者利用科技建置與處理大量的基礎資料。

臺灣近十年以學科為主題的研究顯然比過去四十年明顯，包括工具的編制也較聚焦在特定學科上。只是，與國外教育心理學相關期刊的論文主題比較，在教育心理學報以社會建構或是社會互動學習為主題的論文，近十年仍屬少見。

三 新世紀趨勢

(一) 科技進入教室

上世紀 80 年代左右，科技化的學習工具與載具快速進展，激發學者進行許多相關的教學與學習的研究。今天，科技在教學現場扮演的角色，雖仍有許多討論，但它帶來如多媒體、多元表徵、超連結和不同的學習工具正影響著學習，原有的學習理論是否需修飾？

　　因應科技與各種新產品，教育科技學者展開不少教學研究。整體而言，科技以實驗姿態，進入教室已有相當時日。Shih 等人（2008）曾分析 *British Journal of Educational Technology*、*Innovations in Education and Teaching International*、*Computers and Education*、*Educational Technology Research Development* 和 *Journal of Computer Assisted Learning* 五本 SSCI 期刊中 2001 至 2005 年刊登關於以科技促進學生認知成長的論文，共 1,027 篇。其中最多學者的研究是設計互動的學習環境（interactive learning environment，110 篇／1027 總篇數），其次是在教學設計中採用互助學習（collaborative learning，92/1027）。再次多研究的議題包括動機中的態度向度（65/1027）、後設認知的覺察（75/1027）、學習社群（42/1027）等（Shih, Feng, & Tsai, 2008, Table 2）。不論互動、互助或是學習社群都看出社會建構理論對科技與教育研究的影響力。另一篇則以 1993 至 2013 以行動載具（mobile devices）所設計的教學研究論文進行後設分析（Sung, Chang, & Liu, 2016）。分析結果指出不論在幼兒園、中小學或是大學引進手持載具都能增進學習效果，其中以社會科（0.77）、科學（0.57）和語言（0.47）學習有最好的效果量。在教學方法上，則以探索（0.84）、電腦輔助（0.66）和混合方法（0.84，混合包括教師講解與電腦輔助）效果量最高，但是合作學習效果量（0.26）並沒有特別顯著。有趣的是，在非正式學習場域如博物館、戶外學習（0.77）效果量大於在教室裡（0.43）的學習（Sung et al., 2016）。

　　在科技與教育研究上，承繼學科學習的理路，以學科和互動為研究主軸。這些教育科技研究採用心理學學習理論，包括社會建構論。不可諱言，他們的重點比較屬科技在教育領域的應用，而非為教育科技的學習立論。因此人機互動的學習理論尚待形成。

（二）協作與合作學習

　　由科技教育研究引用社會互動和社會建構論設計教學法看出社會互動在教育研究領域所受到的重視。除上述由 Palincsar 和 Brown（1984）提出的交互教學，教學介入時不以競爭而以合作、協作為核心方法，教學上更看重對話、討論和小組的安排。以討論為例，學者們的信念是透過互動更能促成高階思維（如 Murphy, Wilkinson, Soter, & Hennessey, 2009）或是學業成就（如 Johnson & Johnson, 2009），然研究者各有不同立論基礎。以合作學習（cooperative learning）為例，除社會建構論，有學者引用社會心理學的社會互相依賴（social interdependence），強調其中的社會能力，如溝通、支持、解決衝突等，以及個體在團體中的責任（Johnson & Johnson, 2009）。

　　D. W. Johnson 和 R. T. Johnson（2009）以過去針對合作、競爭或是個人學習的研究近 1, 200 篇論文進行分析，檢視合作對促進自尊、人際關係、觀點取替等的效果量。以學業成就、專注、推理等學習面向來看，合作都比競爭和個人單獨學習有更大的效果量（Johnson & Johnson, 2009, Table 1）。這成果讓 Johnson 和 Johnson 以〈教育心理學成功的故事〉（An educational psychology success story）為論文標題，展示教育心理學樹立了自己的研究典範。

　　National Reading Panel（2000）審視閱讀理解教學文獻後提出七項有效的教學亦包括合作學習，由三年級到到六年級，不論是透過同儕互相教學或是在使用閱讀策略上的互動，都帶出高階討論，增加策略學習，當然也增進閱讀理解的效果（頁 4-45）。

　　近年的研究也再次指出合作學習不只使學生和學生間談話量增加，也促進理解（Boardman, Boele, & Klingner, 2018）。更重要的是，在高階推理上協作不論東西方學生，不因文化差異，實驗都有預期的好效果（Dong, Anderson, Kim, & Li, 2008）。Gramham、Liu、Aitken、Ng、Barlett、Harris 和 Holzapfel（2018）回顧在一般教室裡，非為特殊學生設計以平衡讀寫（balancing reading and writing instruction）促進閱讀素養，且教學時間長於兩星期的 47 篇教學實驗研究，其中最多使用的教學方法是合作學習（Gramham et al, 2018, Table 5）且效果量最佳。在寫作課程中引進社會互動模式，乃基於寫作是一個複雜的歷程，受所寫內容的影響（contextualized），師生之間與學生之間的討論與對話可以幫助學生寫下自己的主張（making a claim）並提出支持的證據（providing evidence）和論述（providing commentary）。連啟舜（2002）以統合分析方式整理國內民國 75 年以後的閱讀理解教學文獻，分析閱讀理解教學成效。排除沒有控制組與單一受試或個案研究的報告以及統計上有缺失的評量結果，在 26 篇閱讀理解教學研究中，連氏指出，合作教學的實驗效果比直接教學好。

　　課室最可見的合作與互動就是對話與討論。Murphy 等人（2009）立基在 Vygotsky 論述上，採用後設分析檢視以討論、對話為設計，促進學生理解和高階思維的教學實驗且有效果量可計算的論文。首先 Murphy 等人提出在 1964 至 1994 年的 30 年間僅 16 篇論文與此主題有關且符合他們搜尋的標準，1995 至 2002 年的七年間有 26 篇，其中以 1999 年有 7 篇為最多。研究的對象由 5 歲到 17 歲都有。研究設計上有單組設計和有實驗組與對照組的設計。有趣的是 70% 這些論文是由第一位提出以對話、討論為教學主軸的研究者，換句話說，這正是研究者看重社會互動並把它化成教育現場可以操作的教育心理學研究。Murphy 等人的文獻後設分析指出，這些研究都顯示互動教學下，學生說話的量（時間）增加，相對的教師說的量降低，而且實驗時間越長，此趨勢越明顯。不過當實驗時間超過 24 星期，此趨勢不再。

至於對學生閱讀理解程度的促進，文中指出質問作者（questioning the author）、教學對話（instructional conversation）、幼兒大書分享探討（junior great books shared inquiry）在對照組實驗下都能有效促進理解，在單組設計下，效果量更強。為促進高階思考特別設計的協作推理（collaborative reasoning）、質問作者和大書分享也顯出他們設計上的特色與研究者的期待，其中協作推理也會促進學生後設認知（單組設計）。

上世紀後期與本世紀合作與協作學習已然為研究熱門議題，雖有研究提出其效果量較弱（Sung et al., 2016），大部分都對學習有相當的促進效果。

（三）呼應教育現場需求的教室教學實驗研究

前文提過，教育學者會擔心標準化的實驗研究程序「變項控制太好」，無法普及至多元的教學現場。回應此研究與現場落差的問題，Brown（1992）提出設計研究的概念，而有 DBR 的呼籲。近年許多教學研究或許不及 DBR 提出所有的標準，然會考量教育現場的需求，研究者開始在學校以原班級（authentic）、長時間與混合多種方法進行教學實驗。在閱讀方面，Li 等人（2016）依文獻，整合兩個有效的閱讀理解策略，閱讀前中後思考（think before reading, think while reading, think after reading, TWA）和有品質對話（quality talk, QT）稱之為混合法（hybrid）在平日的語文課以 18 週時間（每週 10 節，每節 40 分鐘），教導四年級和五年級學生閱讀，目標除提升學生閱讀理解能力也期望提升學生批判分析能力。研究結果指出，與一般語文課學生比較，混合法和 QT 都能有效促進四和五年級學生的理解和高階思維。Cantrell、Almasi、Varter、Rintamaa 和 Maden（2010）也曾針對 23 所學校，六年級和九年級有學習困難（struggling）的學生進行課程外每天一小時的閱讀策略補救教學，時間長達一學年。參與實驗學生人數共 446 人，對照組則有 398 人，加上 24 位教師參與。教導的策略包括識字策略、形成圖像策略、提問策略、覆述（包括提出主旨及支持的細節）等。教師直接教導學生閱讀策略的使用，但直接策略教學不超過 60 分鐘，讓學生在不同文本有練習策略的機會。每個策略有一本手冊讓教師跟著做，包括八步驟：前測、宣示學習的決心、教師描述、示範、口頭練習、監督下的練習、回饋、後測與類化（遷移）。研究結果指出六年級學生由實驗中獲益，不過九年級則與對照組無統計上差異。

在多種方法介入上，有研究更細膩的指出，加多閱讀時間是不夠的，要讓學生自己選書閱讀、要設計有主題的多文本多篇章閱讀，且文章要夠長。此外，老師要能觀察學生如何使用策略，找出學生困難處，提醒學生教學上提過的策略等，就像平日的教學般，進行教學實驗（如 Block, Paris, Reed, Whiteley, & Cleveleand, 2009）。

Block 等人（2009）的研究包括二至六年級學生共 660 人參與，其中 62% 的學生來自中低社經家庭。這個研究在教室裡進行了 9 個月的教學，每週 90 分鐘。

這些研究都落實教育現場，以教室為基地，由原授課教師授課，研究者檢視教師授課時與研究者所提出教學程序或是步驟的符合程度（fidelity）。在學習成效方面，依據教學設計者的重點各自達成預期的目標，例如促進理解（如 Boardman et al., 2018; Palincsar & Brown, 1984）或促進高階思維（如 Dong et al., 2008）各有其有效的教學法。在真實教室中綜合各種有效的方法，且全班學生參與，是教室裡執行教學實驗最大的特色，有別於心理學盡量控制變項的實驗[2]。

四　教育心理學教科書內容

一般教育心理學教科書內容大抵分為，學習理論、發展理論與教育的實踐三大類。學習理論方面，通常以兩章分別說明行為取向的學習理論和認知取向的學習理論，內容大約包括傳統的學習理論如聯結、操作性制約、社會學習論和認知取向的記憶、解決問題等。發展理論則包括不同階段個體的身體發展、認知發展、社會心理發展、道德發展、學習者差異等。教育實踐包括學習動機、教學設計、教學評量、教室管理等。

Snowman（1997）曾以頁數多寡分析十本在當年是最新版本的教育心理學教科書內容。以建構論為例，其中有五本教科書未提到此議題，提到的則以 2 頁至 12 頁的空間來書寫建構論，平均是 2.6 頁。若以 Snowman 所選十本教科書，沒有一本缺席的議題和頁數最多的議題來說，教學方法與實作拔得頭籌，其次為動機。其餘議題請見表 3-2。

表3-2　Snowman（1997）分析教育心理學教科書中占版面最多的議題

議題	教學方法與實作	動機	資訊處理	教室評量	智能發展	操作制約	認知發展
平均頁數	45.5	40.9	38.6	33.3	26.9	21.6	21.4
頁數範圍（range）	16-118	19-68	25-84	2-58	17-45	16-30	16-25

註：整理自 Snowman (1997)，Table II。

---

[2]　在此不稱這些研究為 DBR，因原著未使用 DBR 一詞。

在諸多議題中，教室管理（平均頁數：29.0，頁數範圍：21-49）與標準化測驗（20.8, 11-43）雖頁數不算少，卻因各有一版本未介紹而未納入表 3-2 中。而研究上看中的社會互動相關議題，如社會學習（5.3, 1-14）、社會情感互動（2.1, 1-6；三本未介紹）以及高階思維如批判和解題（9.6, 1-26；一本未介紹）所占篇幅都極少。

Snowman 接著邀請 20 位教授教育心理學的教師，分別代表四年制大學、研究型大學、社區大學，勾選絕對必須且重要必教（absolutely necessary and important）的議題。結果以動機、批判／解題、資訊處理、社會學習、認知發展、建構理論、學習遷移、教育心理學的角色、操作制約、教室評量、社會／情感發展、情意、社會歷程及社經差異等得到較多的肯定（60% 的教師認為絕對必須且重要 + 相當必須且重要）（Snowman, 1997, Table IV）。教育心理學授課教師認為需要教授的內容明顯與教科書內容有差異，其中教室管理和教學方法與實作是最大差異，教師給它們的必要性在絕對與相當必要之後，但不論是教科書或是教育心理學授課老師都鮮少強調社會互動論。至於語言發展，沒有教科書納為內容，也沒有教育心理學教師認為它是必要教的內容。然由學科學習觀點來看，語言發展可能有其必要性。這將在改變教育心理學教科書編寫的建議一節中進一步說明。

在臺灣，教育心理學教科書多數是翻譯的教科書，即使是我們自己的學者寫的教科書，如張春興（重修二版，2013），或是葉玉珠等人（2010），全書主要內容及結構與國外教科書內容是接近的。

整體觀之，目前國內教科書仍少介紹學科的學習和互動與學習的機會。學科學習篇幅最多的當屬林清山翻譯 Mayer（1987/1997）的《教育心理學：認知取向》，書中包括閱讀、寫作、科學、數學的學習。其次為張文哲翻譯 Slavin（2011/2013）的《教育心理學：理論與實務》。Slavin 在第二章認知、語言與讀寫能力的發展裡提到語言與讀寫能力的發展，第六章認知取向的學習理論裡講到有助於學生學習的研讀策略。第八章，以學生為中心和建構主義取向的教學說明合作學習、鷹架構築、不同學科領域的建構式教學法，並以一節的篇幅說明在教學中如何使用合作學習。同一章第三節則涉及如何教導問題解決和思考技巧，包括批判思考。葉氏等人（2010）一書則提到社會取向的學習論與教學，包括人際互動與個體主動建構對認知發展之重要性與社會取向的學習原則。

五　討論

（一）保守的教育心理學教科書

　　教育心理學教科書是認識教育的入門學科，更是接受師資培育學生的必修課程，其內容絕對必要因應教學現場並採用較新的研究成果。經上述討論，教育心理學教科書不但與研究有落差，與現場要求也有落差。研究常見採用不論是由社會心理學理論或是由社會建構論出發的社會互動，還有各學科學習的特色，僅在極少數教科書中出現。以教師最關心的教室管理（或稱班級經營）為例，一般教育心理學教科書有一章介紹教室管理[3]，只是目前教科書以個體為出發點，如建立有效的獎懲制度、有效處理學生不當的行為、促進良好師生溝通等，不是由社會群體的觀點來看待班級經營。即使當合作學習、互助學習是當下火紅的研究議題，班級經營中都未涉及，遑論包括特殊需求學生融合教育下（inclusive education）的班級經營（Emmer & Stough, 2001）。

　　對於新研究結果，教科書撰寫者更顯保守。例如教科書中關於智能發展，通常介紹傳統上由智力測驗定義的智力，忽略智力的可塑性，以及個體對智力的信念影響其表現（Gunderson, Hamdan, Sorhagen, & D'Esterre, 2017）。Gunderson 等人（2017）測試小學一、二和五、六年級，中學十、十一年級和大學生的智能理論（theories of intelligence）以及他們對閱讀、數學、寫作能力的自評，對自己能力的評價，發現中學以上學生，數學表現的自評和學生對學科的價值、興趣有關係。年紀越長對數學比對讀和寫更顯出穩定的智能信念。換句話說，學科學習經驗影響學生對智能可塑性的看法，已不是上世紀所定義的智力所能涵蓋的。

（二）其實教育心理學知識沒有進入教室中

　　柯華葳（2011）曾與團隊觀察全國東南西北包括離島 32 所國民小學，34 個四年級班級的整課國語課，有的教師以四節課完成一課課文的教學，有的用了五節課。整體而言，大多數上課時間是全班教學，教師既是導演又是主角，以口述方式傳遞語文知識。學生就看教師表演，或是跟著朗讀。以上課時間的分配百分比來看，當時 40.7% 的上課時間，學生聽老師講解或是觀看教學影片，24.3% 的上課時間，學生回答教師提出的問題，11% 的時間學生讀課文、讀廠商提供光碟的內容、讀板書的內容（如學生造句或老師寫的東西）。僅有 4.0% 的時間由學生提出個人意見、經驗，發

---

[3]　一般師資培育中心還會提供一門教室管理的課程，顯示教室管理在教學現場的重要性。

抒感想。至於練習，則是使用出版商提供的習作或是極少數教師自己設計的作業單。

　　換句話說，在期刊文獻讀到有相當效果的教學建議，似乎一直沒有被課室裡的教師採納。研究成果如間格效應（spacing effect）是心理學研究中歷史悠久、效果明顯且是可複製的效果，不論背英文單字，或在數學、科學或是規則學習上都顯現其果效（Dempster, 1989），或是練習時的回饋（肯證式或是診斷式）對解題的影響。肯證式回饋指肯定受試者前一次解題時的某項行為。診斷式回饋指提出受式者前一次解題時缺點。研究指出：肯證回饋帶出重複練習讓受試者傾向提取成功的解題方案，雖解題速度變快，但無助於解題的正確率。而提供診斷式回饋，學生解題使用的時間雖沒有減少，正確率卻逐漸提高（黃麗分、吳庭瑜、侯世環、洪瑞雲，2012）。再如解題與提供學習範本（worked examples），研究者發現兩者不互斥，端看學生的學習進程。當學生背景知識增進時，例子與範本反而變成重複且干擾學習的因子（Kalyuga, Chandler, Tuovinen, & Sweller, 2001）。

　　又例如許多教師在課室以提問題搭鷹架。研究指出鷹架的搭建，一是老師在課前就設計好的鷹架（planned scaffolding），另一種是師生互動下產生的鷹架（interactional scaffolding）。後者是老師回應學生思維產生的鷹架（Rodgers, D'Agostino, Harmey, Kelly, & Brownfield, 2016）。只是課室教師通常根據課前就設計好的鷹架，而非學生的反應做回應。不只是提供鷹架，拆鷹架也就是漸進釋責對學生更有助益。吳裕聖和曾玉村（2011）曾設計三種透過概念構圖的教學，協助學生理解科學文本，包括繪製概念構圖組、閱讀概念構圖組，以及鷹架漸拆概念構圖。後者內容與閱讀概念構圖同，但教學上由完全提供鷹架、到部分提供鷹架、到無鷹架。結果顯示，當控制知識背景成績，五年級小學生學習生物文章內容後，在文本表徵題目的理解上，三組沒差異，都比控制組顯著高，但在情境表徵的閱讀理解成績上，鷹架漸拆概念構圖組最優，其他兩組與控制組沒有顯著差異。漸拆鷹架，讓學生扛起更多的學習任務，顯示對學習更有幫助。只是在教室裡，許多學習時間的安排，教師的提問與對學生回應的處理，作業單的設計或是拆鷹架，似乎都未採用研究上提出所謂有效的方法。

（三）改變教育心理學教科書編寫的建議

　　為符合教學現場的需求，上世紀 60 年代以認知心理學為基礎研究了不同學科的學習歷程，進而發展出相對應的教學模式，其中特別崁入社會建構論，以互動為學習的動力。然這麼多年來，僅有屈指可數的教育心理學教科書納入了學科學習與教學的研究成果。近年，除認知心理學，認知神經科學研究也提出許多可供教育人士參考的學習的腦神經機制（如 Dehaene, 2009/2012）。若要教育心理學的學生認識不同學科

的學習與教學，目前教科書的內容有徹底改革的必要。

　　Rayner、Foorman、Perfetti、Pesetsky 和 Seidenberg（2001）曾合著一篇論文名爲〈心理科學帶給閱讀教學的訊息〉（How psychological science informs the teaching of reading）。這五位學者的專長除心理學、閱讀、語言學，也有理論建模學者。這一份論文以四個問題爲出發點：

1. 起點：學習閱讀的先備條件是什麼？一個孩子需要具備什麼能力才能有效學習閱讀？
2. 學習歷程：學習閱讀的歷程爲何？由非讀者轉變成讀者這過程中發生什麼事？
3. 終點：有能力（skilled）讀者「學習終點」的樣貌是什麼？
4. 適當的教育實務：有哪些教閱讀最佳的方法？

　　這四個問題正好說明教育心理學的重點，學習者發展歷程、學習歷程和教學歷程。Rayner 等人的全文除前言與最後的摘要與結論一節，可以分爲以下各節：

1. 書寫系統，拼音文字系統的字母原則（alphabetic principle）。
2. 閱讀能力的發展，由發展角度介紹閱讀。發展上又分個體語言和閱讀的發展及學習閱讀的進展。後者則進一步引進閱讀理論和學習閱讀的機制。
3. 發展性失讀及其可能原因。
4. 成熟的閱讀。在此介紹認知心理學的閱讀研究，包括眼動研究及認知神經科學的研究。
5. 以聯結模式（connectionist models）認識閱讀和失讀。
6. 閱讀教學模式。
7. 課室裡的閱讀教學。
8. 閱讀教學是政治議題。描述美國本土對全語言（whole language）和拼音教學（phonics，有人翻譯爲自然發音）的辯論。
9. 閱讀教學的研究發現，有證據支持的教學方法。在此分別介紹實驗室的研究和教室裡的研究。

　　Rayner 等人這一篇文章就像教育心理學教科書中的一章，主題是關於閱讀的學習與教學。它的特色是把學科特性、學習者的特色與所學習學科的進展一併考慮而後設計教學，並提出經過實驗肯定某些有效的教學方法（如圖 3-2）。

　　教育心理學教科書若依某一學科來撰寫，首先描述學習者身心發展上與此學科學習有關的特色（圖 3-2 學習者）。例如，Rayner 等人寫的是閱讀，他們描述了語言發展和個別差異。前面提過，一般教育心理學教科書不會提供語言發展的內容，然基於語言發展關係著閱讀的學習，Rayner 等人必須說明語言發展，及其和閱讀發展的關係。個體發展雖有許多面向，但在此只選擇與說明和此一學科有關的發展現象。

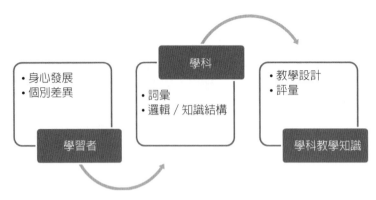

圖3-2　以學科學習為教育心理學教科書內容概念圖

　　至於學科，以各學科專業詞彙和學科邏輯為其學科特色，各有知識結構上特徵（圖 3-2 學科）。如 Rayner 等人在文章中提到語音覺識（phonological awareness）、拼音（spelling）與理解等閱讀領域專有的概念，也介紹閱讀的理論和研究閱讀歷程的方法。最後，整合學習者和學科特色，形成學科教學知識，可以設計教學與評量（圖 3-2 學科教學知識）。傳統教科書中呈現的內容如教學方法、資訊處理歷程、認知發展等（請見表 3-2），都可以安置在學科中加以闡述。

　　不可否認，Rayner 等人所說的閱讀是拼音文字（英文）的閱讀，因此開宗明義說明拼音文字閱讀的前題是字母原則，教學上倡議有證據支持的拼音法，對美國經年的閱讀教學辯論也略作說明（八、閱讀教學是政治議題），文中於閱讀理解的教學相對較少涉入。關於閱讀理解歷程與教學方法如前文已述，有許多研究證據支持其有效性（如 Palincsar & Brown, 1984）。其他學科如歷史教學（Wineburg, Martin, & Monte-Sano, 2013/2016）也以類似的鋪陳說明歷史科的學與教。至於數學和自然科學，在前人豐富的研究下，同樣可以如 Rayner 等人的編排，讓學習教育心理學的學生更清楚各科的學習歷程與教學。

　　至於教育心理學教科書中提到一般性的學習議題如操作制約、智能發展、動機等。本文認為有必要檢討其必要性與時代性。以智力為例，傳統以智力測驗描述智能發展的章節建議刪去，因已不符合智能可塑性的論述（Gunderson et al., 2017）。至於行為學派理論可以放在教室管理一章中，但要納入社會互動的觀點（Emmer & Stough, 2001），這也包括動機這一章須納入社會建構觀點（Pintrich, 2000）。

六　結語

　　教育心理學主要研究學習者、學習歷程和教學歷程。教師需要教育心理學的知

識，以認識學習者、學習歷程，進而設計教學。雖教育心理學傳統上以心理學理論為研究與教學的立論基礎，然回應教育現場，有許多偏向實務性的研究，如合作學習（Johnson & Johnson, 2009），閱讀理解歷程與漸進釋責的教學（Palincsar & Brown, 1984），或是不同階段使用學習單的功能（Kalyuga et al., 2001）等，教育心理學已經樹立了自己的研究範疇——學習歷程和教學歷程。只是，絕大多數教科書採用的學習理論仍偏向以個人為單位的論述。近年教育現場倡議的互動，在教育科技研究上廣泛被採納，在教科書上卻甚少提及。

　　至於研究方面，研究者採用的理論，或個體或社會取向或是新議題仍須向古典理論借鏡，是研究者的選擇。科技部 2017 公布教育學門熱門及前瞻學術研究議題，透過不同領域學者和不同國內外期刊以半年時間（104 年 12 月 1 日至 105 年 6 月 30 日）整理出教育學門各次領域的熱門和前瞻議題（王麗雲、楊志堅、相子元、柯皓仁，2017）。教育心理學門的熱門議題主軸在如何使學生健康和提升學科學習效果，議題有：

1. 學習動機特別是如何提升學生的學習動機。
2. 心理健康與諮商，包括學生的學習情緒、自我概念、復原力以及相關的諮商及輔導方案。
3. 閱讀與理解，從學習閱讀（learn to read）到透過閱讀學習（read to learn）。
4. 算術與數學，提升學生學習成效。
5. 數位學習，從多媒體教學、線上教學、行動學習、遊戲式學習到翻轉式教學。

　　至於教育心理學領域之前瞻議題皆以教學介入為主，為解決學習成就落差和提升學生高階思維能力。議題有：

1. 教與學的個別差異，因臺灣學生學習表現呈嚴重的雙峰分配，故須針對不同特質的學生設計差異化的教學方案。
2. 問題解決能力，以培養學生高層次的思維能力，尤其是實際解決問題的能力（含：問題解決能力、批判思考能力、創造力、溝通能力、執行力）為主。
3. 心理幸福感（自我概念、自我效能），培養一個樂觀、快樂、幸福的學生。

　　教育心理學領域的熱門和前瞻議題以學科學習為主，相當符合國際間教育心理學的研究趨勢，也回應了臺灣教育現場的需要，提出學習效果的雙峰現象與培養學生高階思維，同時提到學生的動機與幸福感。當然，重點在研究者的理論依據。以既有的動機相關研究為例，如劉政宏（2009）或是張映芬、程炳林（2011）等學者皆探討動機的成分，都以個體而非社會的角度在研究動機。在高階思維上，有研究者提出促進焦點動機提升創造力，預防焦點動機則提升批判思考表現（張旭中、邱發忠、陳學志、徐芝均，2011），也是以個體為出發點。其中有沒有社會互動可以扮演的角色，

不論是由社會建構或是社會心理學的團體動力為出發，都值得研究者考量。

當然，新世代除有新議題也有古老的學習議題。例如有研究者問圖像有效的記憶方法，表示古老的記憶研究在新世紀仍是重要的議題（如 Carney & Levin, 2000）。還有一直被看重但在新世紀更顯重要的，如教育心理學前瞻議題建議的高階思維研究。以批判為例，在資訊只有更多且更複雜的網路時代，閱讀需要更多批判的思維（Liu & Ko, 2019）。因此如 Kahneman 和 Tversky 關於捷徑思考（heuristic）、方便、合取、機率謬誤（availability, conjunction, probability fallacy）等對判斷影響的研究（Kahneman & Tversky, 1996）都值得在教育心理學領域介紹並繼續研究。此外，因著深度學習（deep learning）讓 AI 比過去只做形態辨識顯得更有智能。會深度學習的 AI 如何協助學習與教學是教育心理學研究者的議題。

所謂深度學習指的是學習者整合所學知識至相互關聯的知識系統中，且學習者理解形成形態（patterns）背後的原理，解題時使用更複雜的表徵與模式（model）。此外，學習者反思自己的理解與學習歷程（Sawyer, 2006）。這也回應上一段提到在資訊時代更需要高思維的能力。這麼看來，若教室裡還留在以記憶事實為學習主要的成果，不鼓勵學習者整合知識，形成更抽象的表徵，或是不鼓勵檢視自己的學習歷程，我們被 AI 取代則指日可待。要改變現行學習與教學方式，只有先改變教育心理教科書內容，使之跟上研究，讓教師認識學習認知歷程與互動歷程對學習的影響力，以設計支援學習的環境，包括可以引發深度學習的提問與對話。

或許有人會提出，新世紀需要跨學科、跨領域的學習與思考，只專注學科學習是不夠的。但如建造房子，需要穩定的地基，基礎學科就如房屋的地基，是思考與繼續學習的基礎，在基礎上才有進一步擴展與交互搭建的空間。

西方教育心理學者預期，面對資訊洪流、虛擬與真實（authentic）經驗，還有更多元背景的學生，教育心理學與教育實務合作會越來越密切（Alexander, 2004）。然，教育心理學教科書內容沒有跟上時代是事實。雖如 Berliner（1993）所說，教育人士不覺得科學研究可以解決教育問題在歷史軌跡裡已經存在。但這不能成為教育心理學內容沒有跟上時代的藉口[4]。面對新世紀培育能掌握學與教的教師，我們迫切需要教育心理學的研究者與教師坐下來認真面對不合時宜的教科書，並著手改善，使教心有較新的內容。

---

[4] 師資培育課程雖有教育心理學為教育基礎課程，在教育方法學科中有教學原理、班級經營、教育測驗與評量、課程輔導與設計、輔導原理與實務及教學媒體與操作等，都是教育心理學教科書裡的章節。這可以說明教育心理學是許多教學的基礎，但也會造成許多的重複。這或許也是教育心理學教科書不被重視的原因。

致謝

　　本文作者感謝清華大學陳明蕾教授對文稿提供的意見。謝謝林子郁先生協助文獻的收集與整理。

參考文獻

Dehaene, S. (2012)：《大腦與閱讀》（洪蘭譯）。臺北：信誼基金出版社。（原著出版年：2009）

Mayer, R. E. (1997)：《教育心理學：認知取向》（林清山譯）。臺北：遠流出版公司。（原著出版年：1987）

Slavin, R. E. (2013)：《教育心理學：理論與實際》（張文哲譯）。臺北：學富文化。（原著出版年：2011）

Wineburg, S., Martin, D., & Monte-Sano, C. (2016)：《像史家一般閱讀：在課堂裡教歷史閱讀素養》（宋家復譯）。臺北：國立臺灣大學出版中心。（原著出版年：2013）

方紫薇（2010）：〈網路沉迷、因應、孤寂感與網路社會支持之關係：男女大學生之比較〉。《教育心理學報》，*41*，773-798。doi: 10.6251/BEP.20090406

王麗雲、楊志堅、相子元、柯皓仁（2017）：〈教育學門熱門及前瞻學術研究議題調查〉。《人文與社會科學簡訊》，*18*，39-63。

王麗斐、林淑君（2010）：〈國內諮商與心理治療質性研究之研究方法與研究題材之初步性整合分析〉。《教育心理學報》，*41*，799-822。doi: 10.6251/BEP.20091009

王瓊珠（2012）：〈臺灣中文字詞教學研究之文獻回顧與展望〉。《教育心理學報》，*44*，253-272。doi: 10.6251/BEP.20111109

凃金堂（2015）：〈數學後設認知量表之發展與信效度考驗〉。《教育心理學報》，*47*，109-131。doi: 10.6251/BEP.20141204

吳裕聖、曾玉村（2011）：〈鷹架式概念構圖教學策略對學童生物文章的閱讀表徵與情義之影響〉。《教育心理學報》，*43*，1-23。doi: 10.6251/BEP.20090512

林青穎、王智弘、陳淑惠、劉淑慧、柯志鴻（2015）：〈國小家長版網路成癮量表之編製及其信效度分析〉。《教育心理學報》，*46*，517-539。doi: 10.6251/BEP.20140814

施香如、許韶玲（2016）：〈網路成癮的診斷準則與評估工具：發展歷史與未來方向〉。《教育心理學報》，*48*，53-75。doi: 10.6251/BEP.20150915

柯華葳（2011）：〈語文課與閱讀能力的培養〉。《教育研究月刊》，*210*，5-14。

陸怡琮（2011）：〈摘要策略教學對提升國小五年級學童摘要能力與閱讀理解的成效〉。《教育科學研究期刊》，*56*，91-118。

連啟舜（2002）：《國內閱讀理解教學研究成效之統合分析》（未出版碩士論文）。臺灣師範大學教育心理學輔導研究所，臺北。

陳學志、張瓅匀、邱郁秀、宋曜廷、張國恩（2011）：〈中文部件組字與形構資料庫之建立及

其在識字教學的應用〉。《教育心理學報》，43，269-289。doi: 10.6251/BEP.20110412

許崇憲（2018）：〈中學生快樂與學業能力之關係的縱貫性研究〉。《教育心理學報》，49，413-435。doi: 10.6251/BEP.201803_49(3).0004

許韶玲、施香如（2013）：〈網路成癮是一種心理疾病嗎？從實證與論述文獻的脈絡檢視〉。《教育心理學報》，44，773-792。

黃淑滿、周麗端、葉明芬（2008）：〈依附與其相關因素之後設分析—臺灣近二十年文獻的研究〉。《教育心理學報》，40，39-62。doi: 10.6251/BEP.20071231.1

黃麗分、吳庭瑜、侯世環、洪瑞雲（2012）：〈回饋類型、問題呈現方式與練習對問題解決的影響〉。《教育心理學報》，43，855-874。doi: 10.6251/BEP.20110412.2

黃寶園（2009）：〈工作壓力對工作滿足、職業倦怠影響之研究：統合分析取向〉。《教育心理學報》，40，439-461。doi: 10.6251/BEP.20080618

曾千芝、陳學志、張瓅匀、胡中凡、陳修元（2018）：〈常用漢字部件的位置規則性與位置自由度與其他文字特性相關之分析—以中文部件組字與形構資料庫爲基礎〉。《教育心理學報》，49，487-511。doi: 10.6251/BEP.201803_49(3).0007

曾昱翔、胡志偉、羅明、呂明蓁、呂菁菁（2014）：〈從文字屬性檢驗小學國語課本生字之學習順序的恰當性〉。《教育心理學報》，46，251-270。doi: 10.6251/BEP.20140402

葉玉珠、高源令、修慧蘭、陳世芬、曾慧敏、王珮玲、陳惠萍（2010）：《教育心理學》。臺北：心理出版社。

葉寶玲、陳秉華、陳盈君、蔡毅樺（2010）：〈教育心理學報四十年（1967-2007）之內容分析〉。《教育心理學報》，41，685-702。doi: 10.6251/BEP.20090701

張旭中、邱發忠、陳學志、徐芝均（2011）：〈調整焦點動機、成功預期對創造力與批判思考的影響〉。《教育心理學報》，43，499-520。doi: 10.6251/BEP.20100908

張育愷、祝堅恆、王俊智、楊高騰（2013）：〈以磁共振造影取向探討身體活動與神經認知功能老化：回顧與展望〉。《教育心理學報》，45，83-102。doi: 10.6251/BEP.20130114

張春興（1996）：〈在應用科學基礎上建立教育心理學的獨立體系〉。《教育心理學報》，28，1-14。doi: 10.6251/BEP.19960901.1

張春興（2013）：《教育心理學—三化取向的理論與實踐》。臺北：東華書局。

張映芬、程炳林（2011）：〈國中生動機涉入之分類結構及其相關因素探討〉。《教育心理學報》，43，521-546。doi: 10.6251/BEP.20101018

張映芬、程炳林（2017）：〈教師教學情緒、學生學業情緒與動機涉入之關係探究〉。《教育心理學報》，49，113-136。doi: 10.6251/BEP.20161028

潘宜均（2016）：〈以結構方程式探討大學生校園投入與憂鬱情緒關係模式〉。《教育心理學報》，47，603-627。doi: 10.6251/BEP.20150611

劉政宏（2009）：〈對學習行爲最有影響力的動機成分？雙核心動機模式初探〉。《教育心理學報》，41，361-383。doi: 10.6251/BEP.20081127

劉惠美、張鑑如（2011）：〈口語和閱讀關聯性研究之文獻回顧與展望〉。《教育心理學報》，43，231-268。

蘇宜芬、洪儷瑜、陳柏熹、陳心怡（2018）：〈閱讀理解成長測驗之編製研究〉。《教育心理

學報》，*49*，557-580。doi: 10.6251/BEP.201806_49(4).0003

Alexander, P. (2004). In the year 2020: Envisioning the possibilities for educational psychology. *Educational Psychologist, 39*, 149-156. doi: 10.1207/s15326985ep3903_1

Anderson, T., & Shattuck, J. (2012). Design-Based Research: A Decade of Progress in Education Research? *Educational Researcher, 41*, 16-25. doi: 10.3102/0013189X11428813

Applebee, A. N., Langer, J. A., Nystrand, M., & Gamoran, A. (2003). Discussion-based approaches to developing understanding: Classroom instruction and student performance in middle and high school English. *American Educational Research Journal, 40*, 685-730. doi: 10.3102/00028312040003685

Bakker, A., Smit, J., & Wegerif, R. (2015). Scaffolding and dialogic teaching in mathematics education: Introduction and review. *ZDM Mathematics Education, 47*, 1047-1065. doi: 10.1007/s11858-015-0738-8

Barab, S., & Squire, B. (2004). Design-based reserach: Putting a stake in the ground. *The Journal of the Learning Sciences, 13*, 1-14. doi: 10.1207/s15327809jls1301_1

Berliner, D. C. (1993). The 100-year journey of educational psychology: From interest to disdain to respect for practice. In T. K. Fraigin & G. R. Vandenbos (Eds.), *Exploring applied psychology: Origins and critical analyses* (pp. 39-78). Washington, DC: American Psychological Association.

Block, C. C., Paris, S. R., Reed, K. L., Whiteley, C. S., & Cleveleand, M. D. (2009). Instructional approaches that significantly increase reading comprehension. *Journal of Educational Psychology, 101*, 262-281. doi: 10.1037/a0014319

Boardman, A. G., Boele, A. L., & Klingner, J. K. (2018). Strategy instruction shifts teacher and student interactions during text-based discussions. *Reading Research Quarterly, 53,* 175-195. doi: 10.1002/rrq.191

Brown, A. L. (1992).Design experiments: Theoretical and methodological challenges in creating complex interventions in classroom settings. *The Journal of the Learning Sciences, 2*, 141-178. doi: 10.1207/s15327809jls0202_2

Brown, J., Collins, A. & Duguil, P. (1989). Situated cognition. *Educational Research, 18,* 32-42. doi: 10.3102/0013189X018001032

Brown, A. L., & Day, J. D. (1983). Macrorules for summarizing texts: The development of expertise. *Journal of Verbal Learning and Verbal Behavior, 22,* 1-14. doi: 10.1016/S0022-5371(83)80002-4

Cantrell, S. C., Almasi, J. F., Varter, J. C., Rintamaa, M., & Maden, A. (2010). The impact of a strategy-based intervention on the comprehension and strategy use of struggling adolescent readers. *Journal of Educational Psychology, 102*, 257-280. doi: 10.1037/a0018212

Carney, R. N., & Levin, J. R. (2000). Fading mnemonic memories: Here's looking anew, again. *Contemporary Educational Psychology, 25*, 499-508. doi: 10.1006/ceps.1999.1035

Chi, M., Bassok, M., Lewis, M., Reiman, P., & Glaser, R. (1989). Self-explanations: How students study and use examples in learning to solve problems. *Cognitive Science, 13,* 145-182. doi: 10.1016/0364-0213(89)90002-5

Chi, M., de Leeuw, N., Chiu, M-H., & LaVancher, C. (1994). Eliciting self-explanations improves understanding. *Cognitive Science, 18,* 439-477. doi: 10.1016/0364-0213(94)90016-7

Chi, M., Feltovich, P., & Glaser, R. (1981). Categorization and representation of physics problems by experts and novices. *Cognitive Science, 5,* 121-152. doi: 10.1207/s15516709cog0502_2

Dempster, F. N. (1989). Spacing effects and their implications for theory and practice. *Educational Psychology Review, 1,* 309-330. doi: 10.1007/BF01320097

The Design-Based Research Collective (2003). Design-Based Research: An Emerging Paradigm for Educational Inquiry. *Educational Researcher, 32,* 5-8. doi: 10.3102/0013189X032001005

Dong, T., Anderson, R. C., Kim, I. H., & Li, Y. (2008). Collaborative reasoning in China and Korea. *Reading Research Quarterly, 43,* 400-424. doi: 10.1598/RRQ.43.4.5

Emmer, E. T., & Stough, L. M. (2001). Classroom management: A critical part of educational psychology, with implications for teacher education. *Educational Psychologist, 36,* 103-112. doi: 10.1207/S15326985EP3602_5

Glaser, R., & Resnick, L. (1972). Instructional psychology. *Annual Review of Psychology, 23*, 207-276. doi: 10.1146/annurev.ps.23.020172.001231

Gobbo, C., & Chi, M. (1986) How knowledge is structured and used by expert and novice children. *Cognitive Development, 1,* 221-237. doi: 10.1016/S0885-2014(86)80002-8

Gramham, S., Liu, X., Aitken, A., Ng, C., Barlett, B., Harris, K. R., & Holzapfel, J. (2018). Effectiveness of literacy programs balancing reading and writing instruction: A meta-analysis. *Reading Research Quarterly, 53*, 279-304. doi: 10.1002/rrq.194

Gunderson, E. A., Hamdan, N., Sorhagen, N. S., & D'Esterre, A. P. (2017). Who needs innate ability to succeed in math and literacy? Academic-domain-specific theories of intelligence about peers versus adults. *Developmental Psychology, 53, 1188-1205*. doi: 10.1037/dev0000282

Johnson, D. W., & Johnson, R. T. (2009). An educational psychology success story: Social interdependence theory and cooperative learning. *Educational Researcher, 38,* 365-379. doi: 10.3102/0013189X09339057

Kalyuga, S., Chandler, P., Tuovinen, J., & Sweller, J. (2001). When problem solving is superior to studying worked examples. *Journal of Educational Psychology, 93,* 579-588. doi: 10.1037/0022-0663.93.3.579

Kahneman, D., & Tversky, A. (1996). On the reality of cognitive illusion. *Psychological Review, 103,* 582-591. doi: 10.1037/0033-295X.103.3.582

Li, M., Murphy, P. K., Wang, J., Mason, L. H., Firetto, C. A., Wei, L., & Chung, K. S. (2016). Promoting reading comprehension and critical-analytic thinking: A comparison of three approaches with fourth and fifth graders. *Contemporary Educational Psychology, 46,* 101-115. doi: 10.1016/j.cedpsych.2016.05.002

Liu, I. F., & Ko, H. W. (2019). Roles of paper-based reading ability and ICT-related skills in online reading performance. *Reading and Writing, 32,* 1037-1059. doi: 10.1007/s11145-018-9892-z

Mitchell, A.W., & McConnell, J. R. III (2012). A historical review of contemporary educational psychology from 1995 to 2010. *Contemporary Educational Psychology, 37,* 136-147. doi: 10.1016/

j.cedpsych.2011.11.001

Murphy, P. K., Wilkinson, I. A. G., Soter, A, O., & Hennessey, M. N.(2009). Examining the effects of classroom discussion on students' comprehension of text: A meta-analysis. *Journal of Educational Psychology, 101*, 740-764. doi: 10.1037/a0015576

National Reading Panel (2000). Teaching children to read: An evidence-based assessment of the scientific research literature on reading and its implications for reading instruction. Reports of the subgroups [PDF file]. Retrieved from https://www.nichd.nih.gov/sites/default/files/publications/pubs/nrp/Documents/report.pdf

Newell, A., & Simon, H. (1972). *Human problem solving*. Englewood Cliffs, NJ: Prentice-Hall.

Nolen, A. L. (2009). The content of educational psychology: An analysis of top ranked journals from 2003 through 2007. *Educational Psychology Review, 21*, 279-289. doi: 10.1007/s10648-009-9110-2

Palincsar, A. S., & Brown A. L. (1984). Reciprocal teaching of comprehension-fostering and comprehension-monitoring activities, *Cognition and Instruction, 1*, 117-175. doi: 10.1207/s1532690xci0102_1

Pintrich, P. R. (2000). Educational psychology at the millennium: A look back and a look forward. *Educational Psychologist, 35*, 221-226. doi: 10.1207/S15326985EP3504_01

Rayner, K., Foorman, B., Perfetti, C., Pesetsky, D., & Seidenberg, M. (2001). How psychological science informs the teaching of reading. *Psychological Science in the Public Interest, 2*(2), 31-74. doi: 10.1111/1529-1006.00004

Riley, M., Greeno, J., & Heller, J. (1983). Development of children's problem-solving ability in arithmetic. In H. Ginsburg (Ed.), *The development of mathematical thinking* (pp. 153-196). Orlando, Fl: Academic Press.

Rodgers, E., D'Agostino, J. V., Harmey, S. J., Kelly, R. H., & Brownfield, L. (2016). Examining the nature of scaffolding in a early literacy intervention. *Reading Research Quarterly, 51*, 345-360. doi: 10.1002/rrq.142

Saunders, W. M., & Goldenberg, C. (1999). Effects of instructional conversations and literature logs on limited- and fluent- English-Proficient students' story comprehension and thematic understanding. *The Elementary School Journal, 99*, 277-301. doi: 10.1086/461927

Sawyer, R. K.(2006). Introduction: The new science of learning. In R.K. Sawyer (Ed.), *The Cambridge Handbook of the Learning Sciences* (pp. 1-16). NY: Cambridge University Press.

Schoenfeld, A. (1985). *Mathematical problem solving*. NY: Academic Press.

Shulman, L. (1987). Knowledge and teaching: Foundations of the new reform, *Harvard Educational Review, 57*, 1-23. doi: 10.17763/haer.57.1.j463w79r56455411

Snowman, J. (1997). Educational Psychology: What do we teach, what should we teach? *Educational Psychology Review, 9*, 151-170.

Shih, M., Feng, J., & Tsai, C. C. (2008). Research and trends in the field of e-learning from 2001 to 2005 : A content analysis of cognitive studies in selected journals. *Computers & Education, 51*, 955-967. doi: 10.1016/j.compedu.2007.10.004

Sternberg, R. (1986). Cognition and instruction: Why the marriage sometimes ends in divorce. In R. F. Dillon & R. J. Sternberg (Eds.), *Cognition and Instruction* (pp. 375-382). NY: Academic Press. doi: 10.1016/B978-0-08-088583-4.50014-5

Sung, Y. T., Chang, K. E., & Liu, T. C. (2016). The effects of integrating mobile devices with teaching and learning on students' learning performance: A meta-analysis and research synthesis. *Computers & Education, 94,* 252-275. doi: 10.1016/j.compedu.2015.11.008

Vygotsky, L. (1978). *Mind in Society: The Development of Higher Psychological Processes.* MA: Harvard University Press.

第四章

臺灣心理計量之回顧、現況與展望

翁儷禎、陳柏熹、游琇婷

心理計量學（psychometrics）為心理學領域之一，致力於研究與發展量化模型以促進對人類行為與心智之了解。適逢《中華心理學刊》發行一甲子，本研究綜整學刊六十年發表之論文，回顧心理計量研究發展，分析心理學各領域採行之資料分析方法，呈現心理計量與心理學諸多領域之關聯，並探討當前心理計量研究人力，展望未來。希望藉由此回顧與展望再思心理計量研究於臺灣心理學界與社會之角色，期能提升研究對話與合作，攜手共創未來。

一　前言

　　《中華心理學刊》為臺灣歷史最悠久之心理學學術期刊，其身為《國立臺灣大學理學院心理系研究報告》，創刊於 1958 年（民國 47 年），於 1973 年更名為《中華心理學刊》，由中國心理學會出版，學會於 2003 年更名台灣心理學會。適逢《中華心理學刊》發行一甲子，本研究回顧六十年來發表於學刊之心理計量研究論文，綜整目前心理計量研究人力現況，展望未來國內心理計量研究之發展。有鑒於心理計量研究者之多重角色，本研究亦分析發表於《中華心理學刊》論文之研究領域及其應用之分析方法，探討心理計量與心理學諸多領域之關聯。期待透過三面向之分析，再思心理計量領域之研究與人才培育，及其在國內心理學與當今社會之角色，期能增進社會與學界對心理計量之了解，提升跨領域對話與合作機會，共同繼續努力，貢獻於學界與當今社會。

　　心理計量學（psychometrics）為心理學領域之一，致力於研究發展量化模型和方法，以綜整、描述、解釋心理學研究資料，促進對人類行為與心理歷程之了解（Jones & Thissen, 2007）。誠如 1935 年成立之 *Psychometric Society* 與 1936 年創刊之 *Psychometrika* 所倡議，心理計量鼓勵研究者以數學、量化的方式描繪心理現象，亦因之當今心理計量學與量化心理學（quantitative psychology）兩詞有時為研究者互用。當然，心理學理論絕非因其以數學慧點建構即稱為佳，任何心理學知識與原則終有待時間淬煉以考驗其重要性（Thurstone, 1937）。

　　心理計量發展百餘年來，逐漸涵納多重領域。1986 年 *Psychometrika* 創刊五十年，邀請多位學者回顧心理計量各領域在 *Psychometrika* 上之發展，主題包括測驗理論（test theory）、因素分析（factor analysis）、結構模型（structural modeling）、統計與資料分析（statistics and data analysis）、度量化方法（scaling），以及模型、電腦與政策（models, computers and policies）。*Psychometrika* 創刊八十年時，邀請心理計量傑出學者評論十篇自 1936 年創刊至 2016 年 4 月 1 日間，引用率最高的論文，並將此十篇分為三大類，分別與因素分析（solutions for problems in the factor analysis model）、度量化方法與群聚分析（analysis of proximities）、多變項分析之共變數矩陣特性（properties of covariance matrices in multivariate analysis）有關，其中第三類包括 Cronbach alpha 與剖面資料分析之論文（Heiser & Hubert, 2016）。雖然此三個主題是心理計量研究的經典主軸，然客座主編 Heiser 與 Hubert 特別提及，高引用率原因多元，所選之高引用率論文未必涵蓋所有心理計量之重要發展，十篇文章中即未包括兩心理計量研究主軸：項目反應理論（item response theory, IRT）與結構方程模型（structural equation modeling, SEM）。Jones 與 Thissen（2007）在

Psychometrics 一書中論述心理計量之源起與歷史發展，將心理計量模型區分為三大類：第一類為將數量賦予物體或事件的度量化方法，第二類為以因素分析為基底之以潛在變項解釋觀察變項間共變的模型與方法，第三類則為測驗理論相關模型。

翁儷禎、張郁雯及姚開屏（1996）在二十餘年前曾應當時國科會之需，淺談其時國內心理計量領域之規劃。該研究參考國內外相關資料，將心理計量涵蓋的內容綜整概分為五大類：(1) 測驗理論（包括古典測驗理論、項目反應理論、概推度理論等）及其應用；(2) 因素分析與結構方程模型及其應用；(3) 度量化方法（含群聚分析，cluster analysis）與分類（classification）及其應用；(4) 其他統計方法（包括變異數分析、迴歸、時間序列、類別資料分析、無母數統計、階層線性模型、線性與非線性多變項統計等）及其應用；與 (5) 其他計量相關數學模型與研究法（包括選擇與判斷模型、社會網絡、混合模型、潛在分類模型、數學心理學等）。此五大類與 *Psychometrika* 在 1986 與 2016 年之心理計量研究主題相仿，亦含納 Jones 與 Thissen（2007）之分類，故為檢視國內心理計量之發展，本研究仍沿用翁儷禎等人之分類以回顧《中華心理學刊》六十年心理計量研究之主題與當今國內心理計量研究者之主要研究領域。

有鑑於心理計量於心理學各領域之應用，本研究亦整理《中華心理學刊》創刊至 2017 年底之論文，共計 859 篇，分析每篇論文之研究領域與主要應用之分析方法，期能藉由統整分析《中華心理學刊》各領域研究回應研究問題之方法，回顧與前瞻心理計量領域與心理學多元領域間之關聯發展脈絡。因此，本研究首先檢視 859 篇發表於《中華心理學刊》論文之研究領域分布，繼之著眼於其中之心理計量研究論文，分析其研究主題，及其於六十年間之變化。由於心理計量研究者常發表於《中華心理學刊》以外之學術期刊，為了解目前國內心理計量研究樣貌，本研究亦嘗試綜整當前心理計量研究人員之主要研究興趣，並討論心理計量人力市場現狀與需求。在了解心理計量研究主題與人力後，由於心理計量人員在研究外，亦常擔負教學與資料分析諮詢服務，本研究進一步綜整《中華心理學刊》各領域論文所採分析方法，及其與心理計量研究之關係。本文除對心理計量領域現狀與教育訓練等議題提出建議外，亦討論國內心理計量領域於過去二十年間之發展與展望。

二　《中華心理學刊》一甲子論文研究領域

本研究整理 1958 年第一卷《國立臺灣大學理學院心理系研究報告》至 2017 年底《中華心理學刊》第 59 卷第 4 期之研究論文，其中 2003 年前之紙版論文全文取自政大圖書館，2003 年後之全文即由線上資料庫取得電子版檔案，總計共有 859 篇。初

步檢視八百多篇之研究主題後，本研究嘗試依以下分類歸屬每一篇論文之研究領域：
(1) 實驗認知心理學；(2) 生理心理學；(3) 社會與人格心理學；(4) 發展與教育心理學；
(5) 臨床諮商與輔導心理學；(6) 工商與組織心理學；(7) 心理計量；以及 (8) 其他領域
心理學。論文領域分類先由政大與臺大心理系研究生分兩組獨立進行，復由研究人員
彙整與檢視分類結果。參與之研究生皆參與前導討論，了解分類判斷原則和需注意之
細節。在 859 篇論文中，兩組研究生分類一致者約 81%，研究人員逐一檢視各篇分
類結果，將不一致與不宜者重新歸屬其領域。表 4-1 以十年爲距，羅列六十年間《中
華心理學刊》各領域論文之分布，對應之百分比呈現於表 4-2。

表4-1　《中華心理學刊》一甲子論文研究領域分析（N = 859）

研究領域	1958-1967	1968-1977	1978-1987	1988-1997	1998-2007	2008-2017	總篇數
實驗認知心理學	39	47	38	29	76	86	315
社會與人格心理學	15	25	24	15	35	47	161
臨床諮商與輔導心理學	22	20	23	5	20	37	127
發展與教育心理學	10	23	15	9	20	32	109
工商與組織心理學		1	7	12	15	23	58
心理計量		3	4	7	22	10	46
生理心理學		12	5	1	4	2	24
其他領域心理學	4		3	3	1	8	19
合計	90	131	119	81	193	245	859

表4-2　《中華心理學刊》論文研究領域與發表年代分析（%）

研究領域	1958-1967	1968-1977	1978-1987	1988-1997	1998-2007	2008-2017	總計
實驗認知心理學	43.3	35.9	31.9	35.8	39.4	35.1	36.7%
社會與人格心理學	16.7	19.1	20.2	18.5	18.1	19.2	18.7%
臨床諮商與輔導心理學	24.4	15.3	19.3	6.2	10.4	15.1	14.8%
發展與教育心理學	11.1	17.6	12.6	11.1	10.4	13.1	12.7%
工商與組織心理學		0.8	5.9	14.8	7.8	9.4	6.8%
心理計量		2.3	3.4	8.6	11.4	4.1	5.4%
生理心理學		9.2	4.2	1.2	2.1	0.8	2.8%
其他領域心理學	4.4		2.5	3.7	0.5	3.3	2.2%
合計	100.0	100.0	100.0	100.0	100.0	100.0	100%

　　表 4-1 與 4-2 顯示，六十年間發表於《中華心理學刊》之各領域論文，以實驗
認知心理學居首（36.7%），三分之一強之論文皆屬此領域，其次爲社會與人格心理

學（18.7%）、臨床諮商與輔導心理學（14.8%）、發展與教育心理學（12.7%），繼之爲工商與組織心理學（6.8%）與心理計量（5.4%），比例最低者爲生理心理學（2.8%）與其他領域心理學（2.2%）。前四領域在六十年間之發展相當穩定，工商組織心理學與心理計量領域研究在《中華心理學刊》之起步相對較晚。心理測驗在臺灣之發展歷史相當悠久，自遷臺後即有學者投入，早期亦得政府相當之重視與支持（王鳳喈，1963；陳學志、黃逸杉，2013；葉寶玲、陳秉華、陳盈君、蔡毅樺，2010；楊諮燕、巫博瀚、陳學志，2013；簡茂發，1993）。

三 《中華心理學刊》之心理計量研究

《中華心理學刊》六十年論文歸屬於心理計量領域者，共計 46 篇，其中約七成發表於近二十年 32 篇（69.6%），22 篇（47.8%）爲本研究以下綜整之目前國內心理計量研究者參與，8 篇（17.4%）爲國外心理計量學者發表，其餘作者主爲國內實驗認知心理學領域學者，約四成以英文寫作 19 篇（41.3%）。表 4-3 依翁儷禎等人（1996）概分之心理計量領域內容分類此 46 篇之研究主題，並以十年爲距呈現六十年間之主題分布變化。

表4-3　《中華心理學刊》心理計量論文研究主題與發表年代之列聯表（$N = 46$）

研究領域	1958-1967	1968-1977	1978-1987	1988-1997	1998-2007	2008-2017	篇數
測驗理論及其應用		1	3	4	7	2	17
項目反應理論及其應用					(1)	(1)	(2)
其他測驗理論及其應用		(1)	(3)	(4)	(6)	(1)	(15)
因素分析與結構方程模型					5	4	9
度量化方法		1			2		3
其他統計方法		1	1	2	6		10
其他數學模型					1	4	5
其他 *				1	1		2
合計	0	3	4	7	22	10	46

註：* 心理計量領域回顧與前瞻類論文。

《中華心理期刊》發表之心理計量領域論文在六十年間顯著成長，研究主題多元，除兩篇心理計量領域綜論性文章外，其餘 44 篇分布於五個領域，其中以測驗理

論及其應用相關研究最多，計有 17 篇，占全數的三分之一強。此一主題論文中雖僅兩篇為項目反應理論研究，然此並非意謂國內項目反應理論研究稀少，許多相關研究乃發表於國內測驗重要期刊《測驗學刊》（楊諮燕、巫博瀚、陳學志，2013）。項目反應理論之外的 15 篇測驗相關論文分布於過去五十年，主題廣泛，舉凡測驗或量表的心理計量特性，及其設計和應用等皆為研究者探討之議題。

　　「因素分析與結構方程模型」的 9 篇論文皆發表於近二十年，除了國內探索性因素分析應用回顧與平行分析相關論文外，其餘 5 篇皆為結構方程模型相關論文，探討潛在交互作用、取樣權重、遺漏值處理、適合度指標等議題。「度量化方法」的 3 篇論文以心理量尺相關研究為主，如量表標示語之心理量尺與文字有意義度之評定。「其他統計模型」10 篇論文有 6 篇發表於 1998-2007 年間，包括對平均數估計、變異數分析、迴歸抑制變項、母體分配假設檢定等研究議題之探討，亦有對於組內相關係數、Holzinger 遺傳係數等特定統計量之討論。5 篇「其他數學模型」論文有 4 篇發表於近十年，主要為數理心理學研究，以數學模型探討自我報告的精確性、選擇歷程、閾值的測量、臨床記憶缺陷評估等。

四　國內心理計量研究人員與研究興趣概況

　　相較於實驗認知等心理學領域，心理測驗之外的心理計量研究在國內起步稍晚，心理計量研究者亦可能選擇投稿國外相關期刊，故為更全面了解國內目前心理計量研究人員與研究興趣領域，本研究亦嘗試綜整目前心理計量研究人力之概況。翁儷禎等人（1996）曾分析二十餘年前國內心理計量研究者，因該研究乃應國科會心理學門規劃之需進行，故有國科會提供之人員資料，就之以「目前之研究領域主要為心理計量學」者界定心理計量研究者。由於本研究無以取得科技部相對應之資料，乃先收集國內大專院校及研究機構心理計量人員之可能名單，經過多次討論，最後以「博士學位論文研究主題為心理計量研究」界定本研究之心理計量研究者。依此原則搜尋界定之國內心理計量領域專任研究者計有 71 名，男性 37 名，女性 34 名，比例相當。表 4-4 列出此 71 位心理計量研究者獲得博士學位的年代、目前任職情形，以及目前主要研究領域，並亦同列翁儷禎等人之資料以作比較。

表4-4　心理計量研究者取得博士學位年代、目前任職單位與主要研究興趣（*N* = 71）

	翁儷禎等（1996）(*N* = 30)			本研究 (*N* = 71)	
	人數	%		人數	%
取得博士學位年代					
1980 以前	3	10.0		0	0.0
1981-1985	2	6.7		1	1.4
1986-1990	7	23.3		6	8.5
1991-1995	18	60.0		16	22.5
1996-2000				14	19.7
2001-2005				13	18.3
2006-2010				13	18.3
2011-2015				8	11.3
目前任職單位					
中央研究院	2	6.7		1	1.4
師範或教育大學	16	53.3		31	43.7
其他大學校院	10	33.3		31	43.7
測驗研究中心	---	---		8	11.3
軍事院校	1	3.3		---	---
技術學院	1	3.3		---	---
目前主要研究興趣領域 *					
測驗理論及其應用	23	76.7		26	36.6
項目反應理論及其應用	(17)	(56.7)		(14)	(19.7)
其他測驗理論及其應用	(6)	(20.0)		(12)	(16.9)
因素分析與結構方程模型	2	6.7		9	12.7
度量化方法	1	3.3		0	0
其他統計方法	3	10.0		3	4.2
其他數學模型	1	3.3		7	9.7
應用研究				26	36.6

註：* 本研究將目前主要興趣為心理計量應用之研究者另歸屬於「應用研究」類別。

　　由表 4-4 結果可見國內心理計量研究者人數穩定增加。翁儷禎等人 1996 年羅列之心理計量研究者多數目前仍持續專職研究，1995 年以前獲博士學位者 23 人，占目

前國內心理計量研究人員之 32.4%；1996 年後畢業之研究者計有 48 名，占 67.6%，其中 23 人乃由國內老師指導訓練，此等成長對一起步較晚的領域實為相當之鼓勵。此 71 位中，36 位目前為教授或研究員（50.7%），22 位為副教授或副研究員（31.0%），13 位為助理教授或助理研究員（18.3%）。如同 1996 年之分布，絕大多數心理計量研究者任職於大專校院（62 位，87.4%）。值得一提的是，目前有 8 位心理計量研究者任職於測驗研究中心，如：國家教育研究院測驗及評量研究中心、臺師大心理與測驗中心，此應與近二十年心理測驗在國內教育體系中的專業性與研發需求普遍受到重視有關。國內九年一貫課程綱要之推動、十二年國民義務教育之教改風潮，以及對大型國際教育評比如 PISA、TIMSS、PIRLS 等之重視，皆提增了教育測評心理計量人力之需求，亦培養不少心理測驗的理論與應用人才。

　　本研究參考科技部研究人才著作與計畫，嘗試將各心理計量研究人員近期之主要研究興趣依翁儷禎等人（1996）之領域架構分類，以了解目前不同計量領域專長之人力分布。本研究先分兩組獨立界定各研究者之主要研究領域，針對兩組分類結果之異同進行討論，並另諮詢熟悉國內心理計量研究者意見，藉以綜合評斷。經多次討論後，考量原架構難以呈現目前心理計量研究者之主要研究興趣，乃將心理計量理論與方法研究和其應用予以區分，將應用研究獨立於「測驗理論」、「因素分析與結構方程模型」、「度量化方法」、「其他統計方法」、「其他數學模型」五類之外，因之增列「應用研究」一類，此類綜整研究興趣主為應用上述各心理計量範疇之心理計量研究者，歸屬之研究者致力於將測驗、統計方法或方法學應用於相關領域或特定研究主題。

　　本研究中，目前主要研究興趣為「應用研究」之心理計量研究者有 26 位，占整體之 36.6%，其中絕大多數為測驗理論之應用（計有 24 位，占 26 位之 92.3%），以教育應用為主。若將其與主要興趣在於「測驗理論」之研究者一併考量，「測驗理論及其應用」研究者之人數倍增，比例與 1996 年相近，為各領域中最高者，七成以上之心理計量研究者皆致力於測驗理論之發展與應用。如前所言，測驗理論及其應用人數之擴增，應與心理測驗於教育體系受重視有關，其中尤以「項目反應理論」最為研究者所關注，晚進亦多有學者致力於認知診斷模型之發展。相較於 1996 年，「因素分析與結構方程模型」及「其他數學模型」之心理計量研究者人數與比例皆有所增長，「其他統計模型」之研究者人數兩研究一致，當前之比例明顯下降。表 4-5 進一步詳列心理計量研究者目前主要研究興趣與獲得博士學位年代之列聯表，「測驗理論」與「因素分析與結構方程模型」研究者穩定成長，「其他統計模型」之心理計量研究則較少，然此亦可能受囿於本研究對心理計量研究者之界定所致。

表4-5　心理計量研究者目前主要研究領域與其獲得博士學位年代之列聯表（$N = 71$）

主要研究興趣領域	1981-1985	1986-1990	1991-1995	1996-2000	2001-2005	2006-2010	2011-2015	合計
測驗理論		1	3	6	5	6	5	26
因素分析與結構方程模型		1		2	2	1	3	9
其他統計方法		1	2					3
其他數學模型	1		3	1		2		7
應用研究		3	8	5	6	4		26
合計	1	6	16	14	13	13	8	71

　　相較於翁儷禎等人 1996 年之研究，心理計量研究者在二十年間倍增，此現象雖可喜，然亦可能與兩研究對「心理計量研究者」界定不一有關。即便如此，國內心理計量研究人力應仍具明顯增長。但若考量國內二十年間新成立的大學以及心理與教育相關系所，此領域人力恐仍不足。心理計量研究者除致力於心理計量研究能量之持續穩定進步外，亦常分擔各系所之方法學授課，無論是必修之心理與教育統計、心理測驗、實驗設計，或是選修之各統計方法等。本研究中之 71 位心理計量研究者分屬 40 個單位，絕大多數為大專院校之系所，雖平均每單位有 1.78 位心理計量研究者，但由圖 4-1 的直方圖可知，各單位之專任心理計量研究者人數皆偏少。心理計量專任研究者人數最多的單位為臺南大學教育學系和臺中教育大學教育資訊與測驗統計研究所，其次為國家教育研究院測驗及評量研究中心，而同時肩負教學責任的大專校院系所中，近七成僅有一名專任心理計量研究者。由於心理計量為心理學量化研究之基礎，若各系所礙於人力有限無法聘任心理計量專長之研究人力，但仍能在聘任其他專長領域時，考量以心理計量為第二專長者，相信對系所整體研究質量能有所提升。

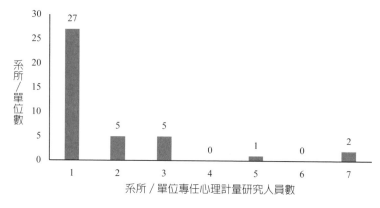

圖4-1　各單位專任心理計量研究人員數之直方圖（$N = 40$）

五　心理計量人力市場需求

　　本研究另以網路問卷調查國內相關測驗機構，邀請各機構高階主管、中階主管與一般研究人員各一人填答，藉以了解業界之心理計量人力現狀與對心理計量人力及其能力與性格之期待。回收的有效樣本計 14 人，來自七個機構，其中有四個機構聘任心理計量相關專職人員，所聘專職人數 2 至 6 人。各機構聘任之心理計量專任人員皆少於其機構總人數的十分之一，亦皆低於各機構所需人力，部分機構反映人力低於所需乃因節省成本之考量，而以兼任人力取代專任人力。心理計量人員的實際工作內容以測驗施測與計分為主，其次為測驗研發與一般統計分析。各機構之人力需求皆高於目前實際工作人數，顯示各機構所設定之工作項目仍需額外人力以完成。本研究亦調查各機構對心理計量人員之能力與性格之期待，結果顯示，「統計分析能力」為各機構首需能力，其次為「測驗研發能力」與「策略研擬能力」，再次為「教育訓練能力」與「溝通協調能力」；對個人性格特質之需求，以「堅毅抗壓性」為最高，其次為「自主性」與「創新性」，再次為「客觀性」和「規律性（按部就班）」。此初步結果雖樣本人數較少，但或可作為國內心理相關科系培育心理計量人才之參考。

　　整體而言，目前測驗機構對於心理計量人力人仍有需求。測驗機構聘任的心理計量人才主為心理研究所、測驗統計研究所與教育研究所訓練之碩士，上述相關系所學生的學科知識與研究能力似乎能符合測驗機構之需，然因無目前此領域實際研究生的人數，以及過去此領域畢業生的職業選擇和現況資料，因此難以完整描繪市場需求與學科訓練間的契合度。就目前各測驗機構的問卷回應觀之，心理計量領域畢業生的出路和發展應仍樂觀。心理計量訓練的畢業生在工商業界的可能發展應相當廣泛多元，例如人力資源部門之員工進用、教育訓練、發展升遷等制度的設計與規劃相關職務，或都適合具備心理計量知識和訓練的畢業生。然由於本次調查僅侷限於測驗相關機構，期待未來能有研究針對心理計量領域學生的培養訓練和職場需求間之連結做更詳盡的整理和討論。

六　《中華心理學刊》各領域論文分析方法

　　有鑑於國內心理計量研究者經常亦需負擔量化相關教學與分析諮詢服務，本研究亦綜整《中華心理學刊》六十年來各領域研究論文採用之主要心理計量方法，以了解心理計量研究與心理學各領域之關係。Aiken、West 及 Millsap（2008）曾分析美加 201 所心理學系博班生養成訓練之「統計、測量和方法學」（statistics, measurement, and methodology）課程，本研究論文分析方法之分類主要乃以其所列課程為依據，歸

納綜整爲 23 類（見表 4-6）。Aiken 等人將變異數分析、多元迴歸、多變項分析、因素分析、結構方程模型列爲核心統計方法（statistics core），本研究將多變項分析再分列爲群聚分析、主成分分析、潛在類別分析、混合模型分析，與區辨分析。表 4-6 中第 10-14 類 Aiken 等人將之歸爲特殊統計方法（specialized statistics content），第 15-18 類爲測量和度量化方法（measurement and scaling），第 19 類爲數理心理學相關方法。爲因應此次回顧分析之需，本研究另加入「模擬研究」、「質性研究」，及「回顧研究」三類別，無以歸屬於以上各類者則列於「其他」。

　　本研究首先由政大、臺大、臺師大三組研究生分別界定各篇論文的主要分析方法。由於各篇論文可能採用不只一種分析方法以回應研究問題，爲了解《中華心理學

表4-6　《中華心理學刊》論文分析方法分類及其使用頻率（N = 859）

		分析方法	論文數	百分比
核心統計方法	1	變異數分析	402	46.8%
	2	多元迴歸分析	49	5.7%
	3	因素分析	49	5.7%
	4	結構方程模型	29	3.4%
	5	群聚分析	6	0.7%
	6	主成分分析	1	0.1%
	7	潛在類別分析	5	0.6%
	8	混合模型分析	1	0.1%
	9	區辨分析	0	0.0%
特殊統計方法	10	階層線性模型	11	1.3%
	11	長期追蹤資料分析	10	1.2%
	12	整合分析	2	0.2%
	13	類別資料分析	63	7.3%
	14	無母數分析	17	2.0%
測量和度量化方法	15	古典測驗理論	4	0.5%
	16	試題反應理論	1	0.1%
	17	測驗建構	51	5.9%
	18	多向度量化方法	4	0.5%
其他主題	19	數理心理學	27	3.1%
本研究增列類別	20	模擬研究	19	2.2%
	21	質性研究	18	2.1%
	22	回顧研究	74	8.6%
	23	其他	16	1.9%
合計			859	100%

刊》六十年所採分析方法之趨勢，並避免各研究論文比重不一，研究人員多方研議後，乃決定每研究僅列單一主要分析方法。表 4-6 即呈現多次討論後，859 篇論文主要分析方法的次數分配和對應百分比。整體而言，「變異數分析」（其中亦包含平均數差異檢定）為研究者最常選用之分析方法，約有 46.8% 的論文以其為主要統計分析方法，次之為「類別資料分析」、「多元迴歸分析」和「因素分析」，繼之為「結構方程模型」和「數學心理學」。近半數論文以「變異數分析」為主要之分析方法，可能因心理學者常以實驗操弄設計進行研究，也可能因此為研究者最熟悉之檢驗差異的統計方法。此外，一篇論文可能採用多個分析方法，然本研究僅界定該論文用以回答研究問題的最主要方法，此亦可能讓「變異數分析」呈現高比例。相對於此高使用率，心理計量研究者致力變異數分析者卻相當稀少，此可能因其為基礎且發展已較完備的統計方法，目前的心理計量學者較難在此議題上繼續延伸發展。

　　《中華心理學刊》亦為國內發表測驗編製與相關研究的重要期刊，有 51 篇論文（5.9%）乃屬「測驗建構」，臺灣常模之建立和測驗於特定族群之應用研究皆歸於此。《中華心理學刊》為臺灣心理學界最重要的學術期刊，「回顧研究」類論文亦不少，計有 74 篇（8.6%），諸如學會年會專題演講、領域發展回顧評論或規劃、特定研究議題之回顧與討論、期刊評比等歸屬於此。「其他」類論文 16 篇主要為期刊特輯或專輯之序言，或是概念、實驗技術之介紹等。

　　為進一步分析六十年間《中華心理學刊》研究論文所採分析方法之趨勢，本研究以十年為距，於表 4-7 呈現各方法與論文發表年代之列聯表。首先，表 4-7 的資料顯示，經典的變異數分析和類別資料分析方法，在六十年間使用廣泛，多元迴歸分析可能因近二十年中介與調節變項分析益受重視，使用頻率亦上升。再者，晚近方法之運用益趨多元，尤其是近二十年的論文，除了傳統經典的分析方法之外，研究者亦採用各樣新近量化分析方法回應研究問題，如結構方程模型、階層線性模型、潛在類別分析等。

表4-7　《中華心理學刊》論文統計分析方法與發表年代之列聯表（$N = 859$）

	分析方法	發表年代						合計
		1958-1967	1968-1977	1978-1987	1988-1997	1998-2007	2008-2017	
1	變異數分析	49	88	62	42	80	81	402
2	多元迴歸分析			2	4	20	23	49
3	因素分析	1	2	12	9	13	12	49
4	結構方程模型				1	11	17	29

（續下頁）

表4-7　《中華心理學刊》論文統計分析方法與發表年代之列聯表（*N* = 859）（續）

	分析方法	發表年代						合計
		1958-1967	1968-1977	1978-1987	1988-1997	1998-2007	2008-2017	
5	群聚分析				1	3	2	6
6	主成分分析						1	1
7	潛在類別分析					2	3	5
8	混合模型分析						1	1
9	區辨分析							0
10	階層線性模型					1	10	11
11	長期追蹤資料分析	1	2	2		1	4	10
12	整合分析					1	1	2
13	類別資料分析	12	14	9	7	12	9	63
14	無母數分析	4	4		1	5	3	17
15	古典測驗理論		2			1	1	4
16	試題反應理論						1	1
17	測驗建構	8	12	5	4	3	19	51
18	多向度計量法			1	1	1	1	4
19	數理心理學	2	3	2	3	11	6	27
20	模擬研究			1	2	11	5	19
21	質性研究	1		6	2	6	3	18
22	回顧研究	7	3	13	2	11	38	74
23	其他	5	1	4	2		4	16
	合計	90	131	119	81	193	245	859

　　為了解各研究領域所使用分析方法之異同，表 4-8 呈現各領域論文與所使用分析方法之列聯表，每一領域內各方法所占百分比則整理於表 4-9，以便於比較不同領域間分析方法運用之差異。由表 4-8 和表 4-9 的結果可知心理學各領域主要採行之資料分析方法有所不同，所採分析方法之廣度亦有所不同。除了「心理計量」與「工商與組織心理學」外，變異數分析亦是各領域最常使用的統計分析方法，尤其是「實驗認知心理學」和「生理心理學」兩領域，皆有六成以上的論文使用，其中「生理心理學」領域可能因資料分配型態或樣本數量較少，使用無母數分析的比例較其他領域為高。「社會與人格心理學」、「臨床諮商與輔導心理學」、「發展與教育心理學」三領域使用的分析方法相近，主要為類別資料分析、多元迴歸分析、因素分析或結構方程模型，並有為數不少的論文為測驗與量表建構，尤其是「臨床諮商與輔導心理學」

表4-8　《中華心理學刊》論文主要分析方法與研究領域之列聯表（N = 859）

	分析方法	實驗認知心理學	社會與人格心理學	臨床諮商與輔導心理學	發展與教育心理學	工商與組織心理學	心理計量	生理心理學	其他領域心理學	合計
1	變異數分析	205	64	50	54	10	3	16		402
2	多元迴歸分析	3	13	13	6	14				49
3	因素分析	1	14	9	8	16	1			49
4	結構方程模型	1	11	9	3	4	1			29
5	群聚分析	3	3							6
6	主成分分析						1			1
7	潛在類別分析		5							5
8	混合模型分析	1								1
9	區辨分析									0
10	階層線性模型		5	1	1	3	1			11
11	長期追蹤資料分析		2	1	5			2		10
12	整合分析			1			1			2
13	類別資料分析	19	13	15	14		1	1		63
14	無母數分析	8	1	1	4		1	2		17
15	古典測驗理論			1			3			4
16	試題反應理論						1			1
17	測驗建構	13	12	15	6	3	2			51
18	多向度計量法	2	1				1			4
19	數理心理學	13	3		1		10			27
20	模擬研究	3					16			19
21	質性研究	4	4	4	4	1			1	18
22	回顧研究	29	9	7	3	7	4	2	13	74
23	其他	10	1						5	16
	合計	315	161	127	109	58	46	24	19	859

領域，此或可見量表發展於此領域之需要。「工商與組織心理學」應用的統計方法以「因素分析」和「多元迴歸分析」為多，「心理計量」研究則主要以模擬研究方法回應所探討的研究問題。

　　各領域統計分析方法之不同應亦突顯各領域資料特性之差異。譬如，「實驗認

表4-9　《中華心理學刊》各領域論文所採主要分析方法之比例（%）

	分析方法	實驗認知心理學	社會與人格心理學	臨床諮商與輔導心理學	發展與教育心理學	工商與組織心理學	心理計量	生理心理學	其他領域心理學	合計
1	變異數分析	65.1	39.8	39.4	49.5	17.2	6.5	66.7		46.8
2	多元迴歸分析	1.0	8.1	10.2	5.5	24.1				5.7
3	因素分析	0.3	8.7	7.1	7.3	27.6	2.2			5.7
4	結構方程模型	0.3	6.8	7.1	2.8	6.9	2.2			3.4
5	群聚分析	1.0	1.9							0.7
6	主成分分析						4.2			0.1
7	潛在類別分析		3.1							0.6
8	混合模型分析	0.3								0.1
9	區辨分析									0.0
10	階層線性模型		3.1	0.8	0.9	5.2	2.2			1.3
11	長期追蹤資料分析		1.2	0.8	4.6			8.3		1.2
12	整合分析			0.8			2.2			0.2
13	類別資料分析	6.0	8.1	11.8	12.8		2.2	4.2		7.3
14	無母數分析	2.5	0.6	0.8	3.7		2.2	8.3		2.0
15	古典測驗理論			0.8			6.5			0.5
16	試題反應理論						2.2			0.1
17	測驗建構	4.1	7.5	11.8	5.5	5.2	4.3			5.9
18	多向度計量法	0.6	0.6				2.2			0.5
19	數理心理學	4.1	1.9		0.9		21.7			3.1
20	模擬研究	1.0					34.8			2.2
21	質性研究	1.3	2.5	3.1	3.7	1.7			5.3	2.1
22	回顧研究	9.2	5.6	5.5	2.8	12.1	8.7	8.3	68.4	8.6
23	其他	3.2	0.6						26.3	1.9
		100.0	100.0	100.0	100.0	100.0	100.0	100.0	100.0	100.0

知心理學」和「生理心理學」的資料多數來自實驗設計操弄，因而大多運用變異數分析處理資料。又如，長期追蹤資料分析主要用於「發展與教育心理學」，以研究學習與發展歷程，模擬研究主要為「心理計量」研究採行。此外，各個領域在資料分析中所使用方法的廣度亦有所不同，「生理心理學」所用的方法較少，「社會與人格心理

學」以及「臨床諮商與輔導心理學」領域則運用相當多樣的方法，而心理計量領域的論文雖然篇數較少，然因探討主題之多樣性，在方法之應用亦顯多元。

七　走過二十年

　　二十年前，翁儷禎等人（1996）應國科會心理學門規劃研究之需，檢視其時國內心理計量研究者之人力與研究興趣，因測驗理論及其應用爲大宗，故在規劃上乃就測驗理論與其他心理計量領域範疇兩面向提出發展建議。二十年後，適逢《中華心理學刊》發行一甲子，本研究藉此機會分析《中華心理學刊》論文，回顧發表於學刊之心理計量研究，並再次分析目前國內心理計量研究者之人力與興趣。雖然兩研究資料來源不同，對心理計量研究者之界定亦有所差異，但仍可發現國內心計量研究人力在二十年間顯著增長，研究興趣雖仍以測驗理論及其應用爲最多，但研究興趣更爲多元，致力於因素分析、結構方程模型，以及數學模型之研究者皆有所增加。由於測驗理論及其應用仍爲本研究中最多心理計量研究者之主要研究興趣，故本研究仍以翁儷禎等人之測驗與其他範疇兩面向爲本，分述國內二十年之發展與展望。心理計量研究者除致力研究外，亦是心理學研究的幕後角色，參與心理學研究資料分析諮詢服務與心理計量教育，故本研究亦期由《中華心理學刊》各領域論文所應用之分析方法，連結心理計量與心理學各領域，前瞻跨領域研究與教學之方向。

（一）測驗理論及其應用

　　在「測驗理論及其應用」範疇，翁儷禎等人於 1996 年提出四個研究方向建議：(1) 與認知心理學者及學科專家共同合作發展新的測量理論；(2) 研究建構反應題型所面臨的測量問題；(3) 重視 IRT 理論應用上重要議題的研究；(4) 加強應用 IRT 從事心理學理論之驗證。測驗領域人才相對於其他心理計量領域充足，過去二十年間積極投入研究和發表研究成果，於此四個方向皆有顯著發展，成果相當豐碩。尤其關於與認知心理學結合之建議，認知診斷模型和電腦化適性測驗兩領域在國內外皆展現相當不錯的水準。臺灣師大心輔系多位教授，發展多項中學領域的閱讀、英文、數學診斷測驗，以及職涯性向適性測驗、多元智慧適性測驗等電腦化適性測驗系統；臺中教育大學的教授群也發展出多項電腦化認知診斷測驗模式，並實際應用在中小學的數學與語文診斷測驗系統中。臺南大學教育所測驗統計組亦有多位教授對於測驗等化與測驗題目的難度預測，以及大型教育調查研究的統計分析方法等議題有豐富的研究產出。而針對建構反應題型的評分者嚴苛度不一致問題（rater effect），或是測驗對不同群體的試題差異功能（differential item functioning, DIF）所造成的測驗公平性問題，目前

國內學者也發展出多項延伸的試題反應理論予以改善。然而這些理論與應用研究主要都是以解決教育領域實際上遇到的問題爲主，對於人類心智歷程、認知運作或性格特質的探討仍較不足，是未來可以繼續發展的方向，例如：以創新的心理計量模式或技術測量心智運作歷程或判斷亂答、作假等作答反應，或是利用心理計量模式協助早期診斷閱讀障礙、阿茲海默症、執行功能障礙等議題。

1996 年一文也曾對「測驗發展與管理系統」提出五項具體建議：(1) 整理及彙編國內有版權的測驗；(2) 對測驗發展提出全國性規劃；(3) 進行跨領域研究合作發展適合國情的心理測驗；(4) 建立測驗管理系統；(5) 建立國內測驗倫理要則。臺灣心理學會「心理學專業人員倫理準則」對測驗的編製與使用倫理有所規範，然除此外，目前國內在前四方面的發展仍有待加強。雖然國內有很多測驗機構可以滿足各級考試的需求，然仍缺乏國家級測驗機構來統整規劃相關資源，並突顯我國在國際測驗學術上的影響力。國際許多知名的測驗機構，例如：美國教育測驗服務社（Educational Testing Service, ETS）、澳洲教育研究理事會（Australian Council for Educational Research, ACER）、荷蘭教育測驗中心（Centraal Instituut voorToetsontwikkeling, CITO）、香港考試評核局（Hong Kong Examinations and AssessmentAuthority, HKEAA）等，在該國甚至於國際上的測驗技術開發與測驗理論創新都發揮舉足輕重的角色，這些機構都有 300 名以上的專業人力，並有超過半數是測驗、統計、教育、心理的博士級人才。臺灣目前有大考中心、臺師大心測中心、技專校院統測中心、國家教育研究院測驗評量中心、考選部等測驗機構，雖然各單位都有非常好的研究人才以協助各項考試與評量的推動，但由於人力與資源過於分散，以及所負責的工作過於細分，以致於較難以對國內心理測驗學術與應用的發展提出統整性規劃，對於各項測驗的編彙與管理，或是跨領域與跨國間的合作等，亦難達到上述機構之國際知名度與影響力。期待未來政府能有機會統整現有之測驗機構，除了持續滿足國內各項測驗考試的需求外，也能集合心理計量專業人才的力量，發揮對臺灣各界以及國際社會的影響力。

（二）心理計量領域其他範疇

對於心理計量中測驗以外之範疇，翁儷禎等人（1996）因其時人力和研究成果較少，提出的規劃建議乃以「教育」爲重點，重在人才培育，期能由教育扎根，爲此領域的基礎理論和應用培養更多人才，所提四項具體建議爲：(1) 鼓勵跨校修課，(2) 舉辦深度小型專題研討會，(3) 舉辦介紹性主題工作坊，(4) 鼓勵非線性統計模型之研究發展。針對此四項建議，跨校修課有所進展，然仍受跨校修課規定、學分承認，與校外修習學分費等限制而影響學生跨校修習的動機。如果校際或相關系所開課科目能有互相協調的機會，跨校修習規定得以鬆綁，應能使跨校修課產生更大的效用和利益，

對心理學門研究素質之提升也將有所助益。

　　心理計量專題研討會和工作坊之開發成果相當不錯。雖此建議當初乃針對心理測驗以外的範疇所提，然而測驗領域之成果亦相當豐碩，每年都有多項與項目反應理論和測驗相關主題的國際研討會，近年更有許多重量級國際學者受邀來臺進行主題演講或是工作坊，如每年的測驗學會年會、兩年一次的海峽兩岸測驗學術研討會等，這些學術會議每次都有百人以上來自不同地區的心理計量專業學者參加。近年國內幾個測驗相關的學會和系所也邀請多位國際知名學者來臺演講和舉辦工作坊，例如：Matthias von Davior（IRT Mixture model）、Mark Reckase（Multi-dimensional IRT）、Mark Wilson（Rasch model）、Hwa-Hwa Chang（CAT）、Jimmy de la Torre（Cognitive Diagnostic Model, CDM）等，此皆能增進臺灣學界與國際之接軌。科技部人文社會科學研究中心亦自 2003 起補助開設學術研習營，心理學門之基礎研究工具方法包括心理學數學模型工具、心理學之神經測量工具、心理學研究之設計，與資料分析的精進等四個子議題，共計十二門課程。國內各系所可申請舉辦研習營課程，也可依其所需自行研擬規劃課程，申請補助，強化相關系所心理計量領域教育。未來可考慮以系列性和定期性的方式籌辦特定主題之深度研討會與介紹性工作坊，依學生和研究人員需求安排適合主題，期使理論與實務得以並重。針對鼓勵非線性統計模型研發之規劃建議，目前國內心理計量人力投身此領域者依舊偏低，可繼續鼓勵學生朝此方向發展。除此之外，亦可強化學生在資料科學與影像資料處理等議題之學習與研究。

（三）心理計量教育

　　過去二十年間，國內心理計量研究人力成長顯著，亦培養不少年輕一代的心理計量研究者。心理學研究的品質與心理計量方法之應用息息相關（Aiken et al., 2008），《中華心理學刊》六十年來各領域所採分析方法在偏好與廣度上皆有所差異，面對諸多的分析方法，心理計量研究者經常亦肩負其教學與諮詢之責。在有限的心理計量研究人力下，如何整合國內資源以深化各分析方法之教育，使各方法之應用者不僅知道如何分析，亦能了解其理論基礎與宜考量之假設，實為對此小眾領域研究者的一大挑戰。心理計量研究者致力於發展量化模式以了解人類心智歷程與行為，如若能提供心理學各領域學生與研究者更周全的心理計量教育，相信將能增進心理學研究之品質。期待國內心理計量研究者能投身更多理論性研究，理論性研究不僅有助於心理計量之發展，亦有助於心理計量教學之提升。未來亦期待能有有興趣的學生投入心理計量中各領域的學習和訓練，以培養專精於不同研究主題的教學研究人員，新生力軍的加入不僅讓此領域更加活躍多元，對心理學學門整體亦是一大福祉。

八 結語

　　本研究聚焦於《中華心理學刊》一甲子論文，輔以目前心理計量研究人員之分析，雖然無論是 859 篇論文領域與分析方法之分類，或是心理計量研究者近期主要研究興趣之分類皆可能有誤差，尤其八百餘篇論文中僅有 46 篇歸屬於心理計量研究，然而參照國內重要心理計量期刊《測驗學刊》之回顧（楊諮燕、巫博瀚、陳學志，2013），本研究之結果應仍能呈現《中華心理學刊》各領域論文分析方法與當前國內心理計量研究社群之樣貌。走過六十年，在《中華心理學刊》859 篇論文中，我們看到了心理學研究在臺灣的歷史軌跡，有了心理學前輩引領，一代一代的研究者因著對「人」的好奇在各個領域戮力研究探討，推進心理科學的進步與成長。心理計量雖然是相對年輕和小眾的研究領域，但是心理計量在心理學研究和教育的重要性卻不容忽視。不論是研究方法或實驗設計等方法學議題，或是資料分析統計方法的發展和應用，抑或對於特殊資料類型的處理或問題的解決，心理計量在心理科學上皆具重要角色與貢獻。展望未來，首先，我們期許心理計量教育繼續向下扎根，加強心理學分析方法之訓練，優化心理計量與心理學各領域和業界之連結。第二，期許心理計量研究者繼續耕耘理論研究，發展量化模式以增進對人類心智歷程與行為之了解。第三，有鑑於國內測驗對於臺灣教育與眾多學子發展之影響，期許心理計量研究者能強化與社會大眾之溝通，以民眾可以理解的方式傳遞心理計量專業知識與理念，如此不單可以展現心理計量對臺灣社會之貢獻，亦能促進與民眾教育對話之機會。第四，鼓勵心理計量研究者與心理學各領域或不同學門研究者合作，探討各樣研究議題，激發更多研究能量與成果。藉由《中華心理學刊》六十週年學術研討會，於此回顧前人豐碩研究成果，檢視當前心理計量研究現況，期能拋磚引玉，再思心理計量在國內心理學界與社會之責，攜手共創未來。

致謝

　　本研究承蒙科技部 MOST 106-2410-H-002-097，教育部高等教育深耕計畫與臺灣師範大學學習科學跨國頂尖研究中心，以及科技部 MOST 106-2410-H-004-064 計畫部分支持，特致謝忱，亦感謝鄭中平教授提供的寶貴意見與評論，政大溫佩樺、黃任清、蘇勤同學、臺大陳奕凱、李欣芸、楊同榮同學，與師大張淳熙同學於資料整理與分類之協助，以及臺灣師範大學心理與教育測驗研究發展中心、臺灣金融研訓院金融測驗中心、104 人力銀行、語言訓練測驗中心（LTTC）、考選部、心理出版社股份有限公司、大學入學考試中心等機構回覆問卷。

參考文獻

王鳳喈（1963）：〈由本刊一至十輯論文總目錄看測驗在中國之進展〉。《測驗年刊》，*10*，708- 712。

翁儷禎、張郁雯、姚開屏（1996）：〈談我國心理計量領域之規劃〉。《中華心理學刊》，*38*，41-50。

陳學志、黃逸杉（2013）：〈《測驗學刊》輝煌一甲子回首來路砥礪新未來—《測驗學刊》六十週年探訪專文〉。《測驗學刊》，*60*，1-9。

葉寶玲、陳秉華、陳盈君、蔡毅樺（2010）：〈《教育心理學報》四十年（1967-2007）之內容分析〉。《教育心理學報》，*41*，685-702。doi: 10.6251/BEP.20090701

楊諮燕、巫博瀚、陳學志（2013）：〈臺灣心理與測驗領域六十年之回顧與展望：《測驗年刊》與《測驗學刊》內容分析〉。《測驗學刊》，*60*，11-42。

簡茂發（1993）：〈心理與教育測驗的發展〉。《測驗統計年刊》，*1*，1-12。doi: 10.6773/JRMS.199312.0001

Aiken, L. S., West, S. G., & Millsap, R. E. (2008). Doctoral training in statistics, measurement, and methodology in psychology: Replication and extension of Aiken, West, Sechrest, and Reno's (1990) survey of PhD programs in North America. *American Psychologist, 63*, 32-50. doi: 10.1037/0003-066X.63.1.32

Heiser, W., & Hubert, L. (2016). Commemorating the 80th anniversary of the founding of Psychometrika: Introduction by the guest editors. *Psychometrika, 81*, 1170-1171. doi: 10.1007/s11336-016-9549-2

Jones, L. V., & Thissen, D. (2007). A history and overview of psychometrics. In C. R. Rao & S. Sinharay, (Eds.), *Psychometrics* (pp. 1-27). Amsterdam: Elsevier North- Holland. doi: 10.1016/S0169-7161(06)26001-2

Thurstone, L. L. (1937). Psychology as a quantitative rational science. *Science, 85*, 227-232. doi: 10.1126/science.85.2201.227

第五章

科學家與實務者：臺灣臨床心理學的共時性顧後瞻前

吳英璋、林耀盛、花茂棽、許文耀、郭乃文、
楊建銘、姜忠信、林宜美、詹雅雯、王韋婷、
廖御圻

　　回顧臺灣心理學的發展，可從三個向度回顧各領域的進展。一個是以普遍性與特定性向度，如透過整體性概念或是特定性議題的向度探討。一個是時間性向度，如以回顧與展望為軸，進行歷史性的鋪陳與未來性的指引。另一個是空間性向度，如心理學各領域進展涉及的國際化與本土化辯證立場。回到臨床心理學的進展，更重視理論與實踐的連結。本文對於臺灣臨床心理學的探討，不以歷時性面向回顧，而是綜合特定與普遍主題，以及本土研究的特色，以取樣取向與徵候取向兩個面向為軸進行探究。首先，是以取樣取向，涵蓋心理病理、心理衡鑑和心理治療三個層次高度連結的取樣特定的研究主題進行論述，包括自閉症、睡眠心理學、乳癌患者心理成長，以及心臟心理學研究成果。其次，是以徵候取向，呈現已發展成熟的神經與復健心理學，以及正在發展的人文臨床心理學特色，進行相關討論。透過取樣與徵候兩個面向，顯示臺灣臨床心理學研究發展，是蘊含在科學家與實務者兼備的訓練實踐進程。最後，本文在回顧成果與闡述論點下，提出透過研究發展回到臨床實踐的反思，從深度化、在地化和倫理化的層次，邁向未來另一個時空處境尚待深化的臨床心理學議程。

一 前言

　　臺灣臨床心理學的發展，在十年前由柯永河、陳秀蓉和吳英璋（2008，2009）於《應用心理研究》第 40 和 41 期，共同策劃、編輯「臨床心理學的回顧與前瞻：領域發展」和「臨床心理學的回顧與前瞻：實務應用」兩期專題，充分顯示臺灣臨床心理學界長期以來的努力成果。在這兩個專輯後，林耀盛（2014，2015）也於《中華心理衛生學刊》策劃健康心理學專輯，從「概念到實踐：臨床健康心理學實徵成果階段性檢視」與「慢性病、照顧和健康行為：建構多樣性議題與多元方法論」兩個主軸，顯示臺灣臨床健康心理學研究議題多樣性、研究方法多元化的趨勢，尤其重視概念與實踐的連結，是臨床心理學研究的特性。

　　目前臺灣臨床心理學的訓練方向，基本上是推崇美國於 1949 年在科羅拉多的 Boulder 會議提出的「科學家」—「實務者」（scientist-practitioner，簡稱 S－P 模式）雙元角色模式。S－P 模式認為我們的社會對臨床心理學服務有兩項基本需求：分別為「專業服務」與「研究貢獻」（為了發展對人類行為更好的認識、改善診斷歷程的準確性與可靠性、發展更有效的介入方法和發展促進心理衛生及預防適應不良的方法）（李維倫，2011）。在歷史脈絡下，該模式有其貢獻度。然而，Shakow（1976）指出，臨床心理學家一方面要基於真實生活情境，對心理學的理論掌握了解，以獲得臨床案例處理的相關技巧；另一方面，要對這般拿來應用的心理學知識，維持一種不斷探究、質疑的態度（Shakow, 1976）。Drabick 與 Goldfried（2000）語重心長地指出，自二次世界大戰後，為因應社會與政經因素所提出的臨床心理學家 S－P 模式雙重角色，卻因為研究與實務的長期分離主義未能貫徹實踐，導致當今臨床心理學的發展危機。因此，他們認為重新肯認並強化 S－P 模式，不但可以橋接研究界與實務界的溝渠，更可以突顯壯大臨床心理學領域的正當性與專業性（Drabick & Goldfried, 2000）。

　　由於臺灣心理學發展過程中，第一代心理學留學生求學主要是美國，臺灣心理學性格具「美國化」（Americanization）。當然，這樣脈絡有其背景，如余德慧（1997）、林耀盛（1997）有相關討論。林耀盛（2005）指出，臺灣社會的臨床心理專業發展，長期以來是以美國制度作為效法對象。本文主軸回顧臺灣臨床心理學的共時性發展，而非歷時性的總體歷史過程探究，因此，在回顧方法是採取「取樣取向」（sampling approach）與「徵候取向」（sign approach）的雙重策略。Trull 與 Prinstein（2013）指出研究臨床心理學可透過以下兩個取向評估：一個是透過取樣代表性的觀察性行為作為主題的「取樣」；另一個是以特徵或特性的符號顯示意義思考的「徵候」。臺灣的臨床心理學界發展晚於美國一段時間，但柯永河（2009）也認定

並依循 S－P 模式，訂定碩士層級的專業訓練內容。事實上，臺灣過去臨床心理學在 S－P 脈絡下，研究本身充分考量學術面與實務面的連結，顯示研究構念的理論、衡鑑和介入的「三位一體」特徵。本文回顧臺灣臨床心理學各次領域發展，以下主要呈現兩個研究成果，一個是取樣主題的呈現，一個是特色領域的回顧。

二 取樣主題研究成果

考量臨床研究理論的實務性，取樣研究特定主題，呈現在心理病理（心理病因與心理危險因子）、心理衡鑑（心理診斷與評估工具）和心理治療（介入模式與方案設計）的「三位一體」整體研究成果，這是建立研究即納入臨床應用的實踐模式，取樣研究具 S－P 意涵的代表性。本文取樣主題的回顧，包括兒童臨床心理學（自閉症）、睡眠心理學、癌症心理學（乳癌），以及心臟心理學的成果。

（一）兒童臨床心理學

臺灣過去 60 年來的兒童臨床研究，應是從 1968 年開始到 2018 間的變化。若以《中華心理學刊》所出版的文獻報告可見，最早的一篇文章是臺大心理系創系主任蘇薌雨教授以一個態度興趣測驗了解問題少年的情緒發展（蘇薌雨，1962），之後，在 2000 年前，出現的主題有少年犯罪或問題行為少年的自我概念、心理成因或在壓力下的心理反應（柯永河，1979；楊國樞、歐真妮，1979；蘇薌雨、楊國樞，1963）；探究小兒麻痺兒童、智能不足兒童的人格特徵或遊戲模式（初正平，1965，1967）；探討語言遲滯的診斷描述（曾嫦嫦、宋維村，1983）、兒童考試焦慮的危險因子（張珏、曾嫦嫦、葉莉薇，1987）、小學兒童的壓力觀（梁培勇，1993）、注意力缺陷過動症兒童的行為特徵（黃惠玲、林幼青、翁嘉敏、王雅琴，2000），或是編制兒童臨床的量表，如學齡兒童主題統覺測驗、幼兒依附行為量表等（初正平，1968a，1968b；黃惠玲、吳英璋，1992）。

臺灣目前在心理相關系所的兒童臨床心理專任師資已經不少（黃惠玲、梁培勇、趙家琛、姜忠信、陳怡群、徐儷瑜、陳坤虎、吳進欽、古黃守廉、黃素英、朱慶琳、陳韻如、許嘉芬、呂信慧等），從事的研究領域跨越各種兒童發展障礙的議題。限於篇幅，以下將以姜忠信與吳進欽的自閉症系列研究為例，呈現臺灣兒童臨床心理學者的研究脈絡。

關於臺灣自閉症的研究，在這個階段，即使回顧《中華心理衛生學刊》（1984年創刊），在 2000 年之前的所有文章，也尚未出現。自閉症的研究，尚在精神醫學的範疇中（宋維村，1987；鄭信雄、高泉松、李月卿，2000；謝清芬、宋維村、徐

澄清，1983）。在心理學界，則有程小危從語言心理學的角度切入，探究高功能兒童的語言特徵與語用功能（程小危、宋維村，1994；宋維村，1994）。進入二十一世紀，則開始有系統性的自閉症研究。

1. 自閉症的心理病理研究

臺灣自閉症的心理學研究，以姜忠信和吳進欽兩個團隊的研究爲主。他們在心理病理學、幼兒篩檢及早期療育的研究上，耕耘有成。在心理病理學方面，姜忠信與宋維村（2000）回顧當時在自閉症心理病理學發展理論，提出缺少對自閉症早期發展中理論的論述。這些年來，在自閉症心理病理學早期發展的研究，有幾項重點，包括共享式注意力、模仿、意圖模仿（intentional imitation）、遊戲能力，以及社會溝通的發展路徑。在共享式注意力方面，Chiang、Soong、Lin 及 Rogers（2008）指出，不論是從頻率或是用出現比率來看，不到 3 歲的自閉症幼兒，他們在非語言溝通中的共享式注意力，是最大的障礙所在，而社會互動障礙也值得關注。若同時探討社會定向能力與共享式注意力之間的關係，會發現：自閉症幼兒社會定向能力障礙在 3 歲以前便存在，反應性共享式注意力，在此語言發展階段上扮演的角色，比主動性共享式注意力更爲重要（吳進欽、姜忠信、虞燕婷，2010）。而以共享式注意力、模仿、遊戲及語言表達爲指標，Wu 與 Chiang（2014）在縱貫的研究也發現，相對於 9-15 個月的嬰兒發展，3 歲前自閉症幼兒的早期發展路徑不僅與一般發展嬰幼兒不同，也與發展遲緩兒童不同，這再次顯示了自閉症兒童發展中的問題不是落後，更是偏差或異常。

在模仿能力上，Wu、Chiang 及 Hou（2011）參考 Hobson 與 Lee（1999）對自閉症心理病理上做認同（identify with）困難觀點，以縱貫研究的方法，發現自閉症兒童在物體模仿上不見得都沒問題，當涉及較模仿質地（style of imitation）的作業時，即使 5 歲的自閉症兒童，在物品模仿上仍有障礙。「做認同」的意思是觀察者對他人身體所表達出的心理狀態作登錄（register）並進行同化，自閉症的兒童在人際互動中對他人身體動作要素的本質缺少理解，使得他們只能做到表像的模仿。這樣的問題，在象徵遊戲的學習過程中，也會同時出現在理解及產出的困難（姜忠信、吳進欽、李季樺，2006；姜忠信、呂幸芳、朱慶琳，2010）。

除了針對學前自閉症兒童進行一系列心理病理的探討，姜忠信的團隊也對學齡期的高功能自閉症的心理病理議題，進行探究。從執行功能的觀點切入（Chiang & Lin, 2017；林怡安、姜忠信、倪信章、林姿伶，2017），雖然發現了高功能自閉症兒童有諸如抑制、認知彈性的障礙，但他們在空間及語文工作記憶上則都無障礙；同時，智能資優的自閉症兒童，他們在實驗室作業的各項執行功能表現雖無障礙，但在執行功能問卷上的表現卻有明顯障礙。

此外，從知覺處理的角度，也發現到若以眼動追蹤技術來檢視偏好注視作業的反應，在觀看的時間比例上，高功能自閉症（high functioning autism spectrum disorder, HFASD）兒童對人類運動的偏好與一般發展兒童相當，但若以觀看的時間歷程來看，在時間歷程早期階段，HFASD 兒童偏好人類運動的程度與一般發展兒童相當，隨時間遞增，一般發展兒童維持對人類運動的偏好興趣。然而，HFASD 兒童對人類運動的偏好興趣則逐步遞減，至晚期階段，HFASD 兒童偏好人類運動的程度顯著低於邊發展兒童，且與自閉症狀具相關性（Chiang, Lin, & Tsai, 2018）。這顯示對 HFASD 兒童來說，即使他們認知能力佳，甚至智能優異，他們對人的興趣仍然偏低，在解決實驗室的執行功能作業，已經與一般兒童相當，但生活面的各種涉及執行功能的能力，仍有很大的困難需要關注。

2. 自閉症的心理診斷與篩檢

在早期診斷及篩檢上，較具代表性的為臺灣版 2 歲期自閉症篩檢工具（Screening Tool for Autism in Two-Year-Olds-Taiwan version, T-STAT）（Chiang, Wu, Hou, Liu, Chu, & Soong, 2013），此工具是改編自 Screening Tool for Autism in Two-Year-Olds（STAT）（Stone, Coonrod, & Ousley, 2000; Stone, Coonrod, Turner, & Pozdol, 2004）。在此研究中，第一個研究以相配對的自閉症及發展遲緩兒童各 15 名為對象，用 ROC 曲線進行適宜的敏感度與精確度落點，仍發現切截分數 2 分是最好的區分點。在研究二中，以較大的樣本來作效度驗證時，仍發現這種切截分數是可以達到對自閉症及發展遲緩兒童的鑑別，但對非典型自閉症（即 PDD-NOS）的鑑別力並不好。該團隊最近發表的文章（Wu, Chiang, Hou, Chu, & Liu, 2018），將 T-STAT 延展到 3～4 歲的臨床個案也能使用，信、效度皆佳。

此外，國內第一個篩檢工具克氏行為量表（Clancy Behavior Scale；謝清芬等人，1983）的切截分數，吳進欽、朱慶琳、侯育銘及姚淑芬（2014）的研究，發現應該從 14 分調整為 12 分。

3. 自閉症早期療育領域

由上述的心理病理研究，發現自閉症幼兒的共享式注意力的發展障礙及機制，是早期介入的重要焦點。於是，以共享式注意力的介入為起點，進一步以共享式參與（joint engagement）介入，再結合舞蹈治療方法。以共享式注意力為焦點的研究多以個案研究探究，說明高低功能自閉症幼兒可能的不同做法（江淑蓉、姜忠信、彭雅凌、林家慶，2012；姜忠信、彭雅凌、江淑蓉，2010）。共享式參與結合舞蹈治療的介入，則從個案研究（朱慶琳、姜忠信、李宗芹，2015），發展到個案控制研究的

規模（Chiang, Chu, & Lee, 2016）。

　　這一系列的研究發現，國際上既有的共享式注意力介入的方法，固然有其價值（Kasari, Freeman, & Pararella, 2006; Kasari, Gulsrud, Wong, Kwon, & Locke, 2010）。但結合嬰幼兒情緒發展、精神分析對母嬰關係的論述，以及舞蹈治療中創造性舞蹈治療的工作模式，有其重要性。具體來說，是在自閉症的早期療育中，將這些理論與治療取向對關係的本質的詮釋加以實踐。在介入過程中，深化治療師與兒童、母親與兒童之間相互性互動（reciprocal interaction）中，兒童主動性的角色，並以身體為核心予以操作介入，是自閉症幼兒早期療育研究，深具開創性的方法之一。

4. 小結

　　這一系列研究成果，嘗試結合理論與臨床應用，雖已經累積一定基礎，但持平來說，議題多半是回應國際上主流自閉症研究的潮流，只能說正在迎頭趕上中。未來宜有較大規模的研究社群，相互激盪，走向更具有開創性的心理病理學議題，再回應在臨床衡鑑及治療上的應用。

（二）睡眠心理學

　　睡眠心理學（sleep psychology）是一個新興的心理專業領域，主要著重在整合睡眠科學與心理科學的知識與技術，運用在睡眠疾患的評估與治療上，在 2013 年正式成為美國心理學會認可的第 14 個專業心理學的專科項目。此一取向的臨床專業在睡眠醫學的領域被稱為「行為睡眠醫學」（behavioral sleep medicine），已經廣泛被用於失眠、兒童睡眠疾患、晝夜節律睡醒疾患（circadian rhythm sleep-wake disorders）等睡眠相關疾患的評估與治療，其療效獲得實徵研究的支持（Morin et al., 2006; Schutte-Rodin, Broch, Buysee, Dorsey, & Sateia, 2008），2005 年美國國家衛生研究院（National Institute of Health）針對失眠的專家會議便已建議心理及行為治療需列為第一線的治療選項（NIH, 2005），2016 年美國醫師學院（American College of Physician）的失眠治療指引更直接建議，所有慢性失眠的成人患者，皆應該先給予失眠認知行為治療（cognitive behavioral therapy for insomnia, CBT-I），在 CBT-I 效果不彰時，再考慮是否使用藥物（Qaseem, Kansagara, Forciea, Cooke, & Denberg, 2016）。可見睡眠心理學的領域已經逐漸成形，並在睡眠醫學領域扮演不可或缺的角色。

　　隨著國外睡眠醫學的進展，臺灣的睡眠醫學在近 20 年也發展蓬勃，並在 2002 成立了「臺灣睡眠醫學學會」，睡眠心理學也在當中逐步發展。早期有臺大醫院精神科的李宇宙，在赴美進修回國之後開始在臨床上執行 CBT-I，並有蔡玲玲在中正大學心

理系成立睡眠實驗室，致力睡眠相關的基礎研究工作；楊建銘則在 1999 年從美國返臺任教，開始推展臨床心理學在睡眠醫學領域的研究及實務應用，將行為睡眠醫學的概念帶入國內的臨床心理學以及睡眠醫學的領域。臺灣睡眠醫學學會認知到睡眠心理學的重要性及必要性，在 2013 年開始對於失眠認知行為治療專業人員進行系統的培訓與認證，睡眠心理學奠基於睡眠科學及實徵研究的臨床定位，在臺灣逐漸成形。以下回顧近 20 年臺灣睡眠心理學在睡眠疾患相關病理、評估及介入相關議題的發展。

1. 睡眠心理學相關病理理論及研究

1986 年 Spielman 提出的失眠病程發展的三因子模式，強調心理及行為因素在慢性失眠的維持上扮演的角色，成為後續 CBT-I 治療取向的核心概念；楊建銘再延伸此一概念，在 2006 年整合睡眠科學對於睡眠調節的神經機轉，提出失眠的神經行為模式（neurobehavioral model），強調心理與行為因素透過干擾睡眠／清醒的神經生理調節機制，進而導致失眠（Yang, Spielman, & Glovinsky, 2006），此一模式更提供一個具體的架構，以利 CBT-I 中對於個體的失眠成因的評估、概念化以及制定治療策略。在此架構中，失眠相關的心理及行為因素可能會透過降低睡眠的恆定趨力（homeostatic drive）、影響晝夜節律（circadian rhythms）的規律性，或提高激發（arousal）程度，進而干擾睡眠；後續的研究當中也分別透過主、客觀的測量，呈現認知及行為因素與失眠的關聯性（翁欣凱、葉在庭，2016；Yang, Lin, & Cheng, 2013），以及失眠者過度激發（hyperarousal）的神經生理特質（Yang & Lo, 2007）。

除此之外，研究當中也針對失眠的病程發展相關因素加以探討，除了證實了壓力下的睡眠脆弱性確實可預測長期追蹤的失眠外（Yang, Hung, & Lee, 2014），亦透過睡眠脆弱特質高低者以及慢性失眠者的比較，呈現出壓力下的失眠以及慢性失眠的異同，支持過度激發在短暫及長期失眠都是重要的因素，但認知因素在失眠慢性化扮演更關鍵的角色（Lin et al., 2015; Yang et al., 2013）。

除了單純失眠外，研究也針對與精神疾患共病（Tsai et al., 2013）以及與睡眠呼吸中止症共病（Yang, Liao, Lin, Chou, & Wang, 2011）的失眠加以探討，同樣也支持睡眠相關認知、行為，以及過度激發在共病失眠也有重要的影響。研究亦探討了助眠藥物長期使用的不同型態（Chen, Yang, Lin, & Tsai, 2016）以及自我效能對於助眠藥物長期使用的影響，結果顯示對於使用藥物的認知評價以及對於減藥的自我效能，可以預測減藥成效接近四成的變異性（賴盈希等人，2011），並在後續發展了藉由促進減藥自我效能來協助減藥的方案（Yang, Tseng, Lai, & Hsu, 2015）。

除失眠外，其餘睡眠醫學中臨床心理相關議題在國內的發展比較有限，但仍有部分的研究探討。例如：過去研究發現有相當高比例患有睡眠呼吸中止症的兒童會

出現認知發展或行為上的問題，甚至到達注意力缺失／過動疾患（attention deficit/hyperactive disorder, ADHD）的診斷標準，長庚醫院黃玉書等人的研究即發現在研究中所評估的 88 位達到 ADHD 診斷的兒童當中，有高達 57% 左右的兒童有睡眠相關呼吸問題（Huang et al., 2004），而且在給予呼吸道的手術治療之後，ADHD 症狀有顯著的改善，甚至部分的症狀比服用藥物的兒童進步更多（Huang et al., 2007）。顯示在兒童的臨床心理評估與介入方面，睡眠的問題需要更多的關注。

2. 睡眠心理學相關評估工具的發展

　　睡眠問題的評估與衡鑑方面，主要的工具包含客觀的夜間多向度睡眠檢查（polysomography）與睡眠腕動記錄儀（wrist actigraphy），以及主觀睡眠相關量表。國內在臨床心理場域使用之睡眠評估量表，大致可區分作整體睡眠狀態評估，以及評估失眠病因模式之系列量表。在整體睡眠狀態評估方面，包含評測整體睡眠品質的中文版匹茲堡睡眠品質量表（Pittsburgh Sleep Quality Index-Chinese Version）（Tsai et al., 2005）、失眠嚴重度量表（The Chinese Version of Insomnia Severity Index）（楊建銘、許世杰、林詩淳、周映妤、陳瑩明，2009；Chen, Yang, & Morin, 2015; Chen, Jan, & Yang, 2017），與評估白天嗜睡程度的 Epworth 嗜睡量表（Epworth Sleepiness Scale）（王拔群等人，2003），上述量表除了用於篩檢夜晚與白天的睡眠困擾之外，也經常被用於檢驗治療前後症狀嚴重度改善程度。

　　在評估失眠相關病因所發展或編譯之量表，則包含睡眠失功能信念量表（Dysfunctional Beliefs and Attitudes about Sleep scale）、睡前激發程度量表（Pre-Sleep arousal Scale）、睡眠衛生行為量表（Sleep Hygiene Practice Scale）。睡眠失功能信念量表是由 Morin（1993）根據治療者的臨床經驗與慢性失眠之理論所編制，中文版信效度研究（陳昌偉、詹雅雯、楊建銘、林詩淳，2009）指出簡式睡眠失功能信念量表（DBAS-16）可反應失眠患者四類不同的睡眠失功能信念：知覺失眠造成的影響、對失眠的擔憂與無助、對睡眠的期待以及藥物使用，在臨床治療的應用上可協助辨識失眠患者的失功能想法，作為後續治療之參考。睡前激發程度量表為Nicassio、Mendlowitz、Fussell 及 Petras（1985）根據患者描述入睡前之主觀經驗所編制，用於評估個體睡前的生理及認知激發程度。中文版信效度研究（詹雅雯、陳昌偉、楊建銘、林詩淳，2009）指出，睡前激發程度量表可有效呈現失眠患者在生理認知過高的激發狀態，也可有效反映失眠患者在接受失眠認知行為治療後激發狀態的改變。睡眠衛生行為量表則是由政大睡眠研究室所編製（林詩淳、楊建銘、許世杰、鄭中平，2009），用以評估日常生活中可能干擾睡眠的相關活動及不良睡眠習慣之出現頻率，包含「睡眠規律性」、「焦慮／激發相關行為」、「睡前飲食習慣」及「睡

眠環境」等四個面向，後續的研究發現在一般大眾，前三個面向的行爲都與睡眠品質有相關，而在失眠的患者，只有激發相關行爲有顯著的關聯性（Yang, Lin, Hsu, & Cheng, 2010）。

在研究應用上，睡眠失功能信念量表、睡前激發程度量表、睡眠衛生行爲量表也用於治療成效背後機轉的探討。除了上述測量整體睡眠狀態及失眠相關因素的量表之外，政大睡眠研究室自行發展了助眠藥物使用渴求量表（Hypnotic Use Urge Scale）用以測量對於使用助眠藥物的渴求感（craving）（Jen et al., 2019）國外問卷中文化的尚有評估兒童整體睡眠狀況及睡眠問題的兒童睡眠量表（Pediatric Sleep Questionnaire; Wang, Yang, & Huang, 2012）、針對兒童嗜睡問題發展的兒童嗜睡量表（Pediatric Daytime Sleepiness Scale; Yang, Huang, & Song, 2010），以及針對晝夜節律特性發展的中文版日夜作息習慣量表（Morningness/Eveningness Questionnaire；蕭帆琦、蔡玲玲，2018）。

3. 睡眠心理學相關介入的發展

睡眠心理學應用在睡眠相關困擾的介入方面，除了前面提及治療失眠的 CBT-I 之外，還包含兒童青少年之睡眠困擾的行爲介入、過眠疾患之支持性心理治療、生理節律障礙之行爲及光照治療、增進呼吸中止症呼吸器配戴之減敏感及動機晤談等（Perlis, Aloia, & Kuhn, 2011），然而目前國內睡眠心理學之發展仍以 CBT-I 爲主。

CBT-I 在失眠的認知與行爲病因模式的概念下，整合具實徵療效之多種心理及行爲治療的技術，用以提升患者睡眠系統的運作，改善失眠，其療效在國內也獲得實徵研究的支持（林詩維，2006；Chen, Huang, & Chen, 2009; Jan et al., 2019）。除針對失眠者患者介入外，CBT-I 也被應用至其他疾病族群，包含腹膜透析患者（Chen et al., 2008）及精神科共病憂鬱症的住院個案（Hsu et al., 2015），均顯示 CBT-I 適用於改善國人的失眠症狀、情緒症狀與白天生活功能。

4. 小結

睡眠心理學是一個新興且具發展潛力的臨床心理相關專業領域，近二十年的研究與臨床實務在國內都有很大的進展。然而，仍有很多值得開展的空間，亟需更多專業人員共同參與。

（三）乳癌創傷後成長追蹤研究

當一個人得知自己罹患癌症時，會不自主感到害怕、無助或恐懼。以診斷式結構晤談，有 6% 的癌症患者符合創傷後壓力症候群（port-traumatic stress disorder,

PTSD）診斷，以自陳式量表評估，則有 5-19% 的癌症患者可能符合 PTSD 的診斷標準（Kangas, Henry, & Bryant, 2002）。罹患癌症類似經歷地震，為一種撼動性事件，得知罹癌心理上會有天搖地動的感受（Tedeschi & Calhoun, 2004）。伴隨是一連串的負向情緒與想法。

　　不過，創傷與 PTSD 並非一對一的關係，亦即並非每一個遭逢創傷事件者，都會發展成 PTSD（Foa & Meadows, 1998）。在 1980 之前，西方學者仍致力於探討個體面對危機時，採用何種調適歷程，可避免或減緩心理困擾，甚至心理疾病的發生。但自 1980 以來，對於韌性（resilience）的研究興起，甚至討論個體如何於創傷後成長，亦即比創傷前可能具有更好的功能（Park, 2009）。到了 1990 之後，對於創傷後成長（posttraumatic growth, PTG）的理論與測量開始提出並探究（Calhoun & Tedeschi, 2006; Linley & Joseph, 2004; Park & Helgenson, 2006）。

1. 乳癌患者心理病理與成長的軌跡

　　究竟癌症患者的創傷後成長對其心理適應是否有影響？Wang、Chang、Chen、Chen 及 Hus（2014）發現無論是從理論的角度或是曲線（非線性）的論點，癌症患者的創傷後成長可能具有個別差異性，會隨時序變化有不同的變化軌跡。但當時並未有學者利用長期縱貫多點測量研究，探討癌症患者的創傷後成長如同心理沮喪的變化軌跡，具個別差異性（涂珮瓊，2013; Wang, Tu, Liu, Yeh, & Hsu, 2013; Dunn et al., 2011; Helgeson, Snyder, & Seltman, 2004; Henselmans et al., 2010; Lam et al., 2010），也具有不同的發展軌跡類型。為此，Wang 等人（2014）對 124 位臺灣的乳癌患者，進行手術後 1 天、3 個月、6 個月及 12 個月的長期追蹤測量，以群體軌跡模式（group-based trajectory model, TRAJ）探討乳癌患者的創傷後成長變化軌跡。結果指出乳癌患者的 PTG 變化軌跡可分成四組，分別是：穩定高組（stable high, 27.4%），先高後降低組（high decreasing, 39.4%），先低後增加組（low increasing, 16.9%），以及先低後降低組（low decreasing, 16.9%）。研究並指出，當去除低降低組的受試之後，乳癌患者的創傷後成長與心理沮喪呈現顯著的負相關。

　　之後，Calhoun 與 Tedeschi 的研究團隊，亦利用 TRAJ 探討 653 位乳癌患者的創傷後成長發展軌跡類型，結果分出 6 組不同的創傷後成長變化軌跡：三組不同程度但穩定發展的組別，兩組些微增加的組別，以及一組明顯增加的組別（Danhauer et al., 2015）。Hamama-Raz 等人（2016）以潛在類別分析（latent class analysis）分析 198 位乳癌患者的在創傷後成長、PTSD、憂鬱及正負向因應的反應，結果分出四個組別：沮喪組，抵抗組、建設型成長組，以及掙扎型（struggling）成長組，此結果亦顯示乳癌患者的創傷後成長具有兩種不同的組別。雖然這三個研究所顯示的乳癌患者

的創傷後成長變化軌跡組別不同，但這些結果說明乳癌患者的創傷後成長變化軌跡具異質性。

Wang 等人（2017）追蹤 312 位乳癌患者至診斷後兩年，之後利用階層線性模式，分析診斷後，3、6、12 及 24 個月有關患者的 PTG 與憂鬱的變動關係，並考量癌後造成患者的改變，不僅只有正向的心理改變，也會伴隨心理的脆弱性。研究結果指出 PTG 不僅可顯著負向預測下一點的憂鬱，且也可緩和心理的脆弱性對患者的憂鬱之衝擊，尤其其緩和效果，對於進行全切手術的乳癌患者更明顯。由此結果可知，PTG 不僅有助於患者降低其憂鬱，亦可緩衝生活負向衝擊對患者的影響，且此效果若於心理特性更負向者，更明顯。由上述研究結果可知，即使患者的心理負向情緒仍在，但 PTG 為乳癌患者帶來更好的心理適應。

2. 以敘事法心理評估與衡鑑PTG

PTG 是一種結果或是因應策略，是真實的或是保護自己的錯覺，是常被討論議題。Wang、Hong、Chang 及 Hsu（已投稿）繼續追蹤 Wang 等人（2017）的乳癌患者至診斷後三年半至四年，之後隨機選取 120 位患者進行生命故事的訪談。該研究認為如果 PTG 的產生是一認知處理歷程，是一種意義重新建構，採用問卷法探討意義建構，會使問卷結果受到問卷本身的題目設定影響，而使研究結果受限，甚至出現不一致（Bauer & Bonanno, 2001）。利用生命故事訪談法探討個體的意義建構，是另一個研究取徑（McAdams, 1985, 1993）。生命故事訪談法透過受測者語言的敘述，以了解其內在的自我認同、認知與情緒，當個體分享其生命故事時，就正嘗試理解與解釋過去經歷如何形塑出現在的我與勾勒出未來的目標，而建構敘說或自我認同（Bauer & Bonanno, 2001; McAdams, 1993, 2001; Pals, 2006; Pasupathi, Mansour, & Brubaber, 2007; Singer, 2004）。Pals 與 McAdams（2004）認為個體生命故事的修正是對災難產生意義的引擎，以及是對個體的認知與行為產生改變的催化劑，這些正是 PTG 的本質。

該研究結果指出以自傳式理解（autobiographical reasoning）的指標（McLean, 2008）分析生命故事，發現乳癌患者提到的自我連結事件數、自我改變連結類型、處理程度、處理結果、救贖化內容越多時，創傷後成長量表分數越高。此結果反應 PTG 的產生是一認知處理歷程，是一種意義重新建構或生成（Park, 2009; Roepke, Jayawickreme, & Riffle, 2014; Tedeschi & Calhoun, 2004），或是一種人格改變（Jayawickreme & Blackie, 2014），因此會與生命故事中有關意義建構的指標具有顯著的正相關，因為自傳式理解指稱的是生命故事或敘述認同的發展機制，此機制是自我反思（self-reflection）。如同人們透過思維或談論過去，連結過去和自我，使個體

能了解自己是誰與建構出生命故事（McLean, Pasupathi, & Pals, 2007）。藉由此種對乳癌患者的生命故事分析，探討 PTG 的內涵，研究結果支持 PTG 的內涵是一認知處理歷程，是一種意義重新建構（Wang et al., 已投稿）。

3. 研究成果的臨床介入應用

根據涂珮瓊（2013）及 Wang 等人（2014）的研究，無論是 PTG 或心理沮喪的發展軌跡變化之區分，是在診斷後 6 個月呈現。依據這些研究結果，於診斷後 6 個月進行心理衡鑑，有助於協助臨床工作者轉介 PTG 低或心理沮喪高的患者，進行促進 PTG 的介入，以提升其心理適應。

至於如何提升 PTG ？壓力管理認知行為團體治療是目前較有實徵資料顯示，可以提升患者在治療後一年，於正向情緒、內在的正向狀態，正向發現以及正向生活型態改變上的改善（Antoni et al., 2001）。於國內，也正在進行相關的研究。

4. 小結

臺灣在癌症心理研究，主要回應了 Engel（1977, 1980）倡議「生物—心理—社會模式」（biopsychosocial model），指出健康問題同時涵蓋自然系統的每一個層面，醫療單位需提供以人為中心的整合性照顧的在地實踐成果，患者的心理成長是重要發現除患者外，近年來，在安寧照顧者心理經驗與悲傷心理研究，也是臺灣癌症心理學的成果。

（四）心臟心理學

根據衛生福利部 2017 年統計資料顯示，心臟病位居國人十大死因的第二位，一年中有 20,812 人死於心臟病，占所有死亡原因的 12.1%，在心臟病中又以冠狀動脈心臟病（coronary artery heart disease，簡稱冠心病或 CAD）為大宗，占死亡人數的 52%（衛生福利部統計處，2017）。在心臟心理學的研究派典下，國外許多研究證實生氣、敵意、憂鬱、D 型性格（Type D personality）為心臟病的心理社會危險因子，並影響心臟病之預後（Suls, 2018）。在心臟病的心理介入方面，除了醫學、運動與營養之傳統心臟復健方案外，許多研究加入心理介入方案，並證實其對心臟病之臨床療效（Richards et al., 2018）。

臺灣臨床心理學在心血管疾病之研究與臨床服務，肇始於臺大吳英璋教授所領導的健康心理學研究團隊，並由中正大學心理學系健康心理學實驗室、臺大醫院臨床心理中心、高雄醫學大學心理系生理與神經回饋實驗室繼續耕耘與發展，並根據上述研究成果，開始於臺大醫院臨床心理中心、大林慈濟醫院臨床心理中心、高雄醫學大學

附設醫院結合臨床心理師人力，開創心臟復健共同照護工作。以下針對國內冠心病與慢性病之心理危險因子相關研究成果，以及臨床心理介入方案之療效進行說明。

1. 冠心病的心理危險因子相關研究

(1) 敵意與冠心病

國內外研究常透過心電圖測量，截取心跳與心跳間期並轉換為心跳變異（heart rate variability, HRV），作為自主神經反應的指標，常見的指標包括正常心跳間期的標準差（standard deviation of NN intervals, SDNN，為整體心跳變異指標）、極低頻波（very low frequency, VLF）、低頻波（low frequency, LF，為交感與副交感神經共同調控指標；或為感壓反射的指標）、高頻波（high frequency, HF）、總功率（total power, TP）、低頻波／高頻波比值（low frequency/high frequency ratio, LF/HF 比值，為交感與副交感神經平衡指標）（Billman, 2013; Task Force of the European Society of Cardiology, and the North American Society of Pacing and Electrophysiology, 1996）。

國內研究針對表達敵意與壓抑敵意性格的冠心病患者在自主神經反應研究發現，高表達敵意的冠心病患者傾向採取油門機制，在中性與生氣作業活化交感神經反應（較高的 LF/HF 比值），引起較大的心血管反應，較明顯的血管收縮，在生氣回憶後的恢復期呈現較低的副交感神經反應（低的 HF）；另一方面，壓抑敵意的冠心病患者在基準期和恢復期呈現交感神經與副交感神經同時活化現象（Lin et al., 2015; Lin, Weng, Lin, & Lin, 2015）。

(2) 憂鬱症狀與冠心病及動脈硬化嚴重度之關係

國外研究發現鬱症與憂鬱症狀是冠心病預後的重要心理危險因子，有 20%～40% 的冠心病患者符合鬱症的診斷，或曾經歷憂鬱症狀（Carney & Freedland, 2017; Zhang, Chen, & Ma, 2018）。在臺灣較缺乏針對冠心病患者之憂鬱情緒進行大規模調查，黃語喬（2018）於高雄醫學大學附設醫院心臟內科門診進行憂鬱調查，結果發現 204 名 CAD 患者中，有 44 名為合併憂鬱的 CAD 患者（貝克憂鬱量表，Beck Depression Inventory-II, BDI-II，分數高於 14 分；占 21.57%），而 160 名為單純 CAD 患者（BDI-II 分數低於 14 分；占 78.43%）。合併憂鬱的 CAD 患者相較於單純 CAD 患者在前測基準期有較低的心跳變異率，包括 SDNN、VLF、LF、HF、TP；在一年追蹤有顯著較低的 VLF、LF、TP。在二年病歷回溯追蹤研究發現，合併憂鬱的 CAD 患者相較於單純 CAD 患者有較高的心血管原因住院率、所有原因住院率、非心血管原因急診率，以及所有原因急診率。

此外，根據冠心病患者進行憂鬱症狀與臂踝脈波傳導速率（brachial-ankle pulse

wave velocity, baPWV）之測量，在調整年齡、藥物、心臟功能後，多元迴歸分析結果顯示以 baPWV 測得動脈硬化嚴重度高者相較於輕微者，有較高的身體型憂鬱，尤其在難以專注、改變食慾，以及疲倦上；而 baPWV 與認知型憂鬱則無顯著相關（Lin et al., 2017）。

2. 冠心病的心理危險因子衡鑑評估

(1) D型性格與冠心病

D 型性格包含負向情感（negative affectivity）與社交抑制（social inhibition），國外大量研究證實 D 型性格與心血管疾病的發病率和死亡率之關係（Denollet, Pedersen, Vrints, & Conraads, 2006; Grande, Romppel, & Barth, 2012）。國內研究發現，冠心病患者合併 D 型性格者相較於非 D 型性格者，有明顯的自主神經失調與較高的脂質（Lin et al., 2017），其中 D 型性格中之負向情感與敵意、憂鬱、焦慮、生氣努思有顯著正相關；負向情感與自主神經反應（心跳變異）呈負相關，與脂質（總膽固醇）呈正相關；D 型性格中之社交抑制與壓抑敵意、生氣努思呈現正相關。可見罹患冠心病後仍具有較高 D 型性格的患者，持續有較高的生理病理機制，可能影響冠心病之預後。

(2) D型性格與高血壓

翁嘉英研究團隊發現，在調整年齡、性別與基準期血壓後發現，D 型性格相較於非 D 型性格的高血壓患者，在生氣作業後的恢復期有較高的收縮壓與舒張壓；但兩組在生氣回憶期與生氣陳述期之血壓或心跳沒有明顯的組間差異（Lin et al., 2018）。

3. 心理介入與生理回饋的發展

(1) 心臟心理團體介入成效

翁嘉英與大林慈濟醫院心臟內科團隊，針對冠心病患者設計一套認知行為團體介入方案，又稱清心減壓營，並發展冠心病患者之介入手冊（翁嘉英，2012）。在療效研究方面，針對冠心病患者進行每週二小時共八週的團體心理介入方案，內容包括：(a) 心理衛教與放鬆訓練；(b) 生理回饋團體與放鬆訓練；(c) 正向行為；(d) 做自己情緒的主人；(e) 認知改變；(f) 認知改變；(g) 行為改變；(h) 類化與強化。結果發現認知行為團體介入可降低敵意總分、表達敵意行為、壓抑敵意行為與特質焦慮，並降低呼吸速率與提升血容積脈波振幅（翁嘉英等人，2016）。

(2) 心跳變異生理回饋系列研究

心跳變異生理回饋（heart rate variability biofeedback, HRV-BF）主要透過高科技之電腦版生理回饋儀輔助，患者可即時得知在不同情境下之生理指標，包括呼吸速

率、心跳、血壓、末稍指溫、膚電、脈波、自主神經活性等，透過臨床心理師引導腹式深呼吸與放鬆訓練，增加放鬆感受，進而提升自主神經功能。林宜美與高雄醫學大學院設醫院心臟內科之研究團隊，參考並修訂國外的 HRV-BF 方案，以隨機分派臨床試驗（randomized controlled trial），將冠心病患者隨機分派至 HRV-BF 組接受 6 週 HRV-BF，以及等候控制組等候 6 週再邀請進行 HRV-BF，結果發現：HRV-BF 訓練顯著增加冠心病患者在休息狀態下的 HRV 指標，包括正常心跳間期之標準差（SDNN）、低頻波（LF）與自然對數 LF（log LF），並降低表達與壓抑敵意行為（Lin et al., 2015）。此外，研究團隊發現 HRV-BF 不僅提升 CAD 患者在休息狀態下的 HRV 指標，降低生氣陳述的 HRV 反應量，亦提升生氣陳述的 HRV 恢復量；但 HRV-BF 介入無法對生氣回憶作業當下的 HRV 指標帶來顯著改善（林沛昀，2018）。研究者嘗試由理論層次來說明 HRV-BF 如何透過生理機制達到治療療效，包括共振呼吸頻率（resonance frequency; Lehrer, Vaschillo, & Vaschillo, 2000）、多元迷走神經理論（polyvagal theory; Porges, 2007）、神經內臟整合模式（neurovisceral integration model; Thayer & Lane, 2007）。此外，在一年的追蹤療效研究發現，接受 HRV-BF 的治療組相較於控制組呈現較低的再住院率與急診率。Cox 回歸模式（regression model）分析發現有接受 HRV-BF 與憂鬱分數低於 10 分者，有較低的所有原因住院；有接受 HRV-BF 有較低的所有原因急診（Yu, Lin, Fan, Chien, & Lin, 2018）。

由於冠心病患者易合併早發性心室收縮（premature ventricular contraction）等心律不整現象，尤其在生氣情緒下更為明顯，研究發現 HRV-BF 有助於降低冠心病患者在基準期與生氣陳述期下的早發性心室收縮的次數（林沛昀、呂學禛、張家禛、林宜美，2018）。

⑶ 心跳變異生理回饋結合高科技的穿戴裝置之應用

有鑒於 HRV-BF 需在醫院執行且需有生理回饋儀輔助，患者期待在臨床心理師指導後，可在家中執行居家練習，然而卻苦無攜帶型或簡易版的生理回饋儀可供使用。因此，林宜美研究團隊透過與工業技術研究院產學合作，結合高科技之穿戴裝置（心跳帶與心律錶）截取生理訊號（心跳），將已發展的 HRV-BF 方案置入行動裝置 App，並透過美工將心理治療技術圖像化，讓參與者可以更了解如何進行腹式呼吸、調整呼吸次數，使個案在治療室訓練後，有輔助儀器和軟體於居家練習，並將訓練成效類化至生活情境中。研究結果發現結合穿戴裝置與手機 App 進行心肺同步呼吸訓練（cardiorespiratory synchronization training，CRST 組或 HRV-BF 組），相較於活性對照組（active control group，放鬆訓練組）與單純控制組，顯著增加 HRV 指標（包括 SDNN、LF、最大與最小心跳值，heart rate maximum and minimum），以及降低呼吸速率（Lin, 2018）；研究團隊進一步分析四週訓練療程中的資料發現，CRST 組

在第三週的 HRV 指標顯著高於第一週和訓練前，且 CRST 組在第四週的 HRV 指標顯著高於放鬆訓練組，亦即結合穿戴裝置與 CRST 訓練方案，效果優於實證證據證實有療效的放鬆訓練（蔡欣宜，2018）。

4. 小結

　　臺灣在臨床心臟心理學的起步大約在 20 年前，透過吳英璋教授領導的臨床健康心理學團隊耕耘，近年來已有初步研究成果。不僅提供國內學術界對心血管疾病之心理病理機制有更多了解，更發展以認知行為治療和生理回饋為主軸的心臟心理介入方案，驗證臨床心理介入之療效，期待透過臨床心理服務而逐漸將心理學知識應用在心臟病患者身上，進而協助其改善身心症狀，降低心血管患者的復發率、再住院率及死亡率。未來期許可從預防醫學角度，提供國人改善心血管相關的健康行為、壓力與情緒調適、性格調整，透過心理介入提升國人的身心健康狀態與生活品質。

三　徵候取向特色研究成果

　　除取樣特定研究主題外，臺灣過去在推動神經與復健心理學的發展漸趨成熟，呈現臨床與認知神經、腦科學連結的特色。至於人文臨床心理學是向在發展中的路線，突顯臨床與文化靈性、人文學關係的特性。這樣的特色比照是一種臨床心理學，關切的是心理社會面向議題，探究心理社會相關因素取徑是一種光譜概念，以社會心理為軸心，一端是往認知神經取向，一端是靠文化人文路線，顯示臺灣臨床心理學發展光譜多樣性的特徵。本文以徵候取向與取樣取向的雙重策略，是增補式理解臺灣臨床心理學的面貌，是「部分」與「整體」的循環理解。承上述特定主題取樣特性外，以下討論不以特定主題架構，而是整體特色的呈現。

（一）神經心理學與復健心理學

　　臺灣臨床神經心理學與復健心理學，自 1985 年左右，同時期有柯永河出版《臨床神經心理學概論》一書、花茂棽回國任教、郭乃文開始在臺北榮總復健科以神經心理衡鑑和治療為專業服務走向，三十多年來臨床神經學臨床研究已經在病理、衡鑑以及治療上建構相當穩定的基礎。

　　臺灣臨床心理師在醫院中的臨床神經心理學服務，患者來源與研究議題幾乎涵蓋所有內外科，包括復健科、神經內科、神經外科、老年科、小兒（神經）科、精神科（身心科）、心理腫瘤科、整形外科（燒燙傷病房）、放射科、家醫科、風溼免疫科、骨科、疼痛科、心臟內科等；另也同時服務於社區、校園，以及司法領域；在臺

灣，使用神經心理學進行衡鑑與治療，並進行研究者，已超過百位。

　　本部分的資料，是以探訪調查方式，整理臺灣目前在臨床心理所（組）任教職的13 位專職老師（花茂棽、郭乃文、黃惠玲、林克能、何孟洋、葉在庭、楊啟正、張玉玲、余睿羚、蔣世光、徐晏萱、王瑋瀚、張馨德）所發表之相關神經心理學領域，至 107 年 7 月爲止共得到 335 篇，成爲臺灣本土臨床神經心理學之專業發展之建構基礎。

　　以下將臺灣臨床神經心理領域研究分爲病理、衡鑑、治療三部分。其中，病理部分再分爲以疾病爲主之診斷模式及以神經心理功能爲主之跨診斷模式兩類型（這部分研究，目前約爲 164 篇研究，占 58%）；衡鑑部分再分爲操作型神經心理衡鑑與非操作型（問卷、量表），以及治療部分再分爲針對特定當事人介入與非針對當事人介入，總共六類。

1. 臨床神經心理學與復健心理學的病理研究

　　此部分成果，可分成「診斷模式」與「跨診斷模式」兩類型。

⑴ 依循診斷模式爲研究對象之神經心理病理模式

　　以下將舉例來自多元醫療科別的核心主題，從發展階段初期的早產問題（Ni, Huang, & Guo, 2011），兒童／成人精神領域包括注意力不足過動症／自閉症（autism spectrum disorder）患者（黃惠玲、王雅琴、郭乃文、蔡淑貞，1994；詹雅雯、陳信昭、郭乃文，2006；Yeh, et al., 2010; Guo, et al., 2016），以及思覺失調症、情感性疾患患者、創傷事件之創傷後壓力症候群、物質中毒或營養相關之硫化氫、汞、錳、二氧化碳中毒；神經內、外科以及復健科之不同腦部區域腦血管疾病、輕度認知缺損、認知障礙症（失智症）、巴金森氏病、創傷性腦部受損、額葉受傷患者、杭亭頓氏症、顳葉癲癇患者、失智症高風險之長者、主觀記憶抱怨之中高年個案。遺傳性或罕見疾病之遺傳性痙攣下身麻痺、毛毛樣病；其他如接受米達諾（midazolam）麻醉個體骨折兒童、多重系統萎縮患者、放射科之放射線療法之鼻咽癌患者。到學校、社區之油症兒、多氯聯苯暴露兒童、年長者、截肢患者、職業災害者，以及監獄之反社會人格患者、品行疾患患者／受刑人等（Hua, Chen, Tang, & Leung, 1998; Chang et al., 2010; Yu, Wu, Tai, Lin, & Hua, 2010; Wang et al., 2011; Hsu, Huang, Lo, Wang, & Tu, 2016; Chang, Chiu, & Hua, 2017; Su et al., 2017; Chang, Chen, Cheng, Lai, & Hua, 2018）。

⑵ 依循跨診斷模式爲對象之神經心理病理模式

　　此類型研究不以特定診斷疾患爲主，而是以特定腦心智功能爲研究標的。腦心智功能包括注意力功能、執行功能、情緒功能等神經心理或神經認知功能爲主軸，討論

其變化之議題包含於正常發展個體之幼年、青年、中年、老年，不同性別、人種、低出生體重早產兒、農藥或毒性物質暴露、油症兒、神經動作障礙、身心障礙者、工作狀態、職業災害、技職體系學生、輕度認知障礙症至失智症、腦部傷損個體、癲癇患者、防跌門診、聽力受損者，特殊基因病變患者以及接受放射治療患者等（Cheng et al., 2009；Hsu, Kuo, Hua, & Yang, 2014; Chen & Chang, 2016; Liu, Guo, Hsiao, Hue, & Yen, 2017）。

2. 神經心理衡鑑

依據神經心理學而建構測驗和測驗運用之研究，大致分成操作型之神經心理衡鑑與非操作型之神經心理衡鑑兩類。

(1) 操作型之神經心理功能測驗之建構和運用研究

以下將摘要舉例數個已發表之相關研究主題。主要分為兩類，一類為套組形式或篩檢測驗形式，包括：簡短式智能評估（Mini-Mental State Examination, MMSE；郭乃文等人，1988）、中文版盧尼神經心理測驗組（Luria-Nebraska Neuropsychological Battery-Chinese version, LNNB-C；郭乃文、余麗樺、潘秀琴、吳玉欣、林亭宇，1999）、盧尼神經心理測驗篩檢版（Luria-Nebraska Neuropsychological Battery-Screening Test, LNNB-S；余麗樺、郭乃文，1998；Wang, Wu, Guo, Huang, & Su, 2016）、魏氏記憶力測驗第三版中文版（花茂棽等人，2005）、修訂版威斯康辛卡片分類測驗（Su, Lin, Kwan, & Guo, 2008）、魏氏智力系統（幼兒、兒童、成人）（Chen, Hua, Chang, & Chen, 2011），與中文化心智理論作業（Chinese theory of mind tasks; Yeh, Hua, & Liu, 2009）。

第二類為自行發展的神經心理衡鑑工具，包括非語文性注意力與記憶力測驗（Comprehensive Nonverbal Attention and Memory Test Battery, CNAT & CNMT）、臺灣版前瞻性與回溯性記憶問卷（Taiwan version of the Prospective and Retrospective Memory Questionnaire）、臺大易怒量表（National Taiwan University Irritability Scale）、癲癇患者社會職業功能量表（Social and Occupational Functioning Scale for Epilepsy）、思覺失調症患者之人際反應指數（Interpersonal Reactivity Index）、臺灣數字奇偶序列測驗、彩色路徑描繪測驗、語言與字詞流利度測驗、臺灣版額葉評估量表（Taiwanese version of Frontal Assessment Battery）、阿茲海默氏症之社會功能評量，以及帕金森氏症評定量表（Traditional Chinese Version of the MDS-UP DRS）等（Chang, Guo, Huang, Wang, & Tsai, 2000; Chang, Guo, Wang, Huang, & Tsai, 2001; Yang, Huang, Lin, Tsai, & Hua, 2011; Wang et al., 2013; Chiang, Hua, Tam, Chao, & Shiah, 2014; Wang, Hung, & Yang, 2016; Yu et al., 2017）。

⑵ **非操作型模式之神經心理衡鑑之建構和運用研究**

依據神經心理學所發展其他非操作型模式神經心理衡鑑的相關研究，以下將摘要舉例數個已發表之相關研究主題，包括成人生涯認知量表（田秀蘭、郭乃文，2005）、衝動性測量（Ho & Hsu, 2009; Hsu & Ho, 2009）、對障礙人士態度量表、生活功能獨立程度測量（郭乃文等人，1999）、本土化長期照護層級評估量表（Hierarchy of the Care Required, HCR；陳惠姿等人，2000）、日常執行功能量表（Daily Executive Behaviors Scale；吳玉欣、余麗樺、陳靖、郭乃文，2009）、知覺環境障礙量表（Perceived Environmental Barriers; Lien, Kuan, Chang, & Guo, 2015），以及使用腦波與事件關聯電位技術討論神經心理衡鑑所測量之各神經認知／神經心理功能（Liao et al., 2018）等。

3. 神經心理介入或神經心理治療之研究

分成針對當事人直接治療改變特定認知神經心理功能之療效研究（如注意力、執行功能、記憶力等）與針對非當事人之療效研究兩部分討論。

⑴ **針對當事人之特定認知神經心理功能之療效研究**

以下將摘要舉例數個已發表之相關研究主題。治療對象與功能包括中風患者之失語症治療（Parkinson, Raymer, Chang, Fitz Gerald, & Crosson, 2009）、創傷性腦傷之執行功能（廖御圻、林育岑、郭乃文、黃冠堂、蘇倍儀，2016）、多發性梗塞之複雜注意力功能（李惠滇等人，2013）、不同開刀形式之兒童術前焦慮情緒（劉秋平、林啟禎、郭乃文、黃明東，2013）、高身體症狀青少女之執行功能（張凱茵、郭乃文、許立港，2014）、思覺失調症患者（Chiang & Liu, 2017），以及注意力不足過動症患者之監控性注意力功能（meta-attention）等。治療介入模式則涵蓋語言形式、生態化形式、應用神經心理復健計畫、應用遊戲情境、應用團體心理治療、應用神經回饋，或以認知功能直接訓練模組（何曉婷、吳玉欣、黃茂雄、郭乃文，2010）。

⑵ **對非當事人之神經心理介入之療效研究**

對非當事人或家屬之神經心理介入之療效研究，對象包含腦震盪患者之心理衛教（Yang et al., 2017）、失智症患者家屬對於失智症的態度（Lin, Liao, Wang, Liu, 2005），對現今臨床神經心理學與復健領域之發展提出豐富的治療技術建議。

4. 小結

臺灣的神經與復健領域在實徵資料上已累積相當豐富成果，所傳授之相關課程因此也具備本土化要件，經相關此課程訓練出來的臨床心理師，期能回應二十一世紀腦科學熱潮，帶動臨床服務端走入腦心智科學融入臨床心理專業，這是未來展望與發展

的願景實踐。

臺灣腦心智發展與心理復健學會並於 2016 年底正式成立，協助專業整合與成長，並統整符合臺灣生態與文化架構下的衡鑑模式與神經心理治療模式，往專科方向邁進。

（二）人文臨床取向研究

余德慧（1997）以「文化救濟」的觀點鋪陳臺灣心理學發展過程向西方取經的必要性，但這種歷史實踐的結果，也使得心理學逐漸與人文領域的聯繫產生斷層。在此脈絡下，臺灣臨床心理學本土化的實踐歷程與研究思考，是另一項人文特色的成果。

1. 研究議題反映回到生活世界的轉向

《中華心理學刊》過去以實證論文為主，李維倫（2017）以存在現象心理學方法探討性侵害女性的受傷時間性論文，是《中華心理學刊》多樣性的表徵，但畢竟是少數，此處回顧過去成果，以《本土心理學研究》發行 25 年以來，查詢與本土臨床心理學有關的論文，共有 35 篇，數量也不算多（李維倫、林耀盛，2019）。在 2000 年以前的臨床心理學領域文章，一方面處理文化考古的身心議題，出現靈魂附身、陰陽五行、中醫、整體觀、傳統等主題；另一方面，是關於臨床心理學本土化正當性認識論與方法論的思考，如文化心理學、反殖民和後現代心理學、詮釋現象學與框視分析等主題，並將當下生活處境作為探討素材，如處理悲怨、犯罪、人緣、離合、受苦等現象，可說處於既現代又古典的時期（李維倫、林耀盛，2019）。

自 2000 年到 2010 年，研究主題主要包括心性、倫理、療癒、人文臨床（如創傷、精神病、慢性病、犯罪、哀傷等議題的探究），也處理臨床心理學的主要領域，包括心理病理、心理衡鑑和心理治療的主題。

2010 年之後，一方面是到了回顧與前瞻的中介點，重新思考臨床心理學研究議程；另一方面隨著余德慧教授的過世，如何在余德慧人文思想的主張下深化臨床心理學本土化的踐行，成為現階段的核心課題。

人文臨床的提出，林耀盛、李維倫（2018）在《中華心理衛生學刊》策劃〈人文臨床與療癒〉專題，以回應余德慧（2008）認為「人文臨床」（動詞）是試圖將人文學科的自我遞迴打破，賦予人文學科一種手足無措的失神狀態。從而，對人類的臨床現場，無論是疾苦、厄難、哀悼、受創等受苦處境，賦予人文的深度，並結成人文支持的網絡。如此強調臨床的實踐是來自於生活現場，而不是只是攀引人文學科自身的既定格式。

但要賦予這樣的「人文臨床」的動詞意涵，需對比於如此實踐後的成果知識，

所構成的「臨床人文」（名詞，蛻變後的人文學科）本體意義是否有別於過去較爲重視專業導向的臨床科學知識。過去實證科學導向專業重視面向聚焦緩解（reduction）受苦，對於人類受苦處境背後涉及的複雜現象，除了症狀外，所蘊含的生產（production）意義，相對忽略。然而，人文與科學並非對立，而是強調「人文臨床」的實踐面，可以回饋「臨床人文」的學科領域，帶出跨領域、跨學門的發展創發可能方向。

　　Foucault（1973）提到，臨床並非單純只是一個療癒的現場，而是一種組織著語言、觀看、人與人的關係，而讓病痛與死亡成爲可見、可言說的空間。這樣的臨床診療凝視，使得「醫學思想」完全有權利涉入「人的哲學」狀態。然而，受苦現場所帶來的獨特感知，重新組構了人們的生活時間與空間、我們與自己、與其他人的關係，這樣的現象場涉及的複雜面，並非只是醫學觀點可以完全理解涉入。由此反思，林耀盛與李維倫（2018）指出，如同當代神經科學，經常與認知科學相連結，人文取向心理學也常與在世存有（being-in-the-world）或人的意義解釋相通連。儘管多元思潮當前，人文心理學在二十一世紀仍深具鮮活的意義（Derobertis, 2013）。人文臨床的意義，在於對當代的診療受苦處境，所嘗試回應面對的一種路徑。

2. 受苦經驗的療癒

　　在如果說本土心理學以「中西有別」來反思西方的心理學知識是一項啟蒙，那麼以「當下生活」來反思「本土」的意涵就是本土心理學發展上的第二次啟蒙（林耀盛，2011；李維倫、林耀盛，2019）。這樣重視當下生活的本土臨床心理學研究，在心理病理學方面以還原受苦現象（余德慧，1998；林耀盛，2002）；在心理衡鑑以回到生活世界爲主（李維倫、莫少依，2005）；在心理療癒方面，則以倫理化行動爲入口（李維倫，2004；林耀盛，2005；林耀盛、李弘毅、余德慧，2007；余德慧、林耀盛、李維倫，2008；林耀盛、李弘毅，2016）。

　　進一步來看，余德慧等人（2004）從倫理觀點突顯文化意涵，他們指出華人生活苦痛的關鍵，爲奠基於情感性而構成的生活秩序，亦即倫理。臺灣人的置身經驗，倫理指向超越規範性的行爲準則，是嵌合於個體所處文化與社會結構脈絡／生活世界，強調情感、精神性的人倫交往，且受苦者的苦難本身，即是倫理秩序失序、無力承擔之處（余德慧等人，2004）。然而，余德慧等人（2004）也提出反省，在臺灣本土社會中，家庭失親處境的復育或許將走上倫理性的網絡療癒之路，不論其爲另謀出路的人際網絡連結，還是延伸到另世的斷裂修補。但是，面對「倫理黑洞」（這是倫理的不及之處，倫理不再理所當然，而必須有所改變的處境）的間隙時刻，是需要著力之處。

3. 小結

經由以上簡單回顧，可知人文臨床心理學本身就是本土化的踐行，主張透過「文化主體的親暱性」來突顯臨床心理感情（性）優先的特性，以奠基臨床心理學本土化（余德慧、林耀盛、李維倫，2008）。

人文臨床的初衷是希望能將人文社會學科與受苦現場結合起來，使人們得以使用具有人文深度的「膚慰」技藝來緩解苦難。在此脈絡下，關於臨床心理師的人文養成路徑，也是未來教學相長的課題。

四　結論

除取樣研究與徵候研究外，在臨床實務上，吳英璋教授提出壓力模式，對於臺灣健康心理學研究與實務影響深遠。以臺大醫院的臨床心理中心來看，在慢性病研究，以及安寧病房是以癌症病患爲本位的多元跨科整合醫療系統，擴充壓力模式的討論。緩和醫療的心理照顧，在臺灣也有特色，如余德慧教授在慈濟醫院建立的柔適照顧（ainma care），以及和信醫院以存在現象學取向關照病患及其家屬，奇美柳營分院以敘事法爲軸提供照顧。

除癌症外，臺大醫院的臨床心理服務現階段跨域到各種傷病之心理與生活調適、侵入性檢查與治療，以及重大手術（如器官移植等），同時在重大醫療與傷病事件（如愛滋器官誤移植、八仙塵爆燒傷、傳染病等）、慢性病（如三高等）；肥胖與減重、老化等議題，都有相當成果。

事實上，這些年以來發生的九二一地震、SARS、八八風災、復興空難、八一氣爆、八仙事件、臺南與花蓮的二六地震，乃至太陽花，都可看見臺灣臨床心理師的參與。臨床服務的場域，不再設限於醫療單位，而是社會場域的公共服務，這也是公共心理學的臨床實踐（Kaslow, 2015）。

當然，本文以斷面剖解臺灣臨床心理學過往的研究成果，有不足之處，有些特定領域主題（如憂鬱、焦慮、思覺失調、ADHD）或生命全程階段未能完整收集資料（如老化、青少年），這些議題本身在臺灣臨床心理學會歷年的年度會員大會與學術研討會，都呈現相當研究與實務成績。至於心理創傷議題，則是臺灣臨床心理研究的一大重點，本論文受限並未深度提出討論。不過，2019 年是「九二一」震災二十週年與「八八」風災十週年，陳淑惠、許文耀、梁培勇等老師在科技部舉辦的災變國際研討會發表臨床心理學的論文。

本文雖有不足之處，但以主題性、特色化、連結度、人文與科學並進，以及應用

面的多層次交錯，呈現立面成果。臺灣臨床心理學的發展，雖然是以 S－P 模式為訓練軸心，但也保持不同聲音的特性。如李維倫（2011）指出臨床心理學訓練在美國的實行呈現出理論知識與實務行動間距離，而此距離的根本來源可能並非 S－P 模式，而是概念知識與行動知識之間不同的學習徑路。他倡議「置身於處境」的學習形式，進而因應「人性處境」的挑戰。林耀盛（2011）也提出以「人文為體，科學為用」的「互為體用」的「實務者」、「科學家」的循環訓練運用模式。臨床心理學訓練發展，可從「人類」範疇的靜態本質論，轉化為「成人」（human becomings）處境的「與時俱進」方案。「成人」是一種關係化的、情境化的「成為一個人」的鍛鍊過程。「成人」具備獨特性的動態關係，著重於流變的歷程（process of becoming），臨床處境面對的是如此關係，無法以 S－P 模式作為通則。當然，本文並非探討訓練模式，但回顧臺灣臨床心理學發展，可知在 S－P 訓練與不同學習路徑反思下的多元處境，回到人本身的臨床心理服務，是專業的趨向關懷，臺灣研究上的臨床實踐面與知識構造面的互嵌，是其特色。

進言之，從上述呈現成果，可知在病理相關概念主題上，與國際趨勢合軌，也一貫性地融入從病理到介入的循環歷程研究。在衡鑑評估的工具編修上，也能考量文化適性的問題。同時，也納入特色取向的研究法。在實務應用上，展現案主為中心的關懷，以生物心理社會模式的實踐為軸。由此，臺灣臨床心理學的成果，可稱為「多態性」。

但這樣的多態性，在臺灣生態上，如何建構與開創更可永續經營的質地，未來仍有待發展的議程。例如，包括心理病理研究的「深度化」，以創新構念的跨域與縱深時間的幅度，建立實質理論。在心理衡鑑上，考慮「在地化」的特色，能契入當事人的經驗。在心理治療上，反思「倫理化」的行動，症狀消除化，也重構案主各種生活關係的轉化。深度化、在地化、倫理化，呼應臨床心理學在「時間向度」、「空間處境」和「具身行動」的三角座標上，未來議程仍有多元的認識論與方法學，需進一步擴展。

柯永河（2008）以知能（competence）與權能（capability）兩個概念來說明「核心能力指為順利執行或完成某項行業或工作，應具備的知能與權能。知能是指學校教育所提供的專業知識，而權能則是滿足法律所規定，如心理師法，所取得的執業權力或權利。」柯永河（2008）進而提問：「合格、勝任的臺灣臨床心理師只要具有相關權能與知能就夠嗎？不需要另一種或以上的能力嗎？換句話說只要有權、知兩能，他就可以應對在臨床工作可能遇到的眾多問題嗎？」他認為，「應該也包含技能、人性、哲學、宗教、靈性等其他方面。」（柯永河，2008）。柯永河（2008）進而提到臨床心理學的教學應該除了「有共同於基礎心理學的純知性，科學性的部分，也有迴

異於它的感性、情性、實作性、人性、勇敢性、耐性以及意志性的部分。」在這樣的基礎下，臨床心理師應具備七項能力：感性、理性（知能）、法性（權能）、德性、人性、靈性、習性（或習慣，指技能）的七性觀點。

這是柯老師十年前的提醒。我們十年後，顧後瞻前臺灣臨床心理學的發展，仍得自問，柯老師期待的七性，我們的位置在哪裡？實務與學術對話合作的突破契機何在？韋伯在《學術作為一種志業》提問：「凡是不能讓人懷著熱情去從事的工作，對於作為一個人來說，都是不值得的事。學術注定過時的命運，然而，一個人如果為了學術本身，投入這個專業分工精細而又永無止盡的經營裡，在其成就與發現早已注定了會被後人超越的情況下，那學術工作者認為自己的努力能完成什麼有意義的事？」我們在回顧發展歷程後，學術的個人體驗與熱情感召喚，仍是時時得回應的前行。

致謝

此次臺灣臨床心理學的研究進展，學會主辦的中華心理學刊六十週年學術研討會，原先是邀請吳英璋教授主講。吳教授委請林耀盛規劃報告主題與整理內容，並邀請臨床心理學各領域老師共同參與撰稿。這篇論文初稿，曾發表於中華心理學刊六十週年學術研討會，由林耀盛代表整合各領域文稿、構思論文軸心，並完成論文撰稿與主講。該論文投稿期間，根據審查意見進行論文修訂、完稿和審查意見回覆，皆由林耀盛負責完成。但每位老師對於此論文內容，都具相當貢獻度。作者群感謝兩位審查委員的細膩意見與建議，初稿於研討會發表，感謝楊啟正教授的評論與回應。

參考文獻

王拔群、李學禹、莊銘隆、黃玉書、陳彥宏、邱國樑、陳濘宏（2003）：〈中文版Epworth嗜睡量表之信效度研究〉。《臺灣精神醫學》，17，14-22。

田秀蘭、郭乃文（2005）：《成人生涯認知量表》。臺北：心理出版社。

朱慶琳、姜忠信、李宗芹（2015）：〈自閉症幼兒的共享式參與家長訓練方案：舞蹈治療之創造性律動取向初探〉。《中華心理衛生學刊》，28，69-100。doi: 10.30074/FJMH.201503_28.0005

江淑蓉、姜忠信、彭雅凌、林家慶（2012）：〈共享式注意力多元介入方案療效研究：三名學前中高功能自閉症男童的探究〉。《特殊教育研究學刊》，37，59-84。doi: 10.6172/BSE201207.3702003

吳玉欣、余麗樺、陳靖、郭乃文（2009）：〈日常執行功能行為量表之發展與其因素結構及信效度研究〉。《臨床心理學刊》，4，86-94。

吳進欽、朱慶琳、侯育銘、姚淑芬（2014）：〈克氏行為量表篩檢4歲以下自閉症類疾患兒童效

度探究〉。《中華心理衛生學刊》，27，131-161。doi: 10.30074/FJMH.201403_27(1).0005

吳進欽、姜忠信、虞燕婷（2010）：〈自閉症類幼兒社會注意力的探究〉。《中華心理學刊》，52，57-74。doi: 10.6129/CJP.2010.5201.04

初正平（1965）：〈小兒麻痺兒童與正常兒童在智能與人格特徵上的差異〉。《中華心理學刊》，7，17-33。

初正平（1967）：〈智能不足兒童遊戲模式之研究〉。《中華心理學刊》，9，24-42。

初正平（1968a）：〈中國學齡兒童主題統覺測驗之再修訂：I.圖片之修訂及客觀方法之設立〉。《中華心理學刊》，10，59-73。

初正平（1968b）：〈中國學齡兒童主題統覺測驗之再修訂：II.圖片之應用及評價〉。《中華心理學刊》，10，74-89。

宋維村（1987）：〈幼兒自閉症與早發型精神分裂病之比較研究〉。《中華精神醫學》，1，43-51。

宋維村（1994）：〈程小危博士在自閉症研究的貢獻〉。見程志新、蔡式淵（主編）：《小危小危》，頁73-76。臺北：編者自行出版。

余德慧（1997）：〈本土心理學的現代處境〉。《本土心理學研究》，8，241-283。

余德慧（1998）：〈生活受苦經驗的心理病理：本土文化的探索〉。《本土心理學研究》，10，69-115。

余德慧（2008，4月）：〈人文臨床作為人文學必要的介入〉。現象學理論與實務學術研討會之宣讀論文。政治大學哲學系，臺北。

余德慧、李維倫、林耀盛、余安邦、陳淑惠、許敏桃、…石世明（2004）：〈倫理療癒作為建構臨床心理學本土化的起點〉。《本土心理學研究》，22，253-325。

余德慧、林耀盛、李維倫（2008）：〈倫理化的可能－臨床心理學本土化進路的重探〉。見余安邦（主編）：《本土心理與文化療癒－倫理化的可能探問》，頁149-206。臺北：中央研究院民族學研究所。

余麗樺、郭乃文（1998）：〈盧－尼神經心理測驗組篩檢測驗在臺灣地區的適用性之探討〉。《高雄醫學科學雜誌》，14，779-790。doi: 10.6452%2fKJMS.199812.0779

何曉婷、吳玉欣、黃茂雄、郭乃文（2011）：〈生態化執行功能訓練對腦傷病人治療之個案報告〉。《臺灣復健醫學會雜誌》，39，31-38。doi: 10.6315/2011.39(1)05

李惠禎、郭乃文、吳玉欣、陳俊凱、黃茂雄、高宗仁（2013）：〈應用神經心理復健計畫治療複雜型注意力功能缺損：以一位多發性梗塞患者為例〉。《臨床心理學刊》，7(2)，21-30。doi: 10.6550/ACP.0702.003

李維倫（2004）：〈作為倫理行動的心理治療〉。《本土心理學研究》，22，359-420。doi: 10.6254/2004.22.359

李維倫（2011）：〈反思臨床心理學訓練：探究美國「科學家－實務者」模式與專業能力學習的本質〉。《中華心理衛生學刊》，24，173-207。doi: 10.30074/FJMH.201106_24(2).0002

李維倫（2017）：〈受傷的時間性：受性侵害及家庭關係斷損少女之生活經驗的存在現象學分析〉。《中華心理學刊》，59，145-161。doi: 10.6129/CJP.20170518

李維倫、莫少依（2005）：〈生活世界取向的心理衡鑑：一個本土化的可能性〉。《本土心理

學研究》，*24*，85-135。

李維倫、林耀盛（2019）：〈從文化心理學到人文臨床心理學：臨床心理學本土化論述與踐行〉。《本土心理學研究》，*51*，89-167。

花茂棽、張本聖、林克能、楊建銘、盧小蓉、陳心怡（2005）：《魏氏記憶量表第三版（中文版）指導手冊》。臺北：中國行為科學社。

林沛昀（2018）：《心跳變異生理回饋對冠心病患者在心臟自主神經反應量與恢復量之療效》（未出版碩士論文）。高雄醫學大學心理學系，高雄。

林沛昀、呂學禎、張家禎、林宜美（2018）：〈心跳變異生理回饋對冠心病合併早發性心室收縮患者之療效〉。《臺灣家庭醫學雜誌》，*28*，128-141。doi: 10.3966/168232812018092803003

林怡安、姜忠信、倪信章、林姿伶（2017）：〈高功能自閉症類群障礙兒童的執行功能表現探究〉。《中華心理衛生學刊》，*30*，267-294。doi: 10.30074/FJMH.201709_30(3).0002

林詩淳、楊建銘、許世杰、鄭中平（2009）：〈睡眠衛生行為量表之信效度〉。《臨床心理學刊》，*4*，105-115。

林詩維（2006）：《失眠認知行為治療之療效與心理相關因素之改變》（未出版碩士論文）。輔仁大學心理學系，臺北。

林耀盛（1997）：〈社會心理學本土化：反殖民主義與後現代論述之間〉。《本土心理學研究》，*8*，285-310。doi: 10.6254/1997.8.285

林耀盛（2002）：〈性別識盲及其不滿：以精神病為論述對象〉。《女學學誌》，*14*，119-172。doi: 10.6255/JWGS.2002.14.119

林耀盛（2005）：〈說是一物即不中：從倫理性轉向療癒觀點反思震災存活者的悲悼歷程〉。《本土心理學研究》，*23*，259-317。doi: 10.6254/2005.23.259

林耀盛（2011）：〈科學、人文與實務之間：析論臨床心理學的訓練和發展〉。《中華心理衛生學刊》，*24*，279-310。doi: 10.30074/FJMH.201106_24.0005

林耀盛（2014）：〈從概念到實踐：臨床健康心理學實徵成果階段性檢視〉。《中華心理衛生學刊》，*27*，495-504。doi: 10.30074/FJMH.201412_27.0001

林耀盛（2015）：〈慢性病、照顧和健康行為：建構多樣性議題與多元方法論〉。《中華心理衛生學刊》，*28*，179-188。doi: 10.30074/FJMH.201506_28.0001?

林耀盛、李弘毅、余德慧（2007）：〈生病作為一種倫理事件：洗腎者病程經驗的現象詮釋〉。《本土心理學研究》，*28*，79-140.

林耀盛、李弘毅（2016）：〈朝向疾病的療癒：血液透析者心理經驗之詮釋。《本土心理學研究》，*45*，129-174。doi: 10.6254/2016.45.129

林耀盛、李維倫（2018）：〈受苦現象與哀傷情感：人文臨床心理學取向的探問〉。《中華心理衛生學刊》，*31*，215-225。doi: ?10.30074/FJMH.201809_31.0001

姜忠信、宋維村（2005）：〈自閉症嬰幼兒的早期診斷：文獻回顧〉。《臨床心理學刊》，*2*，1-10。

姜忠信、吳進欽、李季樺（2006）：〈自閉症兒童的象徵遊戲能力：縱貫研究〉。《中華心理學刊》，*48*，225-273。doi: 10.6129/CJP.2006.4803.03

姜忠信、呂幸芳、朱慶琳（2010）：〈自閉症兒童象徵遊戲的產出能力：三重表徵的觀點〉。《中華心理學刊》，52，425-443。doi: 10.6129/CJP.2010.5204.07

姜忠信、彭雅凌、江淑蓉（2010）：〈個案報告：中低功能自閉症兒童相互注意協調能力的介入〉。《中華心理衛生學刊》，23，125-151。doi: 10.30074/FJMH.201003_23.0005

涂珮瓊（2013）：《初診斷乳癌患者的心理沮喪變化軌跡與資源變化，因應風格之關係探討》（未出版博士論文）。國立政治大學，臺北。

柯永河（1979）：〈青少年犯罪行為之心理成因研究〉。《中華心理學刊》，21，75-82。

柯永河（2008）：〈臺灣臨床心理學會2008/9/27集思會議講稿〉，見臺灣臨床心理學會（主編）：《2008年臨床心理師養成教育集思會會議手冊》。臺北：臺灣臨床心理學會。

柯永河（2009）：〈我心目中的臺灣臨床心理學：過去與前瞻〉，見臺灣心理學會（主編）：《臺灣心理學會第四十八屆年會會議手冊》。臺北：臺灣心理學會。

柯永河、吳英璋、陳秀蓉（2008）：〈臨床心理學的回顧與前瞻：領域發展〉。《應用心理研究》，40，23-28。

柯永河、吳英璋、陳秀蓉（2009）：〈臨床心理學的回顧與前瞻：實務運用〉。《應用心理研究》，41，27-34。

張凱茵、郭乃文、許立港（2014）：〈強化執行功能之團體神經心理治療的成效研究—以高身體症狀青少女為例〉。《中華心理衛生學刊》，27，73-95。doi: ?10.30074/FJMH.201403_27(1).0003

翁欣凱、葉在庭（2016）：〈憂慮、反芻、睡前認知激發與睡眠品質之關係—以客觀生理評估為例〉。《中華心理衛生學刊》，29，83-114。

翁嘉英（2012）：《轉角找回好心情：清心減壓最能實做的8堂課》。臺北：天下生活出版。

翁嘉英、林俊龍、林庭光、陳志暐、李易達、許秋田、…白世安（2016）：〈心臟心理社會復健方案：認知行為團體心理治療取向〉。《中華心理學刊》，58，143-167。doi: 10.6129/CJP.20160613

張玨、曾嬿嬿、葉莉薇（1987）：〈兒童考試焦慮危險因子的探討〉。《中華心理學刊》，29，83-92。

梁培勇（1993）：〈小學兒童壓力觀初步探討〉。《中華心理學刊》，35，87-114。

郭乃文、余麗樺、潘秀琴、吳玉欣、林亭宇（1999）：〈盧—尼神經心理測驗組之中文修訂與常模建立研究〉。《中華民國復健醫學會雜誌》，27，47-55。

郭乃文、劉秀枝、王珮芳、廖光淦、甄瑞興、林恭平、…徐道昌（1988）：〈「簡短式智能評估」之中文施測與常模建立〉。《中華民國復健醫學會雜誌》，16，52-59。

郭乃文、葉淑惠、林昭宏、劉景寬、陳惠姿、阮慧沁、…陳信穎（1999）：〈臺灣地區生活功能獨立程度測量的結構分析研究〉。《中華民國復健醫學會雜誌》，27，217-226。

陳昌偉、詹雅雯、楊建銘、林詩淳（2009）：〈中文版睡眠失功能信念及態度量表之信、效度探討〉。《臨床心理學刊》，4，59-67。

陳惠姿、陳信穎、郭乃文、葉淑惠、張志仲、劉景寬、尤姵文（2000）：《本土化長期照護層級評估量表之建立》。臺北：行政院衛生署八十九年度委託研究計畫報告。

程小危、宋維村（1994）：《自閉症與配對組兒童之溝通功能、動作性相互注意力協調功能、

情緒社會性發聲功能追蹤比較研究：第一期報告》。臺北：國科會。

曾嬋嬋、宋維村（1983）：〈語言遲滯的診斷描述〉。《中華心理學刊》，25，25-30。

黃惠玲、王雅琴、郭乃文、蔡淑貞（1994）：〈注意力不足過動症兒童在神經心理測驗上的表現〉。《高雄醫科學雜誌》，10，157-164。doi: 10.6452/KJMS.199403.0157

黃惠玲、吳英璋（1992）：〈一歲至三歲幼兒依附行為量表之編製〉。《中華心理學刊》，34，9-27。

黃惠玲、林幼青、翁嘉敏、王雅琴（2000）：〈注意力缺陷過動兒童的行為特徵：一個自然觀察法的研究〉。《中華心理學刊》，42，233-252。

黃語喬（2018）。《合併與未合併憂鬱之冠心病患者在自主神經反應與臨床事件之追蹤研究》（未出版碩士論文）。高雄醫學大學心理學系，高雄。

楊建銘、許世杰、林詩淳、周映妤、陳瑩明（2009）：〈失眠嚴重度量表中文版的信、效度探討〉。《臨床心理學刊》，4，95-104。

楊國樞、歐眞妮（1979）：〈問題行為少年對成功與失敗的心理反應〉。《中華心理學刊》，21，49-60。

詹雅雯、陳昌偉、楊建銘、林詩淳（2009）：〈中文版睡前激發狀態量表之信、效度探討〉。《臨床心理學刊》，4，51-58。

詹雅雯、陳信昭、郭乃文（2006）：〈注意力缺失／過動疾患─不注意型與合併型之多面向注意力功能分析〉。《臨床心理學刊》，3，85-92。

廖御圻、林育岑、郭乃文、黃冠堂、蘇倍儀（2016）：〈運用神經回饋訓練之神經心理治療模組於重度腦傷患者改善執行功能效果分析─個案報告〉。《臨床心理學刊》，10，31-49。doi: 10.6550/ACP.201612_10(2).0003

劉秋平、林啟禎、郭乃文、黃明東（2013）：〈於遊戲情境中應用神經心理治療對兒童術前情緒之改變成效〉。《臨床心理學刊》，7(2)，1-11。doi: 10.6550/ACP.0702.001

衛生福利部統計處（2017）：《死因統計─中華民國一百零六年》。取自http://dep.mohw.gov.tw/DOS/lp-3352-113.html

鄭信雄、高泉松、李月卿（2000）：〈腸促胰激素對自閉症孩童療效的雙盲交叉評估〉。《慈濟醫學》，12，173-181。doi:10.6440/TZUCMJ.200009.0173

賴盈希、楊建銘、許世杰（2011）：〈原發性失眠患者的心理認知因素與減藥行為之關係〉。《應用心理研究》，50，43-80。

蔡欣宜（2018）：《心肺同步呼吸訓練與自我暗示放鬆訓練在心跳變異之療效》（未出版碩士論文）。高雄：高雄醫學大學心理學系。

謝清芬、宋維村、徐澄清（1983）：〈自閉症：克氏行為量表的效度與研究〉。《中華民國神經精神醫學會會刊》，9(1)，17-26。

蕭帆琦、蔡玲玲（2018）：〈中文版日夜作息習慣量表：紙本標準版與網路版〉。《中華心理學刊》，59，197-212。doi: 10.6129/CJP.20171004

蘇薌雨（1962）：〈採用「皮樂士氏態度─興趣測驗」研究問題少年之情緒發展〉。《中華心理學刊》，4，53-64。

蘇薌雨、楊國樞（1963）：〈自我概念協合度與少年犯罪之關係〉。《中華心理學刊》，6，

1-9。

Antoni, M. H., Lehman, J. M., Kilbourn, K. M., Boyers, A. E., Culver, J. L., Alferi, S. M., ... Price, A. A. (2001). Cognitive-behavioral stress management intervention decreases the prevalence of depression and enhances benefit finding among women under treatment for early-stage breast cancer. *Health Psychology, 20*, 20-32. doi: 10.1037/0278-6133.20.1.20

Bauer, J. J., & Bonanno, G. A. (2001). I can, I do, I am: The narrative differentiation of self-efficacy and other self-evaluations while adapting to bereavement. *Journal of Research in Personality, 35*, 424-448. doi: 10.1006/jrpe.2001.2323

Billman, G. E. (2013). The effect of heart rate on the heart rate variability response to autonomic interventions. *Frontiers in Physiology, 4*(222), 1-9. doi: 10.3389/fphys.2013.00222

Carney, R. M., & Freedland, K. E. (2017). Depression and coronary heart disease. *Nature Reviews Cardiology, 14*, 145-155. doi: 10.1038/nrcardio.2016.181

Calhoun, L. G., & Tedeschi, R. G. (2006). The foundations of posttraumatic growth: An expanded framework. In L.G. Calhoun & R.G. Tedeschi (Eds.), *Handbook of posttraumatic growth: Research and practice* (pp. 3-23). Mahwah, NJ: Lawrence Erlbaum.

Chang, H. T., Chen, T. F., Cheng, T. W., Lai, Y. M., & Hua, M. S. (2018). Arbitray and semantic associations in subjective memory impairment and amnestic mild cognitive impairment among Taiwanese individuals: A cross-sectional study. *Journal of the Formosan Medical Association, 117*, 427-433. doi: 10.1016/j.jfma.2017.05.014

Chang, H. T., Chiu, M. J., & Hua, M. S. (2017). Early detection of semantic changes may help predict the course of Alzheimers Diesease. *Jorunal of Alzheimers Diesease & Parkinsonism, 7*(333), 2161-0460. doi:10.4172/2161-0460.1000333

Chang, Y. C., Guo, N. W., Wang, S. T., Huang, C. C., & Tsai, J. J. (2001). Working memory of school-aged children with a history of febrile convulsions: a population study. *Neurology, 57*(1), 37-42. doi: 10.1212/wnl.57.1.37

Chang, Y. C., Guo, N. W., Huang, C. C., Wang, S. T., & Tsai, J. J. (2000). Neurocognitive Attention and Behavior Outcome of School-age Children with a History of Febrile Convulsions: A Population Study. *Epilepsia, 41*, 412-420. doi: 10.1111/j.1528-1157.2000.tb00182.x

Chang, Y. L., Jacobson, M., Fennema-Notestine, C., Hagler D. J., Jennings, R. G., Dale, A. M., McEvoy, L., & the Alzheimer's Disease Neuroimaging Initiative. (2010). Level of executive function influences verbal memory in amnestic mild cognitive impairment and predicts prefrontal and posterior cingulate thickness. *Cerebral Cortex, 20*, 1305-1313. doi: 10.1093/cercor/bhp192

Chen, P. C., & Chang, Y. L. (2016). Associative memory and underlying brain correlates in older adults with mild cognitive impairment. *Neuropsychologia, 85*, 216-225. doi: 10.1016/j.neuropsychologia.2016.03.032

Chen, C. W., Yang, C. M., Lin, Y. S., & Tsai, Y. L. (2016). Qualitative study of long-term sedative-hypnotic use patterns. *Journal of Sleep Disorders: Treatment and Care, 5*(4). doi: 10.4172/2325-9639.1000184

Chen, H. Y., Chiang, C. K., Wang, H. H., Hung, K. Y., Lee, Y. J., Peng, Y. S., ... Tsai, T. J. (2008). Cognitive-behavioral therapy for sleep disturbance in patients undergoing peritoneal dialysis: a pilot randomized controlled trial. *American Journal of Kidney Diseases, 52*, 314-323. doi: 10.1053/j.ajkd.2008.03.012.

Chen, H. Y., Hua, M. S., Chang, B. S., & Chen, Y. H. (2011). Development of factor-based WISC-IV tetrads: A guide to clinical practice. *Journal of Psychological Testing, 58*, 585-611. doi: 10.7108/PT.201112.0028

Chen, P. Y., Yang, C. M., & Morin, C. M. (2015). Validating the cross-cultural factor structure and invariance property of the Insomnia Severity Index: evidence based on ordinal EFA and CFA. *Sleep Medicine, 16*, 598-603. doi: 10.1016/j.sleep.2014.11.016.

Chen, P. Y., Jan, Y. W., & Yang, C. M. (2017). Are the insomnia severity index and Pittsburgh sleep quality index valid outcome measures for cognitive behavioral therapy for insomnia? Inquiry from the perspective of response shifts and longitudinal measurement invariance in their Chinese versions. *Sleep Medicine, 35*, 35-40. doi: 10.1016/j.sleep.2017.04.003.

Chen, Y. C., Huang, Y. S., & Chen, C. K. (2009). Clinical effectiveness of group cognitive-behavioral therapy for primary and secondary insomnia. *Taiwanese Journal of Psychiatry, 23*, 207-214. doi: 10.29478/TJP.200909.0005

Cheng, T. W., Chen, T. F., Yip, P. K., Hua, M. S., Yang, C. C., & Chiu, M. J. (2009). Comparison of behavioral and psychological symptoms of Alzheimer's diseases among institution residents and memory clinic outpatients. *International Psychogeriatrics, 21*, 1134-1141. doi: 10.1017/S1041610209990767

Chiang, C. H., Soong, W. T., Lin, T. L., & Rogers, S. J. (2008). Nonverbal communication skills in young children with autism. *Journal of Autism and Developmental Disorders, 38*, 1898-1906. doi: https://doi.org/10.1007/s10803-008-0586-2

Chiang, C. H., Wu, C. C., Hou, Y. M., Chu, C. L., Liu, J. H., & Soong, W. T. (2013). Development of T-STAT for Early Autism Screening. *Journal of Autism and Developmental Disorders, 43*, 1028-1037. doi: 10.1007/s10803-012-1643-4

Chiang, C. H., Chu, C. L., & Lee, T. C. (2016). Efficacy of caregiver-mediated joint engagement intervention for young children with autism spectrum disorders. *Autism, 20*, 172-182. doi: 10.1177/1362361315575725

Chiang, C. H., & Lin, Y. A. (2017). *Exploring cool and hot executive function in high-functioning autism spectrum disorder.* Paper presented at the meeting of Society for Research in Child Development, Austin, USA.

Chiang, C. H., Lin, W. J., & Tsai, J. L. (2018). *An Eye-Tracking Study on Biological Motion Perception in Children with High-Functioning Autism Spectrum Disorder.* Paper presented at the meeting of International Society for Autism Research, Rotterdam, Netherland.

Chiang, S. K., & Liu, W. Y. (2017). Working memory training may improve the performance of positive emotion processing in patients with schizophrenia: evidence from an event-related potentials study.

European Archives of Psychiatry and Clinical Neuroscience, 267(suppl 1), S91.

Chiang, S. K., Hua, M. S., Tam, W. C. C., Chao, J. K., & Shiah, Y. L. (2014). Developing an alternative Chinese version of the Interpersonal Reactivity Index for normal population and patients with schizophrenia in Taiwan. *Brain Impairment, 15*, 120-131. doi: 10.1017/BrImp.2014.15

Danhauer, S. C., Russell, G., Case, L. D., Sohl, S. J., Tedeschi, R. G., Addington, E. L., ... Avis, N. E. (2015). Trajectories of posttraumatic growth and associated characteristics in women with breast cancer. *Annals of Behavioral Medicine, 49*, 650-659. doi: 10.1007/s12160-015-9696-1

Denollet, J., Pedersen, S. S., Vrints, C. J., & Conraads, V. M. (2006). Usefulness of Type D personality in predicting five-year cardiac events above and beyond concurrent symptoms of stress in patients with coronary heart disease. *The American Journal of Cardiology, 97*, 970-973. doi: 10.1016/j.amjcard.2005.10.035

DeRobertis, E. M. (2013). Humanistic psychology: Alive in the 21st century? *Journal of Humanistic Psychology, 53*, 419-437. doi: 10.1177/0022167812473369

Drabick, D. A. G., & Goldfried, M. R. (2000). Training the scientist-practitioner for the 21st century: Putting the bloom back on the rose. *Journal of Clinical Psychology, 56*, 327-340. doi: 10.1002/(SICI)1097-4679(200003)56:3<327::AID-JCLP9>3.0.CO;2-Y

Dunn, L. B., Cooper, B. A., Neuhaus, J., West, C., Paul, S., Aouizerat, B., ... Miaskowski, C. (2011). Identification of distinct depressive symptom trajectories in women following surgery for breast cancer. *Health Psychology, 30*, 683-692. doi: 10.1037/a0024366

Engel, G. L. (1977). The need for a new medical model: A challenge for biomedicine. *Science, 196*, 125-139. doi: 10.1126/science.847460

Engel, G. L. (1980). The clinical applications of the biopsychosocial model. *American Journal of Psychiatry, 137*, 535-544. doi: 10.1176/ajp.137.5.535

Foa, E. B., & Meadows, E. A. (1998). Psychosocial treatments for posttraumatic stress disorder. In R. Yehuda (Ed.), *Psychological trauma* (pp. 449-480). Washington, DC: American Psychiatric Association.

Foucault, M. (1973). *The birth of the clinic.* New York: Pantheon Books.

Grande, G., Romppel, M., & Barth, J. (2012). Association between Type D personality and prognosis in patients with cardiovascular diseases: A systematic review and meta-analysis. *Annals of Behavioral Medicine, 43*, 299-310. doi: 10.1007/s12160-011-9339-0

Guo, N. W., Lin, C. J., Hang, M. T., Lin, C. L., Lin, C. W., Lu, T. H., & Wu, S. L. (2016). Fracture Risk and Correlating factors of Pediatric Population with Attention Deficit Hyperactivity Disorder: A Nationwide Matched Study, *Journal of Pediatric Orthopaedics B, 25*, 369-374. doi: 10.1097/BPB.0000000000000243

Hamama-Raz, Y., Mahat-Shamir, M., Pitcho-Prelorentzos, S., Zaken, A., David, U. Y., Ben-Ezra, M., & Bergman, Y. S. (2016). The link between death anxiety and post-traumatic symptomatology during terror: Direct links and possible moderators. *Psychiatry Research, 245*, 379-386. doi: 10.1016/j.psychres.2016.08.059

Helgeson, V. S., Snyder, P., & Seltman, H. (2004). Psychological and physical adjustment to breast cancer over 4 years: identifying distinct trajectories of change. *Health Psychology, 23*, 3-15. doi: 10.1037/0278-6133.23.1.3

Henselmans, I., Helgeson, V. S., Seltman, H., de Vries, J., Sanderman, R., & Ranchor, A. V. (2010). Identification and prediction of distress trajectories in the first year after a breast cancer diagnosis. *Health Psychology, 29*, 160-168. doi: 10.1037/a0017806

Ho, M. Y., & Hsu, C. F. (2009). A description of impulsivity II: Behavioral analysis approaches. *Archives of Clinical Psychology, 4*, 68-85.

Hobson, R. P., & Lee, A. (1999). Imitation and identification in autism. *The Journal of Child Psychology and Psychiatry and Allied Disciplines, 40*, 649-659. doi: 10.1111/1469-7610.00481

Hsu, C. F., & Ho, M. Y. (2009). A description of impulsivity I: Personality approaches. *Archives of Clinical Psychology, 4*, 1-30.

Hsu, H. M., Chou, K. R., Lin, K. C., Chen, K. Y., Su, S. F., & Chung, M. H. (2015). Effects of cognitive behavioral therapy in patients with depressive disorder and comorbid insomnia: A propensity score-matched outcome study. *Behaviour Research and Therapy, 73*, 143-150. doi: 10.1016/j.brat.2015.07.016.

Hsu, Y. H., Huang, C. F., Lo, C. P., Wang, T. L., & Tu, M.C. (2016). Vitamin B12 deficiency: characterization of psychometrics and MRI morphometrics. *Nutritional Neuroscience, 19*, 47-54. doi: 10.1179/1476830515Y.0000000045

Hsu, Y. H., Kuo, M. F., Hua, M. S., & Yang, C. C. (2014). Selective neuropsychological impairments and related clinical factors in children with moyamoya disease of the transient ischemic attack type. *Childs Nervous System, 30*, 441-447. doi: 10.1007/s00381-013-2271-9

Hua, M. S., Chen, S. T., Tang, L. M., & Leung, W. M. (1998). Neuropsychological Function in Patients with Nasopharyngeal Carcinoma After Radiotherapy. *Journal of Clinical and Experimental Neuropsychology, 20*, 684-693. doi: 10.1076/jcen.20.5.684.1131

Huang, Y. S., Chen, N. H., Li, H.Y., Wu, Y. Y., Chao, C.C., & Guilleminault, C. (2004). Sleep disorders in Taiwanese children with attention deficit/hyperactivity disorder. *Journal of Sleep Research, 13*, 269-277. doi: 10.1111/j.1365-2869.2004.00408.x.

Huang, Y. S., Guilleminault, C., Li, H. Y., Yang, C. M., Wu, Y. Y., & Chen, N. H. (2007). Attention-deficit/hyperactivity disorder with obstructive sleep apnea: a treatment outcome study. *Sleep Medicine, 8*, 18-30. doi: 10.1016/j.sleep.2006.05.016

Jayawickreme, E., & Blackie, L. E. (2014). Post traumatic growth as positive personality change: Evidence, controversies and future directions. *European Journal of Personality, 28*, 312-331. doi: 10.1002/per.1963

Jan, Y. W., Yang, C. M., Huang, S. H., & Lee, H. C. (2019). Treatment effect of cognitive-behavior therapy for insomnia combined with usual medication. *Sleep and Biological Rhythms, 17*, 311-321. doi: 10.1007/s41105-019-00218-z.

Jen, C. H., Yang, C. M., Chen, C. W., Yu, H. T., Lai, Y. S., Lee, H. C., & Sung, J. Y. (2019).

Development and psychometric evaluation of the Hypnotic-Use Urge Scale. *Sleep and Biological Rhythms, 17*, 63-72. . doi: 10.1007/ s41105-018-0183-5.

Kangas, M., Henry, J. L., & Bryant, R. A. (2002). Posttraumatic stress disorder following cancer. A conceptual and empirical review. *Clinical Psychology Review, 22*, 499-524. doi: 10.1016/S0272-7358 (01)00118-0

Kasari, C., Freeman, S., Pararella, T. (2006). Joint attention and symbolic play in young children with autism: a randomized controlled intervention study. *Journal of Child Psychology and Psychiatry, 47*, 611-620. doi: 10.1111/j.1469-7610.2005.01567.x

Kasari, C., Gulsrud, A. C., Wong, C., Kwon, S., & Locke, J. (2010). Randomized controlled caregiver mediated joint engagement intervention for toddlers with autism. *Journal of Autism and Developmental Disorders, 40*, 1045-1056. doi: 10.1007/s10803-010-0955-5

Kaslow, N. J. (2015). Translating psychological science to the public. *American Psychologist, 70*, 361-371. doi: 10.1037/a0039448

Lam, W. W., Bonanno, G. A., Mancini, A. D., Ho, S., Chan, M., Hung, W. K., ... Fielding, R. (2010). Trajectories of psychological distress among Chinese women diagnosed with breast cancer. *Psycho-Oncology, 19*, 1044-1051. doi: 10.1002/pon.1658

Leher, P. M., Vaschillo, E., & Vaschillo, B. (2000). Resonant frequency biofeedback training to increase cardiac variability: rationale and manual for training. *Applied Psychophysiology and Biofeedback, 25*, 177-191. doi: 10.1023/A:1009554825745

Liao, Y. C., Guo, N. W., Chen, S. J., Tsai, H. F., Fang, J. H., Chen, J. J., & Su, B. Y. (2018). The Significance of Impulsive Error in Children With ADHD. *Clinical EEG and Neuroscience, 49*, 295-301. doi: 10.1177/1550059417742297

Lien, W. C., Kuan, T. S., Chang, J. H., & Guo, N. W. (2015). The Utility of the Perceived Environmental Barriers in Community in the Community-dwelling Elderly in Taiwan. *Taiwan Journal of Physical Medicine and Rehabilitation, 43*, 149-158. doi: 10.6315/2015.43(3)02

Lin, K. N., Liao, Y. C., Wang, P. N., & Liu, H. C. (2005) Family members favor disclosing the diagnosis of Alzheimer's Disease. *International Psychogeriatrics, 17*, 679-688. doi: 10.1017/ S1041610205001675

Lin, I. M. (2018). The effects of cardiorespiratory synchronization training combined mobile application on heart rate variability and electroencephalography in healthy adults. *International Journal of Psychophysiology, 134*, 168-177. doi: 10.1016/j.ijpsycho.2018.09.005

Lin, I. M., Fan, S. Y., Lu, Y. H., Lee, C. S., Wu, K. T., & Ji, H. J. (2015). Exploring the blood volume amplitude and pulse transit time during anger recall in patients with coronary artery disease. *Journal of Cardiology, 65*, 50-56. doi: 10.1016/j.jjcc.2014.03.012

Lin, I. M., Fan, S. Y., Lu, H. C., Lin, T. H., Chu, C. S., Kuo, H. F., ... Lu, Y. H. (2015). Randomized controlled trial of heart rate variability biofeedback in cardiac autonomic and hostility among patients with coronary artery disease. *Behaviour Research and Therapy, 70*, 38-46. doi: 10.1016/ j.brat.2015.05.001

Lin, I. M., Weng, C. Y., Lin, T. K., & Lin, C. L. (2015). The relationship between expressive/suppressive hostility behavior and autonomic nervous activations in coronary artery disease patients. *Acta Cardiologica Sinica, 31*, 308-316. doi: 10.6515/ACS20141027B

Lin, I. M., Lu, S. C., Chu, H. S., Lee, C. S., Lu. Y. H., Kuo, H. F., ... Lin, T. H. (2017). The relationship between baPWV and depressive symptoms among patients with coronary artery disease. *Acta Cardiologica Sinica, 33*, 303-309. doi: 10.6515/ACS20161021B

Lin, I. M., Wang S. Y., Chu, I. H., Lu, Y. H., Lee, C. S., Lin, T. H., ... Fan, S. Y. (2017). The association of Type D personality with heart rate variability and lipid profiles among patients with coronary artery disease. *International Journal of Behavioral Medicine, 24*, 101-109. doi: 10.1007/s12529-016-9571-x

Lin, Y. D., Lin, T. K., Tu, Y. R., Chen, C. W., Lin, C. C., Lin, M. N., ... Weng, C. Y. (2018). Blood pressure reactivity and recovery to anger recall in hypertensive patients with type D personality. *Acta Cardiologica Sinica, 34*, 417-423. doi: 10.6515/ACS.201809_34(5).20180330A

Lin, Y. H., Jen, C. H., & Yang, C. M. (2015). Information processing during sleep and stress-related sleep vulnerability. *Psychiatry and Clinical Neurosciences, 69*, 84-92. doi: 10.1111/pcn.12206.

Liu, T. L., Guo, N. W., Hsiao, R. C., Hue, H. F., & Yen, C. F. (2017) Relationships of bullying involvement with intelligence, attention, and executive function in children and adolescents with attention-deficit/hyperactivity disorder. *Research in Developmental Disabilities, 70*, 59-66. doi: 10.1016/j.ridd.2017.08.004

Linley, P. A., & Joseph, S. (2004). Positive change following trauma and adversity: A review. *Journal of Traumatic Stress, 17*, 11-21. doi: 10.1023/B:JOTS.0000014671.27856.7e

McAdams, D. P. (1985). *Power, intimacy, and the life story: Personological inquiries into identity.* New York: Guilford.

McAdams, D. P. (1993). *The stories we live by: Personal myths and the making of the self.* New York: William Morrow.

McAdams, D. P. (2001). The psychology of life stories. *Review of General Psychology, 5*, 100-122. doi: 10.1037/1089-2680.5.2.100

McLean, K. C. (2008). Stories of the young and the old: Personal continuity and narrative identity. *Developmental Psychology, 44*, 254-264. doi: 10.1037/0012-1649.44.1.254

McLean, K. C., Pasupathi, M., & Pals. J. L. (2007). Selves creating stories creating selves: A process model of narrative self development in adolescence and adulthood. *Personality and Social Psychology Review, 11*, 262-278. doi: 10.1177/1088868307301034

Morin, C. M. (1993). *Insomnia: psychological assessment and management.* New York, NY: Guilford Press.

Morin, C. M., Bootzin, R. R., Buysse, D.J., Edinger, J.D., Espie, C.A., & Lichstein, K.L. (2006). Psychological and behavioral treatment of insomnia: update of the recent evidence. *Sleep, 29*, 1398-1414. doi: 10.1093/sleep/29.11.1398.

National Institutes of Health (2005). National Institutes of Health State of the Science Conference statement on manifestations and management of chronic insomnia in adults. *Sleep, 28*, 1049-1057. doi: 10.1093/sleep/28.9.1049.

Ni, T. L., Huang, C. C., & Guo, N. W. (2011). Executive function deficit in preschool children born very low birth weight with normal early development. *Early Human Development, 87*, 137-141. doi: 10.1016/j.earlhumdev.2010.11.013

Nicassio, P. M., Mendlowitz, D. R., Fussell, J. J., & Petras, L. (1985). The phenomenology of the presleep state: the development of the Pre-Sleep Arousal Scale. *Behavior Research and Therapy, 23*, 263-271. doi: 10.1016/0005-7967(85)90004-x.

Pals, J. L., & McAdams, D. P. (2004). The transformed self: A narrative understanding of posttraumatic growth. *Psychological Inquiry, 15*(1), 65-69. Retrieved from www.jstor.org/stable/20447204

Pals, J. L. (2006). Constructing the "springboard effect": Causal connections, self-making, and growth within the life story. In D. McAdams, R. Josselson, & A. Lieblich (Eds.), *Identity and story: Creating self in narrative* (pp. 175-199). Washington, DC: American Psychological Association.

Park, C. L., & Helgenson, V. S. (2006). Introduction to the Special Section: Growth Following Highly Stressful Life Events-Current Status and Future Directions. *Journal of Consulting and Clinical Psychology, 74*, 797-816. doi: 10.1037/0022-006X.74.5.791

Park, C, L. (2009). Overview of theoretical perspectives. In C. Park, S.C. Lechner, A.L. Stanton, & M.H. Antoni (Eds.), *Medical illness and positive life change: Can crisis lead to personal transformation?* (pp. 11-30). Washington, DC: APA.

Parkinson, R. B., Raymer, A., Chang, Y.L., FitzGerald, D., & B., Crosson, B. (2009). Lesion characteristics related to treatment improvement in object and action naming for patients with chronic aphasia. *Brain and Language, 110*, 75-84. doi: 10.1016/j.bandl.2009.05.005

Pasupathi, M., Mansour, E., & Brubaker, J. R. (2007). Developing a life story: Constructing relations between self and experience in autobiographical narratives. *Human Development, 50*, 85-110. doi:10.1159/000100939

Perlis, M., Aloia, A., & Kuhn, B. (2011). *Behavioral treatments for sleep disorders: A comprehensive primer of behavioral sleep medicine interventions.* New York, NY: Academic Press.

Porges, S. W. (2007). The polyvagal perspective. *Biological Psychology, 74*, 116-143. doi: 10.1016/j.biopsycho.2006.06.009

Qaseem, A., Kansagara, D., Forciea, M. A., Cooke, M., & Denberg, T. D. (2016). Management of chronic insomnia disorder in adults: a clinical practice guideline from the American College of Physicians. *Annals of Internal Medicine, 165*, 125-133. doi: 10.7326/M15-2175.

Roepke, A. M., Jayawickreme, E., & Riffle, O. M. (2014). Meaning and health: A systematic review. *Applied Research in Quality of Life, 9*, 1055-1079. doi: 10.1007/s11482-013-9288-9

Richards, S. H., Anderson, L., Jenkinson, C. E., Whalley, B., Rees, K., Davies, P., ... Thompson, D. R. (2018). Psychological interventions for coronary heart disease: Cochrane systematic review and meta-analysis. *European Journal of Preventive Cardiology, 25*, 247-259. doi: 10.1177/2047487317739978

Schutte-Rodin, S., Broch, L., Buysse, D., Dorsey, C., & Sateia, M. (2008). Clinical guideline for the evaluation and management of chronic insomnia in adults. *Journal of Clinical Sleep Medicine, 4*, 487-504.

Shakow, D. (1976). What is clinical psychology? *American Psychologist, 31*, 553-560.

Singer, J. A. (2004). Narrative identity and meaning making across the adult lifespan: An introduction. *Journal of Personality, 72*, 437-459. doi: 10.1111/j.0022-3506.2004.00268.x

Spielman, A. J. (1986). Assessment of insomnia. *Clinical Psychology Review, 6*, 11-25. doi: 10.1016/0272-7358(86)90015-2

Stone, W, L., Coonrod, E. E., & Ousley, O. Y. (2000). Brief report: Screening tool for autism in two-year-olds (STAT): Development and preliminary data. *Journal of Autism and Developmental Disorders, 30*, 607-612. doi: 10.1023/A:1005647629002

Stone, W. L., Coonrod, E. E., Turner, L. M., & Pozdol, S. L. (2004). Psychometric properties of the STAT for early autism screening. *Journal of Autism and Developmental Disorders, 34*, 691-701. doi: 10.1007/s10803-004-5289-8

Su, B. Y., Guo, N. W., Chen, N. C., Lin, S. S., Chuang, M. T., Liao, Y. C., ... Yen, S. Y. (2017). Brain Contusion as the Main Risk Factor of Memory or Emotional Complaints in Chronic Complicated Mild Traumatic Brain Injury. *Brain Injury, 31*, 601-606. doi: 10.1080/02699052.2016.1267800

Su, C. Y., Lin, Y. H., Kwan, A. L., & Guo, N. W. (2008). Construct Validity of the WCST-64 in patients with stroke. *The Clinical Neuropsychologist, 22*, 273-287. doi: 10.1080/13854040701220036

Suls, J. (2018). Toxic affect: Are anger, anxiety, and depression independent risk factors for cardiovascular disease? *Emotion Review, 10*, 6-17. doi: 10.1177/1754073917692863

Task Force of the European Society of Cardiology, and the North American Society of Pacing and Electrophysiology (1996). Heart rate variability: Standards of measurement, physiological interpretation and clinical use. *European Heart Journal, 17*, 354-381.

Tedeschi, R. G., & Calhoun, L. G. (2004). Posttraumatic growth: Conceptual foundations and empirical evidence. *Psychological Inquiry, 15*, 1-18. doi : 10.1207/s15327965pli1501_01

Thayer, J. F., & Lane, R. D. (2007). The role of vagal function in the risk for cardiovascular disease and mortality. *Biological Psychology, 74*, 224-242. doi: 10.1016/j.biopsycho.2005.11.013

Trull, T. J., & Prinstein, M. J. (2013). The science and practice of clinical psychology (8th Ed.). Wadsworth / Cengage: International Ed edition

Tsai, P. S., Wang, S. Y., Wang, M. Y., Su, C. T., Yang, T. T., Huang, C. J., & Fang, S. C. (2005). Psychometric evaluation of the Chinese version of the Pittsburgh Sleep Quality Index (CPSQI) in primary insomnia and control subjects. *Quality of Life Research*, 14, 1943-1952. doi: 10.1007/s11136-005-4346-x.

Tsai, Y. L., Chen, C. W., Cheng, H. C., Chang, C. H., Chen, C. Y., & Yang, C. M. (2013). Cognitive and behavioral factors in insomnia comorbid with depression and anxiety. *Sleep and Biological Rhythms, 11*, 237-244. doi:10.1111/sbr.12030.

Wang, A. W-T., Chang, S. M., Chang, C. S., Chen, D. R., Fang, F., Carver, C. S., & Hsu, W. Y. (2017)

Buffering and Direct Effect of Posttraumatic Growth in Predicting Distress Following Cancer. *Health Psychology, 36,* 549-559. doi: 10.1037/hea0000490

Wang, A. W-T., Chang, C. S., Chen, S. T., Chen, D. R., & Hsu, W. Y. (2014). Identification of Posttraumatic Growth Trajectories in the First Year after Breast Cancer Surgery. *Psycho-oncology, 23,* 1399-1405. doi: 10.1002/pon.3577

Wang, A. W-T., Hong, J. S., Chang, C. S., & Hsu, W. Y. (submitted). Posttraumatic Growth and Autobiographical Reasoning.

Wang, A.W. T., Tu, P. C., Liu, T. J., Yeh, D. C., & Hsu, W. Y. (2013). Mental adjustment at different phases in breast cancer trajectory: re-examination of factor structure of the Mini-MAC and its correlation with distress. *Psycho-Oncology, 22,* 768-774. doi: 10.1002/pon.3065

Wang, C. H., Yang, C. M., & Huang, Y. S. (2012). The validation and reliability of Chinese version of the Pediatric Sleep Questionnaire for patients with sleep breathing problem. *Taiwanese Journal of Psychiatry, 26,* 177-86. doi: 10.29478/TJP.

Wang, T. L., Hung, Y. H., & Yang, C. C. (2016). Psychometric properties of Taiwanese (Traditional Chinese) version of Frontal Assessment Battery: A preliminary study. *Applied Neuropsychology: Adult, 23,* 11-20. doi: 10.1080/23279095.2014.995792

Wang, W. H., Liou, H. H., Chen, C. C., Chiu, M. J., Chen, T. F., Cheng, T. W., & Hua, M. S. (2011). Neuropsychological performance and seizure-related risk factors in patients with temporal lobe epilepsy: A retrospective cross-sectional study. *Epilepsy & Behavior, 22,* 728-734. doi: 10.1016/j.yebeh.2011.08.038

Wang, T. C., Wu, Y. H., Guo, N-W., Huang, M, H., & Su, J. H. (2016). Comparing the application of assessment test on patients with cerebrovascular accident: The Mini-Mental status Examination-Chinese Test versus the Luria-Nebraska Neuropsychological Battery-Screening Test. *Taiwan Journal of Physical Medicine and Rehabilitation, 44*(1), 19-27. doi:10.6315/2016.44(1)03.

Wang, W. H., Yu, H. Y., Yen, D. J., Lin, Y. Y., Kwan, S. Y., Chen, C., & Hua, M. S. (2013). The Social and Occupational Functioning Scale for Epilepsy (SOFSE): A brief measure of functional status in a Taiwanese sample with epilepsy. *Epilepsia, 54,* 888-897. doi: 10.1111/epi.12141

Wu, C. C., & Chiang, C. H. (2014). The Developmental Sequence of Social-Communicative Skills in Young Children with Autism: A Longitudinal Study. *Autism: International Journal of Research and Practice, 18,* 385-392. doi: 10.1177/1362361313479832

Wu, C. C., Chiang, C. H., & Hou, Y. M. (2011). A two time point study of imitative abilities in children with autism spectrum disorders. *Journal of Applied Research in Intellectual Disabilities, 24,* 39-49. doi: 10.1111/j.1468-3148.2010.00595.x

Wu, C. C., Chiang, C. H., Hou, Y. M., Chu, C. L., & Liu, J. H. (2018). Utility of the Taiwan version of the Screening Tool for Autism in Two-Year-Olds to detect autism in children aged three years. *Journal of Intellectual & Developmental Disability, 43,* 1-9. doi: 10.3109/13668250.2017.1413078

Yang, C. C., Chiu, H. C., Xiao, S. H., Tsai, Y. H., Lee, Y. C., Ku, Y. T., ... Huang, S. J. (2017). Iatrogenic effect? Cautions when utilizing an early health education for post-concussion symptoms. *Archives of*

Clinical Neuropsychology, 33, 131-142. doi: 10.1093/arclin/acx060

Yang, C. C., Huang, S. J., Lin, W. C., Tsai, Y. H., & Hua, M. S. (2011). National Taiwan University Irritability Scale: Evaluating irritability in patients with traumatic brain injury. *Brain Impairment, 12*, 200-209. doi: 10.1375/brim.12.3.200

Yang, C. M., Spielman, A. J., & Glovinsky, P. (2006). Nonpharmacological strategies in the management of insomnia. *Psychiatric Clinics of North America, 29*, 895-919. doi: 10.1016/j.psc.2006.09.005.

Yang, C. M., & Lo, H. S. (2007). ERP evidence of enhanced excitatory and reduced inhibitory processes of auditory stimuli during sleep in patients with primary insomnia. *Sleep, 30*, 585-592. doi: 10.1093/sleep/30.5.585.

Yang, C. M., Huang, Y. S., & Song, Y. C. (2010). Clinical utility of the Chinese version of the Pediatric Daytime Sleepiness Scale in children with obstructive sleep apnea syndrome and narcolepsy. *Psychiatry and Clinical Neurosciences, 64*, 134-140. doi: 10.1111/j.1440-1819.2009.02054.x.

Yang, C. M., Hung, C. Y., & Lee, H. C. (2014). Stress-related sleep vulnerability and maladaptive sleep beliefs predict insomnia at long-term follow-up. *Journal of Clinical Sleep Medicine, 10*, 997-1001. doi: 10.5664/jcsm.4036.

Yang, C. M., Liao, Y. S., Lin, C. M., Chou, S. L., & Wang, E. N. (2011). Psychological and behavioral factors in patients with comorbid obstructive sleep apnea and insomnia. *Journal of Psychosomatic Research, 70*, 355-361. doi: 10.1016/j.jpsychores.2010.12.005.

Yang, C. M., Lin, S. C., Hsu, S. C., & Cheng, C. P. (2010). Maladaptive sleep hygiene practices in good sleepers and patients with insomnia. *Journal of Health Psychology, 15*, 147-155. doi: 0.1177/1359105309346342.

Yang, C. M., Lin, S. C., & Cheng, C. P. (2013). Transient insomnia versus chronic insomnia: A comparison study of sleep related psychological/behavioral characteristics. *Journal of Clinical Psychology, 69*, 1094-1107. doi: 10.1002/jclp.22000.

Yang, C. M., Tseng, C. H., Lai, Y. S., & Hsu, S. C. (2015). Self-efficacy enhancement can facilitate hypnotic tapering in patients with primary insomnia. *Sleep and Biological Rhythms, 13*, 242-251. doi:10.1111/sbr.12111.

Yeh, Z. T., Hua, M. S., & Liu, S. I. (2009) Guess what I think? The reliability and validity of Chinese theory of mind tasks and performance in the elderly. *Chinese Journal of Psychology, 51*, 47-65. doi: 10.6129/CJP.2009.5103.06

Yeh, Z. T., Liu, S. I., Wang, J. E., Hung, H. C., Chen, K. H., & Wang P. C. (2010). Nonverbal deficit to understand others' minds in high function autism spectrum disorders. *Chinese Science Bulletin, 55*, 594-599. doi: 10.1007/s11434-009-0718-x

Yu, L. C., Lin, I. M., Fan, S. F., Chien, C. L., & Lin, T. H. (2018). One-year cardiovascular prognosis of the randomized, controlled, short-term heart rate variability biofeedback among patients with coronary artery disease. *International Journal of Behavioral Medicine, 25,* 271-282. doi: 10.1007/s12529-017-9707-7

Yu, R. L., Wu, R. M., Chan, A. Y., Mok, V., Wu, Y. R., Tilley, B. C., ... Goetz, C. G. (2017). Cross-Cultural Differences of the Non-Motor Symptoms Studied by the Traditional Chinese Version of the Movement Disorder Society—Unified Parkinson's Disease Rating Scale. *Movement Disorders-Clinical Practice, 4*, 68-77. doi: 10.1002/mdc3.12349

Yu, R. L., Wu, R. M., Tai, C. H., Lin, C. H., & Hua, M. S. (2010). Feeling-of-knowing in episodic memory in patients with Parkinson's disease with various motor symptoms. *Movement Disorders, 25*, 1034-1039. doi: 10.1002/mds.23017.

Zhang, Y., Chen, Y., & Ma, L. (2018). Depression and cardiovascular disease in elderly: Current understanding. *Journal of Clinical Neuroscience, 47*, 1-5. doi: 10.1016/j.jocn.2017.09.022

第六章

組織行為研究在臺灣五十年：路線、轉折及反思

鄭伯壎、黃敏萍

　　組織行為研究在臺灣的發展已接近五十年，本文針對其研究路線的邏輯與轉折進行檢討，包括客位化、跨文化、本土化，以及全球化等路線，一方面了解其作法與優劣，一方面掌握其轉折的脈絡與背景，藉以突顯各種路線的理論貢獻，以作為未來研究發展的參考。

一　前言

　　組織行為研究在臺灣的發展，從早期研究者的引入開始算起，已經大約接近五十年。在這半世紀中，究竟臺灣組織行為研究是如何奠基的？奠基的開拓者有哪些人？是從何種議題切入的？研究取徑與作法為何？有何不同於北美或西方的發展之處？其主要的研究路線為何？對全球的組織行為知識又有何貢獻或增益之處？所謂檢討過去，策勵未來，針對這些問題進行歷史性的回顧，往往可以提供俯瞰式的洞見，從過去的發展歷程中獲得啟發，了解其中的長處或缺失、轉折背景，並在前人努力的基礎上，眺望更久遠的未來，讓本地的組織行為研究能更健康的發展，一方面造福實務工作者，一方面也對人類的組織形式、型態及組織行為的知識創造有所貢獻。

　　誠如實用主義哲學家杜威（Dewey）所說的：「即使是全能的上帝，也是用了七天才造好天與地。如果這個創造過程可以記錄下來，則我們就可以知道上帝也是在創造完成之後，才知道祂眼前的塵土是要做什麼的。」也就是說，只有走過才能留下痕跡；也只有回顧歷史，方可更深入地俯瞰與分析過往的研究發展與研究成果、其中的議題演變與路線轉折；有何創新之處，又有何獨到之處；其情境脈絡為何，並提出針砭。

　　組織行為研究發軔於北美，從彼德‧杜拉克對通用汽車的探討首開先河，再結合工業心理學的工作者動機與行為研究（霍桑研究），而成為一門獨立的學科。以臺灣的組織行為學發展而言，其源頭乃移植自美國，透過大量翻譯美國教科書、訓練教材，並引入相關文獻，再複製美國流行的研究與作法。因而，深受美國主流學術的影響，且遵循美國提倡之科學家與實業家兼顧的模式（scientist and practitioner model），同時進行科學研究與實際應用，強調研究與實踐應該相輔相成（no research without action, no action without research）；主張好的理論必然實用（there is nothing as practical as good theory）（Lewin, 1943），服膺「沒有理論的實務會發生錯誤，沒有實務的理論則會導致空談」的原則。也因此，十分重視研究的嚴謹性（rigorousness），以及解決實務問題的攸關性（relevance）或實用性（usefulness）等兩大項指標，前者是科學研究的本質，後者則是實務工作的特色。雖然如此，基於組織情境與文化脈絡的不同，即使構念與作法移植自北美，但隨著本地研究的進展，臺灣探討的主題或焦點逐漸發生變化，著重的研究取徑亦有所不同。

　　就研究議題而言，臺灣組織行為研究者從 1992 年開始，即每十年舉辦一次回顧與檢討的學術研討會，認真討論過往的 OB 研究與發展，以期了解解決了什麼問題、什麼問題尚未解決，研究與作法有何缺失與侷限，希望能夠檢討過去，策勵將來。目前，這種研討會已經舉辦過兩次，第一次是回顧從奠基以來的三十年進展，第二次則

是回顧三十年至四十年間的發展，研討會的討論都頗為熱烈，每一次的會議論文也都編輯成專書（鄭伯壎、姜定宇、鄭弘岳，2003，2007；鄭伯壎、姜定宇、吳宗祐、高鳳霞，2015），留下紀錄。因此，對研究議題的掌握與檢討，均累積了一定程度的反思資料，而且研究主題也越發明確、周延及齊全。

　　例如，鄭伯壎（2003）在回顧臺灣的組織行為 30 年的發展時，即指出從 1972 年以降，組織行為研究開始在臺灣滋生，研究課題先是偏向微觀層次的研究，再逐漸擴展為巨觀組織行為的研究，並涉及個人、群體及組織的課題。他也展望未來的研究方向應該會由組織實體轉到組織過程，同時，跨層次之關係將成為重要研究重點。此外，本土化的研究課題、情緒勞動，以及職場健康均會受到更多的關注。的確，在此十年之後進行回顧時（鄭伯壎等人，2015），研究焦點已轉向為人與工作、人與組織、人與他人間的互動關係與互動行為，甚至含括組織與各利害關係人間的關係與互動，而彰顯了互動主義的特色。同時，本土化的領導研究快速增加，甚至導致新興理論的出現。至於組織情緒、職場健康，以及組織認定也受到更多的關注。雖然如此，相對於課題的熱烈討論與檢討，研究路線或研究取徑的回顧，著墨較為有限。除了研討會之外，臺灣的管理學者亦曾針對英文管理學主流期刊與臺灣期刊的組織行為議題進行檢討與評論（涂敏芬、王妙如、陳世哲，2017；戚樹誠、陳淑貞、楊美玉、朱志傑、賴璽方，2016）。可是，因為偏向內容分析式的整理介紹，較缺乏批判式的反思，同時對各種議題的探究途徑亦都未多提及。

　　因此，十分有必要更深入針對五十年來的研究路線進行剖析，掌握其背後的脈絡背景與演變，以了解主要的研究取徑為何？具有何種特色，有何利弊得失？時代思潮又如何對路線的轉折發生影響，原因何在？期待能百尺竿頭更進一步，使臺灣的組織行為研究能夠在了解各種路線的特色與侷限後，累積更多的議題探討、研究能量，並對知識創造與問題解決有所貢獻。以上這些問題的反思與回答，就構成了本文的主要內容。

■ 跟隨或開創

　　持平而言，臺灣組織行為研究發表的第一篇研究論文，應該是許士軍（1972）引進美國流行之組織氣候量表，在臺灣企業組織進行員工士氣評估的研究。他採用的是 Litwin 與 Stringer（1968）所編製的組織氣候量表，用來檢視此構念在臺灣企業組織的適用狀況，並考察此工具的一些心理計量特性。顯然地，這是一篇測量工具移植與校準的研究，直接翻譯美國的原始量表，再施測於臺灣國營事業組織的員工身上，檢視其結果高低，作為員工的工作態度與士氣的指標，十足反映了當時臺灣組織行為

研究的客位化趨勢——客位化是指，直接以美國等國外經驗為師，進行 OB 相關概念的跨國、跨情境移植（鄭伯壎，2003）。

除了組織氣候之外，1980 年以前的研究主題，還包括工作滿意度（鄭伯壎、楊國樞，1977；徐正光，1977）、領導（林邦傑，1979；鄭伯壎、楊國樞，1977），以及獎酬分配（朱眞茹、楊國樞，1976）。這些研究也都是引進美國的概念來進行在地複驗，包括探討工作滿意度的內涵，可能的影響因素，例如：領導風格、工作特性及職級等因素；驗證美國流行之領導模式在臺灣的應用情形，包括行為論（Fleishman, 1954）、權變模式（Fiedler, 1967），以及個人現代性如何影響作業人員獎酬的分配原則，其中，含括公平（績效導向）、平等（均分導向）及社會責任（需求導向）等的三種原則，以及其中的互涉作用。

值得注意的是，這些論文大多出現在諸如《中央研究院民族學研究所集刊》、《政大學報》等學術單位的刊物上；而且不少研究者的專業背景是來自管理學、社會學、心理計量，以及社會心理學等領域。如果以發表數量來說，相對於臺灣心理學的其他各個領域，組織行為的研究數量亦相當有限。在臺灣心理學之主流期刊《中華心理學刊》所刊登的 900 篇論文中，只有 26 篇是 OB 研究，占所有刊登論文中的 2.89% 而已（姜定宇，2019），顯示此一領域在臺灣心理學的發展相對遲緩與有限。

雖然如此，在楊國樞教授戮力推動心理學研究本土化之後，本地與華人社會之組織議題逐漸成為研究主軸，因而，當《本土心理學研究》於 1993 年創刊之後，發表在此期刊的 OB 論文數量就逐年成長，並凌駕在其他期刊之上，更是《中華心理學刊》的兩倍之多（52/26），引註的次數亦遠比發表在《中華心理學刊》的論文高出許多。顯示後來的臺灣 OB 研究者，不少人是以進行具華人本土特色之組織行為研究為主，且刊登在《本土心理學期刊》上。

也因為對具有華人本土文化特色的組織行為產生較大的興趣，所以並未完全追隨歐美的作法，而有更多的創新。因此，當研究成果發表於國際期刊之後，國際影響力亦隨之揚升。例如：*Handbook of Chinese Organizational Behavior* 的編者 Huang 與 Bond 在評論全球華人組織行為的研究成果時，就強調說：「除了極少數的例外，華人的 OB 研究並未能對美國研究成果與概念增加什麼……但是，關係與家長式領導（paternalistic leadership, PL）卻是這極少數的例外，這也是在華人本土文化情境下提出的兩大研究構念」（Huang & Bond, 2012）。持平而言，這兩項概念與研究大多源自於臺灣的研究者，本地研究者的貢獻自是不小。這樣的結論呼應了 Gelfand、Erez 及 Aycan（2007）的洞見，他們發表在 *Annual Review of Psychology* 的論文指出：跨文化 OB 領域中，已有一些非西方的構念逐漸受到國際學術界的重視，包括家長式領導與領導者與部屬關係（guanxi）。除此之外，華人文化與 OB 關係的本土化研

究，亦涵括了差序式領導（姜定宇、鄭伯壎，2014）、上下關係與忠誠（鄭伯壎、姜定宇，2000）以及中庸信念的作用（Chou, Chu, Yeh, & Chen, 2014）等，林林總總，不一而足。

雖然創新議題不少，但大多屬於起步階段，只有家長式領導累積的成果較多，受到較大的重視，國際影響力逐年上升。例如，管理學主流期刊之一的 *Journal of Management* 在 2008 年刊登了家長式領導的回顧性論文時，即指出：探討此類新興領導議題是極有必要的。在此論文的推波助瀾之下，家長式領導引起了更多的國際關注。此篇論文討論了 PL 的內涵，起源、現狀、文化脈絡，以及未來需要進行探討的議題，而且大量引用在臺灣出版的研究文獻（Pellegrini & Scandura, 2008）。另外，一篇刊登在領導主要期刊之 *Leadership Quarterly* 的回顧性論文亦指出，家長式領導是二十一世紀新興的領導理論之一，這是非西方人士從亞洲觀點所提出來的理論，是領導研究的新興趨勢之一（Hernandez, Eberly, Avolio, & Johnson, 2011），如果受到忽視將是極為怪異的（Hiller, Sin, Ponnapalli, & Ozgen, 2019）。

除了正向的評論與檢討之外，家長式領導的期刊論文數量的增加速度亦極為快速。由表 6-1 可以看出，2000 年以前的論文只有六篇，都是以繁體中文發表的；然後，逐年增加，到 2013 至 2016 間，中文論文已提升至 114 篇，其中繁體論文 43 篇，簡體論文 71 篇，至於英文論文則有 248 篇，其中 58 篇發表於 SSCI 期刊中，顯示家長式領導的研究已成為亞洲、中東、南美及國際的主流研究議題，論文出現在各種不同語言的國家與期刊當中，臺灣的研究文獻則成了領域中的先驅論文，引註率自是不低（Lin, Cheng, & Chou, 2019）。

以上的數據顯示，近來臺灣組織行為研究已逐漸從移植轉向自主，由跟隨邁向開創，並引領全球某些議題的研究趨勢。在此一發展進程中，臺灣的組織行為研究者是如何做到的？究竟採用何種研究策略，使得本地的研究成果由跟隨者轉變為領先者、由支流躍升為主流呢？如果由現在回顧過往，即可以發現，除了一開始的移植取向之客位化研究外，本地半世紀以來的研究進展與作法亦反映了幾種重要的研究取徑，包括修正取向的跨文化研究取徑、探勘與開發取向兼重的本土化研究取徑，以及融合取向的全球化研究取徑（如圖 6-1 所示）（鄭伯壎、黃敏萍，2013）等各種路線。

就各種研究路線的特色而言，客位化研究取徑立基於文化中立主義，把西方的文化特殊性等同於文化普同性，而直接套用與移植西方的構念與理論，再於臺灣或華人情境加以檢驗或複驗，以了解西方構念的外在效度與跨情境類推性；跨文化研究取徑立基於文化相對主義，先分析與比較中西文化的不同，由聚焦於一地之文化特殊性，轉移焦點到另一地之文化特殊性的限制，考慮華人文化的獨特性，再比較、微調及改進西方理論；本土化研究取徑立基於多元文化主義，認為文化特殊性就是文化特殊

表6-1　年代與家長式領導論文篇數

	2000與以前	2001～2004	2005～2008	2009～2012	2013～2016	合計
中文期刊（全）	6 (0.7%)	11 (1.4%)	51 (6.2%)	85 (10.4%)	114 (14.0%)	267 (32.7%)
繁體中文期刊	6	8	39	33	43	129 (15.8%)
簡體中文期刊	0	3	12	52	71	138 (16.9%)
英文期刊（全）	0 (0.0%)	34 (4.2%)	94 (11.5%)	174 (21.3%)	248 (30.4%)	550 (67.3%)
SSCI 期刊	0	4	9	41	58	112 (13.7%)
合計	6 (0.7%)	45 (5.5%)	145 (17.8%)	259 (31.7%)	362 (44.3%)	817 (100.0%)

關鍵論文：Farh 與 Cheng（2000）：引用 823 次；鄭伯壎、周麗芳及樊景立（2000）：引用 197 次。

關鍵論文：Cheng、Chou、Huang、Wu 及 Farh（2004）：引用 665 次。

關鍵論文：Pellegrini 與 Scandura（2008）：引用 355 次。

關鍵論文：林姿葶、姜定宇、蕭景鴻及鄭伯壎（2014）：後設分析研究。

註：修改自 Lin、Cheng 及 Chou（2019）。

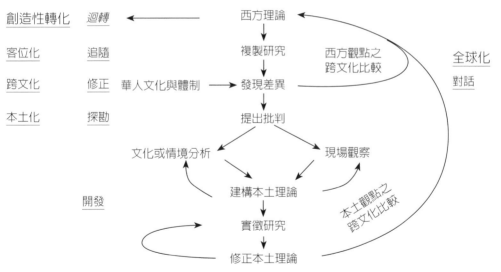

圖6-1　臺灣組織行為研究的路線演變

註：修改自鄭伯壎與黃敏萍（2013）。

性，是無法移植與引進的，並透過探索與開發之歸納與演繹的雙重研究取徑，以建立新的華人理論為主要目標，藉以解釋華人組織與管理現象，並補充或取代西方理論的應用；至於全球化研究取徑則立基於文化融合主義，強調在更高的文化價值上，同時

整合西方與華人的觀點與理論，並將各種文化特殊性的理論提升成全球適用或含攝文化的理論。也就是說，臺灣五十年的 OB 研究發展，是由追隨、修正、探索、開發、對話及迴轉等歷程組成的，最終得以建立創造性轉化的 OB 研究走向。

這些歷程顯然說明了臺灣 OB 研究的策略轉變，由階段 1 的客位化路線，逐漸轉變爲階段 2 的跨文化路線，再到階段 3 的本土化路線，最後則朝向階段 4 的全球化路線邁進。雖然這四種路線的出現也許有前後之分，但在當前的臺灣組織行爲研究中，這四種路線應該都是同時並存的。最近一篇針對臺灣領導研究的評論性論文即指出：在回顧 2000 至 2013 的中文領導論文時，發現在心理學期刊中，除了全球化之外，其他三種路線都占有一定的比例，包括客位化 11%、跨文化 15%、本土化則爲 73%；而在教育學與管理學期刊中，客位化分別爲 69% 與 79%，跨文化爲 3% 與 13%，而本土化則爲 28% 與 8%（鄭伯壎、姜定宇、吳宗祐，2014）。顯示，各種路線都有研究者採用。不過，在管理學與教育學中，客位化的研究路線仍然居多，而心理學則以本土化研究路線居多。領導研究如此，其他研究議題也應該相當類似。本文的目的之一即在討論這四種路線的特色，並舉代表性的例子來加以說明；同時，亦分析各種路線出現的脈絡背景、路線發生轉折的原因，並討論這四種路線對知識創新的貢獻。

三 客位化研究取徑

雖然早期的臺灣組織行爲研究都是以引進與移植爲主，翻譯相關研究工具、採取與美國類似的研究設計與作法，進而收集實徵資料，以驗證美國發展的模式是否有效，或是概念是否具有的跨地域的一致性。在進行這種淺嘗輒止的研究一段時日之後，也開始進一步探討引進概念或理論的可能侷限條件（即調節效果），以及其中可能存有的心理反應歷程或中介機制，以微調或修正西方的模式，甚至投稿至西方主流期刊中。這種研究的例子之一，是在臺灣檢視領導行爲論中的條件脈絡，探討領導者之領導作風與部屬工作滿意度間的關係，是否會受到領導者職級、部屬工作特性，以及部屬性格特質的影響，並收集本地工廠員工的資料加以佐證，以察看領導行爲論的外在限制條件與中介歷程（鄭伯壎、楊國樞，1977）。

另外，亦有研究檢視領導替代論（substitutes for leadership）（Kerr & Jermier, 1978）的類推效度，探討領導者之賞罰行爲的效果，是否會受到一些重要之情境變項的取代，包括部屬個人特性（能力、經驗、訓練及知識、專業取向、對獎賞的漠視，以及獨立需求）；工作特性（例行性、自我激勵性）；群體特性（緊密團結與凝聚力）；組織特性（正式化、組織獎勵不受領導人控制，以及領導者與部屬的空間距離）等，結果發現：獎賞分明行爲（contingent reward behavior）與部屬績效或滿意

度的正向關係，以及賞罰不分行為（non-contingent reward behavior）與上述後果變項的負向關係，並未受到各種情境變項的調節，顯示領導替代論具有跨地域應用的侷限性，而無法適用於臺灣情境（Farh, Podsakoff, & Cheng, 1987）。

　　即使在近期，這種客位化的研究取徑仍然頗為流行，甚至成為研究主軸，理由當然是因為容易與西方文獻進行對話，也容易發表在西方主流期刊中，而有利於研究者升遷或取得研究資源，所以是當前臺灣的 OB 主要研究路線之一。總結而言，客位化的研究模版與作法是研究者會仔細觀察與了解最近流行的西方理論是什麼，透過參與各類主要的學會年度研討會，研讀最新文獻等的方式，從中找到研究議題與缺口，尤其是其中可能的情境變項與中介變項，再決定研究架構，進行研究設計，且收集本地資料予以檢證，以複驗或微調西方理論。這種研究路線的假設通常是中西的情境脈絡是類似的、理論是文化中立或情境獨立的，因而，可以採用移植引進方式，以複驗西方主流構念與理論為主。具體作法是沿用外來的理論模式與測量工具，採取類似之資料收集與分析方式，進而檢視理論的跨情境類推。其優點是可以快速模仿與學習主流研究構念，了解西方理論之應用與類推程度；缺點則是忽略了任何社會科學理論的發展都是具有其情境背景的，並不容易放諸四海皆準；同時只為既有理論而檢驗理論，將會忽略許多更值得研究的重要問題與現象，而導致創新性不足，進而框限解決本地實際問題的效果。

四　跨文化研究取徑

　　由於客位化研究取徑的基本預設是——任何組織設計或組織行為是文化中立的，不受文化價值觀或情境脈絡的影響，因而，任何社會想要現代化，必須向歐美等先進社會學習。可是在日本崛起之後，許多研究者都再三思考：為什麼日本的組織與管理方式並未與西方完全一致，也突顯了一定程度的歷史傳統（Vogel, 1979），但表現卻依然亮麗傑出，原因何在？同時，其經濟成長與發展背景與路線也與西方有所不同，而彰顯出現代化的道路可能是多元的，而非唯一。也就是說，各國或各類社會的現代化路線，並非只有向北美與西歐學習一途（Boisot & Child, 1996），而是多元的。另外，尊重每個社會的文化傳統，混搭當代情境的特色與傳統文化的長處，亦可能產生創新，並促使後進社會邁入開發國家之林。這種論點，在文化類型論興起之後，更受到重視，而導致跨文化研究路線的興盛。

　　文化類型論認為全世界的所有國家都可以依照重要的文化價值來加以歸類，並區分成不同的文化群，各文化群之間展現的價值觀是差異頗大的（Hofstede, 1981; Inglehart & Baker, 2000; Schwartz, 1990, 1992）。以影響力深遠的 Hofstede（1981）

研究而言，他是在探討 IBM 在四十個國家之分公司員工的文化價值觀之後，發現不同國家與地區所展現的文化特色並不相同，而可以依照四種價值觀向度來加以歸類，這些向度包括個我與集體主義、權力距離、不確定性規避，以及陰柔與陽剛化，不同文化群間的文化價值是有差異的，但群內則頗爲類似。例如，北歐、西歐、北美及紐澳屬於高個我主義與低權力距離的文化群，而東亞、南亞、南美、東歐則屬於低個我主義與高權力距離的文化群。由於不同文化群所著重的價值觀不同，因而其習慣展現的組織行爲或是合適的組織行爲也是不一樣的。

在此類文化價值差異的思潮下，跨文化之組織行爲研究乃大行其道，臺灣研究者亦紛紛投入，企圖了解在華人文化與西方文化不同的情況下，組織行爲有何不同？西方相關理論的適用狀況又是如何？這種研究是立基於文化相對主義，認爲雖然西方研究或理論顯示某種組織行爲的原則與定律是有效的，但處於文化價值或情境與西方不同的華人社會，其類推效果將有所侷限，而需要加以修正。具體作法是先考察不同文化或情境下的差異，將文化價值視爲重要的情境變項或調節變項，以了解組織行爲構念的中西差異，以及西方理論的類推效度。

代表性例子之一，是一項針對臺灣與美國之績效考核適用性的比較。在北美流行的人事管理學教科書中，都會提及績效考核中的寬大偏差（leniency bias）：當績效由工作者自行評定（self-rating）時，其得分往往會高於主管所評定（supervisor-rating）者，而導致評定偏差。這種情形在美國是十分普遍的，理由是美國流行個我主義價值觀，對自我有較大的強調，而傾向誇大自己的表現，進而導致自我評價的膨脹；可是在強調社會取向或關係主義的臺灣，情形仍然如此嗎？依照文化類型論的推論，立基於集體主義或關係主義的文化下，其結果應該是相反的，而有所謂的謙虛偏差（modesty bias）存在：即個人對績效的自我評定結果會低於主管的評定，而與美國相反，實徵研究結果亦證明如此（Farh, Dobbins, & Cheng, 1991）。

另外一個例子，則是探討組織承諾、主管承諾與部屬效能關係的研究。組織承諾是指工作者對組織的依附程度，可以用來說明員工願意留駐在組織的理由何在，並用以預測員工的離職意向與行爲。在組織承諾的概念提出後，又進一步針對不同的承諾焦點而導出種種不同的承諾概念，包括主管、部門、同事等等，並探討這些不同焦點承諾間的彼此關係與因果關聯。以組織承諾與主管承諾的關係而言，有的研究者認爲組織承諾與組織效能屬於同一層次，而比主管承諾具有更直接的影響效果，所以主管承諾應是透過組織承諾，進而影響員工績效，稱之爲整體假設（global hypothesis）；可是，也有人認爲主管的工作場域應該更接近部屬，且在監控、獎勵，以及影響部屬行爲上更爲貼近，所以應該是主管承諾與組織效能具有較爲直接的效果——組織承諾應該是透過主管承諾的中介，才能進一步影響部屬效能，稱之爲接

近假設（proximal hypothesis）。由於這兩種假設都是在西方情境中發展出來的，在華人社會又是如何呢？研究者推論，在高權力距離的華人企業組織中，十分強調人治主義（personalism），使得組織生活鑲嵌在正式與非正式的人際關係中，因此當主管與組織要求有所矛盾時，部屬通常會選擇效忠主管個人，而非正式組織。因此，對部屬效能而言，主管承諾的效果會超過組織承諾的效果——組織承諾對組織效能的效果需要透過主管承諾的中介。實徵發現亦證明如此，而支持了華人企業具有人治主義傾向的推論（Cheng, Jian, & Reily, 2003）。

在全球化浪潮的影響下，立基於文化類型論或文化相對主義的跨文化研究當然更為流行，研究成果的出版也頗為容易，因為有不少國際主流期刊是專門刊登此類論文的，包括 *Journal of Cross-Cultural Psychology* 與 *Journal of International Business Studies* 等。此類研究取徑的特色是透過文化情境分析，在許多不同的文化場域進行焦點式觀察，再由異例獲得啟示，發現與既有理論矛盾證據，用以察看西方理論的界限與條件。同時，這種路線的研究成果也容易進行跨國應用，獲得國際學術社群的接納。然而，由於研究清單立基於西方理論，只能反映西方的觀點，因而，重要的關鍵因素可能對華人組織行為不那麼重要，而減損了實務應用的效果；另外，只是進行既有理論的跨情境驗證，對理論的建構與知識的創新亦幫助不大。

也因此，不少資深的組織管理研究者在評估華人管理研究時，即意味深長地指出：「大部分的華人學者都是波柏主義者（Popperisms），是 Popper 的信徒，因為他們只關注如何使用現有理論，而沒有同等關注理論的適用性如何，或是建構相關理論」（Tsui, 2009, p.11）。有些研究者更一針見血指出：否證本身並不能增加什麼（Mintzberg, 2005）！這樣的反省，其實華人本土心理學的主要提倡者楊國樞教授早在 1980 年代即已有所體會，而認為其過往的研究方向走錯了，因為太從西方視角提問問題了，因而，即使有許多研究成果發表在第一流的英文期刊上，貢獻仍然相當有限。他也進一步指出，如果華人社會持續進行客位化研究與跨文化研究，一切都以西方構念馬首是瞻，只會套用西方理論，那麼對世界心理學知識的貢獻也將是十分薄弱的，甚至多一分不為多，少一分不為少（楊國樞，1993；楊國樞、彭邁克，1985）。在這樣的反省之下，導致了臺灣 OB 本土化研究的興起。

五　本土化研究取徑

臺灣的華人本土化運動早在 1980 年代即已開始，主張不盲目套用西方社會科學中的理論與方法，呼籲應該盡量貼合華人文化的特徵，將社會取向與關係主義的價值充分融入研究者所建構的理論與研究概念當中。除此之外，亦指出西方心理學所建構

的理論與作法只是反映了其文化價值與情境脈絡的預設，而不見得具有普世意義，並廣泛應用在所有的人類社會當中。可是，由於許多理論與構念都是由西方率先提出來的，而使得他們扮演著先行者的角色，總是吸引不少後進社會之研究者跟隨與模仿。

　　從研究邏輯來看，先行者與追隨者的立場與預設並不一樣，先行者遵循的是發現邏輯（logic of discovery），目的是從現象或發現中去建構理論與解釋基礎；而追隨者則遵循申辯邏輯（logic of justification），套用既有的理論架構，來進行檢驗與修正。前者，具有理論上的貢獻（contribution of theory），後者則只是對該理論有所貢獻（contribution to theory）；前者是由觀察導出理論，容易產生較佳的洞見；而後者則是透過新的應用與檢視，使理論變得更為細緻；後者採取的是借用（borrow），引入前者之理論來加以解釋與預測，前者則是透過後者的實徵考察來改善（improve）理論的品質（Whetten, 2009）。如果依照科學革命結構的論述來說，前者可以促使科學典範發生轉移，但後者則只能在常態科學典範中進行微調——也因為只是停留在既有的概念或理論上進行觀察，並不容易產生重大的突破或跳躍式的創新（Kuhn, 1970）。

　　然而，一個學科或領域的發展，常常是起源於創新或構念的創發，必須透過找出重要的關鍵事實來建構清晰的理論，並使理論與事實相符；再透過引進與闡述、評估與論辯，以及強化與接納的歷程，來取得研究正當性，獲得學術社群的認可（Thagard, 1992）。因此，如果華人研究者企圖建構本土理論或建立相關研究領域，就得改變亦步亦趨的追隨習慣，並將角色轉變為建構理論的先行者。既然先行者是依循發現邏輯，所以研究者需要深度理解華人的文化傳統與價值，以掌握華人文化的精髓與脈絡的獨特性；並以現象為師，從華人情境中尋找值得關注的組織現象與議題，再進行細緻的實地考察，收集質化資料，進而建構初步的理論模式，並進入完全循環的科學實徵研究（full-cycle approach）過程中，逐一檢視理論的內在效度、外在效度，以及情境條件，使得理論模式變得更加細緻與貼近事實；然後，再透過行動研究檢視其可行性與實際效果，並應用於實際管理實務中（Cheng, Wang, & Huang, 2009）。

　　在華人社會，這種本土化研究的例子雖然不多，但家長式領導模式的建構顯然是其中之一。此系列性研究是先掌握華人社會的實際現象，再深入分析華人文化傳統的特徵，包括考察致中和世界觀所含括的人際關係主義與社會取向價值，並掌握其中的尊尊法則與權威取向價值，進而提出家長式領導的構念，據此建構理論架構，進行實徵探討。其研究歷程，如圖 6-2 所示。圖 6-2 顯示了家長式領導模式的建構，是始於研究者所進行的顧問諮詢與委託研究，再採取更大樣本的現場觀察與案例研究，從而提出可行的研究架構與清單；接著，掌握華人文化傳統特色與領導行為間的關係，

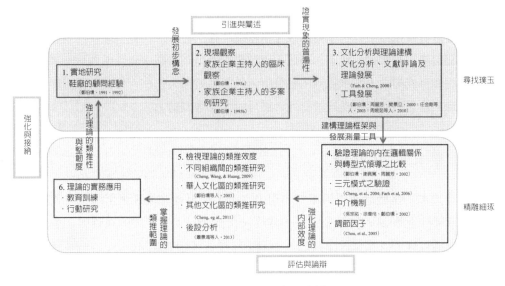

圖6-2 家長式領導模式的建構歷程

註：修改自鄭伯壎與黃敏萍（2013）。

並進行必要的文化分析與相關文獻評論，進而給出操作式定義，建構初步模式，且發展測量工具，以驗證理論的內在邏輯關係；然後，掌握可能的中介機制與情境脈絡，檢視理論的類推效度，了解理論的類推範圍；最後，則是在理論發展逐漸成熟以後，透過教育訓練與行動研究，探討理論的實際應用效果，以強化理論的類推性與堅韌度。截至目前為止，此模式已經累積了為數可觀的研究成果，並已有後設分析的論文出現，用以總結家長式領導三元模式對各種後果變項的影響。目前，亦有一些新的進展，包括從歷程上來檢視不同情境脈絡下的領導風格的演變（Wang, 2017），以及多元領導風格之互涉作用的多項式迴歸分析（polynomial regression analysis）等（Wang et al., 2018）。

　　除此之外，從親親法則入手的差序式領導也是例子之一。在華人社會，基於親親法則的流行，華人領導者會根據部屬的關鍵屬性（如關係、能力、忠誠等），來將部屬進行歸類，並給予不同類別部屬差別性的對待，這種領導風格稱之為差序式領導（鄭伯壎，1995；姜定宇、張菀真，2010）。在差序式領導的概念提出之後，針對其與部屬效能、團隊績效的關係，也進行了不少的研究，包括此類領導是否有效、其影響歷程與心理機制何在？在團隊中，對自己人的偏私能否提高自己人部屬的效能？透過自己人部屬所扮演的中介者角色，是否可以進而提升外人部屬的效能。目前，已有評論性論文出現，總結了差序式領導的國內外研究成果（姜定宇、鄭伯壎，2014）。

　　總之，本土化研究取徑專注華人獨特的 OB 現象，希望建構具有本地特色的 OB

理論，因而常採用民族誌研究、參與式觀察、深度面談，以及案例分析等質化研究方式，來進行資料蒐集與分析，並據以建構相關理論。之後，再進行理論的量化檢驗，尋找相關證據，並精緻化理論。因此，這種研究取徑通常將文化（或情境）視爲前因變項，對本土或局內人文本進行內容分析，以發展對華人組織行爲具有深度理解的理論。同時，也提供國際學術社群另外一種可能的思考方向。

六 全球化研究取徑

在提出本土化概念與建構本土化理論之後，即可進一步採用全球化研究取徑，進行各種本土化理論的比較與混搭，建構文化融合之 OB 理論，並應用在多元文化或全球化的組織中（梁覺、吳培冠，1997；楊國樞，1997；Morris, Leung, Ames, & Lickel, 1999）。誠如 Geertz（1985）所強調的，當本土化知識具有全球重要性（local knowledge with global significance）時，即可以檢視其普世意義，並進行各種文化情境下的共同現象與獨特現象之比較。

以家長式領導爲例，其所立基的理論基礎，從 Max Weber 之權力支配體系（如圖 6-3 所示）的角度來看，應是屬於家父長制的範圍，其權力來源是基於命令與服從的權威支配；重視固有的傳統孝道，而非法定權力；同時，領導人的個人管控重於制度治理，所以與專家官僚所主導之制度化領導（institutional leadership），或是源自個人神才的魅力式領導（charismatic leadership）並不相同。

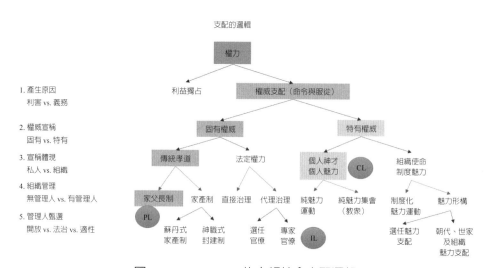

圖6-3　Max Weber的人類社會支配邏輯

註：PL：家長式領導；IL：制度式領導；CL：魅力式領導。

　　由於華人社會重視父子軸的社會關係，十分強調子女對父母的孝道，因而，家父長制頗為普遍（Hamilton, 1990）。也因此，華人社會是考察家長式領導的合適地區。透過對華人組織中的上下關係進行觀察與分析，並建構理論模型後，即可進一步考察這種領導理論是否具有全球普遍性，或是具有文化敏感普遍性（culture-sensitive universality）。

　　其中的例子之一，是一項針對家長式領導是否具全球普遍性的研究。研究者蒐集了東亞、南美、東歐及西歐等四個地區十個國家之 3670 位企業員工的資料，再檢視平均家長式領導效能是否具文化敏感普遍性。結果顯示，在各文化區，家長式領導之三元模式皆能有效影響部屬態度，但顯著程度會隨後果變項而有所不同，而反映了三種領導風格之文化普遍性的程度各有不同。具體而言，三元領導大多具有存在普遍性（existential universality）（存有），但功能普遍性（functional universality）（作用）與取用普遍性（accessibility universality）（運用）則不同地區有不同的結果（Boer et al., 2012），而反映出「一種心靈，多種心態」（one mind, multiple mentality）的想像。顯然地，這方面的研究還需要有更多投入，方能使理論更加精緻化。

　　另外一個例子，則是比較北美所提之人口統計關係背景（relational demography）與臺灣所提之關係（guanxi）對部屬效能的預測。關係背景的概念是由人口統計學衍生而來，探討人際關係間的人口統計背景（包括性別、年齡、教育程度等個人屬性）相似時的人際關係品質是否比相異時為佳；關係則是指由華人文化傳統之五倫演變而來的社會套繫（social tie）（包括同鄉、同姓、同學、同宗、同袍等關係）。根據社會歸類理論的想法，群體成員間的人口統計背景相似性會影響人際信任的建立，相似性越強，人際信任越高；但在華人組織中，社會套繫關係對於人際信任卻有更強的影響。由臺灣與中國的實徵研究結果顯示，以上推論是獲得支持的（Farh, Tsui, Xin, & Cheng, 1998）。

　　在一向由西方主導之職場心理健康領域中，當西方遇見東方，此領域亦有更進一步的發展，而由療癒取向（西方），轉向成長取向（東方），並有可能邁向超越取向（融合）。也就是說，這種新一波之正向組織學術的思潮走向，不少概念都來自東方，而可以更充分理解與掌握組織與員工的需求，啟動更正面、更全面的 OB 學術（positive and engaged organization scholarship），建構出更幸福、美滿的職場生態系統（如圖 6-4 所示），使人、組織及環境更加健康，甚至邁向具普世終極價值之至善神聖境界。

　　總之，全球化研究取徑是指在掌握全球各種文化群或情境脈絡的特色後，比較各群體所提出之類似概念或理論間如何搭配混融，並在全球情境下進行驗證。因而，需要建立跨國研究團隊，以利多國性或多文化地區調查的執行，進而檢視各文化區的資

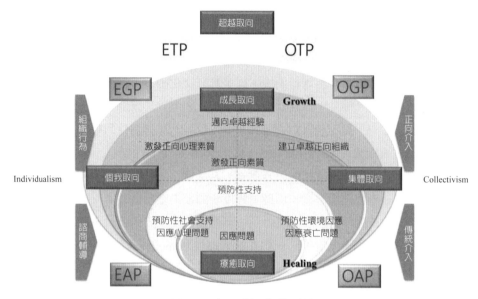

圖6-4　幸福職場生態系統

註：EAP: Employee Assistance Program; OAP: Organization Assistance Program; EGP: Employee Growth Program; OGP: Organization Growth Program; ETP: Employee Transcending Program; OTP: Organization Transcending Program.

料是否與理論相互契合，以考察建立普遍性理論的可能，或據此提升理論的跨文化敏感度。

七　研究取徑的抉擇

經過五十年左右的發展，臺灣的 OB 研究已經嘗試過種種的研究取徑，從早期的完全客位化取徑，只側重移植與引進，逐漸蛻變為驗證模型與理論的深入客位化研究；再納入文化與情境之脈絡化考慮，而增加了跨文化研究取徑，以察看西方理論在華人社會的適用情形進而加以修正。然後，在本土化運動的倡導下，開始採取重視本地之歷史文化與情境背景的本土化研究取徑，據以建立符合本土狀況的理論；同時，在本土化理論建構完成之後，進行本土化理論的全球化，比較各種文化情境下的理論適用情形，以建立具文化敏感度的普遍性理論。有關這些路線的特色與比較，如圖6-5 所示。當然，這種研究取徑的討論，在過往的研究中亦有所提及，只是因為研究數量較為有限，而有所不足。雖然如此，仍然可以與本研究所提的四大取徑進行比較（如表 6-2 所示），並做進一步的梳理與整合。

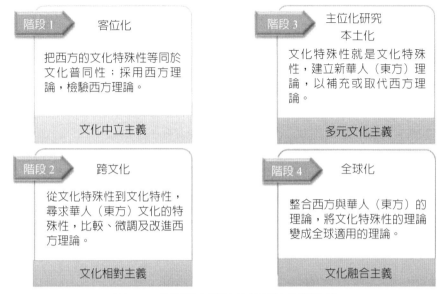

客位化研究

階段 1　客位化
把西方的文化特殊性等同於文化普同性；採用西方理論，檢驗西方理論。
文化中立主義

階段 3　主位化研究
本土化
文化特殊性就是文化特殊性，建立新華人（東方）理論，以補充或取代西方理論。
多元文化主義

階段 2　跨文化
從文化特殊性到文化特性，尋求華人（東方）文化的特殊性，比較、微調及改進西方理論。
文化相對主義

階段 4　全球化
整合西方與華人（東方）的理論，將文化特殊性的理論變成全球適用的理論。
文化融合主義

圖6-5　各種研究路線的策略特色與比較

表6-2　各論文之研究取徑比較

本研究 （2019）	臺灣OB研究 （鄭伯壎，2003）	華人OB研究 （鄭伯壎，2005）	西方研究 （Morris等人，1999）
客位化	移植型	—	客位研究
跨文化	比較型	舶來跨文化（IV） 外衍本土化（II）	
本土化	本土型 委託型 應用型	內發本土化（I）	主位研究
全球化	—	輸出跨文化（III） 整合性研究（V）	整合研究

　　顯然地，這四種研究取徑都反映了理論建構或探索（exploration）與理論檢驗或開發（exploitation）的面向，而可以歸納到圖 6-6 所示的理論貢獻座標圖中。理論建構涉及理論的開創與發想，理論驗證則涉及理論的檢證與複驗，都可以依照其高低程度，來加以評估。就理論建構而言，可以由最低的複製過去已證實的效果（1），至最高的導入新概念（5），而區分出五種不同的尺度，包括再現、複驗、微調、延伸及開創（如圖 6-6 縱軸所示）；理論驗證亦然，也可以列出五種程度尺度，而由最低

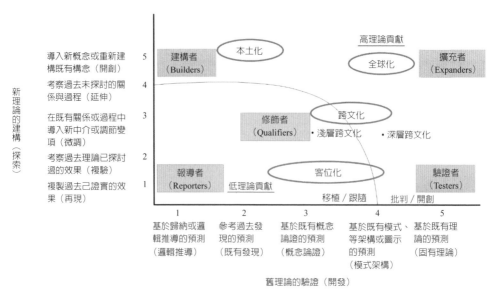

圖6-6　實徵研究之理論貢獻分類

註：修改自 Colquitt 與 Zapata-Phelan（2007）。

的基於歸納式或邏輯推導的預測（1），至最高的基於現有理論的預測（5）。這些預測依據程度包括邏輯推導、既有發現、概念論證、模式架構及固有理論（如圖 6-6 橫軸所示）。此兩向度所形成的座標圖，即代表了理論的貢獻程度，而可以具體區分為五大類，包括報導者（repoters）、驗證者（testers）、修飾者（qualifiers）、建構者（builders），以及擴充者（expanders）。

　　報導者很容易理解，其研究只是複製既有的研究發現，亦缺乏理論依據；而修飾者則在微調既有發現，理論論述並不高，因此，兩者的研究貢獻都相當有限。至於建構者雖然採用歸納法來進行研究，但卻可以據此來創發新構念；而驗證者則檢驗理論的準確性，精緻化理論，兩者都具有一定程度的研究貢獻；至於貢獻最大者應非擴充者莫屬，這是將新構念加以整合，而建構出新的理論，並做深入的檢驗。也就是說，建構者、驗證者及擴充者的理論貢獻較大（圖 6-6 之曲線外），而報導者與修飾者的理論貢獻則較小（圖 6-6 之曲線內）（Colquitt & Zapata-Phelan, 2007）。根據此一理論貢獻的座標，臺灣過去常採用的四種研究取徑亦可標示於其上，並顯現出不同的理論貢獻，其中，本土化與全球化的理論貢獻較高，跨文化次之，而客位化的貢獻則較低。

　　就臺灣的社會科學研究現況而言，以領導為例，除了心理學之外，客位化研究的論文數量都是最多的，這種客位化作法除非具有精緻化理論或推翻既有理論的特

色，否則投入的研究努力與理論貢獻之間不是成比例的（鄭伯壎、姜定宇、吳宗祐，2014）。也因此，對本地或全球之知識創造的貢獻應該相當有限，而需要深刻反省且加以改善，並由客位化研究取徑逐漸轉向為重視脈絡與文化的跨文化或本土化研究取徑。圖 6-6 中的跨文化研究亦可依其對文化脈絡之掌握程度的深入與否，而可區分出淺層跨文化與深層跨文化兩種類型，淺層跨文化的理論貢獻較小，而深層的貢獻較大；淺層跨文化頗類似鄭伯壎（2005）所指出之舶來跨文化，而深層則類似外衍本土化。另外，也只有在本土化研究成果累積到一定的程度、發展更為成熟之後，全球化研究才能水到渠成，進而建構出具有文化敏感性或全球普遍性的 OB 知識體系。

　　相對而言，心理學領域的 OB 研究對本土化研究有較大的投入，而擁有較大的理論貢獻。但是即使如此，在當代講究全面性本土學術（engaged indigenous scholrship, EIS）（Van de Ven, Meyer, & Jing, 2018）的趨勢下，仍然有不少的進步空間。除了本土研究所強調的脈絡化研究必須再加強之外，也需要講究研究的全面性（engaged）。所謂全面是指立足在多利害關係人（例如：學術社群、實務工作者，以及政策制定者）的角度下，進行攸關性問題的探討，使研究成果能夠解決利害關係人的問題，或滿足利害關係人的需求。事實上，這種想法乃是科學家與實業家（scientist-practioner）路線的擴張。也就是說，OB 研究者除了為學術社群服務之外，亦需要為實務工作者與政策制定者解決實際問題。這樣的想法，科學哲學家 Karl Popper（1972）很早就強調過，他說：「成為一位好研究者的關鍵，乃在於如何運用學術傳統的資源（或科學哲學）來解決各種問題。」因而，從實務工作者或政策制定者的角度出發，進行問題的解決將是學術研究的重點之一。然而，當代的學術界，由於狹隘之象牙塔心態，以及獎勵與資助體系的刻意影響，研究越來越偏離實際問題的解決，甚至淪為為發表而做研究，而使得研究主題顯得荒謬。因此，不少人呼籲，知識生產需要考慮利害關係人的觀點，並納入於問題形成、理論建構、研究設計，以及問題解決的循環過程中（Van de Ven, 2007），使得研究結果具有實務穿透性、理論精緻性，甚至充滿著體悟性的慧見，方可進一步提升學術工作者的實質貢獻。

　　此一缺失在臺灣當前的 OB 研究中，更顯得嚴重，因為能夠充分掌握實務工作者之觀點的研究並不多，幸好仍有少數研究可以符合上述需求。其中之一是探討組織變革之長期性研究（鄭伯壎，2019），此研究長達十五年，研究者深入企業組織，透過實務工作者的觀點，參與全面品質管理之（TQM）組織變革作法，促使組織改頭換面，進而臻於世界級企業的水準。在此研究中，學術工作者的主要角色是協助經營者建立組織變革的年度考核指標，包括員工品質意識、顧客滿意度、員工滿意度、企業形象（或企業社會責任，CSR），以及組織文化，藉以檢視變革的改善成效；進而運用 PDCA 的組織發展手法，改善工作過程、人員心態、組織結構，以及企業文化。

在改善過程中，也都混搭種種不同文化區特有的文化質素與預設，包括臺灣的勤儉耐勞、彈性、集體取向的價值、歐洲的工作專精與技術創新、日本的精益求精、追求至善的零缺點要求，以及美國的系統性思考與策略管理，進而產生創新性的思維與作法，使得組織得以脫胎換骨，生產力與產品品質都大幅提升。同時，創造出來的新的組織變革與領導模式，亦豐富了現有的組織發展理論與文獻。顯然地，這種能夠解決實際問題，並增益學術理論與文獻的研究，應該是當代 OB 研究的可能模式之一。

事實上，究竟要選擇何種研究取徑，是需要進行更多實用性哲學之討論的，誠如《六度分隔》（Six degrees）作者 Watts（2003）的反思：

我們花了不少時間討論哲學……不是存在主義那種哲學，而是實用性哲學：怎樣的問題是有趣的，怎樣的問題就只是困難而已，沒什麼意思？誰的作品值得讚揚，為什麼呢？與創造力與勇氣相較，技術的純熟度有多重要？……到底怎樣才算是逸趣橫生的科學？

這種哲學性的討論與思考，將可以進一步促使臺灣的 OB 研究朝向更全面的本土學術發展，一方面淑國裕民，一方面造福人類社會，也更符合學術工作者之「學術作為一種志業」的角色本質。

八 結語

本文評述了過往五十年臺灣 OB 研究的研究取徑、研究邏輯，以及研究作法，也討論了情境脈絡的改變、動態，以及轉折背景。很幸運的是，由於前輩的遠見，而納入脈絡化與本土化的考慮，且不採取完全跟隨的客位化作法，而免於落入「沒有創作」的陷阱（劉創楚、楊慶堃，2001），反而在領導研究上有所突破，甚至引領風騷。未來應可在前人建立的基礎上，累積更多創新性的知識；至於要形成一套獨特的學術研究傳統，則仍然需要投注更多的努力，一方面對各種研究取徑的哲學預設有更充分的理解，一方面需要更熟悉學術研究的本質。也就是說，雖然各種研究取徑都有其各自的強調重點，但都反映了學術研究的各種關鍵歷程，包括聚焦矛盾、探詢問題、深化研究，以及分享成果（Smith & Hitt, 2005）。矛盾通常是研究的起點，當理論與現象脫節，或是對現象缺乏合理解釋時，就需要重新尋找可能的答案，創發出更好的理論來加以解釋；進而邁入問題探詢階段，研究者需要發揮想像力，「探索」所有的可能解答，並發想出新的構念、創造新的架構；接著，進行大量實徵研究，步入「開發」的深入研究階段，再三考察理論的適切性，並加以修正、調整，直至理論變

得周延與完善；最後，則與學術社群與實務工作者分享知識，解決人類社會中的實際組織問題。在此過程中，擁有學術熱情顯然是十分必須的，方能勇於面對挑戰，鍥而不捨、精益求精，建構堅實而有用的理論，從而擇善固執，引領更良好的實踐。這種創新過程正是人類文明得以提升的關鍵，正如愛因斯坦的所強調的：「人類社會的向上發展若缺乏創造性的獨立思考與判斷，就如同個人性格養成缺乏滋養環境般地不可思議！」

參考文獻

朱眞茹、楊國樞（1976）：〈個人現代性與相對作業量對報酬分配行爲的影響〉。《中央研究院民族學研究所集刊》，*41*，79-95。

林邦傑（1979）：〈最不喜歡工作伙伴量表的因素結構及其與刻板印象、自我概念之關係〉。《中華心理學刊》，*20*，41-52。

林姿葶、姜定宇、蕭景鴻、鄭伯壎（2014）：〈家長式領導效能：後設分析研究〉。《本土心理學研究》，*42*，181-250。doi: 10.6254/2014.42.181

姜定宇（2019，11月）：《開幕致詞》。中華心理學刊六十週年學術研討會。國立臺灣大學，臺北。

姜定宇、張菀眞（2010）：〈華人差序式領導與部屬效能〉。《本土心理學研究》，*33*，109-177。doi: 10.6254/2014.42.181

姜定宇、鄭伯壎（2014）：〈華人差序式領導的本質與影響歷程〉。《本土心理學研究》，*42*，285-357。doi: 10.6254/2014.42.285

徐正光（1977）：〈工廠工人的工作滿足及其相關因素之探討〉。《中央研究院民族學研究所集刊》，*34*，26-27。

涂敏芬、王妙如、陳世哲（2017）：〈一般管理領域熱門議題與研究展望之分析：2013-2015年〉。《組織與管理》，*10*(2)，1-60。

戚樹誠、陳淑貞、楊美玉、朱志傑、賴璽方（2016）：〈臺灣組織行爲的實證發現：一項國內管理期刊論文的30年回顧〉。《管理學報》，*33*，1-34。doi: 10.6504/JOM.2016.33.01.01

梁覺、吳培冠（1997）：〈本土心理學的國際化〉。《本土心理學研究》，*8*，173-180。

許士軍（1972）：〈有關黎史（Litwin and Stringer）二氏組織氣候尺度在我國企業機構之適用性之探討〉。《國立政治大學學報》，*26*，103-138。

楊國樞（1993）：〈我們爲什麼要建立中國人的本土心理學？〉。《本土心理學研究》，*1*，6-88。

楊國樞、彭邁克（1985）：〈中國人描述性格所採用的基本向度——一項心理學研究中國化的實例〉。見李亦園、楊國樞、文崇一（主編）：《現代化與中國化論集》，頁155-190。臺北：桂冠圖書公司。

楊國樞（1997）：〈心理學研究的本土契合性及其相關問題〉。《本土心理學研究》，*8*，75-120。

劉創楚、楊慶堃（2001）：《中國社會：從不變到巨變》。香港：香港中文大學出版社。

鄭伯壎（1995）：〈差序格局與華人組織行為〉。《本土心理學研究》，3，142-219。doi: 10.6254/1995.3.142

鄭伯壎（2003）：〈臺灣的組織行為研究：過去、現在及未來〉。見鄭伯壎、姜定宇、鄭弘岳（主編）：《組織行為研究在臺灣：三十年的回顧與展望》，頁1-59。臺北：桂冠圖書公司。

鄭伯壎（2005）：〈華人組織行為研究的方向與策略：由西化到本土化〉。《本土心理學研究》，24，191-245。doi: 10.6254/2005.24.191

鄭伯壎（2019）：《組織創新五十年：臺灣飛利浦的跨世紀轉型》。臺北：五南圖書出版公司。

鄭伯壎、周麗芳、樊景立（2000）：〈家長式領導量表：三元模式的建構與測量〉。《本土心理學研究》，14，3-64。

鄭伯壎、姜定宇（2000）：〈華人組織中的主管忠誠：主位與客位概念對員工效能的效果〉。《本土心理學研究》，14，65-111。

鄭伯壎、姜定宇、吳宗祐（2014）：〈專輯序言—「臺灣的領導研究：創新與超越」〉。《中華心理學刊》，56，135-147。

鄭伯壎、姜定宇、吳宗祐、高鳳霞（主編）（2015）：《組織行為研究在臺灣四十年：深化與展望》。臺北：華泰文化事業公司。

鄭伯壎、姜定宇、鄭弘岳（主編）（2003）：《組織行為研究在臺灣：三十年的回顧與展望》。臺北：桂冠圖書公司。

鄭伯壎、姜定宇、鄭弘岳（主編）（2007）：《組織行為研究在臺灣：回顧與展望》。臺北：華泰文化事業公司。

鄭伯壎、黃敏萍（2013）：〈戰後六十年來的臺灣領導研究：客位化、本土化及全球化〉。見林建甫（主編）：《海峽兩岸人文社會科學研究的回顧與展望（1949-2009）》，頁115-148。臺北：臺灣大學出版中心。

鄭伯壎、楊國樞（1977）：〈影響工人工作滿足的因素：領導方式，情境因素及人格特質〉。《中央研究院民族學研究所集刊》，44，13-45。

Boer, D., Cheng, B. S., Chou, W. J., Lin, T. T., Chou, L. F., & Huang, M. P. (2012). *A cross-cultural assessment of paternalistic leadership effectiveness: Distinguishing universal and culture-specific aspects*. Symposium Paper Presented at the 2012 International Association for Chinese Management Research (IACMR) Biannual Conference, Honk Kong, China.

Boisot, M., & Child, J. (1996). From fiefs to clans and network capitalism: Explaining China's emerging economic order. *Administrative Science Quarterly, 41*, 600-628. doi: 10.2307/2393869

Cheng, B. S., Chou, L. F., Huang, M. P., & Wu, T. Y., Farh, J. L. (2004). Paternalistic leadership and subordinate responses: Establishing a leadership model in Chinese organizations. *Asian Journal of Social Psychology, 7*, 89-117. doi: 10.1111/j.1467-839X.2004.00137.x

Cheng, B. S., Jian, D. Y., & Reily, J. (2003). Organizational commitment, supervisory commitment, and employee outcomes in the Chinese context: Proximal hypothesis or global hypothesis? *Journal of

Organizational Behavior, 24, 313-334. doi: 10.1002/job.190

Cheng, B. S., Wang, A. C., & Huang, M. P. (2009). The road more popular versus the road less traveled by: An "insider's" perspective of advancing Chinese management research. *Management and Organization Review, 5*, 91-105. doi: 10.1111/j.1740-8784.2008.00133.x

Chou, L. F., Chu, C. C., Yeh, H. C., & Chen, J.(2014). Work stress and employee well-being: The critical role of Zhong-Yong. *Asian Journal of Social Psychology, 17*, 115-127. doi: 10.1111/ajsp.12055

Colquitt, J. A., & Zapata-Phelan, C. P. (2007). Trends in theory building and theory testing: A five-decade study of the Academy of Management. Journal. *Academy of Management Journal, 50*, 1281-1303. doi: 10.5465/amj.2007.28165855

Farh, J. L., & Cheng, B. S. (2000). A Cultural analysis of paternalistic leadership in Chinese organizations. In J. T. Li, A. S. Tsui, & E. Weldon (Eds.), *Management and organizations in the Chinese context* (pp. 85-127). London: Macmillan. doi: 10.1057/9780230511590_5

Farh, J. L., Dobbins, G. H., & Cheng, B. S. (1991). Culture relativity in action: A comparison of self-ratings made by Chinese and U.S. workers. *Personnel Psychology, 44*, 129-147. doi: 10.1111/j.1744-6570.1991.tb00693.x

Farh, J. L., Podsakoff, P. M., & Cheng, B. S. (1987). Culture-free leadership effectiveness versus moderators of leadership behavior: An extension and test of Kerr and Jermier's "substitutes for leadership" model in Taiwan. *Journal of International Business Studies, Fall, 18*, 43-60. doi: 10.1057/palgrave.jibs.8490411

Farh, J. L., Tsui, A. S., Xin, K., & Cheng, B. S. (1998). The influence of relational demography and guanxi: The Chinese case. *Organization Science, 9*, 471-488. doi: 10.1287/orsc.9.4.471

Fiedler, F. E. (1967). *A theory of leadership effectiveness*. New York: McGraw-Hill.

Fleishman, E. A. (1954). Dimensional analysis of psychomotor abilities. *Journal of Experimental Psychology, 48*, 437-454. doi: 10.1037/h0058244

Geertz, C. (1985). *Local knowledge: Further essays in interpretive anthropology*. New York: Basic Books.

Gelfand, M. J., Erez, M., & Aycan, Z. (2007). Cross-cultural organizational behavior. *Annual Review of Psychology, 58*, 479-514. doi: 10.1146/annurev.psych.58.110405.085559

Hamilton, G. G. (1990). Patriarchy, patrimonialism, and filial piety: A comparison of China and Western Europe. *British Journal of Sociology, 41*, 77-104. doi: 10.2307/591019

Hernandez, M., Eberly, M. B., Avolio, B. J., & Johnson, M. D. (2011). The loci and mechanisms of leadership: Exploring a more comprehensive view of leadership theory. *Leadership Quarterly, 22*, 1165-1185. doi: 10.1016/j.leaqua.2011.09.009

Hiller, N. J., Sin, H. P., Ponnapalli, A. R., & Ozgen, S. (2019). Benevolence and authority as WEIRDly unfamiliar: A multi-language meta-analysis of paternalistic leadership behaviors from 152 studies. *Leadership Quarterly, 30*, 165-184. doi: 10.1016/j.leaqua.2018.11.003

Hofstede, G. (1981). Do American theories apply abroad? A reply to Goodstein and Hunt.

Organizational Dynamics, 10, 63-68. doi: 0.1016/0090-2616(81)90013-9

Huang, X., & Bond, M. H. (2012). *Handbook of Chinese organizational behavior: Integrating theory, research and practice.* UK: Edward Elgar. doi: 10.4337/9780857933409

Inglehart, R., & Baker, W. E. (2000). Modernization, cultural change, and the persistence of traditional values. *American Sociological Review, 65*, 19-51. doi: 10.2307/2657288

Kerr, S., & Jermier, J. M. (1978). Substitutes for leadership: Their meaning and measurement. *Organizational Behavior and Human Performance, 22*, 375-403. doi: 10.1016/0030-5073(78)90023-5

Kuhn, T.S. (1970). *The structure of scientific revolutions.* Chicago: The University of Chicago Press.

Lewin, K. (1943). Psychology and the process of group living. *The Journal of Social Psychology, 17*, 113-131. doi: 10.1080/00224545.1943.9712269

Lin, T. T., Cheng, B. S., & Chou, L. F. (2019). Paternalistic leadership: An indigenous concept with global significance. In Yeh, K. H. (Eds.), *Asian indigenous psychologies in the global context* (pp. 115-138). London, UK: Palgrave Macmillan. doi: 10.1007/978-3-319-96232-0_6

Litwin, G. H., & Stringer, R. A. (1968). *Motivation and organizational climate.* Boston: Division of Research, Graduate School of Business Administration, Harvard University.

Mintzberg, H. (2005). Developing theory about the development of theory. In K. G. Smith & M. A. Hitt (Eds.), *Great minds in management: The process of theory development* (pp. 355-372). Oxford, UK: Oxford University Press.

Morris, M. W., Leung, L., Ames, D., & Lickel, B. (1999). Views from inside and outside: Integrating emic and etic insights about culture and justice judgment. *Academy of Management Review, 24*, 781-796. doi: 0.5465/amr.1999.2553253

Pellegrini, E. K., & Scandura, T. A. (2008). Paternalistic leadership: A review and agenda for future research. *Journal of Management, 34*, 566-593. doi: 10.1177/0149206308316063

Popper, K. R. (1972). *Objective knowledge: An evolutionary approach.* New York: Oxford University Press.

Schwartz, S. H. (1990). Idividualism-Collecivism: Critique and proposed refinements. *Journal of Cross-Cultural Psychology, 21*, 139-157.

Schwartz, S. H. (1992). Universals in the content and structure of values: Theoretical advances and empirical tests in 20 countries. *Advances in Experimental Social Psychology, 25*, 1-65. doi: 10.1016/S0065-2601(08)60281-6

Smith, K. G., & Hitt, M. A. (2005). *Great minds in management: The process of theory development.* Oxford, UK: Oxford University Press.

Thagard, P. (1992). *Conceptual revolutions.* Princeton, NJ: Princeton University Press.

Tsui, A. S. (2009). Autonomy of inquiry: Shaping the future of emerging scientific communities. *Management and Organization Review, 5*, 1-14. doi: 10.1111/j.1740-8784.2009.00143.x

Van de Ven, A. (2007). *Engaged scholarship: A guide for organizational and social research.* New York: Oxford University Press.

Van de Ven, A. H., Meyer, A. D., & Jing, R. (2018). Opportunities and challenges of engaged indigenous scholarship. *Management and Organization Review, 14*, 449-462. doi: 10.1017/ mor.2018.28

Vogel, E. F. (1979). *Japan as number one: Lessons for America.* Cambridge, MA: Harvard University Press.

Wang, A. C. (2017). Developmental leadership: How Chinese leaders integrate control and care to cultivate subordinates. In G. Atinc (Ed.) *Proceedings of the seventy seventh aunual meeting of the Academy of Management* (Online ISSN: 2151-6561). doi: 10.5465/ AMBPP.2017.92

Wang, A. C., Tsai, C. Y., Dionne, S. D., Yammarino, F. J., Spain, S. M., Ling, H. C., ... Cheng, B. S. (2018). Benevolence-dominant, authoritarianism dominant, and classical paternalistic leadership: Testing their relationships with subordinate performance. *Leadership Quarterly, 29*, 686-697. doi: 10.1016/ j.leaqua.2018.06.002

Watts, D. J. (2003). *Six degrees: The science of a connected age.* New York: W. W. Norton & Company.

Whetten, D. A. (2009). An examination of the interface between context and theory applied to the study of Chinese organizations. *Management Research and Organization Review, 5*, 29-56. doi: 10.1111/ j.1740- 8784.2008.00132.x

第七章

運動心理學在臺灣三十年的回顧與展望

高三福、張育愷、季力康、林靜兒

　　臺灣運動心理學的發展可追溯自 1980 年代開始，本文擬回顧 1990 年代迄今（2018 年）約三十年期間，介紹與說明臺灣運動心理學的過去發展與未來展望。在過去發展成果，本文從教科書與專業著作、成立臺灣運動心理學會，積極參與國際學術活動、研究成果表現與議題方向以及運動心理的實務服務等四個方向說明。在未來展望，則是提出運動心理實務服務的培訓制度與規劃、學術研究人才的培育與流動，以及配合國家社會當前的發展需求等三方面的建議。運動心理學的研究主體是人，運動心理學的發展也離不開人，無論是學術研究與實務應用，都有賴運動心理學社群的努力與耕耘。期待未來在運動心理學能夠更為成長茁壯，為國家社會做出更多的貢獻。

一 前言

　　運動心理學是一個綜合多項領域的學門，從 1900 至今發展已經超過一百年的歷史。近幾十年來全球的運動心理學快速蓬勃發展，有不少重要的專論回顧與整理運動心理學的歷史（Gould & Voelker, 2014; Kornspan, 2012; Ryba, Schinke, & Tenenbaum, 2010）。不過，這些專論是從北美及歐洲的觀點來談運動心理學的歷史與發展，雖然能讓我們了解到運動心理學的緣起與發展，但讀來總是覺得隔靴搔癢，沒能搔到癢處，引發深度的共鳴。有鑑於此，適逢臺灣心理學發展邁入六十週年的里程碑，心理學各分支反思與回顧之際（如：實驗心理學、教育心理學、發展心理學、臨床心理學、社會心理學、心理計量、組織行為學、本土心理學），運動心理學躬逢其盛，本文擬介紹與說明臺灣運動心理學的過去發展與未來展望。

　　有關臺灣運動心理學發展的文獻甚少，僅黃崇儒（2009）有過較深入的剖析。黃崇儒（2009）從歐美為主體的運動心理學為觀點，說明運動心理學的緣起（定義、歷史背景、專業組織的發展、認證議題及運動心理學家的角色）與運動心理學研究的近況（研究典範的趨勢、主要研究課題）。此外，黃崇儒（2009）也介紹臺灣運動心理學在臺灣的發展，諸如研究與實務的發展與現況、學會組織的成立及整體的發展遠景等。本文延伸黃崇儒（2009）的內容，以臺灣運動心理學的發展為主軸，主要目的在介紹與說明臺灣運動心理學的過去成果與未來發展。臺灣運動心理學的發展可追溯自 1980 年代開始，本文擬回顧 1990 年代迄今（2018 年）約三十年期間的發展，首先介紹運動心理學的定義與簡史，其次剖析臺灣運動心理學的過去成果與未來發展，最後是結語。

二 運動心理學的定義與簡史

（一）運動心理學的定義

　　運動心理學（sport psychology）的定義，根據美國心理學會第 47 分支（APA Division 47, Society for Sport, Exercise and Performance Psychology）指的是「有關運動（sport）、健身（exercise）及其他身體活動（physical activity）的參與及表現之心理科學研究」。運動心理學家研究主要在二個領域，一是以心理學方法協助運動員達到最佳的心理健康及提升運動表現，二是了解參與運動、健身及身體活動，對個人的心理發展、健康與福祉的影響。運動心理學是一門跨領域的學科，根據 1967 年創會的北美競技與身體活動學會（NASPSPA, North American Society for the Psychology of Sport and Physical Activity）的歸類，運動心理學涵蓋三個次領域：競技與健身運動心理學（sport and exercise psychology），動作發展（motor development）及動作學習與控制（motor learning/control）。整體來說，臺灣運動心理學的研究分類，與前述三項大致相符，區分爲：競技運動心理學、健身運動心理學及動作行爲學（motor behavior）。

（二）運動心理學與臺灣運動心理學簡史

追溯運動心理學的歷史，運動心理學的發展幾乎是與心理學同期。Norman Triplett（1898）的社會心理學實驗，是最常被引述的第一個運動心理學研究。Triplett 探討社會助長的現象，發現當有觀衆在場，實驗參與者在腳踏車的表現會明顯較佳。Triplett 並沒有延續運動相關的研究議題，直到 1925 年 Coleman Griffith 在伊利諾大學（University of Illinois）設立運動研究實驗室，規劃課程、撰寫教科書、協助職業運動團隊，開啓運動心理學的典範，因此 Coleman Griffith 被稱爲「運動心理學之父」。早期的運動心理學發展並不容易，Griffith 的實驗室維持到 1932 年因缺乏經費而關閉。1930 年代至 1960 年代，西方國家（北美與西歐）運動心理學的發展遲緩，不過在冷戰時期，一般認爲 1956 年墨爾本奧運，東歐國家的運動團隊已經有運動心理專家協助。到 1970 年代，普遍已知東德與蘇聯的運動團隊，已經配備有運動心理學家來協助提升運動員的表現（Javis, 2006）。

臺灣運動心理學的發展，首推簡曜輝教授（1938-2014）。簡曜輝於 1979 年獲得美國明尼蘇達大學（University of Minnesota）博士，爲臺灣第一位獲得運動心理學博士學位的學者。簡老師歸國後，帶動許多新的知識，如：動機、技能學習、心智訓練、焦慮等（卓俊伶、簡曜輝，1985；簡曜輝，1979，1980，1982），奠定臺灣運動心理學的教學、研究與應用的基礎。1987 年國立體育學院（現國立體育大學）成立，運動心理學課程聘請臺大心理系莊仲仁教授授課，莊仲仁引介當時臺大心理系的年輕本土博士（如吳英璋、鄭伯壎等教授）擔任協同指導或口試委員，建立心理學界與運動心理學之間的連結。

就運動心理學的發展而言，過去運動心理學是包含動作技能學習，不過到 1960 年代中期動作技能學習與運動心理學已經正式區分（Weinberg & Gould, 2011）。臺灣的運動心理學發展也反映出類似的軌跡，從臺灣最早發行的學術期刊體育學報，早期有爲數不少的技能學習論文（詳見下文，研究成果表現與議題方向）。簡曜輝教授時期所帶動的運動心理學知識，同時是包含技能學習與競技運動心理的內容。

1992 年季力康教授從美國普渡大學（Purdue University）獲得博士學位，隔年返國在國立體育大學任教。季力康是政大心理研究所碩士班第一屆畢業生，是知名運動

動機學者 Joan Duda 博士的第一批博士生，研究方法學與運動心理學訓練紮實，帶入新的知識與視野，開啟臺灣運動心理學新的一頁（詳見下文，過去臺灣運動心理學做了哪些）。1990 年代有許多留學歸國的博士返國任教，如：王俊明博士（南開大學）、林清和博士（臺灣師大）、劉淑燕博士（中正大學）、盧俊宏博士（文化大學）、卓俊伶博士（臺灣師大）、劉有德博士（臺灣師大）及洪聰敏博士（臺灣師大），投入運動心理學領域，耕耘臺灣運動心理學園地。2000 年之後陸續有留學歸國的博士，如：廖主民（國立體大）、蔣懷孝（中原大學）、楊梓楣（臺灣師大）、賴世炯（臺北護理大學）、聶喬齡（臺灣體大）及張育愷（臺灣師大）。

　　1990 年代開始各大學陸續成立博士班培育不少本土博士，這些博士成為重要的人才庫。其中，在大學服務且熱中參與社群活動的有：高三福（清華大學）、陳其昌（雲林科大）、陳美華（彰化師大）、黃崇儒（北市大）、黃英哲（國北教大）、林秀惠（臺東大學）、林如瀚（東華大學）、林靜兒（臺中教育大學）、卓國雄（臺南大學）及許雅雯（嘉義大學）等。此外，還包括長期支持與熱衷於運動心理實務工作的教授及老師，如：莊艷惠（臺灣體大）、林榮輝（宜蘭大學）、吳穌（美和科大）、葉麗琴（崇右科大）、古國華（中華科大）、齊璘（大華科大）、彭涵妮（國立體大）、沈緯鈞（臺北市）、陳泰廷（臺北市）、張涵筑（臺中市）。以上人士活躍於臺灣運動心理學社群，是建構臺灣運動心理學的過去成果的重要人力。

三　臺灣運動心理學的過去成果與未來發展

（一）過去臺灣運動心理學做了哪些

1. 教科書及專業著作

　　1980 年代之前，大專體育科系的運動心理學課程名稱為「體育心理學」，上課資料主要為授課老師手稿，運動心理知識的主要來源是教育心理學。最早的教科書為吳萬福教授所編寫（吳萬福，1984ab，1988，1996），吳老師是留學日本碩士，將日本的體育相關心理學知識傳入臺灣；吳老師的授課涵蓋體育教學、競技運動心理學與技能學習等多樣的內容。其次，盧俊宏（1994）教授的運動心理學，是第一本有系統的介紹現代運動心理學理論的教科書；盧俊宏有系統地整理，說明人格、焦慮、動機、攻擊、團隊凝聚力及領導的理論，以及相關的研究結果，使得臺灣教科書能對應國際期刊論文的研究議題，亦能與相關的心理學課本有所連結。2000 年臺灣運動心理學會成立，集合各校運動心理的老師，翻譯《競技與健身運動心理學》，目前已經

出版至第三版（Weinberg & Gould, 2014/2015）。此一聯合各校老師的翻譯工作，使得臺灣的運動心理教科書與英語系國家幾乎同步，讓學生接收到最新的運動心理學知識。

在動作學習與發展領域的教科書，首推林清和老師的運動學習程式學（林清和，1996）；本書介紹技能學習的理論，並整理人類訊息處理模式及運動控制系統的應用。2000 年臺灣運動心理學會成立，主要研究領域是動作學習與控制的各校老師們，主編《運動技能學習》及翻譯《技能學習的動力：限制性導向觀點》（劉有德等人，2008；Davids, Buttons, & Bennett, 2008/2010），近幾年持續翻譯《動作控制與學習：從原則到應用》、《動作學習與表現：從原則到應用》及《動作發展：終身觀點》（Haywood & Getchell, 2014/2016; Schmidt & Lee, 2011/2015, 2013/2017）三本巨著，帶動臺灣動作行為學領域的知識。

近十餘年來，健身運動心理學興起，開始有學校開設相關課程。盧俊宏與其學生最早撰寫健身運動心理學的教科書（盧俊宏、卓國雄、陳龍弘，2005）。隨後在 2011 年，張育愷等將美國著名健身運動心理學教科書《健身運動心理學理論與實務的整合》進行翻譯，並在五年內已經中文更新二版（Lox, Martin Ginis, & Petruzzello, 2010/2011, 2014/2016）。以上可見運動與健康相關的心理學議題，已經逐漸受到重視。

除教科書，亦有不少競技運動相關的書籍編著或翻譯，如：運動社會心理學（Jowett & Lavallee, 2007/2008），教練心理學（林清和，2001；Burton & Raedeke, 2008/2015），促進運動表現運動心理學（Hung, Lidor, & Hackfort, 2009/2009）。

2. 成立臺灣運動心理學會，積極參與國際學術活動

前面已經提到臺灣運動心理學會在 2000 年成立，已經邁入第 18 個年頭。理事長二年一任，至今是第 9 任理事長，歷屆理事長為：簡曜輝、季力康、盧俊宏、洪聰敏、劉淑燕、黃崇儒、廖主民、高三福、莊艷惠。臺灣運動心理學會成立後，在翻譯出版專書之外，亦發行臺灣運動心理學報，每年定期舉辦年會與學術研討會，並積極參與國際學術活動。

國際運動心理學會（ISSP, International Society of Sport Psychology）與亞洲南太平洋運動心理學會（ASPASP, Asian-South Pacific Association of Sport Psychology），是臺灣運動心理學會積極參與的二個國際學術團體。國際運動心理學會（ISSP）於 1965 年在羅馬成立，是全球歷史最悠久的運動心理學學術組織。臺灣運動心理學社群積極參與，季力康曾任兩屆理事，洪聰敏曾任理事、秘書長及財務長，張育愷為現任理事。世界運動心理學年會四年舉辦一次，2017 年世界運動心理學年會在西班牙

舉行，此次會議，高三福與張育愷作為臺灣運動心理學會代表，成功申辦 2021 年的舉辦權，預計全球 60 個國家約 1300 人參與盛會。此外，現任（2017-2021）國際運動心理學會理事長加拿大籍 Dr. Robert Schinke，曾任美國應用運動心理學會理事長（AASP, Association for Applied Sport Psychology），研究領域為文化心理學，是世界知名的運動心理學者。Dr. Robert Schinke 在 106 與 107 學年度（2017-2019）獲聘為清華大學榮譽講座教授，定期到臺灣進行學術交流，與臺灣運動心理學界有密切的互動與往來。

　　在亞太運動心理學會方面（ASPASP），臺灣多位學者擔任亞太運動心理學會重要職務，如副理事長：季力康（曾任）與盧俊宏（現任），理事：洪聰敏（曾任）、黃崇儒（曾任）、劉淑燕（曾任）與張育愷（現任）。亞太運動心理學年會四年舉辦一次，2011 年第六屆亞太運動心理學年會在臺北福華文教會館舉辦，合併國際運動心理學會理事會議，為期會四天的會議有來自世界各地 20 個國家人數約 600 人參加（臺灣運動心理學會會訊，2012）。2011 亞太運動心理學年會是目前臺灣承辦最大型的運動心理學學術會議，在時任理事長劉淑燕教授的帶領下，亞太運動心理學年會非常成功地舉辦完成，獲得國際運動心理學社群的肯定，奠定國際上對臺灣舉辦大型會議的信心，也成功地連結臺灣運動心理學會與亞太運動心理學學術社群。此外，以研究生為主體，每年寒假在臺灣、韓國、泰國、馬來西亞等四國輪流舉行的小型運動心理學研討交流，至今已經進入第六年。除了論文研討，當地研究生帶領擔任地陪，學術與旅遊兼具，建立起年輕世代的跨國友誼。以上顯示臺灣運動心理學社群，在國際性學術活動的活躍情形。

3. 研究成果表現與議題方向

　　近幾年來有許多體育運動的學術發表與研究議題的專論（王麗雲、楊志堅、相子元、柯皓仁，2017；徐振德、林聯喜、戴玉林、蔡清華，2014；張育愷、洪聰敏，2014），這些專論大致上是以體育學報、大專體育學刊、科技部專題研究計畫三個出版品為主，涵蓋體育運動各領域（如運動生理學、運動生物力學等）的綜合分析報告。有鑑於臺灣心理學報在 2017 年收錄於臺灣社會科學引文索引核心期刊（TSSCI），是體育學門唯一的單一學科之專業期刊。本文擬再加上臺灣運動心理學報，進一步整理以上四種出版品的運動心理學研究成果與議題方向。

　　臺灣運動心理學的研究成果與數量見表 7-1。從表 7-1 可以歸納出四個重點。第一，在體育學報、科技部核定計畫、大專體育學刊及臺灣運動心理學報，不論是在哪一個年段，競技運動是運動心理學的主要研究領域，顯見臺灣的運動心理學研究以競技運動為主體的情形。第二，在三個主要期刊裡，創刊最久的體育學報，動作行為的

表7-1 臺灣運動心理學的研究成果歸類與數量

年段	體育學報 A競技運動	B健身運動	C動作行為	D體育教學	科技部核定計畫 A競技運動	B健身運動	C動作行為	D體育教學	大專體育學刊 A競技運動	B健身運動	C動作行為	D體育教學	臺灣運動心理學報 A競技運動	B健身運動	C動作行為	D體育教學
2000 以前	42	1	22	2	13	4	2	1	3	2	1	0	0	0	0	0
2001-2005	8	1	2	0	25	9	15	1	37	7	2	3	29	7	10	3
2006-2010	12	3	6	1	27	26	22	0	11	10	3	5	19	11	11	4
2011-2015	10	9	10	2	41	20	18	1	18	14	8	3	23	15	8	1
2016-2018	9	1	1	0	25	9	11	0	5	1	3	1	17	12	5	2
小計	81	15	41	5	131	68	68	3	74	34	17	12	88	45	34	10
%	57.04	10.56	28.87	3.53	48.51	25.19	25.19	1.11	54.01	24.81	12.41	8.77	49.72	25.42	19.21	5.65
總計	142				270				137				177			

註：統計至 2018 年。體育學報 1979 年開始出版有 1361 篇論文。科技部計畫從 1995 年開始有 2212 案核定通過計畫。大專體育學刊 1999 年出版有 925 篇論文。臺灣運動心理學報從 2001 年出版有 173 篇論文。

研究數量高於健身運動，這是由於早期的運動心理學包含技能學習，反映出當時的研究情形。第三，在 2001 年之後，健身運動的數量逐年增多，總數遠多於動作行為，顯示出健身運動是十多年來新興的研究領域。第四，體育教學的數量甚少，散見在各個年段與出版品，不過這顯示出運動心理學是體育學門裡基礎學科的特徵，運動心理學可以和體育教學相結合。

　　進一步分析各出版品的研究次領域，體育教學由於數量太少，無歸類上的意義因此刪除。各出版品的研究次領域分見表 7-2 至表 7-5。綜合表 7-2 至表 7-5，在競技運動方面可歸類出五點：第一，在每個年段，人格與動機的數量最多，可見人格與動機是歷久不衰的次領域；第二，其次是研究測量，顯示運動心理學在發展心理測量工具及心理計量的特性；第三，在四個出版品，教練領導長期以來一直受到注意；第四，在新興期刊（大專體育學刊及臺灣運動心理學報），腦電生理（心生理反應）是重要的次領域；第五，近十多年來，生涯發展與正向心理學是新興的次領域。在健身運動方面可歸納如下三點：第一，與競技運動相似，人格與動機健身運動裡數量最多，是

表7-2　體育學報的運動心理學次領域

	競技運動	健身運動	動作行為	體育教學
1979-2000	人格與動機 (32) 研究測量 (5) 教練領導 (4) 腦電生理 (1)	人格與動機 (1)	技能學習 (15) 動作控制 (7)	教師動機 (2)
2001-2005	人格與動機 (4) 教練領導 (3) 腦電生理 (1)	人格與動機 (1)	動作控制 (2)	
2006-2010	人格與動機 (2) 教練領導 (6) 研究測量 (3) 腦電生理 (1)	人格與動機 (2) 研究測量 (1)	動作控制 (4) 技能學習 (2)	人格與動機 (1)
2011-2015	研究測量 (4) 人格與動機 (3) 腦電生理 (1) 教練領導 (1)	人格與動機 (7) 腦電生理 (1) 認知功能 (1)	動作控制 (8) 技能學習 (1) 研究方法 (1)	人格與動機 (1) 教師風格 (1)
2016-2018	研究測量 (4) 人格與動機 (2) 教練領導 (2) 腦電生理 (1)	人格與動機 (1)	環境賦使 (1)	

註：括符內為論文篇數。

表7-3 科技部核定計畫的運動心理學次領域

	競技運動	健身運動	動作行為	體育教學
1995-2000	人格動機 (8) 腦電生理 (2) 意象訓練 (2) 教練領導 (1)	人格與動機 (2) 腦電生理 (1) 規律運動與心理反應 (1)	技能學習 (2)	測驗測量 (1)
2001-2005	人格動機 (12) 教練領導 (10) 腦電生理 (2) 環境知覺 (1)	人格與動機 (8) 腦電生理 (1)	動作控制 (12) 技能學習 (3)	測驗測量 (1)
2006-2010	人格與動機 (12) 教練領導 (8) 腦電生理 (5) 生涯發展 (2)	人格與動機 (17) 腦電生理 (5) 正向心理學 (2) 認知功能 (2)	動作控制 (12) 技能學習 (5) 環境賦使 (5)	
2011-2015	人格與動機 (19) 生涯發展 (7) 教練領導 (6) 腦電生理 (5) 正向心理學 (4)	認知功能 (12) 人格與動機 (5) 腦電生理 (1) 正向心理學 (1) 腦電生理 (1)	動作控制 (12) 技能學習 (3) 環境賦使 (3)	工作動機 (1)
2016-2018	人格與動機 (11) 生涯發展 (6) 教練領導 (4) 正向心理學 (3) 腦電生理 (1)	人格與動機 (4) 認知功能 (2) 心理健康 (1) 正向心理學 (1) 腦電生理 (1)	動作控制 (6) 動力系統 (2) 環境賦使 (3)	

註：括符內為論文篇數。

表7-4 大專體育學刊發表的運動心理學次領域

	競技運動	健身運動	動作行為	體育教學
1999-2000	人格與動機 (2) 教練領導 (1)	人格與動機 (1) 腦電生理 (1)	技能學習 (1)	
2001-2005	人格與動機 (29) 教練領導 (6) 研究測量 (2)	人格與動機 (4) 研究測量 (2) 腦電生理 (1)	動作控制 (1) 技能學習 (1)	人格與動機 (1) 教師領導 (1) 學習動機 (1)
2006-2010	人格與動機 (7) 教練領導 (3) 腦電生理 (1)	人格與動機 (7) 腦電生理 (2) 研究測量 (1)	技能學習 (3)	人格與動機 (3) 教練領導風 (2)

（續下頁）

表7-4　大專體育學刊發表的運動心理學次領域（續）

	競技運動	健身運動	動作行為	體育教學
2011-2015	人格與動機 (5) 研究測量 (5) 腦電生理 (4) 教練領導 (2) 生涯發展 (1)	人格與動機 (10) 認知功能 (3) 研究測量 (1)	技能學習 (4) 動作控制 (4)	人格與動機 (1) 研究方法 (1) 人格與動機 (1)
2016-2018	人格與動機 (4) 生涯發展 (1)	認知功能 (1)	動作控制 (2) 環境賦使 (1)	研究方法 (1)

註：括符內為論文篇數。

表7-5　臺灣運動心理學報發表的次領域

	競技運動	健身運動	動作行為	體育教學
2001-2005	人格與動機 (8) 研究測量 (7) 腦電生理 (7) 教練領導 (5) 心理技能 (2)	人格與動機 (5) 腦電生理 (1) 認知功能 (1)	技能學習 (7) 動作控制 (3)	學習動機 (3)
2006-2010	教練領導 (7) 認知功能 (4) 人格與動機 (3) 腦電生理 (3) 研究測量 (2)	人格與動機 (6) 認知功能 (2) 腦電生理 (2) 研究測量 (1)	動作控制 (5) 技能學習 (4) 腦電生理 (1) 環境賦使 (1)	學習動機 (4)
2011-2015	人格與動機 (12) 教練領導 (6) 動作控制 (3) 腦電生理 (2)	人格與動機 (7) 腦電生理 (5) 認知功能 (2) 研究測量 (1)	動作控制 (5) 環境賦使 (1) 技能學習 (2)	研究測量 (1)
2016-2018	人格與動機 (6) 腦電生理 (6) 教練領導 (2) 認知功能 (2) 研究測量 (1)	認知功能 (6) 人格與動機 (3) 腦電生理 (2) 研究測量 (1)	動作控制 (3) 環境賦使 (1) 技能學習 (1)	研究測量 (1) 人格與動機 (1)

註：括符內為論文篇數

最受到關注的次領域；第二，除了體育學報，在科技部核定計畫、大專體育學刊及臺灣運動心理學報所發表的論文，腦電生理是健身運動重要的次領域；第三，從 2006 年開始，認知功能與正向心理學的研究逐漸增加，是健身運動的新興領域。在動作行為方面可歸納二點：第一，技能學習及動作控制是動作行為裡的二個重要次領域，隨著年代演變，技能學習的數量逐漸減少而動作控制逐年增加；第二，近十多年來，環境賦使與動力系統是二個新興的次領域。整體而言，人格與動機是競技運動與健身運動的最主要次領域，腦電生理與認知功能是跨競技運動及健身運動的次領域，動作控制是動作行為的主要次領域。

在研究議題方面，參考科技部每十年的熱門議題調查方式（王麗雲等人，2017），我們以合併年段的方式來呈現（見表 7-6 至表 7-9）。在競技運動方面，動機與人格的研究議題有成就目標取向、自我概念，以及與競技表現有關的焦慮、倦怠、意象等。2001 年開始，自我決定動機、心理韌性、心理能量等成為新的研究議題。其他如腦電生理的介入訓練，華人領導，教練選手關係（伙伴效應），正向心理學的感恩、幸福感、熱情、正念、心理資本等，皆是值得關注的新議題。在健身運動方面，主要是健康相關的心理學研究議題，動機與人格的議題如參與動機、期望價值、跨理論模式、自我決定動機、運動依賴及自我概念。2001 年開始，特殊族群運動的生心理效果、運動認知功能及腦電生理，結合運動心理與生理的研究途徑，成為

表7-6　體育學報發表的運動心理學議題

	競技運動	健身運動	動作行為
1979-2000	・競賽焦慮 ・人格特質 ・成就目標取向 ・意象訓練	・成就目標取向	・練習效果 ・反應時間 ・情境干擾 ・訊息回饋
2001-2010	・競賽焦慮 ・成就目標取向 ・動機氣候 ・參與動機 ・教練領導行為 ・華人領導	・參與運動的心理效果 ・轉移理論模式	・反應時間 ・動力系統 ・環境賦使
2011-2018	・自我決定動機 ・參與動機 ・正向心理學（希望、流暢、正念、心理資本） ・華人領導	・運動參與效應（動機、目標設定、學業適應） ・正向心理學 ・自我對話	・動作協調 ・環境賦使 ・錯誤偵察 ・動作關聯電位

表7-7　科技部核定專題研究計畫的議題

	競技運動	健身運動	動作行為
1995-2000	· 成就目標取向 · 自我概念 · 焦慮 · 腦電生理	· 健身行為與生心理效果 · 意象介入	· 時宜 · 虛擬情境與學習
2001-2010	· 成就目標取向 · 競技倦怠 · 自我概念 · 心理韌性 · 腦電生理	· 運動依賴 · 參與動機 · 腦電生理 · 期望價值 · 跨理論模式	· 動力系統 · 虛擬情境與學習 · 動作關聯電位 · 老化與學習效應 · 變異練習
2001-2010	· 領導行為 · 正向情緒 · 生涯發展 · 焦慮 · 教練選手關係 · 華人領導 · 腦電生理（介入訓練）	· 特殊族群健身行為的生心理效果（青少年、老年人、疾病患者）	· 肢段自由度 · 訊息回饋 · 神經動作控制 · 環境賦使 · 老化與學習效應 · 注意力焦點
2011-2018	· 自我決定動機（賦權氣候） · 生涯發展 · 意象 · 競技倦怠 · 運動默契 · 壓力因應 · 旅外球員適應經驗 · 華人領導 · 轉型領導 · 教練選手伙伴效應 · 心理能量 · 生涯發展 · 運動意義 · 自我概念 · 父母涉入 · 道德解離 · 腦電生理（介入訓練） · 正向心理學（感恩、幸福感、熱情、正念、心理資本）	· 自我概念 · 靜態行為 · 自我決定動機 · 特殊族群認知功能與腦電生理（老年人、ADHD兒童） · 正向心理學（心理資本、幸福感、正念介入） · 認知功能（大腦造影、基因證據、運動介入效果）	· 訊息處理負荷 · 動作協調變異 · 眼動 · 動暈 · 時近效應 · 神經動作控制 · 工作難度 · 動力系統 · 回饋控制 · 經驗效應 · 外增訊息 · 自我控制 · 複雜適應

新的研究議題。在動作行為方面，學習與回饋、注意力與控制一直是歷久不衰的研究議題，2001年開始，老化與學習效應、神經動作控制、眼動及動量是新的研究議題。

表7-8　大專體育學刊發表的議題

	競技運動	健身運動	動作行為
1999-2010	· 成就目標取向 · 參與動機 · 教練領導行為 · 華人領導 · 腦電生理（運動表現）	· 參與動機 · 健康促進模式 · 事件關聯電位 · 自我概念 · 運動依賴 · 腦電生理	· 反應時間 · 結果知識 · 回饋控制 · 時宜
2011-2018	· 成就目標取向 · 意象 · 生涯發展 · 知覺公平 · 腦電生理（運動表現、回饋訓練）	· 運動依賴 · 自我決定論 · 認知功能 · 自我概念 · 特殊族群的運動認知功能（早產兒）	· 結果獲知（時近效應） · 反應時間 · 外增回饋 · 認知功能 · 環境賦使 · 內感受回饋

表7-9　臺灣運動心理學報發表的議題

	競技運動	健身運動	動作行為
2001-2010	· 成就目標取向 · 腦電生理（運動表現、焦慮、介入等） · 教練領導行為	· 情緒、老化與腦電生理 · 自我效能 · 身體意象	· 外增回饋 · 練習安排 · 反應時間 · 動作關聯電位 · 環境賦使
2011-2018.1	· 自我決定動機 · 自我概念 · 腦電生理（運動表現、意象、專注、回饋訓練等） · 華人領導	· 特殊族群的運動認知功能與腦電生理（肥胖、腦損傷、ADHD） · 自我效能 · 活動介入健康效益	· 外增回饋 · 練習安排 · 環境賦使 · 動力系統 · 知覺與行動配連 · 費茲定律 · 動作關聯電位

　　上述的研究成果表現與議題方向，顯示出運動心理學的發展朝向更科學性與應用性。科學性方面，認知神經科學（含腦電生理）引入到競技運動、健身運動及動作行為的研究，以認知神經機轉解釋運動心理的現象，提供更精緻的科學證據。在應用性方面，圍繞在運動員、健身運動參與者及特殊族群（如 ADHD 兒童、老人、腦損傷）

的研究議題，提供了運動社會心理的全人觀點，這些對應用運動心理的推廣及促進健康行為，提供基礎的參考依據。

　　在體育學門裡，臺灣運動心理學社群的研究表現受到普遍肯定。除了臺灣運動心理學報是體育學門唯一的單一學科之專業期刊，洪聰敏教授榮獲 106 年度科技部傑出研究獎（目前為止體育學門只有三人獲獎），當選 2018 美國國家人體運動學會院士（National Academy of Kinesiology），是臺灣史上第二人（第一位在 1981 年獲選，是國立體育大學創校校長蔡敏忠博士）。年輕學者張育愷教授表現亮眼，榮獲 101 年度國科會（現科技部）吳大猷紀念獎，是體育界第一位獲得此殊榮的年輕學者；2013 年更獲得國際運動心理學會（ISSP）發展學者獎（臺灣第一為獲獎學者），以及 2014 北美競技與身體活動學會（NASPSPA）傑出年輕學者獎（亞洲第一位獲獎學者）。這些都顯示臺灣運動心理學社群，在學術研究上的努力與成果。

4. 運動心理的實務服務

　　競技運動的高張力與表現要求，不論在比賽或訓練，都需要心理方面的支援與協助。在 1980 年代，簡曜輝教授即曾為中華成棒代表隊設計心智練習的課程。1998 年曼谷亞運，季力康教授是臺灣第一位以運動心理專家的角色隨隊參加賽會，相較於 1988 年美國奧運代表隊第一次有正式的隨隊運動心理學家，我們晚了十年。亞奧運等重要賽會，國家運動訓練中心皆會成立運動科學組（內含心理組委員），運動科學組的設立可追溯自 1998 年曼谷亞運開始。在 2004 年雅典奧運，中華臺北奧運代表團突破有史以來第一面金牌的佳績（2 金 2 銀 1 銅），爾後歷次奧運會皆能持續維持不錯的成績，2008 年北京亞運（1 金 1 銀 2 銅）、2012 年倫敦奧運（1 金 1 銅）及 2016 年里約奧運（1 金 2 銅），以上賽會運動科學在提升選手的運動競技表現扮演重要的角色（李昱叡、王漢忠，2016），而運動心理的支援協助獲得第一線的教練與選手所肯定（洪聰敏，2005）。除了成立運動科學心理組，自 2015 年開始國訓中心的運動科學處陸續聘有專任運動心理師一人，約用專員一人，主要負責選手心理評估、心理技能訓練、心理諮商與運動科學教育訓練等事宜。

　　隨著運動心理服務的需求遽增，2008 年臺灣運動心理學會開始培訓「運動心理諮詢老師」，每二年培訓一次，到目前已滿五期，合格通過資格者約 70 人。參與培訓的人員，以學校老師為大宗，將應用運動心理學的知識與技巧，運用在教學工作與訓練帶隊。運動心理服務的需求單位十分廣泛，如：臺灣的中華職棒 CPBL 球隊（Lamigo 桃猿、中信兄弟、統一獅、義大犀牛）、超級籃球聯賽 SBL 球隊（桃園璞園、富邦悍將）、教育部體育署委辦各縣市政府的運動人才培育計畫、中小學體育班（臺北市、臺中市）、運動傷害防護學會及個人職業運動員（如高爾夫、網球、棒

球），服務的對象包含運動員、教練、家長及運動傷害防護員等。這些運動心理的實務工作，主要是由臺灣運動心理學會培訓的運動心理諮詢老師來擔任。整體而言，從國訓中心運動科學心理組的成立到聘任專職人員，以及近期廣泛的運動團隊與個人運動員的服務需求，臺灣的運動心理的實務推動，進入到新的里程碑。

（二）未來臺灣運動心理學還有哪些可做

1. 運動心理實務服務的培訓制度與規劃

　　良好的運動心理實務服務，需要有妥善與長期的培育制度。目前在臺灣，是由臺灣運動心理學會培訓運動心理實務專業人員。運動心理實務的專業人員，需要具備許多的能力，單從提升運動員競技表現的角度來提供心理服務，涵蓋的能力包含運動科學素養（生理、心理、力學及訓練學）、諮商輔導技巧及了解競賽內容。換言之，由單一學會來負擔培訓工作，在制度規劃與培訓內容，都是極端繁重的工作，這也使得培育出專業的運動心理實務服務的人才，面臨很大的挑戰。美國應用運動心理學會（AASP）的制度值得參考，也就是採計大學裡的修課科目與實習，合格後定期需參加進修課程，組織實務工作者的經驗交流與分享平臺，以及規範證照的有效期限等等，這些都是未來可以努力的方向。

　　就臺灣的心理學界而言，歷經 20 多年的努力，2001 年心理師法終於通過，由此看來，臺灣的運動心理學的實務服務，如果要發展到立法通過，恐怕仍有非常長的一段路。參考英國與美國的運動心理學發展，並沒有類似臺灣的立法院通過立法，而臺灣的心理師法通過後的初期實施，有深刻的衝突專論與反思（劉惠琴、翁開誠，2006），類似的衝突情況亦發生在歐美的運動心理學界。例如，英國運動科學會（BASES, British Association of Sport and Exercise Sciences）在 1992 宣布運動心理學家需註冊登記，但有許多知名專家在公告前已經從事服務工作，而之後並未註冊登記（Jarvis, 2006）。美國應用運動心理學會（AASP）經過一連串的委員會議，在 2016 年修改合格授證的制度與內容，2017 年將合格通過的運動心理實務專家的頭銜，從「合格心理師－應用運動心理學會」（CC-AASP, Certified Consultant）修改成「合格心智表現心理師」（CMPC, Certified Mental Performance Consultant），制度的改變引發會員許多的議論，議論的內容包括一般大眾不容易理解新名稱，以及考試方式與內容等，對於各種議論美國應用運動心理學會（AASP）正逐落實與修正（AASP, 2018）。整體看來，規劃與培育良好品質的運動心理實務專家，是未來臺灣運動心理學的努力方向。

2. 學術研究人才的培育與流動

1990 年代開始臺灣高等教育的快速擴充，形成博士高額供給遠超過大學及研究單位等就業市場的需求，剛畢業的博士不易找到專任教職（陳筠昕，2016），體育界也很難倖免於外。臺灣總共有四個大學設有運動心理相關博士課程（臺灣師大、臺北市立大學、國立體育大學及文化大學），每一年都有獲取博士學位的新科博士。這些新科博士，有部分原本就是中小學老師，畢業後繼續留在中小學任教，但也有不少年輕的具有研究能力的新科博士，獲得博士學位後僅能在大學找到兼課的工作。整體而言，前述情況的新科博士，取得博士學位後繼續從事學術研究的可能性很低，形成一種人才流失的現象；這也同時影響後續研究生就讀的意願，以及增加就讀期間中途退出的可能。另外，比例甚高在大學任教的新科博士，以及原本已經是在大專擔任體育教師的博士，因忙碌於教學或其他原因，參與研究的人數與品質都有極大的成長空間（吳淑眞，2016；張育愷、洪聰敏，2014）。因找不到大學專任教職，造成博士級人才流失的問題，需考量就業市場的動態供需，來制訂長期的博士培育政策。對於已經從事大學教職的博士，或可透過具體的獎勵措施，鼓勵參與學術研究計畫，或者產學合作計畫，來提升研究的質與量（張育愷、洪聰敏，2014）。

3. 配合國家社會當前的發展需求

科技部是主導科技與學術發展的政府部門，自 2000 年開始對於體育學術研究逐年訂定研究主題，徵求專題研究計畫，這些計畫有：中老年人身體活動與健康促進、運動員的生涯發展與規劃、運動產業、運動與大腦、大型運動賽會。其中，中老年人身體活動與健康促進、運動員的生涯發展與規劃、運動與大腦等三項計畫與運動心理學有關，可見近年來運動心理學在體育學術研究課題所扮演的重要角色。

科技部研究員吳淑眞（2016, 2018）曾在發表指出體育學門當前社會關注議題及未來發展方向，其中有多項與運動心理學有關，是未來運動心理學可以投注的方向，如：老化以及運動員職涯規劃。隨著高齡化社會的來臨，因應老化的趨勢及國民照護的需要，如何以運動延緩中老年人身體器官功能衰退及失能，提升生活品質是未來重要的國家社會重要課題。就老化而言，有許多是運動心理學可以發揮之處，例如，隨著年齡增長，人的認知記憶與執行控制功能逐漸衰退，研究顯示運動能有助於老人在注意力與執行控制表現的提升（石恒星、洪聰敏，2006；陳豐慈、祝堅恆、齊璘、吳治翰、張育愷，2017; Barnes, Yaffe, Satariano, & Tager, 2003），運動和規律的身體活動能有助於成年人及老人的身體與心理健康（林佑眞、溫啟邦、衛沛文，2007; Penedo & Dahn, 2005）。如何讓年長者成功健康的終老，是一項跨領域的整合議題，

運動心理學能提供堅實的學理基礎，藉由規律運動一起為延緩年長者的身心衰退做出貢獻。

在運動員職涯規劃方面，運動員需從小即開始接受訓練，訓練與比賽的時間影響其正常上課的學習機會。新聞報導也常聽聞到優秀運動員從運動場退役之後無法在社會上適當發揮，造成學用落差，或因考慮到工作就業問題而放棄運動生涯。如何協助運動員進行生涯規劃，以及運動員在訓練比賽之餘，培養運動員競技運動之外的能力，讓有潛力的青少年運動員，得以一步一步地訓練銜接發揮潛能，同時從運動場上退休後能夠有開展人生新的未來，這些都是與運動心理學相關的運動員生涯規劃之研究議題（Park, Lavallee, & Tod, 2013; Wylleman, Alfemann, & Lavalee, 2004）。運動員職涯規劃是一門跨領域的議題，涉及升學與教育制度、課程規劃、訓練與賽季規劃、職涯輔導等等，運動心理學從跨領域的合作研究，可以研議出可行的運動員培育制度與配套措施，做為國家培育優秀運動員的基石。

四 結論

回顧臺灣運動心理學的過去成果與展望未來，主要是學術研究與實務應用二個主軸。運動心理學的研究主體是人，運動心理學的發展也離不開人，無論是學術研究與實務應用，都有賴運動心理學社群的努力與耕耘。不過，運動心理現象與議題極為豐富，本文所聚焦的運動心理學在臺灣，仍可能侷限在本文作者的觀點框架，而忽略了某些的成果與發展。回首 1979 年簡曜輝老師帶回運動心理學新知識，運動心理學在臺灣逐漸成長茁壯。展望未來，運動心理學的學術研究，能奠基在前人的基礎上，發展精緻理論來擴展議題，以嚴謹的研究設計與方法來解答。在實務服務與應用，能以更貼近人的方式，來解決運動員或健身參與者的心理需要。體育運動科學是一跨領域的應用科學，運動心理學做為其中的一門學科，不論是在學術研究與實務應用，跨領域的合作研究有其必要。期待未來運動心理學能夠更加茁壯，為國家社會做出更多的貢獻。

註釋

本文曾發表在臺灣運動心理學報。高三福、張育愷、季力康、林靜兒（2019）：〈運動心理學在臺灣三十年的回顧與展望〉。《臺灣運動心理學報》，*19*，1-20。

參考文獻

Burton, D., & Raedeke, T.（2015）：《教練的競技運動心理學》（張育愷、何立安、齊璘、祝堅恆、石家豪、王俊智、宋岱芬譯）。臺北：易利圖書。（原著出版年：2008）

Davids, K., Buttons, C., & Bennett, S.（2010）：《技能學習的動力：限制性導向觀點》（劉有德、謝宗諭、陳秀惠、戴遠成譯）。臺北：禾楓書局。（原著出版年：2008）。

Haywood, K., & Getchell, N.（2016）：《動作發展：終身觀點》（卓俊伶、楊梓楣、陳重佑、林靜兒、王惠姿、賴世炯、張智惠、劉淑燕、梁嘉音譯）。臺北：禾楓書局。（原著出版年：2014）。

Hung, T. M., Lidor, R., & Hackfort, D.（2009）：《運動心理學：促進卓越表現》（洪聰敏、季力康、盧俊宏、廖主民譯）。臺北：禾楓書局。（原著出版年：2009）

Jowett, S., & Lavallee, D.（2008）：《運動社會心理學》（盧俊宏、廖主民、季力康譯）。臺北：師大書苑。（原著出版年：2007）

Lox, C. L., Martin Ginis, K. A., & Petruzzello, S. J.（2011）：《健身運動心理學論與實務的整合》（張育愷、古博文、季力康、廖主民、卓俊伶、聶喬齡、盧俊宏、朱奕華、洪聰敏、劉淑燕譯）。臺北：禾楓書局。（原著出版年：2010）。

Lox, C. L., Martin Ginis, K. A., & Petruzzello, S. J.（2016）：《健身運動心理學論與實務的整合（二版）》（張育愷、古博文、季力康、廖主民、卓俊伶、聶喬齡、盧俊宏、朱奕華、洪聰敏、劉淑燕譯）。臺北：禾楓書局。（原著出版年：2014）。

Schmidt, R. A., & Lee, T. D.（2015）：《動作控制與學習》（卓俊伶、楊梓楣、陳重佑、蔣懷孝、李冠逸、陳秀惠、賴世炯、劉淑燕、林靜兒、連恆裕、張智惠、梁嘉音譯）。新北市：合記書局。（原著出版年：2011）。

Schmidt, R. A., & Lee, T. D.（2017）：《動作學習與表現：從原則到應用》（卓俊伶、楊梓楣、梁嘉音、黃嘉君、陳秀惠、彭國威、陳重佑、劉淑燕、賴世炯、張智惠、林靜兒譯）。臺北：禾楓書局。（原著出版年：2013）

Weinberg, R. S., & Gould, D.（2015）：《競技與健身運動心理學（三版）》（季力康、洪聰敏、高三福、張育愷、黃英哲、黃崇儒、廖主民、盧俊宏譯）。臺北：禾楓書局。（原著出版年：2014）。

王麗雲、楊志堅、相子元、柯皓仁（2017）：〈教育學門熱門及前瞻學術研究議題調查研究結果與建議〉。《人文與社會科學簡訊》，18，38-63。

石恆星、洪聰敏（2006）：〈身體活動與大腦神經認知功能老化〉。《臺灣運動心理學報》，8，35-63。doi:10.6497/BSEPT.20060801_(8).0003

吳淑眞（2016）：〈臺灣體育運動科學發展現況與未來趨勢〉。《體育學報》，49，1-14。doi: 10.3966/102472972016034901001

吳淑眞（2018）：〈臺灣體育運動科學發展現況與未來發展〉。《大專體育學刊》，20，1-7。doi: 10.5297/ser.201809_20(3).0000

吳萬福（1984a）：《體育運動心理學實驗指引》。臺北：臺灣學生書局。

吳萬福（1984b）：《運動心理學問答與實際應用》。臺北：中華民國體育協進會。

吳萬福（1988）：《運動心理學教材》。臺北：中華民國體育協進會。

吳萬福（1996）：《體育心理學》。新北市：臺灣商務印書館。

李昱叡、王漢忠（2016）：〈我國參加2016年里約奧運之競技運動科學支援策略〉。《運動表現期刊》，*3*，79-83。doi: 10.3966/240996512016120302006

卓俊伶、簡曜輝（1985）：〈心智複演在運動競技上的應用〉。《中華民國七十四年大專院校體育學術研討會專刊》，393-400。

林佑眞、溫啟邦、衛沛文（2007）：〈臺灣地區成年人之休閒運動行爲與健康行爲、健康狀況、健康相關生活品質之關係探討〉。《臺灣公共衛生雜誌》，*26*，218-228。doi: 10.6288/TJPH2007-26-03-06

林清和（1996）：《運動學習程式學》。臺北：文史哲出版社。

林清和（2001）：《教練心理學》。臺北：文史哲出版社。

洪聰敏（2005）：〈我國奧運運動科學心理支援實務〉。《國民體育季刊》，*147*，14-20。

徐振德、林聯喜、戴玉林、蔡清華（2014）：〈本土體育運動學術的發展趨勢分析：以1979-2013《體育學報》爲例〉。《體育學報》，*47*，325-337。doi: 10.6222/pej.4703.201409.1001

張育愷、洪聰敏（2014）：〈臺灣運動與體育領域學術期刊論文發表之現況分析〉。《體育學報》，*47*，1-10。doi: 0.6222/pej.4701.201403.1201

陳筠昕（2016）：《臺灣高教人力資源供需模型之建構與模擬—以博士學程爲例》（未出版之碩士論文）。東海大學經濟學研究所，臺中。

陳豐慈、祝堅恆、齊璘、吳治翰、張育愷（2017）：〈運動介入對輕度認知損傷老年人認知功能之影響：文獻回顧與未來展望〉。《臺灣運動心理學報》，*17*，131-153。doi: 10.6497/BSEPT2017.1701.08

黃崇儒（2009）：〈運動心理學：過去、現在、與未來〉。《應用心理研究》，*42*，59-80。

劉惠琴、翁開誠（2006）：〈心理師法的衝擊與反思〉。《應用心理研究》，*30*，19-20。

劉有德、楊梓楣、林耀豐、陳秀惠、張智惠、蔣懷孝、林如翰、溫卓謀、劉淑燕、賴世炯（2008）：《運動技能學習》。臺北：禾楓書局。

盧俊宏（1994）：《運動心理學》。臺北：師大書苑。

盧俊宏、卓國雄、陳龍弘（2005）：《健身運動心理學：理論與概念》。臺北：易利圖書。

簡曜輝（1979）：〈從內外在動機談業餘運動〉。《中華奧會教練研習會講義》。臺北：中華奧會。

簡曜輝（1980）：〈運動技能學習的階段與過程〉。《體育學報》，*2*，107-120。doi: 10.6222/pej.0002.198012.1509

簡曜輝（1982）：〈競技運動與焦慮〉。《體育學報》，*4*，37-43。doi: 10.6222/pej.0004.198212.1704

AASP (2018, June). *Certification Program Updates*. Retrieved from https://appliedsportpsych.org/certification/certification-program-updates/

Barnes, D. E., Yaffe, K., Satariano, W. A., & Tager, I. B. (2003). A longitudinal study of cardiorespiratory fitness and cognitive function in healthy older adults. *Journal of the American*

Geriatrics Society, 51, 459-465. doi: 10.1046/j.1532-5415.2003.51153.x

Gould, D., & Voelker, D. K. (2014). History of Sport Psychology. In R. C. Eklund and G. Tenenbaum (Eds.), *Encyclopedia of Sport and Exercise Psychology* (pp. 346-351). Thousand Oaks, CA: SAGE.

Jarvis, M. (2006). *Sport psychology: A student's handbook*. London: Routledge.

Kornspan, A. S. (2012). History of sport and performance psychology. In S. M. Murphy (Ed.), *The Oxford handbook of sport and performance psychology* (pp. 3-23). New York: Oxford University Press.

Park, S., Lavallee, D., & Tod, D. (2013). Athletes' career transition out of sport: A systematic review. *International Review of Sport and Exercise Psychology, 6*, 22-53. doi: 10.1080/1750984X.2012.687053

Penedo, F. J., & Dahn, J. R. (2005). Exercise and well-being: A review of mental and physical health benefits associated with physical activity. *Current Opinion in Psychiatry, 18*, 189-193.

Ryba, T. V., Schinke, R. J., & Tenenbaum, G. (2010). *The cultural turn in sport psychology.* Morgantown, WV: Fitness Information Technology.

Triplett, N. (1898). The dynamogenic factors in pacemaking and competition. *The American Journal of Psychology, 9,* 507-533. doi: 10.2307/1412188

Weinberg, R. S., & Gould, D. (2011). *Foundations of sport and exercise psychology* (3rd ed.). IL: Human Kinetics.

Wylleman, P., Alfermann, D., & Lavallee, D. (2004). Career transitions in sport: European perspectives. *Psychology of Sport and Exercise, 5*, 7-20. doi: 10.1016/S1469-0292(02)00049-3

第八章 諮商心理師對安寧病人的整全照護

陳秉華、黃奕暉

前言

文獻回顧

未來的方向與建議

結論

　　臺灣的安寧緩和醫療已經有近三十年的歷史，對於安寧病人需要提供全人整全照護雖然已有認識，但是落實在實際照護工作仍有相當大努力的空間。在傳統諮商心理師的養成教育中，重視個體及在社會互動中心理及人際層面的評估與介入處理，然而安寧與臨終病人需要疼痛症狀控制，有宗教與靈性的需求，也需要接受文化合宜的照護，但對大多數的諮商心理師而言，這些知能卻都相對不足。筆者於本論文回顧過去相關文獻，彙整為五個主題：（一）安寧緩和醫療採取生理─心理─社會─文化─靈性之全人整全照護模式；（二）安寧療護諮商心理師需要具備的專業知能；（三）諮商心理師在安寧療護中的角色與功能；（四）安寧與臨終病人及家屬對於宗教與靈性的特殊需求；（五）多元文化與族群的安寧療護。依文獻回顧，筆者進而對未來安寧諮商心理師的專業發展提出以下建議：（一）安寧諮商心理師全人整全的實務工作模式發展與研究；（二）透過教育訓練提升諮商心理師安寧療護的專業知能；（三）教育訓練單位與專業學會合力推展諮商心理師在安寧療護的角色功能；（四）強化安寧諮商心理師對安寧病人靈性照護的知能；（五）成為具有對多元文化與族群工作能力的安寧諮商心理師。論文末尾，筆者提出結論與本文的限制。

一 前言

　　臺灣安寧緩和醫療發展已經有近三十年的歷史，在醫療界持續針對醫療人員的安寧緩和專業教育，以及政府與民間團體對社會大眾的教育推廣，使得大家對於安寧病人及家屬的服務，需要是身心靈社會文化多面向的整全全人照護，已經開始有更多認識，但實際落實在照護層面則仍然還有相當多努力的空間。筆者根據幾位服務於北部地區醫院安寧病房諮商心理師所提供的非正式資料，顯示他們的工作內容主要為個案服務，包括病房個案訪視、視病人需要安排社心靈人員訪視、居家訪視、協助跨院區病房個案訪視等；其次為行政工作，包括個案紀錄管理、安排個案討論會議等；其他則視各醫院情況不一，還可包含病人的服務方案設計與實施、參加不定期會議、負責臨床教學與帶實習生、參與評鑑事務與相關研究等；少時也可能會協助非腫瘤病人的衡鑑工作等。

　　近年來有一些諮商心理師陸續進入了安寧緩和醫療領域，成為專業團隊的一員，但是在過去諮商心理師的養成教育中，並沒有這一環的訓練，尤其傳統諮商心理師的教育訓練著重於個體在心理與社會層面的評估及介入處理，對於安寧或臨終病人極為需要的疼痛與症狀控制認識、靈性需求的滿足，以及面對臺灣多元文化社會的病人與家屬的照顧知能，較缺乏更整全的了解，以致於諮商心理師在照護安寧病人與家屬時，顯現出整全的專業照護知能之侷限與缺乏，而無法發揮更大的角色功能。本文將在引言中介紹什麼是安寧緩和醫療（或稱療護）、臺灣安寧緩和療護的發展現況，以及安寧緩和療護是跨領域的專業團隊工作這三個主要概念，以協助諮商心理師對安寧緩和療護有一基本認識。

（一）什麼是安寧緩和療護

　　安寧緩和療護（hospice palliative care）是一個較廣的概念，是對末期病患在生理、心理、家庭、社會關係、靈性、存在需求等各方面全面性的照護，無關乎病人特定的生命長度。臨終照護（end of life care）則指的是對生命已經相當有限（通常為生命最後六個月）或在治療上無法再有進展的困難病人，所提供的全面性服務（Haley, Larson, Kasl-Godley, Neimeryer, & Kwilosz, 2003）。雖然不同學者持有不太一樣的看法，但一般而言，安寧緩和醫療可涵蓋臨終照護，然而由於在臨床實際照護中，因著病患進入到最後階段的病程，會有其特殊的身體、心理、社會、宗教與靈性的需求，因此再針對臨終照護與介入處理作出區分。

　　臺灣安寧緩和醫療的先驅賴允亮（2017）引述 2002 年世界衛生組織對安寧緩和醫療意義的重新闡述，指出安寧療護是「當病人與家屬面臨使生命受威脅的疾病時，

得經由預防及緩解來改善他們生活品質的方式，並且要及早辨認、完善評估以及全人（身、心、靈）方式去治療疼痛及其他問題」（賴允亮，2017，頁 4）。賴允亮也表示世界衛生組織對安寧緩和醫療的明確指示為：「安寧緩和醫療的服務對象為罹患使生命受疾病威脅的病人及其家屬；採用的治療方式包含預防及緩解、早期辨認、完善評估、全人治療，以團隊力量提供支持系統，且能夠與延長生命的治療併用；治療目標為改善生活品質、有效影響病程、治療疼痛及其他症狀，也包括含家屬的哀傷及其他困難；對病人的死亡採取最積極的態度、協助陪伴、不加速死亡、不拖延死亡、尊重生命的自然性；介入的時機是在疾病早期就要施行」（賴允亮，2017，頁 4-5）。

　　一些學者更詳細的指出安寧緩和與臨終照護的目標，在於為病人和其家屬達成好的生命品質（good quality of life）以及好的死亡品質（good quality of death）的可能性；好的生命品質簡單地說是對生命有滿足感、愉悅感以及成就感，一種「有能力去因應」（the ability to cope）的感覺（Calman, 1984），而好的死亡品質則是透過疼痛減輕、症狀處理、心理支持、功能的最大化、尊重病人對醫療選擇的自主權及參與醫療選擇及決定，以及家屬或法律代理人的角色等各方面的適當發揮來達成（Godlsy, King, & Quill, 2014; Haley et al., 2003; Kring, 2006）。

（二）安寧緩和醫療在臺灣的發展與現況

　　安寧緩和醫療發源於十六世紀，當時是朝聖者的中途驛站，至 1967 年英國醫師 Dame Cicely Saunders 將此受苦的旅行者的理念引進醫療領域，應用於照護癌症末期病人，並且首創了對末期癌症病人疼痛治療的實證醫學。自此之後至今 50 年來，安寧緩和療護已經成為世界的趨勢，也成為許多國家的醫療政策（賴允亮，2017）。臺灣安寧緩和醫療工作則自 1990 年開始，在臺北馬偕醫院設立第一間安寧病房，至今已經發展了近 30 年。2000 年臺灣公布施行安寧緩和醫療條例（簡稱安寧條例），2009 年健保給付從癌症擴及到其他八大非癌疾病，在近期更通過立法，於 2019 年 1 月起施行病人自主權利法（簡稱病主法），落實尊重病人醫療自主，保障其善終權益。根據近年的一項調查，臺灣在世界 80 個國家中，被評比為全球臨終安寧療護死亡品質世界第六、亞洲第一（The Economist Intelligence, 2015），由此可知臺灣安寧緩和醫療的表現已受到國際肯定。

　　過去臺灣安寧條例之核心概念，在於讓末期病人有權拒絕實行心肺復甦術和維生醫療，而病主法則更進一步強調與落實病人「自主選擇」的精神，在當事人有完全行為能力時，就先接受「預立醫療照護諮商」，與家屬、醫師、護理師、社工師、心理師等醫療團隊，共同協商好一旦自己成為自主法所規範的「末期病人、不可逆轉之昏迷、永久植物人、極重度失智、或其他經中央主管機關公告疾病或情況等」特殊狀況

的病人時，所要作出的醫療決定與醫療照護計畫，並由當事人完成簽署預立醫療決定書，才算具有法定效力。從安寧條例到病主法的演進，自主法落實了「病人自決」的美意，未來家屬不得干預當事人所作出的醫療決定，也可以減少未來不必要的醫療糾紛。

　　隨著自主法的通過，安寧諮商心理師的工作也增加了新的任務。例如：協助病主法政策的宣導與推廣，利用機會向民眾及病人與家屬提供生死教育，討論與澄清對生命及死亡的意義與信念；參與並成爲預立醫療照護諮商的成員，與病人及家屬討論及說明、促進病人和家屬間意見的表達與溝通、協助病人作出醫療處置的決定；也需要常與其他醫療團隊成員討論，並協助促進彼此間的合作與溝通等。簡言之，安寧諮商心理師可積極協助民眾在心智上有能力可行使自主決定權時，爲自己預先作出在末期與臨終時之醫療決定，並向家屬表達心願，簽署在法律上生效的預立醫療決定書，且能在進入重症末期與臨終過程中，與家人親友道謝、道愛、道歉以及道別，平安的走完在世的人生旅程（臺北市立聯合醫院，2019）；這是病主法實施之後，安寧諮商心理師擴增的工作內容與價值所在。

（三）安寧緩和醫療團隊

　　安寧緩和療護強調全人、全家、全程、全團隊、全社區的五全照護。全人是指對病人的身、心、社會、文化、靈性的整體與全面性照護；全家是指對病人及家屬、重要他人（甚至看護）的照護；全程是指病人從接受安寧緩和醫療開始、到臨終死亡的照護，以及死後家屬的失落哀傷處理都涵蓋在內；全團隊是指安寧緩和療護是由跨領域的不同專業成員所組成的；全社區指的是將安寧緩和醫療由醫院拓展到社區服務。目前臺灣安寧緩和療護的實施場域，涵蓋安寧病房住院病人、不在安寧病房而在醫院內其他病房之安寧共同照護病人，以及居家照護的安寧病人。對於離開安寧病房選擇居家安寧的病人，安寧醫療團隊會到病人的家中提供照護。

　　關於團隊的醫療，根據臺灣安寧療護的相關條文，明文提到安寧療護是以醫師爲主導之團隊方式提供服務，成員有安寧緩和醫療專科醫師、護理師、社工師、宗教師、心理師（含諮商與臨床心理師）、職能與物理治療師等專業人員，有時也會視病人病情需要會診其他專科醫師，協助進行緩解性的症狀控制；此外，受過訓練的志工也是團隊的一分子。這個跨專業的醫療團隊是以病人爲主體，一切照護都是以達到使病人舒適、提高其生活品質爲前提（林育靖，2017）。根據規定，所有專業團隊成員都需要受過相關專業訓練，並須接受在職訓練（衛生福利部，1995），以對安寧病人提供有效能的照護。

　　以上簡要的說明，提供諮商心理師對安寧緩和醫療的服務有概括的基礎認識，接

下來筆者將依據五個主題進行相關文獻回顧，之後再根據文獻回顧的結果，對諮商心理師在安寧緩和療護領域的未來發展提出建議。

二 文獻回顧

　　筆者將根據五個主題作出文獻回顧：(1) 安寧療護諮商心理師採取全人（physical-psycho-social-cultural-spiritual）照護模式：筆者在安寧療護工作中看到對病人與家屬採取全人照護模式的重要性，因此以整全照護爲主題作出文獻回顧，以對比傳統諮商心理師僅關注於處理案主之心理社會議題與心理健康促進的心理模式；(2) 安寧療護諮商心理師需要具備的專業知能：安寧諮商心理師因爲涉及的特定工作範疇與工作任務，因此所需要的專業知能與訓練也不同於傳統諮商心理師，因此筆者以此爲主題作出文獻回顧；(3) 諮商心理師在安寧療護中的角色與功能：諮商心理師在安寧療護中有特定的角色與功能，亦不同於傳統諮商心理師，因此筆者也以此爲一主題進行文獻回顧；(4) 安寧與臨終病人對於宗教與靈性的特殊需要：宗教與靈性需要是安寧與臨終病人在面對生命結束即將進入死亡時的關鍵議題，但是在一般心理諮商中案主甚少會直接關注這個議題，而傳統的心理諮商訓練也幾乎不會碰觸宗教與靈性議題，因此筆者認爲安寧諮商心理師需要理解這些過去極少關注的宗教與靈性議題，才能夠有效能的服務安寧病人與家屬；(5) 多元文化與族群的安寧療護：臺灣是一個多元文化社會，安寧病人與家屬也來自多元文化族群、宗教與靈性背景，他們在面對死亡議題時所持有的態度信念乃儀式行爲都與背後的文化與宗教靈性息息相關，但這也是傳統心理諮商中欠缺的一環專業教育，因此筆者也以此爲一主題作出文獻回顧。筆者期待讀者在閱讀完這五個主題的文獻回顧之後，對於諮商心理師在安寧緩和療護的工作理念、重要核心價值、在安寧團隊的角色與地位，以及工作任務與內容等，都能夠有更清晰與深入的認識。

（一）安寧緩和療護採取生理—心理—社會—文化—靈性的全人整全照護模式（bio-psycho-social-cultural-spiritual holistic care model）

　　世界衛生組織於 2002 年對安寧緩和療護重述意義，指出安寧緩和醫療是一種全人（身、心、靈）的治療與照護（引自賴允亮，2017）。臺灣安寧療護推手趙可式教授則認爲安寧療護是包含全人、全家、全程及全團隊的照護，其中全人照護包括身體、心理、靈性三方面（趙可式，2016）。雖然過去文獻多指出身心靈三面向的

全人照護，但筆者認為可將身心靈的三方面的全人照護更延伸為生理一心理一社會一文化一靈性五個層面的全人照護（bio-psycho-social-cultural-spiritual model），可將照護層面涵括得更完整。筆者認為過去被安寧專家學者們忽略的社會與文化層面，實則與安寧療護工作息息相關，因為病人的心理與行為反應，與家人間的關係和外在的社會關係緊密相連，而這在強調家族主義及關係主義的華人社會更是如此（黃光國，1995）。韋氏詞典（Merriam-Webster Dictionary）（2012）定義文化為一個種族、宗教或社會群體習俗、社會常規，因此安寧照護者要合宜的照護病人，就需要了解病人所來自之文化群體之常態想法與行為，包括使用的言語、生活習俗、價值觀與信念、宗教與靈性觀等，因為這些都會無時無刻地以各種有形無形的方式影響著病人的心理與行為（陳秉華，2017）。

　　生理一心理一社會一文化一靈性五面向的全人照護，包含生理（身體的、感官知覺的）、心理（含情感、動機、意志、認知、行為等各層面）、社會（含家庭、社會關係、社會資源）、文化及靈性（含宗教、靈性）五面向。身體的照護主要指緩解與控制因疾病引起的身體疼痛與各種身體痛苦的症狀（黃安年，2017），心理的照護指的是進行心理評估、協助病人及家屬處理身心症狀、處理死亡的焦慮與恐懼，以及面對死亡的哀傷失落，或在疾病壓力下出現的精神症狀（如焦慮、憂鬱、譫妄等認知障礙）、自殺意念或行為等（林育靖，2017），諮商心理師正確的評估與合宜的介入會在專業團隊中發揮重要的角色功能。社會的照護指的是協助化解病人與家屬之間的關係阻礙、改善不良的家庭互動或溝通、協助病人及家屬面對哀傷與失落、連結病人與家庭需要的社會資源與建立社會支持系統等。傳統上社會面向的工作是由社工師來擔任，醫療團隊也常認定這是社工師的專長，但隨著諮商心理師的專業訓練從個人內在系統擴大到家庭與社會文化系統，諮商心理師多具備了社會面向的知能可提供服務，也因此會與社工師的角色功能產生重疊。

　　文化面向的照護則是指對來自社會中多元文化族群之病人及家屬，提供合適其文化傳統的照護。臺灣是多元文化的社會，除了漢人（閩南、客家、外省族群等）外，還有原住民，以及人數日益增加的新住民（外籍配偶、外籍學生、移工等），也有不同性別、性取向、年齡層和不同宗教背景等的人口結構（陳秉華，2017），因此在安寧緩和療護工作中，需要具備多元文化的敏感度，了解病人及家屬的文化傳統，否則醫療人員就很容易落入文化膠囊（cultural encapsulation）（Wrenn, 1962, 1985）中，不自覺地在醫療場域裡對非主流族群產生社會與文化的壓迫（social and cultural oppression）（Sue & Sue, 2013）。宗教或靈性的照護，指的是協助病人肯定自身存在的意義與價值、面對生命流逝仍能把握珍惜、對自我的生命有尊嚴感，並能因宗教信仰而對死後生命的去處有盼望。靈性的照護傳統上是宗教師的工作，但因為靈性需

要是病人在生命末期時普遍且重要的需求，因此專業團隊中任何成員都需要對靈性有所認識，以適時協助病人。

以上的五個面向，在專業分工清楚的醫療體系，會由不同的專業人員來負責，例如：身體的療護由醫師、護理師、營養師、物理治療師、呼吸治療師等負責，心理的療護由心理師（含諮商與臨床心理師）負責，社會的療護由社工師負責，靈性的療護由宗教師負責；在明確的專業分工系統下，若遇到非個人專業的情況時，通常會轉介給醫療團隊中的其他成員來照護。然而安寧病人常常所剩時日不多，病程的變化也很快，所以專業團隊中的任何成員在接觸病人時，都很有可能是這病人最後的生命時刻。因此，無論照護人員的專業背景為何，若都能具備全人照護的知能，就可在最後的關鍵時刻，對病人與家屬提供最大的協助。更何況人是整全的存在個體（holistic being），生心社會文化靈性各面向彼此相互影響難以作切割，更難以分離各自處理。這樣的整全觀帶給醫療團隊的提醒是：雖然各學門因專業分工而各自在自己的領域精熟，但也需要考量病人及家屬的整全需要，增加整全的照護知能。安寧緩和療護是整合性的學門，美國安寧照護品質國家共識計畫（National Consensus Project for Quality Palliative Care）於 2009 年出版《安寧療護臨床指引》，指出安寧療護的範疇包括對病人的身體、心理與精神、社會、靈性宗教與存在性、文化各層面的照護，支持了筆者於此所提出的五面向整全照護模式，因此安寧諮商心理師亦須具備生理─心理─社會─文化─靈性的全人照護知能。

（二）安寧諮商心理師需要具備的專業知能

WHO 支持以能力導向作為健康專業人員的教育訓練基礎，而「專業能力」（professional competency）指的是「一組認知的、情意的、技能的，以及能支持在日常的實務工作」，安寧療護能力就在這個視框下被各國學者探討並建構發展（例如：Cooper, Aherne, & Perei, 2010）。美國 National Consensus Project for Quality Palliative Care 於 2009 年出版《安寧療護臨床指引》，訂定安寧緩和療護須涵蓋八大構面及相對應的臨床指引，其中除了對照護團隊的照護基本結構與過程提出指引，也對生理、心理、社會、靈性／宗教與存在意義、文化各面向的照護指引提出詳細說明，可作為諮商與臨床心理師提供安寧病人／家屬整全照護的實務參考依據。

Godlsy 等人（2014）認為，心理師（含諮商與臨床心理師）在安寧緩和醫療團隊中需具備八種知能：(1) 理解疾病的生理面向和死亡過程；(2) 了解慢性、末期、有限生命以及臨終疾病患者之心理、社會文化、靈性與人際因素；(3) 正常與非正常的悲傷和哀慟；(4) 溝通與催化產生進階照護計畫；(5) 身體和心理健康狀況之評估；(6) 對慢性疾病、受生命危脅或末期疾病病人之心理治療；(7) 家庭評估和處遇；(8) 專業

間的團隊合作、諮詢以及專業自我照顧。

歐洲安寧緩和醫療組織的 Jünger 與 Payne（2011）認為安寧心理師（含諮商與臨床心理師）需要接受的研究所層級的專業課程涵蓋十個向度，包括：(1) 安寧療護的基礎——歷史、哲學、定義；(2) 專業角色與自我形象；(3) 心理衡鑑與記錄；(4) 諮商與心理治療；(5) 諮詢督導與團隊支持；(6) 研究；(7) 自我覺察與自我照顧；(8) 倫理；(9) 文化多樣性；(10) 政策、組織與倡導推廣。

臺灣目前要求所有從事安寧之工作者，包括醫師、護理師、社工師、心理師（含諮商與臨床心理師）、宗教師或靈性關懷師，須完成 80 小時的安寧療護基礎教育訓練課程，才能夠取得基礎資格；這些課程主要由臺灣安寧緩和醫學會、安寧相關護理學會等學會辦理。80 小時的課程涵蓋七大主題：安寧緩和醫療的介紹、十大疾病病人之舒適照護、末期症狀控制、末期病人及家屬之心理社會與靈性照護、末期病人與遺族之哀傷輔導、安寧療護倫理與法律以及溝通技能。

此外，對於有心理師證照（含諮商與臨床心理師證照），且在醫療機構從事安寧療護的臨床或諮商心理師，在完成基礎課程之後，還需要接受進階專業訓練，分為基礎專業與進階專業課程兩部分。以 107 年臺灣安寧照顧協會提供的專業訓練課程為例，基礎專業課程包括五堂課共 13 小時，課程名稱為：(1) 安寧心理師的角色與團隊工作模式；(2) 安寧療護團隊的溝通：心理陪伴與照顧；(3) 安寧心理師自我覺察、反思與照顧；(4) 末期病人心理衡鑑（一）：生物學因素對於心理的影響——評估、鑑別診斷與溝通；(5) 末期病人心理衡鑑（二）：Distress、憤怒、恐懼、心理痛和整體痛、失志、靈性安適、創傷後成長。進階專業課程包括五堂課共 15 小時，課程名稱為：(1) 臨終陪伴與深度同理；(2) 自殺危機處遇；(3) 末期病人心理衡鑑（三）：個案概念化與記錄書寫；(4) 家庭動力與哀傷評估；(5) 特殊人格處遇與團隊因應。

從以上國內外的文獻資料可發現，安寧心理師（含諮商與臨床心理師）所需具備的專業知能範疇，是與筆者前述的生理—心理—社會—文化—靈性整全照護，以及五全（全人、全家、全程、全團隊、全社區）的工作模式互相呼應的。簡言之，安寧諮商心理師除了需具有傳統心理師所具備的心理評估與衡鑑、心理諮商與治療，以及專業自我覺察與反思等能力外，還需要對於重症患者的生理症狀及病程變化、對病人面臨死亡時所產生的心理、社會、宗教與靈性各方面需求等，都有全面性的了解及照護技能。且不同於傳統諮商心理師的個別心理服務，安寧諮商心理師面對的是病患及家屬，涉及家庭動力、溝通型態、家庭資源等的評估，為的是能有效協助病人與家屬共同面對和討論失落哀傷與死亡等議題。此外，因為安寧諮商心理師是與安寧醫療團隊一起工作，與醫療團隊的溝通、合作、提供諮詢等，也都是安寧諮商心理師必備的知能。面對來自多元文化的病人與家屬，安寧諮商心理師也需要具有多元文化的敏感度

與知能，才能理解來自特定文化案主與家庭的信念與行爲，以提供文化合宜的介入處理。以上都是因著諮商心理師對安寧病人及家屬工作的特性，而需要具備更多於傳統諮商心理師的專業知能。

目前臺灣的諮商人員教育訓練機構，僅有北部一所大學的心理諮商所，以培育有生死關懷之諮商人員爲教學目標，涵蓋臨終關懷與諮商輔導。相當多安寧諮商心理師的專業知能，是在諮商心理師進入安寧領域服務後，才透過在職或繼續教育獲得補強，影響安寧諮商心理師的人才培育與專業發展相當受限，導致也無法有更多諮商心理師加入安寧團隊，展現出更顯著的工作成效。

（三）心理師（含諮商與臨床心理師）在安寧緩和療護的角色功能

Haley 等人（2003）指出，個體從健康到死亡的進程可分爲四個階段：(1) 罹病前的健康期；(2) 疾病確診治療開始期；(3) 進入疾病末期過程與死亡期；(4) 病人過世後遺族面對哀傷期，在每個階段心理師都可以展現其特定的角色功能。第一階段爲「罹病前健康期」，是指一般健康人或仍在健康階段的慢性病人，心理師可進行疾病預防與健康推廣服務，甚或與病人可開始討論有關死亡的議題，並在適當的時間鼓勵其開始進階照護計畫，幫助他們增加對自身生命的控制感。第二階段則爲「疾病確診治療開始期」，病人可能會因爲受到病情確診衝擊而出現各種情緒反應，此時心理師可協助病人處理罹病的情緒感受，幫助他們使用有效的身心因應方式處理情緒；心理師也需了解病人的疾病診斷並評估其情況，以協助病人及家屬與醫護人員溝通要選擇的治療方案，並判斷是否需要啟動社會資源或其他服務來協助病人。當病人疾病惡化，治療目標就會從積極治癒（curative treatment），轉向緩和療護，著重疼痛和症狀控制與處理，此時便是進入了第三階段的「疾病末期過程和死亡期」，這樣的轉變對病人和家屬都需要很大的調適，因爲這意味著病人的病情不會好轉，必須開始面對生命有限與死亡議題，常會引發病人與家屬強烈的情緒。心理師此時可提供病人及家屬情緒與心理的支持，以及對心理社會靈性層面作介入處理，例如：預期性悲傷調適、探討存在和靈性議題、與病人進行生命回顧、準備面對死亡、壓力和焦慮的因應、與病人或家屬發展末期照護計畫、協助處理病人最關心的未了心願等。如果病人有高度焦慮和負面的自我預期，就可能會加速身體的不適症狀，心理師及時介入就至爲關鍵，這也突顯出心理師在安寧緩和與臨終照護上重要且獨特的角色功能。病人離世後，對家屬是因應失落哀傷與進入另一段生命改變的開始。心理師要觀察與評估家屬喪親後的身心社會靈性各層面的衝擊，並警覺在悲傷階段他們的身心與精神徵狀，對於失落與創傷大的家屬，心理師要有能力協助他們走過哀傷失落歷程，這也是心理師在安寧病人照護第四階段「遺族面對哀傷期」可發揮的關鍵專業功能。從以上

Haley 等人（2003）的陳述，可理解心理師對安寧病人可提供的全人、全程與全家照護包括：為面臨生命終點的病人和家屬進行心理評估或衡鑑、提供心理社會靈性整合性的介入處遇、提供安寧醫療團隊諮詢和支持、病人過世後對家屬進行哀傷治療，以及發展並執行方案並作出評估。

　　Godlsy 等人（2014）也指出心理師在安寧緩和療護的角色功能，是幫助病患、家屬以及其他團隊專業人員，能夠調適疾病的進程並最大化生命的品質；換言之，心理師透過與安寧專業團隊的合作，使病人／家屬獲得醫療成員的支持與協助，使在病人受苦的過程中，仍能朝向希望、意義、目標，有功能的「持續地活著」（continued living）。Payne 與 Haines（2013）則在回顧文獻後，主張心理師在安寧療護專業團隊中，可展現四種獨特功能，包括：提供病患和家屬直接臨床服務；提供安寧團隊人員對病患和家屬的心理照護知能、溝通技巧訓練；提供醫療組織及專業團隊支持，處理團隊成員因不同專業產生的衝突；以及貢獻安寧醫療研究的心理學理論觀點（如自我概念、自覺的控制感、失落與壓力等）或心理計量方法（如標準化問卷設計、訪談設計等）。Otis-Green、Sberman、Perez 及 Baird（2002）應用全人整全照護模式於癌症病人的疼痛控制，發現病人在身心社會文化靈性各層面呈現的樣貌，都會影響到病人癌症疼痛知覺的經驗，此結果支持對癌症或重症病人提供全人整全照護的重要性。此外，Edlynn 與 Kaur（2016）探討兒童安寧療護心理師在專業團隊的特殊角色功能，以及如何與其他專業團隊合作分工，他們發現心理師可負責評估安寧病童的心理情緒行為及疼痛狀況、溝通說明病人的症狀以緩和其病痛、最大化病人的醫療參與和決定，並以實徵研究來支持所作的介入處理的效果。Ftanou、Pascoe 及 Ellen（2017）指出臨終照護中使用心理社會介入的實徵研究相當缺乏，儘管心理師擁有心理社會介入知能，但在安寧療護臨床實務卻很少使用。Ftanou 等人（2017）認為至少有五種心理社會介入方法可被運用在末期病人照護，包括：意義中心團體心理治療（meaning-centered group psychotherapy）、個人意義中心心理治療（individual meaning-centered psychotherapy）、支持表達性團體心理治療（supportive-expressive group psychotherapy）、尊嚴治療（dignity therapy）、管理癌症及有意義的生活（managing cancer and living meaningfully）等。

　　然而，心理師在安寧緩和醫療團隊中的角色功能至今仍未被廣泛認識，Nydegger（2008）以問卷調查美國國家安寧與緩和療護機構（National Hospice and Palliative Organization）所設置的安寧方案（hospice programs）服務情況，調查結果發現，安寧療護服務中，心理學是重要的，然而心理師在其中的角色與位置，卻還有很大的澄清和發展空間；也就是說，儘管心理師在安寧療護與臨終照護中有許多可發揮的功能，但心理師卻還很少被聘用或參與在其中。Golijani-Moghaddam（2014）也

指出，英國的心理師在安寧緩和醫療的角色與貢獻相當有限，心理師大多數沒有接受過相關的專業訓練，而過去心理學在安寧療護領域雖然提供了一些關於面對死亡的心理學知識，但在實務上並沒有產生重大的影響。因此，他們呼籲心理師需要積極建立與發展在安寧緩和療護中的臨床功能。

　　由上述文獻回顧可知，心理師（含諮商與臨床心理師）在安寧療護工作場域中可發揮的功能相當全面性，從時間軸來看，在病人罹病前、確診後、末期過程到死亡後，安寧心理師在不同病程都有可發揮的角色功能；而在每一個病程，安寧心理師所能貢獻的，除了對在特定病程的病患及家屬提供該時期特定需要的直接服務外，在間接服務上，也可透過協助醫療團隊、推動發展與落實服務方案、進行臨床研究等，使病人及其家屬獲得整全的照護。

（四）安寧病人之靈性需要與靈性照護

　　這主題可分為四部分探討：(1) 宗教／靈性在臺灣社會的普遍與多元化；(2) 區分宗教與靈性概念的異與同；(3) 安寧病人之宗教與靈性需要；(4) 對安寧病人的靈性照護。

1. 宗教／靈性在臺灣社會的普遍與多元化

　　臺灣有宗教信仰的人口比例相當高，美國國務院發布的〈國際宗教自由報告：2017 年臺灣部分〉資料顯示，臺灣高達 80% 的民眾信奉某種形式的宗教（美國國務院，2018）。臺灣中央研究院社會科學研究所在 2015 年所發表的〈臺灣社會變遷基本調查計畫〉中亦指出，有 89.7% 民眾表示有宗教信仰，僅有 10.3% 的民眾表示沒有宗教信仰；有 85.5% 的民眾表示同意或非常同意宗教信仰可以幫助他們獲得平靜和喜悅，且有高達 84.5% 的民眾同意在感到痛苦時可以透過宗教獲得安慰（傅仰止、章英華、杜素豪、廖培珊，2015）。從以上調查結果，可顯示宗教／靈性在臺灣社會的普遍性以及對民眾的重要性。

　　根據臺灣官方發布的臺灣宗教類別統計，臺灣是一個多元宗教的社會，主要的宗教類別就有 22 個（內政部民政司，2017），其中以佛教與道教為最大宗，合計占總人口 68%（美國國務院，2018）。據〈臺灣社會變遷基本調查計畫〉於 2014 年抽樣訪問 1934 位民眾的研究報告顯示，在臺灣較為普遍的宗教除了佛、道教之外，還有一貫道（約占 2.0%），另有約 3% 為數教合一或信仰其他本土宗教如天帝教等，而臺灣較常見的西方宗教則是基督教（約占 4.3%）及天主教（約占 1.0%）。美國研究機構皮尤研究中心（Pew Research Center）針對全球 232 個國家和地區進行宗教多樣性指數（religion diversity index）統計，臺灣名列第二（Pew Research Center,

2014）。以上各種不同資料來源，都足以顯示臺灣是一個多元宗教的社會。

2. 宗教與靈性概念的異與同

在討論宗教與靈性議題時，首先需要對這兩個名詞加以定義並區分其異同。學者們對宗教的定義雖因人而異，但整體而言共通性高，例如 Koenig（2009）提到宗教（religion）源自於拉丁文 religare，是結合在一起之意，指對神聖之事有共同信念與行動的組織，對存在的基本問題與身後有特定的信念，並據此引導此生的行為規範。Dyson、Cobb 及 Forman（1997）則認為宗教是由一群相同信念、傳統、儀式的人所組成的社會組織，人可透過社會或機構組織來表達靈性。

相較於宗教，靈性的定義則顯得抽象模糊。靈性（spirituality）這個字的起源從拉丁文 spiritus 而來，意思是呼吸或生命力（Soukhanov, 1992）。Young 與 Cashwell（2011）將靈性定義為人類經驗自我轉化與覺察神聖內在的能力，最終可增加自我與他者間有更大的憐憫與愛；而且他們認為靈性經驗的發展與脈絡相當個人化，會橫跨個人的一生。美國諮商學會（American Counseling Association, ACA）分會靈性、倫理與宗教價值觀諮詢協會（Association for Spiritual, Ethical and Religious Values in Counseling, ASERVIC, 2010）對靈性所作出的定義普遍為學界所接受，他們提出靈性是：人生來具有的能力與傾向，會推動人追求智慧、愛、意義、和平、盼望、超然、連結、憐憫、幸福和完整。近年來學者們對靈性逐漸有的共識是：靈性是人在生活處境中，對存在意義與生命目的的尋求，但是靈性不一定與宗教有關（Tanyi, 2002）。

關於宗教與靈性的異與同，學者們也多有探討。有些學者指出，有些人透過宗教追尋靈性，但也有些人追尋靈性卻不涉入宗教；換言之，宗教與靈性雖然意義並不全然相同，但兩者之間是有重疊的（Golberg, 1998; Miller, 2003; Sperry & Shafranske, 2005）。也有些學者認為宗教與靈性互有關聯，透過宗教的信念、組織與傳統，往往能獲得靈性經驗及幫助靈性的表達，因此不需刻意將兩者切割（Fukuyama & Sevig, 1999; Pargament, 1997）。

3. 安寧病人之靈性需要

現代安寧療護運動的先驅 Dame Cicely Saunders 提出「全人的苦難」的概念，特別重視病人的靈性痛苦，影響現今安寧療護的全人照顧至深（Faull, 2012）。了解安寧病人的靈性困擾、靈性需要，對靈性照顧相當重要，過去文獻指出安寧病人的靈性困擾是多層面的（Hart, 2010），且末期病人的靈性關乎到整體的健康，接受靈性照護的病人會出現較好的健康狀態（陳怡如，2006）。

Hart（2010）指出人在面對人生最後的階段，最常見的情緒是恐懼。面對未知的

死亡，沒有過來人可以告訴我們那是怎樣的經驗，使得我們要安慰瀕死者更爲困難。死亡帶來的是失去所有的已知，人得憑藉最後的一次信心跳躍，或是最大的一次放手，去迎接一個更大的未知世界。Hart（2010）認爲人在面臨死亡時的恐懼來自至少三個層面：身體上不知道會經過怎樣的死亡歷程？情感上會擔心如何能把摯愛的人留下，自己先行離去？靈性上會問自己生命的意義和去向爲何？其他相關研究也指出，人在年老、重病、面對死亡時，靈性的困擾與靈性的需要更甚於人在健康時的其他階段，因爲人面對生命的不確定，會產生死亡焦慮與恐懼、對生命意義質疑，並發出靈性的問題：人爲什麼活？人死後還存在嗎？人死後會去哪裡？需要找到對生命、死亡、意義等終極問題的答案（Ross, 1997）。Saunders（1965）提出末期病人的靈性需求包括：意義的追尋，需要被寬恕，擁有希望和愛。毛新春（2012）則指出末期病人需要被眞正的愛和去愛、體會生命的意義與價值、從宗教中得到神明的寬恕與希望，以及需要恢復與人與神和諧的關係。

　　Reed（1987）的研究發現臨終病人比健康的成人或非末期的病人更有靈性，並且有更大比例的受訪者指出他們會面臨靈性上的劇變。不同研究皆同樣顯示：無論是癌症病人、末期重症病人、接受安寧療護的病人、需要長期照護的病人及其家屬、在加護病房過世者的家屬、受創病人等，宗教或靈性信念對他們都變得關鍵與重要，並且宗教與靈性也在因應重症疾病、作出醫療決策決定、心理健康、生命品質等各方面，扮演了至關重要的角色（Ford, Downey, Engelberg, Back, & Curtis, 2012）。

　　陳怡如（2006）的研究指出，靈性健康的急性與慢性病人，往往在生理與心理層面也較健康，較有生活品質，更有希望感，較少憂鬱或孤單感，面對困境也有較佳的應對策略。Kinzbrunner（2011）的研究顯示靈性照顧是重症病人免於絕望與憂鬱的保護因子，靈性安適感較高的病人有較低想早死或自殺的意念，並在他們疾病末期時較少無望感；相反地，靈性安適感較低的病人，病痛會使他們所受的心理衝擊增加。Tang、Anderson 及 Forbes（2004）檢視了 60 名接受安寧照顧的病人，發現靈性知覺較高的病人，顯著地在個人整體生活品質量表，以及與健康有關的生活品質量表上的得分皆較高。Thomson（2000）的研究也發現接受居家安寧照護的病人，在持續四個月的研究期間，顯示出靈性健康是全人生活品質的指標。由以上文獻看來，都支持末期病人接受靈性照顧，會有助於提升他們的健康狀態與生活品質。

　　在臺灣，釋宗惇等人（2002）以在醫院照顧頭頸部癌末病人之佛教宗教師爲研究對象所做的調查，發現病人的靈性困擾包括：自我尊嚴感喪失、自我放棄、不捨、不甘願、死亡恐懼、心願未了、不能接受死亡等。Hsiao、Gau、Ingleton、Ryan 及 Shih（2011）以質性研究個別訪談法，了解 33 位臺灣後期癌症病人在治療歷程中的靈性需要，發現病人的靈性需求包含：需要知道眞相與需要有存活的希望、獲得寧靜的心

態、完成生命的意義、維持個人的尊嚴、經驗更多相互的關愛，以及獲得協助平安面對死亡。

統整以上文獻，可知末期病患處在人生最後階段，更容易感受到靈性失去和諧的痛苦，人生觀與價值觀皆受到極大衝擊，甚至可能懷疑自我存在的意義與目的、與他人關係產生不滿或疏離、對神或至高者失去信心，或無法面對或超越身體的症狀和死亡的痛苦，這些靈性困擾都反映出安寧病人靈性的需求。安寧諮商心理師在病人與家屬的靈性困擾與需求的滿足上，是有可發揮的角色功能處，諮商心理師可以透過協談的方式，探詢病人說出在存在與靈性議題的擔憂懼怕或不確定感，並且能夠透過故事敘說法引導病人重新回顧過往生命經驗並發現自己的存在意義與價值，例如生命回顧就是對於一般老人與重症病人常用的一種介入方法（李開敏，2017）；此外，諮商心理師如果能夠陪伴病人一起探討面對死亡的焦慮、生命去向的疑惑等這些病人關切的重要議題，將可減少病人獨自面對的孤單與恐懼感，甚至也可以協助病人找到自己的「回家路」，而能夠安心離世。

4. 對安寧病人的靈性照護

Cooper、Aherne 及 Pereira（2010）的研究指出，在 2004～2006 年間加拿大開始安寧療護靈性關懷發展計畫，帶出有關安寧療護靈性關懷訓練需要的廣泛討論，並產生專業發展資源的連結。他們經過廣泛討論達成從事安寧療護靈性關懷需具備之能力的共識，包括靈性關懷的定義、主要工作責任、工作任務、工作者的特質、需具備的知識與能力，Cooper 等人並於研究中具體列舉出每一種安寧靈性照護的能力，這樣的成果可以指引未來臨床訓練的課程設計（Cooper et al., 2010）。

Faull（2012）提到對安寧病人及家屬靈性照顧需具備的技巧包括評估、聆聽、反應與團隊。McKinnon 與 Miller（2011）指出靈性照顧者需要做的事包括：傾聽而不是給建議、不把自己的價值觀強加給病人，而是陪他去探索何者對他是重要的、對不同的價值觀與態度包容不評斷、尊重與了解病人及家屬的宗教習俗與信念、在提供靈性幫助時要了解自己的限制、讓病人有機會探索自己的情緒與需要、協助病人對情緒作出合宜的宣洩與表達、聆聽病人，並從病人處學習增長自己的靈性等。

陳秉華等人以質性研究探討安寧療護靈性關懷人員需具備的態度、知識和技能（陳秉華、邱仲峯、范嵐欣、趙冉、吳森琪，2016），研究參與者的宗教背景以基督教為主，包含安寧團隊的各照護成員共 18 人，以焦點團體訪談法收集資料，研究結果發現靈性照顧能力包含三個主要類別，分別為靈性照顧的基本知識、靈性照顧的態度、靈性照顧的專業知能，三個主要類別又可分為 18 個次類別。陳秉華等人再依據以上之研究結果，進一步發展靈性關懷能力的測量工具，稱之為「靈性關懷能力量

表」（陳秉華等人，2017），全量表通過項目分析、因素分析等統計方法之檢測後得 16 題，共三個因素，分別命名為「靈性關懷知能」、「靈性關懷自我覺察」以及「靈性關懷照顧」。此量表不帶有基督宗教的靈性關懷色彩，適合給不同宗教背景的安寧靈性關懷人員使用。陳秉華等人（2016，2017）的研究發現，雖然是以安寧靈性關懷人員為研究對象所進行的研究，但是對於安寧諮商心理師與安寧照護團隊也有可參考與應用的價值。安寧諮商心理師與團隊其他成員，可以使用質性研究發現及「靈性關懷能力量表」的題項，作為在靈性照顧的知識、態度、技能等方面的自我評估，發現自己在靈性照護能力各面向上的強項與弱項，作為日後在自我專業發展的補強依據。

在過去，宗教師或神職人員會在臨終者的床邊提供服務，到了現代社會，除了靈性關懷人員／宗教師，醫療團隊中的醫師、護理師、社工師、心理師（含諮商與臨床心理師）等，也都可能會承擔起這樣的任務，照護者有能力回應病人發出的靈性需要或問題，才能算是一種對病人的整全照護。諮商心理師對安寧病人及家屬提供的整全照護，包括有能力去回應病人或家屬在靈性層面的需要，但這並不是要取代宗教師的角色，畢竟在涉及較深入的宗教教義的教導與討論，以及執行臨終前的宗教儀式或喪葬禮儀的安排等，才是宗教師的專長與具有的職份。但筆者認為諮商心理師具備與病人或家屬交談宗教或靈性議題、發現及探討靈性的需要及滿足等能力是重要的，當諮商心理師發現病人或家屬有更深入或更特定的宗教靈性需要時，也能夠與宗教師作資源連結或轉介，如此才能即時發現及回應病人或家屬的宗教靈性需要。

（五）多元文化與族群的安寧療護

本節包含三個部分，分別為多元宗教／靈性的照護、原住民族群的照護、心理師在兒童安寧緩和醫療的角色功能，以下分別陳述之。

1. 多元宗教／靈性的照護

對安寧病人的靈性照護須有多元宗教／靈性的認識。為回應臺灣多元宗教／靈性安寧病人與家屬的照護需求，臺灣安寧緩和醫學會制定專科醫師的團隊需要接受共同課程 15 小時，包含溝通技能、安寧療護的倫理與法律、安寧療護的症狀控制、安寧療護的心理、社會及靈性議題等主題。為了培訓有宗教／靈性背景的靈性關懷人員，臺灣目前比較有規模與歷史的有「基督教史懷哲宣道會」與「佛教蓮花基金會」兩個機構，各自規劃與提供靈性關懷訓練課程，培養安寧療護宗教師或靈性關懷師。以「基督教史懷哲宣道會」為例，欲成為基督徒靈性關懷者，除了需要接受「臺灣安寧照顧協會」提供的 80 小時安寧療護基礎教育訓練課程之外，史懷哲宣道會另開設專

業的基礎與進階訓練課程，含蓋安寧療護與死亡學概論、臺灣不同宗教／靈性與生死觀、基督宗教禮儀與靈性關懷、跨宗教靈性關懷、同理心與溝通訓練、靈性關懷中的社會心理靈性各層面議題、靈性需求與靈性照顧方法等主題，除此之外也要完成五天臨床實習課程。完成所有課程的學員，可領到史懷哲基金會發予的結業證明書，取得靈性關懷師的資格，有機會進入醫院擔任靈性關懷師職務（史懷哲宣道會，2018）。

臺灣蓮花基金會則於 2000 年開始培訓本土的臨床佛教宗教師，合格的臨床佛教宗教師需接受結合佛法運用在臨終關懷之理論與臨床實務的完整培訓課程。臨床法師有四個學習階段：(1) 了解緩和醫療及其團隊的運作，具備對生命的看法以及對人的關懷等知識的素養；(2) 了解其他團隊成員的角色及不同專業間的互動，先以志工的角色而非專業的方式做觀察，在一定時間內發展出自己的專業，以及對其他專業的了解；(3) 具備一般照護能力，傾聽、了解病人的需求，掌握病人的病情如何影響其身心狀況，了解不同的病人有不同的需求；應具有詢問技巧，能作專業的對談，避免涉及價值判斷；須運用諮商、放鬆等技巧達成目標；(4) 提供專業的支持，支持團隊運作、協助病人及其家屬面對死亡、依持佛法而得到善終（引自陳慶餘、邱泰源、釋宗惇、釋惠敏，2002；Chen, 2012）。

美國 National Consensus Project for Quality Palliative Care 在 2009 年出版之《安寧療護臨床指引》（*Clinical Practice Guidelines for Quality Palliative Care*）指出，辨別靈性方面的困擾和照顧病人及家屬的靈性需求是所有跨領域團隊成員的責任，而跨領域團隊成員在與病人和家屬溝通時，要尊重他們的宗教和精神信仰、儀式和習俗，不要將個人的宗教和精神信仰等強加於病人或家屬，且在對病人與家屬的宗教／靈性問題提供協助時，需要在文化、靈性、信仰價值上是一致的；最後，在病人死亡時與死亡後，需要根據病人及家屬的信仰、靈性、文化禮節和習俗提供所需的靈性照護。

由以上的文獻回顧可清楚知道，尊重病人的宗教與靈性信念，並按病人或家屬的宗教／靈性需求提供與他們信仰價值一致的靈性照護，是每個安寧療護團隊成員都需要依循的照護倫理。安寧諮商心理師面對病人與家屬在宗教與靈性照護上的知能，因為傳統以來都未納入在諮商心理師的教育訓練中，因而相對欠缺甚多；再者，根據本文前面有關安寧諮商心理師之專業知能文獻探討中，可以發現安寧醫護人員的基礎教育中雖然提到靈性照護，安寧心理師（含諮商與臨床心理師）的專業訓練中也提到靈性安寧，但兩者都僅占整個教育課程中相當微少的部分，筆者認為並不能使安寧諮商心理師對於病人的靈性需要與靈性照護有足夠的知能。因此，筆者主張未來的諮商心理師養成教育與安寧諮商心理師的繼續教育課程中，都需要更多增加這方面的訓練內容。進一步地，如果安寧諮商心理師面對的是來自不同文化或多元文化群病人與家

屬，就需要意識到不同宗教、文化與族群對於看待疾病、死亡、死後生命，喪葬、追念亡者等信念與方式都不盡相同，因此更需要去理解安寧領域中有關宗教與靈性議題在不同宗教、文化與族群的差異，才能夠提供合宜的宗教與靈性照護。

2. 原住民族群的照護

臺灣社會不同族群因傳統文化與宗教信仰不同，對接受安寧療護的有關態度，例如在哪裡死亡、要如何、在何處安葬等看法也各有不同。安寧療護工作者需要對於不同族群的生死觀、死亡態度、喪葬儀式等有所了解，才能夠與安寧或臨終病人及其家屬討論這些重要議題。

臺灣對不同族群的醫療照護相關研究相當少，以臺灣原住民為例，鮮少研究探討原住民族群遭遇重大疾病時的宗教／靈性因應與照顧方式。從過去臺灣少數的相關研究文獻發現，雖然隨著時代和社會變遷，許多原住民皆已離開原本部落，並逐步漢化（邱珍琬，2015；唐婉如，2008），他們對生死的概念，也受到臺灣光復後西方基督教與天主教傳入之影響而有所改變（陳宏治，2005），但是不少研究者也發現，原住民根本的傳統文化和宗教信仰仍對他們有一定的影響力，尤其在面對生死議題時，往往可看到他們對原有傳統或宗教的認同，例如死後應葬回部落並遵從某些儀式（唐婉如，2008）、死後應回到原出生時的家（邱珍琬，2015）、對死後世界的想像或死亡後「靈」的歸處等（陳宏治，2005；楊國柱，2005）。

張慧端（2004）研究指出，傳統原住民不只信仰神靈，也會透過巫術、咒語及禁忌等行為以達到趨吉避凶的效果。鄭雅君（2014）研究原住民青少年罹癌及復原歷程，發現在得知罹癌時，青少年與其家人會尋求原住民巫師的協助，試圖找出罹病原因，且除了西醫治療外，原住民也會採取傳統宗教信仰儀式的另類治療方法；在治療期間宗教力量是原住民青少年心靈得到慰藉的重要管道，60% 以上罹癌青少年會參與原住民祭祀活動，藉此感受祖靈的庇護並強化人際連結。陳亭君、林耀盛及許文耀（2013）比較臺灣原住民與漢人在災難的因應方面的差異，發現原住民在遭遇天災時，比較著重在個人的調適，而漢人較重視外在環境的改變；研究也指出原住民的宗教因應有助於正向心理適應，且宗教因應為原住民最常使用的因應策略，透過反省自身行為是否觸怒神靈來解釋災難的發生，使得災難在原住民心裡得到合理的解釋。

臺灣原住民相關文獻（施美英，2006；唐婉如，2008；楊國柱 2005）指出臺灣原住民各族群一般認為，死有「惡死」與「善死」之別；因老、病正常死亡者稱為「善死」，而意外死亡包括急病、自殺、他殺或橫死者，則稱為「惡死」，「惡死者」的靈魂不能進入靈界，會成為「惡靈」並對生人作祟，因此「惡死」是原住民相當忌諱的事（楊國柱，2005），並且也會影響接下來的殯葬方法、地點以及所應遵循的儀

式（唐婉如，2008；楊國柱 2005）。在這樣的傳統文化的生死和靈性觀點影響下，原住民病患及其家屬會如何看待自己／親人的罹病？對於接受安寧療護的態度又會如何？會經歷怎樣的靈性壓力？這些都勢必成為諮商心理師和安寧醫療團隊在與原住民病人及家屬溝通時先需具備的認識。

張榮攀、王英偉、鴻義章及范德鑫（2002）曾調查臺灣花蓮慈濟醫學中心四大族群（外省人、閩南人、客家人、原住民）之癌末病患接受安寧療護型態的差異，結果發現：原住民病患對「期待的往生場所」之態度，表達期待住院照顧至往生的人數比例，於四大族群中相對較低（13.4%，僅略高於 13% 之客家族群病患），遠低於外省人（51.4%）和閩南人（34%）。研究者提醒從事安寧療護的專業人員，應了解不同文化族群病人對於接受不同安寧療護型態背後的傳統文化影響，這樣才可能提供病人適切的安寧療護方案和服務（張榮攀等人，2002）。

Morgan、Slade 及 Morgan（1997）探討澳洲的醫療照護狀況，發現醫療人員對原住民與主流文化之差異不了解，造成原住民與主流健康照護服務顯得疏遠，因此他們呼籲來自主流文化的醫療人員，必須了解原住民的哲學觀、使用適切的溝通語言，才能提供對原住民適切的醫療處遇。澳洲的此一研究發現，與筆者於上述所引述的臺灣原住民相關文獻相互呼應。整體而言，可發現原住民之宗教信念與靈性觀，與他們面對生死、危機事件、疾病等之歸因、因應方式、醫療選擇、使用的宗教與靈性療癒方法等都息息相關，因此安寧團隊與諮商心理師在面對原住民病人與家屬時，需要對族群差異帶來的影響保持敏感，而避免以來自主流或是自身的文化信念或醫療專業處置，強加在原住民背景的病人與家屬身上，損傷了他們的福祉。

3. 諮商心理師在兒童安寧緩和療護的角色功能

兒童腫瘤與兒童安寧是安寧療護的一個分支，但直到近期才開始受到注意。一項美國的調查發現，小兒安寧緩和療護的團隊組成中，幾乎都沒有納入心理師（含諮商與臨床心理師）（Feudtner et al., 2013）。但實際上心理師在評估、介入干預以及研究等方面的專業技能，都能夠契合安寧緩和醫療全人取向照護的前提，因此系統性地將心理師納入安寧緩和醫療團隊中，不僅有助於提升服務的有效性，且能擴展小兒安寧療護的心理健康知識（Edlynn & Kaur, 2016）。

Edlynn 與 Kaur（2016）的論文詳細說明心理師（含諮商與臨床心理師）在兒童安寧專業團隊可發揮的功能，包含與專業團隊的合作模式、評估、介入處理、研究等。心理師在專業團隊可擔負的任務包括：協助病人／家屬和醫療團隊共同擬定合宜的照護計畫；評估病童的心理情緒行為與疼痛；提供以控制或減輕症狀為目標的身體、心理與社會介入處理，例如肌肉放鬆、橫膈呼吸（diaphragmatic breathing）、引

導想像、冥想、發展情緒和思考的覺察力、認知調適、認知行為治療、行為治療、放鬆訓練、父母管理訓練等各樣病童或家屬所需的特定技巧，並可透過實徵研究來支持處遇的效果。

　　Kazak 與 Noll（2015）指出，在兒童腫瘤臨床治療的過程中（如疾病暫時緩和或者疾病復發時），心理師（含諮商與臨床心理師）可將安寧緩和醫療的服務介紹給病患和家屬，協助其有心理準備和過渡的階段，可避免因治療目標的轉變（例如從積極治療轉為臨終治療）帶給病人及家屬的心理衝擊。在安寧緩和醫療服務中，減輕兒童受苦的介入處理是心理師的首要任務，與醫療團隊的偕同合作、陪伴病童父母與家屬渡過煎熬的歷程等工作也相當關鍵。有研究證據顯示，被轉介接受安寧緩和醫療的兒童病患，可以存活更長的時間，而父母帶有希望的思考模式和情緒上的安適，也有助於參與於兒童照顧的醫療決定（Feudtner et al., 2010），這是與成人安寧緩和療護不同的發現。

三　未來的方向與建議

　　對應以上五個主題的文獻回顧，筆者也根據諮商心理師在安寧療護的現況，提出諮商心理師於未來投入安寧緩和療護工作的建議，分為五個部分：(1) 安寧諮商心理師全人整全的實務工作模式發展與研究；(2) 透過教育訓練提升諮商心理師安寧療護的專業知能；(3) 教育訓練單位與專業學會合力推展諮商心理師在安寧療護的角色功能；(4) 強化安寧諮商心理師在安寧病人靈性照護的知能；(5) 成為具有對多元文化與族群工作能力的安寧諮商心理師；在論文結尾筆者也提出本論文的限制。以下分別論述之。

（一）安寧諮商心理師全人整全實務工作模式發展與研究

　　目前諮商心理師所接受的養成教育是以諮商心理專業為主，對案主的服務集中於心理與社會面向，因此進入安寧領域之後，對安寧病人提供全人整全照護會是一個相當新的工作理念。而如何在這樣的理念下，發展出屬於安寧諮商心理師全人整全的照護模式與方法，是急待展開的。筆者認為透過諮商心理師持續在臨床照護經驗中累積成功經驗，可以創新研發出具臺灣在地社會文化特性的照護模式與方法；或者諮商心理師也可以參照西方安寧緩和醫療文獻中所提出的照護理念與方法，作出進一步修正，以符合臺灣在地社會的需要並具文化合適性。傳統諮商心理師注重病人心理與社會層面的需要，所做的處理也多著重於使用心理社會的介入與進行成效探討；而安寧諮商心理師如採用全人整全照護理念，就須顧及病人在生理、宗教與靈性、文化特

殊性等其他層面的需求，並發展出具有整全觀的介入處理方式，而諮商心理師所採用的整全全人照護模式是否有成效，是否會優於過去僅注重社會心理層面的介入效果，也需要進一步的實徵研究。隨著研究方法的多元化，無論使用小樣本但可深入了解病人或家屬內在經驗的質性研究，或使用大樣本對病人、家屬或安寧團隊的意見調查研究，或是運用較嚴謹的實驗研究，來探究特定的全人整全照護工作方法的有效性，都會是有價值的研究，可用來支持或是修正所發展出的全人整全照護理念與工作方法，爲安寧諮商心理師的臨床照護奠定與累積堅實的科學知識。

（二）透過教育訓練提升諮商心理師安寧療護的專業知能

筆者從諮商心理師的養成教育與繼續教育兩部分作出建議：(1) 養成教育的課程設計與提供；(2) 透過繼續教育加強專業訓練，以下分別論述之。

1. 養成教育的課程設計與提供

目前臺灣已經有少數生死與諮商相關研究所的在學學生，會選擇進入安寧病房實習，但是他們在進入病房之後，會很快發現在學校教育中所教導的傳統諮商會談結構，並不適用於病房病人，而需要於實習期間在病房從重頭學起，也因此會遇到很大的專業角色與工作方式的認同衝突，又苦於同行中有經驗的安寧諮商心理師很少，而可能無法及時得到好的督導，以致於得走過一段自行摸索的學習歷程。

未來想要從事安寧緩和醫療工作的諮商心理工作者，需要具備哪些核心的知能與訓練，才能稱職地服務安寧病人與家屬呢？這是養成教育機構需探討的議題。筆者建議這些機構如果要培養安寧諮商心理師，在課程設計上需要包含心理學之外的其他跨領域相關課程、在安寧病房進行臨床實習，以及接受安寧臨床專業督導等；課程涵蓋的領域也必須是多元的，凡末期與臨終病人身體症狀與疼痛控制，心理與家庭功能評估及介入處理、社會資源的連與轉介、宗教／靈性議題的探討，以及對多元文化族群的認識等皆須納入。此外，因著安寧病人與病房的特殊性，需要打破一般傳統諮商的會談結構使之有彈性，訓練諮商心理師在短時間的接觸中，就能夠展開與病人及家屬深入的談話關係是極爲重要的。這樣的學校教育練課程可透過相關系所的合作與支援，以專業學程的方式來進行，使學生能在進入安寧工作場域前就具備此專業領域的特定知能。臨床實習方面，則需要分別在醫療院所之安寧病房、社區養護機構，以及接受居家安寧的病人家庭等不同場域有實務的經驗，並且安排在有經驗的資深安寧諮商心理師的督導下進行學習。此外，觀摩及參與醫院安寧醫療團隊的會議與討論，也會是課程設計和學習經驗中相當重要的一環。

2. 透過繼續教育加強專業訓練

目前諮商相關學會所開設的安寧諮商心理師繼續教育課程，是為已經在或是未來想要在安寧領域工作，且已經有諮商心理師證照者所預備。如前所述，目前這些課程設計包含基礎安寧照護的知識，以及為諮商心理師增強安寧照護的專業知識，完成此系列課程且經過紙筆測驗考核通過者，就具有了安寧諮商心理師的專業背景資歷。但是這樣的訓練其實有很多缺失，例如著重於知識層面的授課，而經驗性的學習以及臨床實習與督導的安排相當欠缺，考核方式則以通過紙筆測驗及格分數為準，並無其他任何實習與實作的評量，此一作法無法評估學員的實際學習情況，以及學員對於擔任安寧工作的合適性。

未來對於工作現場中已經擔任安寧療護的諮商心理師，或是即將進入此工作場域的諮商心理師，除了需要透過諮商相關專業學會所提供的繼續教育課程來補強在安寧照護的核心知能之外，還十分需要透過學會聯繫醫療院所安排臨床實習的機會，並在實習過程中接受臨床資深安寧諮商心理師的督導，來完成諮商心理師在安寧療護繼續教育的學習。當諮商心理師完成課程與實習之考核評估之後，才得以成為具有從事安寧緩和醫療工作知能的諮商心理工作者。

（三）教育訓練單位與專業學會合力推展諮商心理師在安寧療護的角色功能

目前諮商心理師的教育訓練單位與專業學會，對於安寧療護的推廣雖然已經有起步，例如過去數年在臺灣諮商心理會的年會中，幾乎都會安排一場論壇或有少數論文發表與安寧療護有關；但是這些並未凝聚成為一個全面性的推動力量，而使得安寧諮商心理師的專業角色功能推展的速度仍為有限。筆者認為，為了全面建立、強化與突顯諮商心理師在安寧療護工作中的專業角色功能，除了目前已經有的學校與繼續教育訓練課程之外，未來教育訓練單位與專業學會，還應當至少朝向三方面推展：(1) 訂定安寧緩和醫療諮商心理師需要具備的專業知能標準；(2) 訂定安寧緩和醫療諮商心理師的審核標準；(3) 制定諮商心理師服務安寧與臨終病人 / 家屬的工作倫理或指引；若透過教育訓練機構以及專業學會能共同攜手合作，來落實這三個方向，當能夠更全面發揮效力，以下分別論述之。

1. 訂定安寧緩和醫療諮商心理師需要具備的專業知能

究竟安寧緩和醫療的諮商心理工作者需要具備哪些專業知能呢？目前國內研究或文獻都尚未開始探討。此外，目前專業學會或組織實施的諮商心理師安寧療護基礎與

進階教育訓練課程，並非依據系統的文獻彙整或課程成效評估而作出的設計，因此也無法提出任何證據支持目前規劃的課程內容是合宜有效的。筆者建議安寧諮商心理師所需具備的知能，需透過不同研究方法，例如從專業團隊的角度、從諮商心理工作者的角度，或從所服務的安寧病人與家屬的角度，來探討這議題，進而找到安寧諮商心理師核心能力的共識。再者，也可評估接受過專業訓練及實習的諮商心理師在照護安寧病人的實際表現，由此研究並確認課程中重要的核心能力。

2. 訂定安寧緩和醫療諮商心理師的審核制度

如何審核諮商心理師具備了照護安寧病人的能力？目前一般作法都是在參加完課程之後立即進行紙筆測驗，達到一定分數標準者則被核定為審核通過。但是大家都清楚這是最容易實施，卻不是最合宜的審核方法。理想的審核方式是除了知識獲得的檢核，還要加上在臨床實習表現的評定，以及訓練結束後的實作評量，才能夠完整的評量出諮商心理師的勝任能力。如何將這樣的審核方式放在審核制度中，是未來安寧諮商心理專家學者需努力的方向。

3. 制定諮商心理師服務安寧與臨終病人／家屬的工作倫理或指引

諮商心理師從事安寧緩和醫療需要有特別的專業倫理或是工作倫理指引嗎？還是諮商心理師依循醫療系統的工作倫理、依循諮商心理師的專業倫理就可以了？筆者認為仍須制定諮商心理師服務安寧與臨終病人／家屬，以及安寧醫療團隊的工作倫理或指引，原因是諮商心理師對安寧病人與家屬的服務，是全人、全家、全程、全團隊、全社區的照護，且依身、心、靈、社會、文化的全面性整全照護模式工作，這已經超越了現有的醫療系統對醫事人員的倫理規範，也超越了目前諮商心理專業助人工作者的倫理準則，因此須按照諮商心理師所涉及對安寧病人、家屬、醫療團隊各項的服務內容，以及所涉入的各層級的服務，來量身訂作諮商心理師安寧服務的工作倫理指引，使諮商心理師能確保自己是在合乎倫理的規範下工作。舉例而言，筆者曾經聽說安寧病房出現了這樣的倫理議題：一位安寧病人有感於醫療人員對他的服務相當盡心盡力，對照出他家人對他的態度不夠積極關心，因此他為了表達對那位醫療照護者的感激，贈送了貴重的金鍊子表達感謝，並請這位醫療人員一定要收下，不要違背他的心願，病人也向大家宣布要認這位醫療人員為他的乾女兒，因為她比親生女兒對他還好，這位醫療人員在不忍心拒絕病人，想要成全病人臨終前的心願下，收下了貴重的金鍊子，也同意成為病人的乾女兒。這位醫療工作者的行為違反了專業倫理嗎？當然是了，她怎麼可以收下病人貴重的饋贈？她怎麼可以和病人發展出雙重角色關係，變成了病人的家人呢？但這表面上看起來是有明顯答案的問題，怎麼會成為需要

討論的倫理議題呢？原因在於這案例是出於當事人的自主意志，是在意識清楚下所作的決定，而這位醫療人員接受當事人的提議，是本著尊重當事人的心願、有助於維護當事人的福祉（例如使當事人感到心情愉快、有幸福感）而做的決定，如此看來似乎不違反倫理。那到底要如何來思考這樣的事呢？筆者相信在照護安寧病人與家屬的實務工作上，類似的倫理議題，甚至是倫理困境不在少數，但是安寧療護領域中，倫理議題的討論卻多半侷限於醫師對安寧與末期病人的醫療抉擇上（邱泰源、陳榮基，2017），甚少在醫療團隊的其他專業照護者中被提出。事實上，諮商心理師進入安寧緩和醫療，在照護現場遇到各樣難以依據現有的諮商心理工作者倫理條文作出判斷的情況很多，因此筆者建議安寧療護諮商心理師，需彼此聚集，收集臨床上遇到的各種棘手案例並作出充分討論，以重新思考目前的諮商心理工作者之專業倫理守則的適用性、涵蓋性和周全性，而專業組織或團體則應主動承擔並擬定專屬安寧諮商心理師的特定工作倫理守則或指引。

（四）強化安寧諮商心理師對安寧病人靈性照護的知能

如文獻探討所顯示：安寧與臨終病人對靈性有極大的需求，當人在面對在世的生命走向盡頭，卸下了社會的角色與任務，常會轉向想要確定自己在世一生的價值與意義，也會渴望確認在世生命結束時，生命還有延續、開展與新的去向嗎？靈魂是進入了永恆？是進入了另一個循環或輪迴？還是隨著肉身的死亡而歸於終滅？回歸了自然界？這些不同的靈性觀，往往也會與病人決定死後要採取什麼喪葬儀式有密切關係，都是安寧與臨終病人及家屬至為關切的議題。安寧諮商心理師在照護病人與家屬時，若能夠對當下照護的病人之靈性需求有認識，能與病人探討這些靈性議題，對於病人的幫助可能會更勝於僅提供心理社會層面的介入，這也是目前安寧諮商心理師有待加強的訓練一環。

筆者認為，安寧諮商心理師須要具備的靈性照護知能包括：(1) 了解安寧與臨終病人的重要靈性議題以及具備多元宗教和靈性生死觀之知識；(2) 學習評估病人的靈性議題與靈性危機，包括熟悉相關評估方法與工具等；(3) 能根據安寧病人的宗教 / 靈性信念系統，以及靈性評估的結果，採用合適於病人的靈性處遇；(4) 必要時為病人連結或轉介外部宗教與靈性資源，亦即諮商心理師須了解各種宗教組織、團體、靈性資源，且在平時就與這些宗教 / 靈性組織團體或領導者有接觸或合作；(5) 諮商心理師對自己的靈性 / 宗教信念以及特定宗教 / 靈性的價值觀與態度等，要常有覺察與反思，在照護病人時也要有敏覺地進行談話，這樣的能力可藉由參加相關專業訓練課程，以及平日自我靈性增長來達成。正如 Moss 與 Dobson（2006）在論文所指出，照顧安寧病人的靈性需求是安寧諮商心理師的倫理責任，加強對安寧病人靈性需求的認

識和關於此議題的處理能力，諮商心理師責無旁貸。

（五）成為具有對多元文化與族群工作能力的安寧諮商心理師

　　目前臺灣諮商心理師的教育訓練，不多的學校有專門開設「多元文化諮商」這樣的課程，對多元文化案主的認識常常是散布在各諮商相關課程中去討論，而導致學生對於如何與多元文化族群案主工作的認識是相當片面的；而過去在多元文化案主與諮商議題的討論，多集中在性別與性取向議題，近年來因著臺灣進入高齡化社會，對高齡長者的諮商議題也開始有了一些專注。但是對於罹患疾病、失能、重症者，幾乎很少是諮商關注的議題，更不要提是有這些疾病之原住民與新住民之案主及家屬，也就幾乎不曾在諮商中成為探討與關注之議題。

　　要如何預備自己成為有多元文化照護能力之安寧諮商心理師？筆者引述 Sue 與 Sue（2013）「有文化能力（cultural competency）的助人者」需要具備三方面的能力作為參考指標：(1) 諮商心理師需要覺察自己個人的假設、價值觀、偏見；(2) 諮商心理師要了解多元文化病人的世界觀；(3) 諮商心理師要發展文化合宜的介入策略與技術。

　　若把 Sue 與 Sue（2013）助人者文化能力的概念，應用到安寧諮商心理師服務需要具備的文化能力，筆者認為：(1) 在覺察自己個人的假設、價值觀、偏見方面：諮商心理師須對自己個人的生死觀、面對死亡的態度有覺察；能夠覺察服務的病人與家屬在這些態度或觀點與自己的差異並且予以尊重；能夠覺察自己對於面對死亡的感受與因應方式，包括死亡焦慮、失落、失控感、無能感等；對於無法和自己有相同態度面對死亡、處理死亡議題的病人或家屬，能夠覺察到自己的態度是否有評斷或負面評價等；(2) 了解多元文化案主的世界觀：諮商心理師須認識安寧病人與家屬的多元文化世界觀，包括案主或家屬因自身的族群文化價值或宗教信仰，對於面對死亡、處理臨終以及死後喪葬的儀式等，都可能會有特定的想法與作法，諮商心理師不可以冒然以為所照護的病人與家庭都會有與身處主流社會文化的人有相似的想法或作法，而將這些想法與作法未經探詢就直接建議或是強加給了病人與家屬；(3) 發展合宜的介入策略與技術：諮商心理師要發展並使用與病人及家屬文化合宜的安寧療護策略與方法。基於諮商心理專業為西方發展的助人知識與方法，應用在臺灣社會就是一種跨文化或多元文化諮商的處境，因此諮商心理師須敏感到使用的評估與介入方法之跨文化或多元文化適用性；再加上安寧緩和醫療涉及的身心靈社會文化各層面的照護，都會受到病人及家屬身處的臺灣社會文化處境，以及病人及家屬所來自的特定族群的文化傳統之影響，因此更需要諮商心理師具備多元文化敏感度與知識，並能適當使用與病人所處之社會文化處境和脈絡相契合的技能。

四 結論

　　透過文獻回顧以及在安寧病房現場的服務與觀察體會，筆者發現臺灣安寧療護諮商心理師在專業知能訓練上，還是相當偏向心理與社會層面，而忽略在生理、靈性／宗教與存在意義、多元文化與族群等其他各層面的專業知能。筆者認為諮商心理師除了提供安寧病人與家屬在傳統諮商專業訓練下所擅長的心理社會層面的照護之外，還需要擴及熟悉在生理、宗教靈性及多元文化各層面的照護，才能夠提給安寧病人及家屬整全的服務。

　　本論文的最大限制是在於筆者是以諮商心理專業及安寧諮商心理師的角度撰寫，並未對臺灣臨床心理師在安寧療護的文獻、實施現況、教育訓練等各範圍作出探討，雖然諮商與臨床心理在專業知能及實務應用上有共同處，這也就是何以本文中多處在提及心理師的國外相關文獻時，筆者會括弧註明是涵蓋諮商與臨床心理師，但是諮商與臨床心理也的確存在著一些差異性，因此本論文對於臨床心理工作者的參考性可能會因涵蓋範圍不足而有其限制。

參考文獻

內政部民政司（2017）：〈臺灣地區宗教類別統計說明〉。取自https://www.moi.gov.tw/dca/02faith_001.aspx

毛新春（2012年6月）：〈末期瀕死病患的靈性需求與照顧〉。第三屆基督宗教諮商輔導研討會之發表論文。天主教輔仁大學學術研究院，臺北。

史懷哲宣道會（2018）：《重症與安寧療護靈性關懷訓練課程 —— 基督教靈性關懷師培訓手冊》。臺北：史懷哲宣道會印製。

臺北市立聯合醫院（2019）：〈什麼是預立醫療照護諮商？〉。取自：https://tpech.gov.taipei/News_Content.aspx?n=4116B1D37FF74CFA&sms=7D2D8361A3FCFF6C&s=5BEBA5564D419BBC

李開敏（2017）：〈多元文化老人諮商〉。見陳秉華（主編）：《多元文化諮商在臺灣》，頁455-503。臺北：心理出版社。

林育靖（2017）：〈安寧緩和醫療團隊的組合與挑戰〉。見臺灣安寧緩和醫學學會（主編）：《安寧緩和醫學概論》，頁43-69。新北市：合記圖書出版社。

邱珍琬（2015）：〈原住民婦女團體諮商初探：以屏東縣一社區為例〉。見曾光正、張義東（主編）：《南臺灣的記憶、書寫與發展：十年回顧》，頁221-241。屏東：國立屏東大學。

邱泰源、陳榮基（2017）：〈安寧緩和醫療之倫理困境〉。見臺灣安寧緩和醫學學會（主編）：《安寧緩和醫學概論》，頁71-94。新北市：合記圖書出版社。

施美英（2006）：《二位排灣族傑出原住民的生命史研究》（未出版碩士論文）。國立屏東教育大學教育行政研究所，屏東。

美國國務院（2018年）：〈國際宗教自由報告：2017年臺灣部分〉。取自https://www.ait.org.tw/zhtw/taiwan-2017-international-religious-freedom-report-zh/

唐婉如（2008）：〈原住民青少年之生死觀——以阿美族、泰雅族爲例〉。《安寧療護雜誌》，13，156-167。doi: 10.6537/TJHPC.2008.13(2).2

陳宏治（2005）：《原住民兒童死亡相關概念及其影響因素之研究：以山美地區鄒族學童爲例》（未出版碩士論文）。南華大學生死學系，嘉義。

陳怡如（2006）：〈末期病人的靈性需求與靈性照顧〉。《慈濟醫學雜誌》，18(4S)，61-66。doi: 10.6440/TZUCMJ.200608.0061

陳秉華（2017）：〈臺灣是多元文化的社會〉。見陳秉華（主編）：《多元文化諮商在臺灣》，頁3-26。臺北：心理出版社。

陳秉華、邱仲峯、范嵐欣、趙冉、吳森琪（2016）：〈基督宗教靈性關懷者對臨終病人靈性照顧能力之質性研究〉。《安寧療護雜誌》，21，166-179。doi: 10.6537/TJHPC.2016.21(2).4

陳秉華、邱仲峰、張國豐、趙冉、范嵐欣、朱美娟（2017）：〈靈性關懷能力量表的編製與信效度研究〉。《中華心理衛生學刊》，30，141-167。doi: 10.30074/FJMH.201706.30(2), 0001

陳亭君、林耀盛、許文耀（2013）：〈原住民與漢人族群的災變與心理適應關係探討：以莫拉克風災爲例〉。《中華心理衛生學刊》，26，249-278。doi: 10.30074/FJMH.201306_26(2), 003.

陳慶餘、邱泰源、釋宗惇、釋惠敏（2002）：〈臺灣臨床佛教宗教師本土化之靈性照顧〉。《安寧療護雜誌》，7，20-32。doi: 10.6537/TJHPC.2002.7(1).3

張榮攀、王英偉、鴻義章、范德鑫（2002）：〈臺灣四大族群癌末病患接受安寧療護型態之比較——以花蓮縣某醫學中心爲例〉。《安寧療護雜誌》，7，1-9。doi: 10.6537/TJHPC.2002.7(1).1

張慧端（2004）：〈臺灣原住民固有的宗教〉。《中國邊政》，159，37-50。doi: 10.29970/CBAS.200409.0003

傅仰止、章英華、杜素豪、廖培珊（主編）（2015）：《臺灣社會變遷基本調查計畫第六期第五次調查計畫執行報告》。中央研究院社會學研究所執行報告，計畫編號：NSC 102-2420-H-001-007-SS2。取自https://www.ios.sinica.edu.tw/sc/cht/scDownload2.php#sixth

黃安年（2017）：〈症狀控制〉。見臺灣安寧緩和醫學學會（主編）：《安寧緩和醫學概論》，頁121-336。新北市：合記圖書出版社。

黃光國（1995）：《知識與行動：中華文化傳統的社會心理詮釋》。臺北：心理出版社。

楊國柱（2005）：〈臺灣原住民傳統之殯葬文化〉。《中華禮儀》，13，14-16。doi: 10.29420/CFC.200504_(13).0003

趙可式（2016）：《安寧伴行》（第一版）。臺北：天下文化出版。

衛生福利部（1995）：〈安寧住院療護病房設置參考規範〉。取自https://mohwlaw.mohw.gov.tw/FLAW/FLAWDAT0202.aspx?lsid=FL027258

鄭雅君（2014）：《原住民青少年罹癌及復原歷程之生活經驗》（未出版碩士論文）。國立臺北護理健康大學護理學研究所，臺北。

賴允亮（2017）：〈安寧緩和醫療的挑戰〉。見臺灣安寧緩和醫學學會（主編）：《安寧緩和

醫學概論》，頁2-41。新北市：合記圖書出版社。

釋宗惇、釋滿祥、陳慶餘、胡文郁、邱泰源、釋惠敏（2002）：〈頭頸部癌末病人之靈性照顧研究〉。《安寧療護雜誌》，*7*，269-282。doi: 10.6537/TJHPC.2002.7(4).1

Association for Spiritual, Ethical and Religious Values in Counseling. (2010). *ASERVIC white paper*. Retrieved from http://www.aservic.org/resources/aservic-white-paper-2/

Calman, K. C. (1984). Quality of life in cancer patients: A hypothesis. *Journal of Medical Ethics, 10*, 124-127. doi: 10.1136/jme.10.3.124

Chen, C. Y. (2012). Clinical Buddhist chaplain based spiritual care in Taiwan. *Taiwan Journal of Hospice Palliative Care, 17*, 300-309. doi: 10.6537/TJHPC.2012.17(3).5

Cooper, D., Aherne, M., & Pereira, J. (2010). The competencies required by professional hospice palliative care spiritual care providers. *Journal of Palliative Medicine, 13*, 869-875. doi: 10.1089/jpm.2009.0429

Dyson, J., Cobb, M., & Forman, D. (1997). The meaning of spirituality: A literature review. *Journal of Advanced Nursing, 26*, 1183-1188. doi: 10.1111/j.1365-2648.1997.tb00811.x

Edlynn E., & Kaur, H. (2016). The role of psychology in pediatric palliative care. *Journal of Palliative Medicine, 19*(7), 760-762. doi: 10.1089/jpm.2015.0175

Faull, C. (2012). The context and principles of palliative care. In C. Faull, S. de Caestecker, A. Nicholson, & F. Black (Eds.), *Handbook of palliative care* (3rd ed., pp. 1-14). Hoboken, NJ: Wiley & Sons. doi: 10.1002/9781118426869.ch1

Feudtner, C., Carroll, K., Hexam, K., Silberman, J., Kang, T., & Kazak, A. (2010). Parental hopeful patterns of thinking, emotions, and palliative care decision-making. *Archives of Pediatrics and Adolescent Medicine,164*, 831-839. doi: 10.1001/archpediatrics.2010.146

Feudtner, C., Womer, J., Augustin, R., Remke, S., Wolfe, J., Friebert, S., & Weissman, D. (2013). Pediatric palliative care programs in children's hospitals: A cross-sectional national survey. *Pediatrics, 132*, 1063-1070. doi: 10.1542/peds.2013-1286

Ford, D. W., Downey, L., Engelberg, R., Back, A., & Curtis, R. (2012). Discussing religion and spirituality is an advanced communication skill: An exploratory structural equation model of physician trainee self-ratings. *Journal of Palliative Medicine, 15*, 63-70. doi: 10.1089/jpm.2011.0168

Ftanou, M., Pascoe, M. C., & Ellen, S. (2017). Psychosocial interventions for end-of-life care: An invited commentary. *Australian Psychologist, 52,* 340-245. doi: 10.1111/ap.12305

Fukuyama, M. A., & Sevig, T. D. (1999). *Integrating spirituality into multicultural counseling*. Thousand Oaks, CA: Sage. doi: 10.4135/9781452231945

Godlsy, J. E., King, D. A., & Quill, T. E. (2014). Opportunities for psychologists in palliative care. *American Psychologist, 69*, 364-376.

Golberg, B. (1998). Connection: An exploration of spirituality in nursing care. *Journal of Advance Nursing, 27*, 836-842. doi: 10.1046/j.1365-2648.1998.00596.x

Golijani-Moghaddam, N. (2014). Practitioner psychologists in palliative care: Past, present, and future directions. *Counselling Psychology Preview, 29*, 29-40.

Haley, W. E., Larson, D. G., Kasl-Godley, J., Neimeyer, R. A., & Kwilosz, D. M. (2003). Roles for Psychologists in End-of-Life Care: Emerging Models of Practice. *Professional Psychology: Research and Practice, 34*, 626-633. doi: 10.1037/0735-7028.34.6.626

Hart, M. J. (2010). Spiritual care. In L. L. Emanuel & S. L. Librach (Eds.), *Palliative care: Core skills and clinical competencies* (2nd ed., pp. 584-598). St. Louis, MO: Elsevier Saunders. doi: 10.1111/j.1445-5994.2008.01839.x

Houghton Mifflin Harcourt (Ed.). (2011). *The American heritage dictionary of the English language* (5th ed.). Boston, MA: Author.

Hsiao, S. M., Gau, M. L., Ingleton, C., Ryan, T., & Shih, F. J. (2011). An exploration of spiritual needs of Taiwanese patients with advanced cancer during the therapeutic process. *Journal of Clinical Nursing, 20*, 950-959. doi: 10.1111/j.1365-2702.2010.03278.x

Jünger, S. & Payne, S. (2011). Guidance on postgraduate education for psychologists involved in palliative care. *European Journal of Palliative Care, 18*, 238-252.

Kazak, A. E. & Noll, R. B. (2015). The integration of psychology in pediatric oncology research and practice: Collaboration to improve care and outcomes for children and families. *American Psychologist, 70*, 146-158. doi: 10.1037/a0035695

Kinzbrunner, B. M. (2011). The physician's role in spiritual care. In B. M. Kinzbrunner & J. S. Policzer (Eds.), *End-of-life care: A practical guide* (2nd ed., pp. 379-392). New York, NY: McGraw Hill Companies.

Kring, D. L. (2006). An exploration of the good death. *Advances in Nursing Science, 29*(3), E12-E24. doi: 10.1097/00012272-200607000-00011

Koenig, H. G. (2009). Research on religion, spirituality, and mental health: A review. *The Canadian Journal of Psychiatry, 54*, 283-291. doi: 10.1177/070674370905400502

McKinnon, S. E., & Miller, B. (2011). Psychosocial and spiritual concerns at the end of life. In B. M. Kinzbrunner& J. S. Policzer (Eds.), *End-of-life care: A practical guide* (2nd ed., pp. 349-375). New York, NY: McGraw Hill Companies.

Miller, G. (2003). *Incorporating spirituality in counseling and psychotherapy: Theory and technique.* Hoboken, NJ: Wiley. doi: 10.5860/CHOICE.40-4921

Morgan, D., Slade, M., & Morgan, C. (1997). Aboriginal philosophy and its impact on health care outcomes. *Australian and New Zealand Journal of Public Health, 21,* 597-601. doi: 10.1111/j.1467-842X.1997.tb01762.x

Moss, E., & Dobson, K. S. (2006). Psychology, spirituality, and end-of-life care: An ethical integration? *Canadian Psychology, 47*, 284-299. doi: 10.1037/co2006019

National Consensus Project for Quality Palliative Care. (2009). *Clinical Practice Guidelines for Quality Palliative Care.* Richmond, VA: Author.

Nydegger, R. (2008). Psychologists and hospice: Where we are and where we can be? *Professional Psychology: Research and Practice, 39*, 459-463. doi: 10.1037/0735-7028.39.4.459

Otis-Green, S., Sberman, R., Perez, M., & Baird, R. R. (2002). An integrated psychosocial-spiritual model for cancer pain management. *Cancer Practice, 10*(Suppl. 1), 58-65. doi: 10.1046/j.1523-5394.10.s.1.13.x

Pargament, K. I. (1997). *The psychology of religion and coping: Theory, research, practice.* New York, NY: Guilford Press.

Payne, S., & Haines, R. (2013). The contribution of psychologists to specialist palliative care. *International Journal of Palliative Nursing, 8*, 401-406. doi: 10.12968/ijpn.2002.8.8.10684

Pew Research Center (2014, April 4). *Global religious diversity.* Retrieved from http://www.pewforum.org/2014/04/04/global-religious-diversity/

Reed, P. G. (1987). Constructing a conceptual framework for psychosocial nursing. *Journal of Psychosocial Nursing, 25*, 24-28.

Ross, L. A. (1997). Elderly patients' perceptions of their spiritual needs and care: A pilot study. *Journal of Advanced Nursing, 26*, 710-715. doi: 10.1046/j.1365-2648.1997.00393.x

Saunders, C. (1965). Watch with me. *Nursing Times, 61*, 1615-1617.

Soukhanov, A. H. (Ed.). (1992). *The American heritage dictionary of the English language* (3rd ed.). Boston, MA: Houghton Mifflin.

Sperry, L., & Shafranske, E. P. (Eds.). (2005). *Spiritually oriented psychotherapy.* Washington, DC: American Psychological Association.

Sue, D. W., & Sue, D. (2013). *Counseling the culturally diverse: Theory and practice* (6th ed.). Hoboken, NY: John Wiley & Sons.

Tang, W., Aaronson, L. S., & Forbes, S. A. (2004). Quality of life in hospice patients with terminal illness. *Western Journal of Nursing Research, 26*, 113-128. doi: 10.1177/0193945903259207

Tanyi, R. A. (2002). Towards clarification of the meaning of spirituality. *Journal of Advanced Nursing, 39*, 500-509. doi: 10.1046/j.1365-2648.2002.02315.x

The Economist Intelligence (2015). *2015 quality of death index.* Retrieved from http: //perspectives.eiu.com/healthcare/2015-quality-death-index

Thomson, J. E. (2000). The place of spiritual well-being in hospice patients' overall quality of life. *The Hospice Journal, 15*, 13-27. doi: 10.1080/0742-969X.2000.11882950

Wrenn, C. G. (1962). The culturally encapsulated counselor. *Harvard Educational Review, 32,* 444-449.

Wrenn, C. G. (1985). Afterward: The culturally encapsulated counselor revised. In P. Pedersen (Ed.), *Handbook of cross-cultural counseling and therapy* (pp. 323-329). Westport, CT: Greenwood.

Young, J. S., & Cashwell, C. S. (2011). Integrating spirituality and religion into counseling: An introduction. In C. S. Cashwell & J. S. Young (Eds.), *Integrating spirituality and religion into counseling: A guide to competent practice* (2nd ed., pp. 1-24). Alexandria, VA: American Counseling Association.

第九章

「實證論」與「實在論」：建構
本土心理學理論的哲學基礎

黃光國

　　實證主義者採取了「極端經驗論」（radical empiricism）的立場，認為藉由感官經驗所獲得的事實（empirical facts），就是唯一的「實在」（reality），科學家不必在「經驗現象」背後，追尋任何造成此一現象的原因或理由。實證主義者的這種「本體論」立場，讓他們相信：科學方法「證實」過的知識就是「真理」，因此他們在「方法論」上主張「實證論」，邏輯實證論者更旗幟鮮明地主張：「一個命題的意義，就是證實它的方法」（Schlick, 1936）。康德所提出的「先驗理念論」（transcendental idealism），他們認為：「後實證主義」者大多主張科學研究的對象是實在的，其「本體」卻是「超越」（transcendent）而不可及的，永遠不可為人所知。人類感官能知覺到的，僅是表徵「實在」的現象而已。由於實在的「物自身」永不可及，科學家從事科學活動的目標，是要用他創造的想像力（creative imagination），以「先驗的理念」（transcendental ideas）建構理論，描述自然秩序或模型。這種目標是人為的建構，它們雖然可能獨立於特定的個人，但卻不能獨立於人類的活動，所以必須經得起科學學術社群用各種不同的「實徵研究方法」來加以檢驗。正是因為：科學研究對象的本體（即「物自身」）是超越而永不可及的，科學家所建構的理論僅是「接近真理」而已，不代表「真理」，它必須經得起科學社群的成員用各種不同的方法來加以「否證」（Popper, 1963），因此它的方法論立場是「否證論」，而不是「實證論」。本土心理學者必須將他們的研究心態由「實證論」調整成為「實在論」，才有可能解決他們在理論建構上所遭遇的困難。

一　前言

在心理學本土化運動的過程中，許多學者都曾經注意到「理論建構」的重要性。本文要指出的是：理論建構一般實徵研究的哲學基礎完全不同，前者是「實在論」，後者是「實證論」。本文將以柯永河教授十年前所作的一場演講作爲切入點，回顧臺灣心理學本土化過程中，楊國樞教授和我所主張的兩種研究取徑之間的辯證性關係，藉以說明：本土心理學未來的發展方向。

二　理論建構的困難

（一）呼喚「本土」的心理治療理論

這個問題的討論，對於臨床及諮商輔導領域的研究生是特別有意義的。2009 年 9 月 26 日，臺灣臨床心理學界最資深的柯永河教授，在退休九年後，於台灣心理學會第 48 屆年會上發展演講，主題爲〈我心目中的臺灣臨床心理學〉。他說：

臨床心理學在臺灣發展到現在，筆者深以爲最重要的是建立純屬於自己的臨床心理學理論。在臺灣自從有臨床心理學史以來，它的定義、工作人員稱謂、臨床心理師工作場所、工作方法與工具、工作理論、使用的讀物、課本，無一不是從美國移植過來的。時間已過了半個世紀，目前臺灣的臨床心理學界人士無論是學界的或是實務的，情況還是一樣：外界人士看來，臺灣臨床心理學界的人都深信不疑地對自己說「美國臨床學者在他們本土開拓出來的這條臨床心理學路線是絕對不會有誤，它有多長，我們就走多久，而且不必要改變什麼，繼續走下去就對了！」（柯永河，2009，頁 55）

爲了作這次主題演講，柯教授特別針對 22 位臺灣臨床心理學者進行一項調查，結果發現：他們常用的理論有六種，包括認知治療（81.8%）、行爲治療（77.3%）、折衷治療（45.5%）、個人中心（31.8%）、精神分析（22.7%）、存在主義治療（22.7%），「但是那些都是舶來品，沒有一套是土產的」。因此，他認爲：

如果在臺灣的臨床心理學希望成爲「臺灣臨床心理學」，它必須擁有一個或數個核心理論，而且那個或那些理論是臺灣特有而其他地方所沒有且可以和其他地方平起平坐，或甚至優於且可包容其他地方的理論在內的；不然，現在的臺灣臨床心理學，

充其量，只能稱爲「在臺灣」的臨床心理學，而不能被稱爲眞正的「臺灣臨床心理學」。（柯永河，2009，頁 57）

　　基於這樣的見解，他希望有些教師在職位升至教授之後，能夠：善用退休前的剩餘教書光陰，整理或統整累積多年的諸多零散心得或資料，並從中努力尋找出一個或數個核心概念，將雜亂無章的諸多學術經驗串成系統性的知識，由此企圖建立一套「自認不錯」的理論系統，根據此一系統反省與解釋舊有的及新增的資料，並進一步據此預測前有的理論系統所無法預測存在的新心理現象。

　　他說：「如果沒有人肯做這樣的工作，則可預期到往後幾年，臺灣臨床心理學界人士還是過著『沒有靈魂』、『行屍走肉』，仍然捧著外國臨床心理學理論，而被它們牽著鼻子走津津有味，樂在其中的治學日子。」

　　柯教授的這場演講距今已經過了十年。然而，時至今日，他的期望仍然沒有任何落實的跡象。柯教授一生奉獻於臨床心理學的教學與研究工作，他在臺灣大學教出來的學生大多成爲臺灣臨床心理學界的骨幹。爲什麼他十年前的諄諄教誨，無法收到任何效果？

（二）差序格局

　　我可以再舉一個實際例子，來說明華人社會科學工作者對於理論建構的困難：費孝通是最早揚名於國際的第一代華人社會學家。費孝通（1948）他曾提出「差序格局」的理念，用以描述二十世紀初期中國農村的社會結構。他認爲：西方個人主義社會中的個人，像是一枝枝的木柴，他們的社會組織將他們綁在一起，成爲一捆捆的木柴。中國社會的結構好像是一塊石頭丟在水面上所發生的一圈圈推出去的波紋。每個人都是他社會影響所推出去的圈子的中心，而跟圈子所推及的波紋發生聯繫。這個像蜘蛛網的網絡，有一個中心，就是「自己」。「這個富於伸縮性的網絡，隨時隨地都是以『自己』作爲中心，這並不是個人主義，而是自我主義」，「我們所有的是自我主義，是一切價值以『己』作爲中心的主義」。

　　費氏有關「差序格局」的概念雖然經常爲華人社會學家所引用，究其本質不過是一種不精確的比喻而已，並不是「含攝文化的理論」。它反映出十九世紀末期，西方人類學者對於非西方文化的基本心態。

　　費孝通早年到英國留學時，受教於著名的波蘭裔人類學家馬林諾斯基（B. Malinowski, 1884-1942）。馬氏是功能學派的大師，要求學生進入田野從事民族誌（ethnography）研究工作時，必須採取實證主義「主／客對立」的態度，考慮社會及文化建構具有滿足個人的基本需求的那些功能，不必探討文化理念的實質意義。

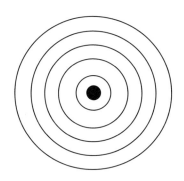

圖9-1 中國社會的差序格局

註：取自費孝通（1948）。

（三）封鎖民族的「知識牢獄」？

這種觀點跟另一位人類學家 Redcliffe-Brown 所主張的「結構功能主義」（structural functionalism）正好相反。後者強調：必須考量社會建制跟整體社會運作之間的關係。馬林諾斯基的研究策略或許可以用來研究原始社會，但要用它來研究底蘊深厚的華人文化，就顯得有所不足。

在文化大革命期間，費氏曾經被打入牛棚，不能繼續從事學術研究工作。1979年中共採取「改革開放」政策，費氏受到重用，一度出任政協主席，在大陸致力於發展經濟的時代，他宣稱自己所作的學術工作是「志在富民」，晚年則一再強調中國社會學者必須要有「文化自覺」。

他逝世之後，周飛舟（2017，頁 147）寫的一篇文章，很清楚地指出他晚年思想的轉向——1984 年，費孝通寫過一篇〈武夷曲〉，稱自己對理學和朱子「自幼即沒有好感」。在 1989 年的另一篇散文〈秦淮風味小吃〉中，費孝通還語帶諷刺地說：

試想程朱理學極盛時代，那種道貌岸然的儒巾怎能咫尺之間就毫不躊著跨入金粉天地？……時過境遷，最高學府成了百貨商場。言義不言利的儒家傳統，在這裡受到了歷史的嘲笑。……我倒很願意當前的知識分子有機會的都去看一看，這個曾一度封鎖我們民族的知識牢獄。（費孝通，1989，頁 271-274，引自周飛舟，2017）

1989 是在「改革開放」之後十年。在那個時代，費孝通還保有本書第一章所說的「五四意識形態」，認為「言義不言利」的「儒家傳統」是「曾一度封鎖我們民族的知識牢獄」，也因此為傳統書院改成「百貨商場」喝采叫好。可是，到了 2003 年，他對儒家文化傳統的態度，卻有了一百八十度的大轉變。

（四）社會學的「機制」和「結構」

在〈試談擴展社會學的傳統界限〉一文中，宋明理學反倒成為費孝通心中社會學擴展界限的關鍵：

理學堪稱中國文化的精華和集大成者，實際上是探索中國人精神、心理和行為的一把不可多得的鑰匙。……理學的東西，說穿了就是直接談怎樣和人交往、如何對待人、如何治理人、如何塑造人的道理，這些東西，其實就是今天社會學所謂的「機制」和「結構」，它直接決定著社會運行機制和社會結構。

我們今天的社會學，還沒有找到一種跟「理學進行交流的手段。理學講的「修身」、「推己及人」、「格物致知」等，就含有一種完全不同於西方實證主義、科學主義的特殊的方法論的意義，它是通過人的深層心靈的感知和覺悟，直接獲得某些認識，這種認知方式，我們的祖先實踐了幾千年，但和今天人們的思想方法銜接，差不多失傳了。（費孝通，2003，頁461-463）

費孝通講得一點不錯。儒家思想發展到宋明理學，確實已經成為「中國文化的精華和集大成者，它也是探索中國人精神、心理和行為的一把鑰匙」。理學所講的「關係論」，就是在談「怎樣和人交往、如何對待人、如何治理人、如何塑造人的過程」，這就是中國人在其生活世界中所談的「仁、義、禮、智、信」，「這些東西，其實就是今天社會學所講的『機制』和『結構』，它直接決定著社會運行機制和社會結構」。

費孝通早年受到「五四意識形態」的影響，迷信「實證主義」式的「科學主義」；改革開放後「復出」，仍然認為：儒家文化傳統是「封鎖我們民族的知識牢獄」。到了晚年，才清楚看出：儒家文化傳統的重要性，而呼籲中國知識分子要有「文化自覺」。他同時了解到：要找出中國社會運行的「機制」和社會「結構」，必須要有「一種完全不同於西方實證主義、科學主義的方法論」。他沒有說清楚的是：這兩種之間的差異，其實已經涉及社會科學研究背後的典範移轉的複雜問題。

三 心理學本土化運動的歷史背景

費孝通那個世代的中國知識分子，大多懷有「五四意識形態」，並迷信「實證主義」式的科學主義。即使是1949年隨國民政府撤守臺灣的知識分子亦不例外。我們可以用在臺灣最早提倡心理學本土化的楊國樞教授為例，來說明這個現象。

（一）「現代性」的實徵研究

　　二次大戰後，在臺灣大學提倡邏輯實證論的主要人物，是殷海光教授。楊國樞青年時期是殷海光教授的崇拜者，他在伊利諾大學以三年時間獲取博士學位後，返回臺大心理系任教。中美斷交時，臺灣學術界發起「革新保臺運動」，楊國樞以其特殊的人格和背景，迅速成為「自由派」的領袖，同時推動「現代性」的學術研究。那時候，我在臺大心理學就讀，進入研究所之後，認為這個議題對中國未來的發展十分重要，便師從楊國樞，跟他做碩士論文。

　　楊國樞主張：以行為主義的科學方法，從事「現代性」的實徵研究。依照當時人格心理學中常用的方法，從事這方面研究的第一步，就是編製量表，測量個人「傳統性」和「現代性」的高低。當時他所用的方法是：在編製『個人現代性量表』時，其題目有兩個主要來源：(1) 國外相關研究所用量表題目中適合中國人作答者；(2) 根據當時中國的社會文化背景所特別撰寫者。這樣找到了 212 個題目，為了確定各題是否與現代化程度有關，他邀請了十四位有關學者對每一個題目作一評斷，以得知它究竟是屬於現代化的方向？還是傳統化的方向？各學者在評斷各題時，以「＋」、「—」、「？」三種記號分別代表在該題上答「贊成」時表示「現代化」、「傳統化」、「不能確定」。如果認為贊成該題即表示傳統化，便打一個「—」號；「＋」號表示達贊成即表示較為現代化，「？」為不能確定。根據十四位學者的評斷，他選出 71 個大家意見一致的題目，包括現代化方向者 25 題，傳統化方向者 46 題（瞿海源、楊國樞，1972，頁 385）。

（二）心理學的典範移轉

　　當時我毫不懷疑地使用這一份量表作為測量工具，完成我的碩士學位論文。碩士班畢業後，我考取「教育部與美國東西文化中心合設攻讀博士學位獎學金」，到夏威夷大學進修，才明確覺察到：當時美國的心理學界正在進行一項鉅大的典範移轉。

　　我在臺大求學時，心理學研究所的老師幾乎都在講行為主義。到了夏大，有一位很出名的教授 Arthur W. Staats（1975）甚至出版了一本題為《社會行為主義》（Social Behaviorism）的書，認為個人的心理學都可以用其外顯行為來加以解釋。但是我們用的社會心理學教科書卻是 Stotland 和 Canon（1972）兩人合作，題目清楚標示「認知研究取向」（a cognitive approach）。我的指導教授 A. J. Marsella 主要的研究興趣是不同文化中的心理病理學。我在東西中心參與的「文化學習研究所」（Cultural Learning Institute）則有許多研究員致力於探討跨文化比較研究的方法。更重要的是：當時夏威夷大學哲學系還有一位 Lauden，以講授實用主義的科學哲學聞名，他使我

注意到：每一種流行的心理學典範之後，都各有其哲學基礎，僅管當時我對這兩之間的關聯仍然不甚了了。

（三）「中國文化與現代化」研討會

我在夏威夷大學的博士論文題目是〈臺灣都市社區中生活壓力、應變傾向與心理病理模式〉。畢業歸國後，回到臺大心理系任教，在國科會的資助下，開始做企業組織中生活壓力的研究，因而注意到：臺灣企業組織中的人際關係，完全不是西方組織心理學中那些理論所能解釋，開始動心起念，試圖用當時社會心理學中流行的正義理論和社會交換理論，建構出〈人情與面子〉的理論模型（Hwang, 1987）。

1983 年，兩岸學者在香港中文大學召開「第一屆中國文化與現代化研討會」，我得知大陸學者是由世界知名的費孝通教授領軍，刻意提出這篇論文，在會中報告。然而，當時費孝通談的是中國家庭不同世代間的反饋模式，並沒有注意到這個理論模型和他的「差序格局」之間的關係。反倒是當時在中大任教的 Michael Bond 注意到我所建構的理論模式，從此展開我們長期的合作關係。那次研討會上最受大眾矚目的是金耀基（1983）發表的論文〈儒家倫理與經濟發展：韋伯學說的重探〉。這篇論文不僅在臺灣學術社群中掀起了一陣「韋伯熱」，也促使我開始注意相關議題，影響我後來一生的研究方向。

四 心理學本土化的路線之爭

1980 年代初期，我在楊國樞教授的號召之下，開始參與「社會心理學本土化運動」。當時便已經察覺到：近代西方學術的發展，主要是建立在其哲學的基礎之上。國內社會科學研究長期處於低度發展的狀態，主要原因在於研究者對於西方科學哲學的發展缺乏相應的理解。爲了說明儒家文化傳統與東亞經濟奇蹟之間的關係，我於1986 年在國科會資助下，到密西根大學進修一年。在這段期間，我又以〈人情與面子〉的理論模型爲基礎，用結構主義的方法，分析儒家思想的內在結構，並出版《儒家思想與東亞現代化》一書（黃光國，1988）。由於我的研究取向和臺灣心理學界重視實徵研究的傳統大異其趣，爲了說明我所採取的研究取向，我開始比較深入地研讀科學哲學的相關著作。

（一）蘇教授的批評

1992 年，楊國樞教授要規劃出版《本土心理學研究》期刊，邀我寫一篇「靶子論文」，和學術界的同仁一起討論本土心理學的發展方向。當時我正年輕氣盛，立刻

毫不猶豫地一口答應下來，很快地寫了一篇論文，題爲〈互動論與社會交換：社會心理學本土化的方法論問題〉，由楊教授邀請社會科學界的幾位資深同仁，針對我的主張提出批判。他們所提出的批判和質問，使我十分難以招架。尤其是在北京大學社會學系講授科學哲學多年的蘇國勛教授，他單刀直入地指出：「『科學研究綱領』主要是適用於近代自然科學，而不是用於社會科學，尤其不是用於社會心理學和社會學」。它是「Lakatos 作爲科學史家以事後回顧的方式，對科學史上出現的和發生影響的各種學說和理論做出評價時所用的（不是科學工作者自身所用的），因此，『社會科學中國化』不應以『科學研究綱領』爲謀」。完全否定了我的主張。

蘇教授的說法基本上是正確的。作爲科學發展前衍的西方核心國家，科學哲學確實是思想史家或哲學家針對「科學史上出現的和發生影響的各種學說和理論」做出反思和評價所得的結果，並不是「科學工作者自身所用的」。然而，對於像臺灣或中國這樣非西方社會的邊陲國家，如果不了解西方科學哲學的精神，充其量只能套用西方國家發展出來的研究模式，收集一些零零碎碎的實徵研究資料，怎麼可能發展出「本土心理學」或「本土社會科學」？

然而，哲學並非我的專業。在那個時代，我對科學哲學的理解，其實並不深入，也不透澈。蘇教授是在北京大學社會學系講授科學哲學的權威學者，我要反駁他的論點，唯一的方法就是用我的主張，做出具體的研究成果，「拿證據來」。當時我的研究成績乏善可陳，根本做不到這一點，困窘之餘，只好寫一篇〈審慎的回應與暫時的沉默〉，虛晃一招，落荒而逃。

（二）《社會科學的理路》

學然後知不足。從此之後，「做出具體研究成果以說明自己的主張」，便成爲我持之以恆的學術志業。爲了達成這樣的目標，我一方面持續研讀科學哲學的經典著作，另一方面在臺灣大學心理學研究所講授科學哲學。1995 年我出版了《知識與行動》一書（黃光國，1995），用社會心理學的觀點，重新詮釋「道、儒、法、兵」一脈相承的中華文化傳統。在這本書中，我很清楚地指出：西方文化最重視的是「知識的哲學」，傳統中華文化所關注的卻是「行動的智慧」，兩者關注的焦點有其本質上的不同。由於現代學術幾乎都是建立在西方科學哲學的基礎上，我們要讓本土心理學有真正的發展，一定要對西方科學哲學的演變有相應的理解，能夠以之作爲基礎，從事本土心理學研究。

在臺灣大學講授科學哲學的經驗使我深深體會到：經典翻譯和詮釋的重要性。如果我們沒有把一些科學哲學的經典名著譯成中文，它們就沒有進入中文世界，一般人便很難用它們作爲論辯的材料。要使「科學」在華人的文化中生根，不僅要有人像唐

代高僧翻譯佛經那樣，將西方科學哲學的經典名著逐一譯成中文；而且要有人能夠撰寫專著，析論各家科學哲學之間的關聯，讓科學研究工作者，能夠相對容易地理解各種科學哲學之間的辯證性發展。因此我不揣淺陋，以將近十年的工夫，撰成《社會科學的理路》（黃光國，2001）一書，析論二十世紀內科學哲學發展出來的五種主要典範之間的關聯。

（三）「理論建構」與「實徵研究」

由於這本書的目的是在解釋我所採取的研究取向，以解決社會科學本土化所遭遇到的難題，它的寫法跟一般科學哲學的教科書也大異其趣。它的前半部敘說自然科學的哲學，由於實證主義到後實證主義的典範轉移，後半部說明社會科學的哲學，包括詮釋學和批判理論，兩者之間則以結構主義作為連結。

撰寫《知識與行動》和《社會科學的理路》這兩本書的經驗，成為我日後在思考心理學本土化各項問題的「背景視域」。自1990年代中期，我開始參與「亞洲社會心理學會」的各項活動，又進一步認識到：社會科學本土化不僅只是華人社會科學社群的問題，而且是所有非西方國家社會科學社群所面臨的共同問題。

從2000年起，我擔任教育部「華人本土心理學研究追求卓越計畫」的總召集人，在該項計畫每年兩次的考評會上，都有考評委員指出：這種大型的研究計畫，不能以作實徵研究為滿足，一定要將這些實徵研究的發現整合在一起。

從科學哲學的角度來看，唯有建構理論，才有可能將各項不同實徵研究的發現整合在一起。因此，在執行卓越計畫的八年期間，我不斷殫精竭慮，思考跟心理學本土化有關的各項問題，一面從事研究，另一方面撰寫論文，在國內、外學術期刊上發表。

（四）兩種研究取向的對話

在2002年二月，楊國樞教授七十華誕時，他的學生們曾經辦了一個「從現代到本土」的學術研討會，我忝為楊教授的學生之一，也寫了一篇〈從「現代性」到「本土化」：論「個人現代性」研究的方法論〉，收錄在葉啟政（2002）主編的論文集中。在這篇論文中，我曾經指出，楊國樞有關個人現代性的研究可分為兩個階段。在第一階段中，他將「現代性」和「傳統性」想像成同一向度的兩個極端，用前節所述的方法，指導許多學生做了一系列的研究，在那個時代將他博取了極大的學術聲望，也受到了許多批評。

　　以這樣的研究工具，做了十五年的實做研究之後，楊氏承認自己「第一個階段的研究工作可能犯了數項重大的錯誤，而西方學者的有關研究也大都具有同樣的缺點」（楊國樞、余安邦、葉明華，1991，頁 245）。因此，他對於自己有關個人「現代性／傳統性」的看法，作了四方面的重大改變（黃光國，2002，頁 56）。

　　楊教授在第二階段作出四項「重大改變」之後，他的研究興趣已經從「個人現代性」轉向「本土化」，所謂「個人現代性」的研究也逐漸式微。

　　後來我將這篇論文改寫成英文（Hwang, 2005a），投給《亞洲社會心理學刊》，該刊主編要求楊教授對我的批評提出回答。楊教授表示：他所受的西方人格心理學訓練，就是用這樣的研究方法，將來他還是會用同樣的方法從事研究（Yang, 2005）。我才體會到：對於個人而言，所謂「典範移轉」是如此的艱難，因此寫了一篇〈為本土心理學追尋新典範〉作為回應（Hwang, 2005b），這幾篇論文都在同一本專刊上出版。

（五）楊國樞的心理學本土化策略

　　在我退休之後，李維倫（2017）曾經寫了一篇〈華人本土心理學的文化主體策略〉，回顧臺灣在推動心理學本土化運動中，曾經出現過的五種文化主體策略。

　　楊先生是位氣度恢宏的人。他一生中參與過許多社會運動，更發起過許多學術運動。他的魅力來自於他對學生們不同學術見解的包容，但他卻沒有時間和精力去處理各種不同見解的衝突和矛盾。在李維倫（2017）所列的「楊國樞本土化心理學架構」（圖 9-2）中，列出了「西方社會／本土心理學」的「四種研究典範」（Guba & Lincotn, 1994），李維倫繪製的這張圖顯示：楊國樞教授雖然知道西方心理學背後的科學哲學，但他沒有深入追究這些哲學典範對心理學研究的意義。也沒有深入探究：「實證論」和「後實證論」在本體論、知識論和方法論之間的「不可通約性」，更沒有仔細討論它們跟「批判理論」和「建構論」之間的關聯。

　　楊教授批判「橫向移植」西方研究典範是「強加式客位研究策略」（imposed-etic research strategy），而主張「主位研究策略」（emic research strategy）。所謂「主位／客位」研究取向，源自於加拿大本土心理學者貝瑞（John W. Berry）對於心理學本土化「強加式客位／主位／共有式客位」研究取向的三分架構；而所謂「內生性本土化」和「外衍性本土化」，又是來自號稱「菲律賓本土心理學之父」的恩瑞奎茲（Virgilio Enriquez, 1945-1994）。楊教授雖然引用這些國際心理學界流行的說法，但他並沒有從「跨領域」的角度，探討這些研究取向的哲學基礎。

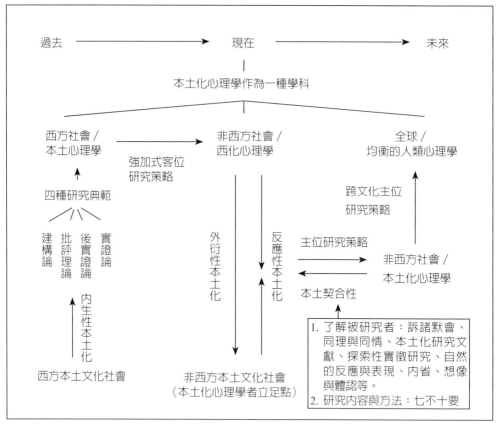

圖9-2　楊國樞的本土化心理學架構

註：取自李維倫（2017）。

（六）「本土契合度」

　　楊教授在說明他自己所主張的「本土契合性」時，進一步討論了他所謂的整合過程。他將整合區分為「經驗的整合」（empirical integration）和「理論的整合」（theoretical integration）。所謂「經驗的整合」主要是以所有被比較之本土心理學共有的特徵（成分、歷程、建構、結構或模式）和功能作為基礎（Yang, 2000, p.258）。

　　楊國樞認為：他所主張的跨文化主位研究策略，是建立人類心理學的必要途徑。對他而言，本土化心理學雖然是關於單一文化社會人民的，但它卻可以「為全世界的人類發展一套跨文化的本土或本土化心理學知識體系，這一體系包含適用於全人類的心理與行為法則及研發這些法則所需要的方法論」（楊國樞，2005，頁41）。要獲得這樣的「人類心理學」有賴於前述跨文化本土化心理學的發展，因為「真正的人類心理學……必須從西方國家的本土心理學與非西方國家的本土化心理學的長期發展與

統合中逐漸形成。這樣的人類心理學才能算是有代表性的；有代表性的人類心理學，才是均衡的人類心理學。」（楊國樞，2005，頁46）。

然而，從「後實證主義」的角度來看，不管是要獲致「代表性」的人類心理學，或是「均衡的」人類心理學，這種研究策略都蘊涵了歸納法的反覆使用，所以我認為那是不可能達到目標的任務（黃光國，2011）。

（七）「二度詮釋」與「理論建構」

正因為楊國樞的本土化策略是採取「實證論」的歸納法，葉啟政（1997）在批判他以「本土性契合」作為本土心理學判準時，針對楊教授以「配合、符合或調和」定義「契合」的說法，提出「一度詮釋」與「二度詮釋」的區分。葉啟政指出，「一度詮釋」是以被研究者本身的認識或意識動機為研究結果的依歸與判準。如果本土性契合指的就是以被研究者自身的認識或意識動機為「配合、符合或調合」的對象，則本土性契合暗示著實證主義的符應真理觀，即以「命題陳述」與「事實」的相符應為知識的判準。但學術研究的結果本來就跟一般人習以為常的知識有所差異，若要求這種「具有差異的認識」也必需具有本土性契合，則必須訴諸於「二度詮釋」：指向「具主導性之優勢文化歷史脈絡對人們引發行動所可能具有的社會（而非個人心理）意義」（葉啟政，1997，頁126），而不是日常行動者的自我解釋（即「一度詮釋」）。

用我的研究策略來說，葉啟政所謂的「二度詮釋」，就是建構「含攝文化的理論」，來說明行動者在其生活世界中的所作所為。葉啟政進一步以「二度詮釋」的概念，說明本土性契合中的「配合、符合及調和」應當是指「研究者要如何掌握被研究者的心理與行為，其所內涵之文化與社會意義才能夠貼切而具啟發地呈現的問題」（葉啟政，1997，頁127）。葉啟政以「貼切而又具啟發性」提示本土性契合的意涵，他認為：這樣的知識與了解，由於掌握了主導心理行為的脈絡結構，所以是貼切的；由於它是對起主導作用者的認識，是「言一般人所未能思及者」（葉啟政，1997，頁128），所以是啟發性的。

（八）楊國樞的自我定位

不過楊國樞並不完全同意葉啟政的看法。在他的回應中，楊國樞（2005）認為葉的批評來於詮釋學（hermeneutics）與現象學（phenomenology），而他自己是實證論（positivism）的取向。他認為：

「密切或高度配合、符合及調和」的說法，其背後的假設是被研究者的心理與行為及其生態、經濟、社會、文化及歷史脈絡皆為客觀存在之事物，且其間各有實際存

在的因果關係。研究者的責任是使自己的研究活動及研究成果儘量逼近或反映所研究的心理與行為及其脈絡等實際存在之實體（entity）或現象（phenomenon）。（楊國樞，2005，頁29-30）

徐冰（2014，頁88）在評論臺灣的心理學本土化運動時，也提出了本土心理學者必須面對的嚴酷事實：

中國化和本土化指把衍生於西方的現代科學「化」為契合於中國經驗。而事實上，具體研究的重心已經轉向將中國思想與經驗「化」為科學。而這個轉向已與這兩個詞直接的意思相左。而這兩個詞的選擇與單向思維相聯繫，此單向思維的基礎仍是科學觀。楊國樞（1997）最成熟的「本土契合性」理論仍然基於單向或者獨白（monological）的認識論，而這種認識論與忽視心靈能動性的本體論預設相聯繫（阮新邦，2001）。

楊國樞是1980年代在臺灣發起「社會科學中國化和本土化運動」的主要領導人。正因為他最成熟的「本土契合性」理論，仍然是以「單向或獨白」的認識論，他努力的方向也只是「把衍生於西方的現代科學『化』為契合於中國經驗」，無法做到「將中國思想與經驗『化』為科學」。結果源自中國文化傳統的「踐行心理學」和從西方傳入的「科學心理學」仍然分裂為二，難以整合。

五　「含攝文化的理論」

「華人本土心理學研究追求卓越計畫」於2008年初結束之後，我又有幸得到臺灣大學人文社會高等研究院「華人社會中的人觀與我觀研究計畫」的補助，終於能夠以將近一年的時間，整合相關的研究成果，撰成《儒家關係主義：哲學反思、理論建構與實徵研究》一書（黃光國，2009），我的思想才算完全成熟。

（一）「一種心智，多種心態」

這本書很清楚地指出，要想建構出一種「含攝文化的心理學」，必須遵循Shweder提出的一項文化心理學的基本原則：「一種心智，多種心態；普世主義，考量分殊」（One mind, many mentalities; universalism without uniformity）（Shweder, Goodnow, Hatano, LeVine, Markus, & Miller, 1998, p.871）建構出來的理論，既能說明人類共有的「心智」，又能反映某一特定文化中的「心態」。

　　基於這樣的前提，該書以「後實證主義」的科學哲學作爲基礎，先說明我如何建構〈人情與面子〉的理論模型，並以之作爲架構分析儒家思想的內在結構，再對以往有關華人道德思維的研究後設理論分析，然後從倫理學的觀點，判定儒家倫理的屬性，接著以「關係主義」的預設爲前提，建構出一系列微型理論，說明儒家社會中的社會交換、臉面概念、成就動機、組織行爲、衝突策略，並用以整合相關的實徵研究。從科學哲學的角度來看，這樣建構出來的一系列理論，構成了「儒家關係主義」的「科學研究綱領」（scientific research programme）（Lakatos, 1978/1990）或研究傳統（Laudan, 1977/1992）。

　　該書出版三年之後，其英譯本改以 *Foundations of Chinese Psychology* 之名出版（Hwang, 2012）。這本書的出版，是我研究生涯的一個里程碑。更清楚地說，《社會科學的理路》一書經過十年的實際應用（黃光國，2001），在我思想完全成熟之後，添加了二章，介紹「批判實在論」（Critical Realism），以及我如何用「多重哲學典範」（multiple philosophical paradigms），建構「含攝文化的理論」（culture-inclusive theories）（黃光國，2013），解決中國心理學思想的傳統和西方心理學傳統分裂的難題。

（二）《儒家文化系統的主體辯證》

　　2015 年，我從臺大退休後，受聘於高雄醫學大學，分別在南、北兩地組織研究團隊，鼓勵年輕教師及研究生深入思考並討論「中西會通」的相關議題。最近我綜合大家的討論，出版了一本書，題爲《儒家文化系統的主體辯證》，從科學哲學的角度，全面回顧過去三十年間，臺灣心理學本土化運動中所出現過的五種「文化主體策略」。從該書的析論中，可以看出：本土心理學者所追求的主體，具有四層不同的涵意。第一是「儒家文化系統」的主體；第二是作爲儒家文化傳統之「研究者」的個別主體；第三則是儒家社會中之「學術社群」所構成的「知識論主體」。第四則是心理學研究對象或「案主」之主體（黃光國，2017）。

　　倘若我們耽迷於移植西方社會科學的研究典範，這樣長久累積的實徵研究資料，最後必然是支離破碎，看不出「儒家文化」的「主體」。相反的，如果我們把儒家文化傳統，看成是一種「文化系統」，「儒家倫理與道德的結構」可以說是支撐住華人生活世界的「先驗性形式架構」（transcendental formal structure），不管從哪個面向切入，最後都可以針對該面向所涉及的問題，以「關係主義」作爲預設，建構出「含攝文化的理論」，並解答相關的問題。唯有達到這種境界，華人本土學者才有了眞正的「個別主體」，他才能彰顯出其「文化主體」，他的研究對象或「案主」，也因此而有了「主體性」。

（三）文化傳統的分析策略

在〈黃光國難題〉中，陳復（2016）曾經提出一張圖，說明我對中華文化傳統的分析策略，我將它稍作修改後，列於圖 9-3。

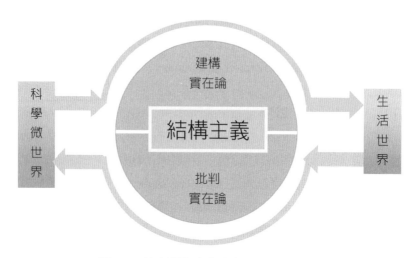

圖9-3　黃光國的文化分析的知識論策略

註：修改自陳復（2016）。

這一張圖的意義是：建構實在論先區分「生活世界」和「微世界」；批判實在論告訴我們：如何以科學哲學作爲基礎，分析生活世界中的文化傳統，以建構科學微世界；建構實在論則是告訴我們：如何以科學家所建構的「科學微世界」，來觀察生活世界中的種種現象；而結構主義則是教我們如何找出文化的深層結構。

（四）建構實在論：兩種「實在」

建構實在論將「實在」分爲兩種，一種是「實在自身」，另一種是「建構之實在」（constructed reality）（Wallner, 1994）。所謂「實在自身」（Wirklichkeit, actuality），是指「既予的世界」，也是我們生存於其間的世界。從生物學的意義而言，這是使吾人的生存得以可能的世界，沒有它我們便無法生存。我們稱此世界爲「實在自身」（actuality），德文爲（Wirklichkeit），其字面上的意義是指事物按自身來活動、運作，而其自身卻無須加以解釋。我們也無法予以解釋。此一世界或許有某些結構，這些結構或許是以距離、空間、因果性或時間作爲其運作的基礎，我們卻無從知悉。我們對其特性所提出的都只是預設。

我們可以知悉的世界完全是建構的。我們只能理解我們自己所建構的東西，除

此之外，我們不能理解其他任何東西。這個「建構的世界」，我們稱之爲「建構之實在」（constructed reality）。我們與「既予世界」的關聯甚少，但我們每天都在處理建構的實在，建構的實在乃是我們的日常世界。

建構實在論區分「實在本身」和「建構之實在」的作法，很像康德的區分「現象」（phenomena）與「物自身」（thing-in-itself）。對於康德而言，各種不同科學的知識，都是以先驗性的理念（transcendental ideas）作爲基礎，而建構起來的。它所指涉的對象，其本體（noumenon）雖然是超越（transcendent）而永不可知的，但我們卻必須假定它是實在的。

在康德哲學裡，「物自身」是一個限制性的概念。更清楚地說，我們的感官所看到、聽到的都只是「現象」，不是「物自身」。「現象」必須以「物自身」作爲基礎，但物自身卻不在我們的感覺之內。不僅如此，我們用智性概念來建構知識，而物自身也在我們所形成的知識之外。

（五）批判實在論

我們可以用 Bhaskar（1975/1979）所主張的「批判實在論」（critical realism）進一步說明：區分這兩種「實在」在科學活動中的重要性。「批判實在論」是印度裔哲學家 Roy Bhaskar（1944-2014）所提出來的。Bhaskar 的父親是印度人，母親是英國人，原本修習經濟，在準備博士論文階段，發現西方的經濟學理論並不足以解釋非西方國家的經濟發展，而深刻感受到：這根本不是經濟學的問題，而是理論建構的哲學問題。因此改行攻讀哲學，並提出「批判實在論」的科學哲學。

Bhaskar（1975）將其知識論稱爲「先驗實在論」。他之所以明確標示「先驗」一詞的主要理由，在於支持此一學說的論證方式，乃是「先驗論證」。所爲「先驗論證」，是「從一個已經發生的現象，推論到一個持久性的結構」，或是「從實際上的某一個事物，推論到更根本的、更深處的、奠定該事物之可能的某一事物」。用Bhaskar（1975, pp.30-36）本人的話來說，所爲「先驗論證」乃是一種「追溯論證」（reproductive argument），是「從某現象的描述、回溯到產生該現象之某事物（或某條件）的描述」。

在〈科學發現的邏輯〉中，Bhaskar（1975, pp.144-146）曾經提出一張圖，說明科學發現的三步驟。古典經驗論的傳統（包含實證主義）僅止於第一步，新康德學派的傳統看到第二步的必要，但它卻沒有像先驗實在論那樣，旗幟鮮明地說清楚第三步所蘊涵的意義。

從「批判實在論」的這三個步驟可以看出：科學哲學的發展曾經經歷過三次大的典範轉移（Bhaskar, 1975，圖 7-3）：「古典經驗論」（classical empiricism）以休謨

（David Hume, 1771-1776）作爲代表。這一派的思想家認爲：知識的終極對象是原子事實（automatic facts），這些事實構成我們觀察到的每一事件，它們的結合能夠窮盡我們認識自然所必要的客觀內容。「知識」和「世界」兩者表面的許多點，有同構的對應關係（isomorphic correspondence）。

（六）先驗理念論

科學發現的第二步，是康德提出的「先驗理念論」（transcendental idealism），及大多數「後實證主義」者所衍伸出的各種不同版本。依照這一派的觀點，科學研究的對象是實在的，其「本體」卻是「超越」（transcendent）而不可及的，永遠不可爲人所知。人類感關能知覺到的，僅是表徵「實在」的現象而已（見圖9-4）。由於實在的「物自身」永不可及，科學家從事科學活動的目標，是要用他創造的想像力（creative imagination），以「先驗的理念」（transcendental ideas）建構理論，描述自然秩序或模型。這種目標是人爲的建構，它們雖然可能獨立於特定的個人，但卻不能獨立於人類的活動，所以必須經得起科學學術社群用各種不同的「實徵研究方法」來加以檢驗。

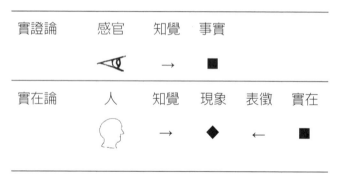

圖9-4　「實證論」和「實在論」的知識工作

正是因爲：科學研究對象的本體（即「物自身」）是超越而永不可及的，科學家所建構的理論僅是「接近眞理」而已，不代表「眞理」，它必須經得起科學社群的成員用各種不同的方法來加以「否證」（Popper, 1963），因此它的方法論立場是「否證論」，而不是「實證論」。

（七）先驗的機制

第三種立場是「批判實在論」者所主張的「先驗實在論」（transcendental realism）。它的本體論雖然也採取「實在論」的立場，但它卻認爲：科學研究的

對象，既不是「現象」（經驗主義），也不是人類強加於現象之上的建構（理念論），而是持續存在並獨立運作於我們的知識之外的實在結構（real structure）。科學活動的目標在於找出產生現象的「創生性機制」（generative mechanism），這種知識是在科學活動中產生出來的。依照這種觀點，科學既不是自然的一種「表象」（epiphenomenon），自然也不是人類製作出來的產品。「知識」和「世界」兩者都是有結構、可分化，並且不斷在變異之中的；後者獨立於前者而存在。

「批判實在論」所要追求的「創生機制」，其實就是費孝通所說的「機制」（或結構）。從批判實在論的觀點來看，我所建構的〈自我的曼陀羅模型〉（黃光國，2015；Hwang, 2011）以及〈人情與面子〉的理論模型（Hwang, 1987, 2012），都是一種普世性的「機制」，它是一種「先驗的實在」（transcendental reality），不論是哪一個文化中，都是可以適用的。

（八）「實證論」者的知識工作

費孝通非常了解，用「實證主義」或「科學主義」的方法，根本無法找出這樣的機制。為什麼呢？

從「科學哲學典範移轉」的角度來看（圖 9-5），「實證主義」是由古典經驗論的背景分歧出來的。實證主義者採取了「極端經驗論」（radical empiricism）的立場，認為藉由感官經驗所獲得的事實（empirical facts），就是唯一的「實在」（reality），科學家不必在「經驗現象」背後，追尋任何造成此一現象的原因或理由。實證主義者的這種「本體論」立場，讓他們相信：科學方法「證實」過的知識就是「真理」，因此他們在「方法論」上主張「實證論」，邏輯實證論者更旗幟鮮明地主張：「一個命題的意義，就是證實它的方法」（Schlick, 1936）。

李維倫（2017）曾經提出一張表，說明「實證主義」和「實在論」所主張之知識工作的差異。我稍作修改後，將之列於圖 9-4。

倘若華人心理學者受限於「實證主義」或「科學主義」的科學觀，不懂得如何建構「含攝文化的理論」，而只耽迷於命題的檢驗，即使是號稱「本土化」的研究，其結果跟盲目移植西方理論其實並沒有太大區別。

（九）「實證論」的陷阱

在世界學術社群中，以研究「華人心理學」而享譽國際者，首推曾經任教於香港中文大學的加拿大教授 Michael H. Bond。1986 年他出版《中國人的心理學》，內容總共有七章，九位作者，其中有三位來自臺灣。1996 年，出版的《華人心理學大全》，內容有 32 章，總共 50 位作者，其中七位來自臺灣。2010 年，他再出版《牛

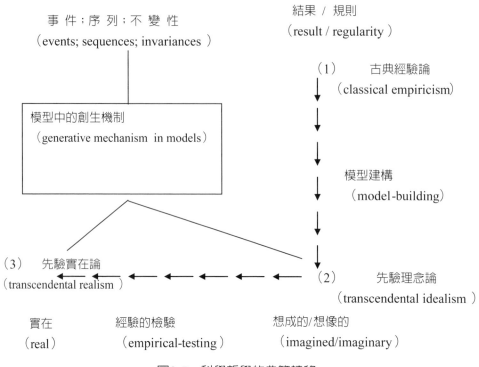

圖9-5　科學哲學的典範轉移

註：取自 Bhaskar（1975, p.174）。

津版華人心理學大全》，共有 41 章，內容涵蓋面極廣，83 位作者，但僅有四位來自
臺灣。陸洛寫了一章（Lu, 2010），我和韓貴香合寫一章（Hwang & Han, 2010），
李美枝則和 James Liu 等人合作，共寫一章（Liu, Li, & Yue, 2010）。這個趨勢說明
大陸新一代心理學者崛起之後，臺灣心理工作者快速「邊緣化」的命運。

　　一位任教於西班牙巴塞隆納的華裔學者 Lee（2011）深入回顧 Bond（2010）所編
的《牛津版華人心理學大全》之後，一針見血地指出：「這本書沒有清楚的結構，除
非仔細閱讀整本書的目錄，否則讀者很難看出這書包含有哪些內容，並辨認出針對
某一特定議題的章節」（Lee, 2011, p.271）。不僅如此，「整本書大多缺少理論，這
些以議題取向的章節，對於關於華人所作的經驗研究發現，作了相當詳盡的回顧與報
告，然而，只有極少數的幾章提出華人心理學的本土理論」，「儘管他們公開宣稱要
推動本土研究，他們的水準大都停留在支持／不支持西方的發現，並且用諸如集體主
義、權力差距之類的文化向度來解釋他們的發現」。尤有甚者，這本書中所引的研究
大多以『中國和西方』二元對立的方式，來處理他們的研究發現，無法掌握現實世界
中更為精緻的複雜性（Lee, 2011, pp. 271-272）。

這個批評則是說明：迷信「科學主義」的華人心理學者很難跳脫「實證論」的陷阱，這可以說是兩岸心理學界的「共業」！

六 結論：本土社會科學的學術傳統

本文有關「實證論」和「實在論」的論述，可以看作是對於費孝通晚年覺悟之回應，旨在區分「實證主義」（或「科學主義」）之研究和「批判實在論」以追溯「創生機制」作為研究目標的不同。這樣的區辨可以破解「五四意識型」意識形態，但仍然沒有說明什麼是「理學進行交流的手段」。

最近，我又將綜合過去三十幾年的研究成果，撰寫了一本題為《內聖與外王：儒家思想的開展與完成》的書（黃光國，2018），以西方的科學哲學作為基礎，建構「含攝文化的理論」，說明儒家的倫理與道德，作為在「儒、釋、道」三教合一的文化中發展社會科學的基礎。

本書的主要論點為：先秦儒家主張的「仁、義、禮」倫理體系，是支撐華人生活世界的「先驗性形式架構」（transcendental formal structure），是華人與西方（或其他）社會根本的差異所在，它儲存在漢語系統裡，會彰顯在任何使用漢語進行社會互動的場合，是我們建構華人本土社會科學的「機制」，也是我們在華人社會中從事道德教育的基本素材，然而，華人追求「內在超越」的文化傳統卻無法將它轉化成客觀的知識體系，我們必需借助西方的科學哲學，建構「含攝文化的理論」，才有可能說明清楚儒家倫理與道德的特色。

該書第三章題為「文化分析的知識論策略」。《內聖與外王》出版之後，我又刻意將這一部分孤立出來，撰成一本近百頁的小書（monograph），題為《建構「含攝文化之理論」的知識論策略》（Hwang, 2019），由英國劍橋大學出版社出版。

任何一個學術運動，一旦找到了自己的哲學基礎，便是找到了自己的「道」，這個學術運動便已邁向成熟階段，而逐漸脫離其「運動」的性格，除非有人能找出更強而有力的哲學來取代它。華人心理學本土化運動邁向成熟之後，下一個目標就是總結其成功經驗，繼續推展社會科學本土化運動，其最終目標則是以儒家文化作為基底，吸納西方近代文明的菁華，「中學為體，西學為用」，擺脫西方學術的宰制，建立「儒家人文主義」的自主學術傳統。

參考文獻

李維倫（2017）：〈華人本土心理學的文化主體策略〉。《本土心理學研究》，47，3-79。doi: 10.6254/2017.47.3

周飛舟（2017）：〈「志在富民」到「文化自覺」：費孝通先生晚年的思想轉向〉。《社會》，37(4)，143-187。

金耀基（1983）：〈儒家倫理與經濟發展：韋伯學說的重探〉。《聯合月刊》，25，70-79。

柯永河（2009）：〈我心目中的臺灣臨床心理學：過去與前瞻〉。見臺灣心理學會（主編）：《臺灣心理學會第四十八屆年會會議手冊》。臺北：臺灣心理學會。

徐冰（2014）：〈科學觀與中國心理學〉。《本土心理學研究》，41，73-92。

陳復（2016）：〈黃光國難題：如何替中華文化解開戈迪安繩結〉。《本土心理學研究》，46，74-110。doi: 10.6254/2016.46.73

費孝通（1948）：《鄉土中國》。上海：觀察社。

費孝通（2003）：〈試談擴展社會學的傳統界限〉。《北京大學學報》（哲學社會科學版），40(3)，5-16。

黃光國（1988）：《儒家思想與東亞現代化》。臺北，巨流圖書公司。

黃光國（1995）：《知識與行動：中華文化傳統的社會心理詮釋》。臺北：心理出版社。

黃光國（2001）：《社會科學的理路》。臺北：心理出版社。

黃光國（2002）：〈從「現代性」到「本土化」：論「個人現代性」研究的方法論〉。見葉啟政（主編）：《從現代到本土—慶賀楊國樞教授七秩華誕論文集》，頁41-82。臺北：遠流出版公司。

黃光國（2009）：《儒家關係主義：哲學反思、理論建構與實徵研究》。臺北：心理出版社。

黃光國（2011）：《心理學的科學革命方案》。臺北：心理出版社。

黃光國（2013）：《社會科學的理路（第三版）》。臺北：心理出版社。

黃光國（2015）：《盡己與天良：破解韋伯的迷陣》。臺北：心理出版社。

黃光國（2017）：《儒家文化系統的主體辯證》。臺北：五南出版社。

黃光國（2018）：《內聖與外王：儒家思想的開展與完成》。臺北：心理出版社。

楊國樞、余安邦、葉明華（1991）：〈中國人的個人傳統性與現代性：概念與測量〉。見楊國樞、黃光國（主編）：《中國人的心理與行為》，頁213-240。臺北：桂冠圖書公司。

楊國樞（2005）：〈本土化心理學的意義與發展〉。見楊國樞、黃光國、楊中芳（主編）：《華人本土心理學》，頁3-56。臺北：遠流出版公司。

葉啟政（1997）：〈「本土契合性」的另類思考〉。《本土心理學研究》，8，121-139。doi: 10.6254/1997.8.121

瞿海源、楊國樞（1972）：〈中國大學生現代化程度與心理需要的關係〉。見李亦園、楊國樞（主編）：《中國人的性格：科際綜合性的討論》，頁381-410。臺北：中央研究院民族學研究所。

Bhaskar, R. A. (1975/1979). *A realist theory of science*. London: Verso.

Bond, M. H. (2010). Moving the scientific study of Chinese psychology into our twenty-first century: Some ways forward. In M. H. Bond (Ed.), *The Oxford handbook of Chinese psychology* (pp.711-715). New York: Oxford University Press.

Bond, M. H. (Ed.). (1996). *The handbo0k of Chinese psychology*. Hong Kong: Oxford University Press.

Bond, M. H. (Ed.). (1986). *The psychology of the Chinese people.* Hong Kong: Oxford University Press.

Guba, E. G., & Lincoln, Y. S. (1994). Competing paradigms in qualitative research. In N. K. Denzin & Y. S. Lincoln (Eds.), *Handbook of qualitative research* (pp.105-117). Thousand Oaks, CA: Sage.

Hwang, K. K. (1987). Face and favor: The Chinese power game. *American Journal of Sociology, 92,* 944-974. doi: 10.1086/228588

Hwang, K. K. (2005a). From anticolonialism to postcolonialism: The emergence of Chinese indigenous psychology in Taiwan. *International Journal of Psychology, 40,* 228-238. doi: 10.1080/00207590444000177

Hwang, K. K. (2005b). A philosophical reflection on the epistemology and methodology of indigenous psychologies. *Asian Journal of Social Psychology, 8,* 5-17. doi: 10.1111/j.1467-839X.2005.00153.x

Hwang, K. K., & Han, K. H. (2010). Face and morality in Confucian society. In M. H. Bond (Ed.), *The Oxford handbook of Chinese psychology* (pp.479-498). New York: Oxford University Press.

Hwang, K. K. (2011).The mandala model of self. *Psychological Studies, 56,* 329-334. doi: 10.1007/s12646-011-0110-1

Hwang, K. K. (2012). *Foundations of Chinese psychology: Confucian social relations.* New York: Springer.

Hwang, K. K. (2019). *Culture-inclusive theories: An epistemological strategy.* Cambridge: Cambridge University Press. doi: 10.1017/9781108759885

Lakatos, I. (1978/1990). History of science and its rational reconstructions. *The methodology of scientific research programmes* (pp.102-138). Cambridge: Cambridge University Press.

Laudan, L. (1977/1992). *Progress and its problems: Toward a theory a theory of scientific growth.* London: Routledge & Kegan Paul.

Lee, Y. T. (2011). Review of the book the Oxford handbook of Chinese psychology. *International Journal of Cross Cultural Management, 11,* 269-272.

Liu, J. H., Li, M. C., & Yue, X. D. (2010). Chinese social identity and intergroup relations: The influence of benevolent authority. In M. H. Bond (Ed.), *The Oxford handbook of Chinese psychology* (pp.579-597). New York: Oxford University Press. doi: 10.1093/oxfordhb/9780199541850.013.0035

Lu, L. (2010). Chinese well-being. In M. H. Bond (Ed.), *The Oxford handbook of Chinese psychology* (pp.711-715*).* New York: Oxford University Press. doi: 10.1093/oxfordhb/9780199541850.013.0021

Popper. K. (1963). *Conjectures and refutations: The growth of scientific knowledge.* London: Routledge & Kegan Paul.

Shweder, R. A., Goodnow, J., Hatano, G., Le Vine, R., Markus, H., & Miller, P. (1998). The cultural psychology of development: One mind, many mentalities. In W. Damon (Ed.), *Handbook of child psychology : Theoretical models of human development* (Vol.1, pp.865-937). NY: John Wiley & Sons.

Schlick, M. (1936). Meaning and verification. *The Philosophical Review, 45*, 339-369. doi: 10.2307/2180487

Staats, A. W. (1975). *Social behaviorism*. Oxford, England: Dorsey.

Stotland, E., & Canon, L. K. (1972). *Social psychology: A cognitive approach*. Saunders Limited.

Yang, K. S. (2000). Monocultural and cross-cultural indigenous approaches: The royal road to the development of a balanced global psychology. *Asian Journal of Social Psychology, 3*, 241-263. doi: 10.1111/1467-839X.00067

Yang, K. S. (2005). The perspective of yuan in relationship. In K. S. Yang, C. F. Yang, & K. K. Hwang (Eds.), *Chinese indigenous psychology* (pp.567-597). Taipei: Yuan-Liou publishing.

Wallner, F. G. (1994). *Constructive realism: Aspects of new epistemological movement*. Wien: W. Braumuller.

第十章

臨床心理學於安寧緩和場域之反思踐行

楊于婷、林耀盛

前言

整合性照護觀點：生物心理社會靈性模式

患者及家屬的置身所在：以生物心理社會靈性模式理解

緩和醫療心理照護服務：生物心理社會靈性模式之實徵性

結語：臨床心理師於安寧緩和之反思實踐

　　患者進入疾病末期階段，經歷生理、心理、社會人際與靈性等層面的陌生斷裂，臨床心理學的知識與實踐，可以如何協助他們回到熟悉感，是探討焦點議題。本文認為安寧緩和照護中，於身體照顧、症狀控制外，亦需強調結合心理社會靈性之照護系統，以提供患者與家屬整體性照護。本文透過文獻回顧法，整合研究與臨床心理服務現況，進而透過「生物心理社會靈性」模式，理解此模式對「末期患者」與「家屬」的需求與處境，對應至可能的心理介入方向。之後，經由反思實踐，提出臨床心理學在緩和醫療或末期照護上的貢獻，在於知識與實踐的合一，協助患者與家屬從「有」到「是」的過程。知識作為「有」的相關物（如自然或人為知識），這是作為理解實踐活動（praxis）的擁有本質。緩和醫療臨床心理服務將知識轉化為「是」，以揭示人自身的本質時，就是一種從理論到實踐的轉換；Heidegger 提到「朝死而生」的此在（Dasein）在此現場開展。本文指出臺灣在緩和醫療場域，無論是壓力模式或存有取向，各有特色，但都是奠基於現場實踐成果。如此呈現多元概念與方法特性，回到臨床變動的實踐性，提升安寧緩和醫療與照護品質。最後，進而提出未來可延伸思考的方向。

■ 前言

　　吳英璋等人（2019）回顧臺灣臨床心理學的進程與發展，提到：「在臨床實務上，吳英璋教授提出壓力模式，對於臺灣健康心理學研究與實務影響深遠。以臺大醫院的臨床心理中心來看，在慢性病研究，以及安寧病房是以癌症病患為本位的多元跨科整合醫療系統，擴充壓力模式的討論。緩和醫療的心理照顧，在臺灣也有特色，如余德慧教授在慈濟醫院建立的柔適照顧（anima care），及和信醫院以存在現象學關照病患及其家屬，奇美柳營分院以敘事法為軸提供照顧。」本文以此為起點，進一步深化討論臺灣臨床心理學如何回應緩和醫療的現場，以及可延伸思考的議題。

　　所謂緩和照護（palliative care）於定義概念中，包含藉由跨團隊的照護，照護患者的生理、心理、靈性之需求，以及提供家庭支持，以期提升患者生活品質；相較於緩和式支持性照顧，安寧照護（hospice care）定義概念，指提供「末期」疾病患者與家屬多向度的專業治療，提供範圍由症狀控制至哀傷照顧之服務模式（Hui et al., 2013）。臺灣於 2000 年制定公布《安寧緩和醫療條例》，其中定義「安寧緩和醫療」（hospice palliative care）為減輕或免除末期病人（指罹患嚴重傷病，經醫師診斷認為不可治癒，且有醫學上之證據，近期內病程進行至死亡已不可避免者）之生理、心理及靈性痛苦，施予緩解性、支持性之醫療照護，以增進其生活品質（安寧緩和醫療條例，2013）；現於臺灣之安寧照護對象，包括癌症末期患者、末期運動神經元患者與八大疾病末期患者（老年期及初老期器質性精神病態、其他腦變質、心臟衰竭、慢性氣道阻塞、肺部其他疾病、慢性肝病及肝硬化、急性腎衰竭、慢性腎衰竭及腎衰竭）（全民健康保險安寧共同照護試辦方案，2015）。由此，在時間進程上，緩和醫療與安寧醫療上有重疊，在安寧照護階段雖已接近重大疾病末期，仍會提供緩和支持的醫療。

　　當罹患重大疾病且進展至疾病末期時，患者面臨各種身體或生理的不適感或疼痛外，也可能經歷隨之而來在身體功能、生活習慣、功能角色的改變，或可能對患者的自我概念、自我意象、自我對生活與生命的意義等，產生撼動與衝擊。Hinton（1984）即指出末期患者面臨需要因應與調適的議題，包含三個部分：其一為末期疾病進展可能出現的症狀，例如：疼痛、呼吸困難、噁心感；其二則為疾病帶來的改變，包含：因疾病或生理狀況而需要臥床或住院等生活型態的改變，以及面對疾病所經歷情緒上的變化；最後，則是隨著疾病與生命的進展，覺知生命即將結束的分離或失落感。對於患者而言，面臨的議題與挑戰為多重、繁複與交錯的，對疾病的照護需求，除了期待在身體或生理症狀能獲得控制或緩和外，也期盼能在日常生活角色或功能活動上被協助，以及獲得在情緒上的照顧或期待能被照顧到其情緒表達的需

求（Houts et al., 1988; Morasso et al., 1999）。如同 Frank（2002）在心臟病發作與癌症的診斷後，於 *At the will of the body* 書中反思疾病帶來的經驗，深刻帶出疾病所帶來的衝擊：「當我的身體垮掉時，不只單僅發生在身體上，也包含我的生活。當身體崩壞時，生活也是如此。」也因此對末期患者的照顧，在生理不適舒緩的重要性外，內在情緒經驗被理解與照顧、日常生活適應等亦不可忽視。安寧緩和醫療的設立，其旨在於減緩患者的痛苦、提供症狀與疼痛的管理、心理社會層面的支持，與強化其功能性能力，維護患者的自主性（Haley, Larson, Kasl-Godley, Neimeyer, & Kwilosz, 2003）。

除了上述側重於症狀表現或行為狀態之症狀導向外，Svenaeus 將海德格（Heidegger）「寓居於世（being-in-the-world）」的概念帶入人的健康與生病的狀態描述：認為當我們處於「健康（health）」的狀態時，那就像是一種「舒適地寓於家中的狀態（a state of 'homelike being-in-the-world'）」，我們能感受自己的存有是平穩可控制的，我們與世界間也是互相連結的。可是，一旦「疾病（illness）」進入我們的世界時，我們就像是處於一種「無法生活於自己家中的不舒適狀態（a state of 'unhomelike being-in-the-world'）」，我們感覺自己與世界間似乎失去平衡，自己的身體好像也不再是以往自己可以控制的那個熟悉的身體，形成一種「無家可歸」的感覺（Kayali & Iqbal, 2013）。余德慧（2000）則指出，臨終者將會面臨一種「雙重斷裂」的處境，這個雙重斷裂分別來自於「身體連續的斷裂」與「常人世界的斷裂」。在這樣的處境下，臨終者可能會在躁動或深受打擊的感受下墜落斷裂之處，或者，也有可能在這樣極端的處境下，產生「轉向」，進而走入靈性開顯的可能。由此可知，當臨終者面臨死亡迫近時，瀕臨斷裂深淵的他們可能會產生一種近乎靈性的轉化，而這個由死亡帶來的靈性恩寵，就出現在當臨終者「知道（接受）」自己要走了，開始進行社會自我的剝落、產生內在的回歸，最後與大地締結、歸返自我存有的心靈轉化時刻。

由此，安寧緩和醫療照護模式，為一種以患者與家庭為中心的照護方式，照護患者的疼痛或不適症狀，也依循患者與家庭的需求、價值觀、信仰或文化信念，納入心理社會與靈性層面的照護，期能儘可能協助患者與家庭有較好的生活品質（Levy et al., 2009），朝向整體性照護到患者與家屬生理、心理社會與靈性為目標。這種照護目標，強調透過整合跨專業團隊間的合作來達成。美國國家緩和照護品質共識計畫（National Consensus Project for Quality Palliative Care）〔American Academy of Hospice and Palliative Medicine (AAHPM) et al., 2004〕即建議安寧緩和醫療照護應為一種整合性的照護模式，包含在生理、心理、社會與靈性的跨專業團隊照護，提供患者與家屬整體性的照護。Bond、Lavy 及 Wolldridge（2008）以樹來比擬安寧緩和治

療的整合性照護，其樹根包含身體護理（如：患者的身體照顧、藥物輔助）、心理（如：諮詢、支持團體）、社會（如：非營利組織、社工等專業人員）、靈性（包含個別或團體靈性或宗教活動）四個重要元素，由這些樹根可能交織出多元的安寧緩和治療照護資源（如：安寧緩和照護團隊、日間照護支持）。

　　臨床心理師於安寧緩和醫療照護之跨專業團隊照護中，以所具備與訓練之心理學專業的理論知識爲基礎，提供患者與家屬直接性的心理社會照護服務，以及間接性服務，提升整體心理社會照護服務。所謂的直接性的心理社會照護服務方式，爲透過直接與患者或家屬接觸，提供心理衡鑑與心理治療，照護面向可能包含：了解患者或家屬的疾病調適、人格特質，與其因應風格的關聯、整合患者或家屬的生命歷程，或形成對家庭系統的個案概念化，提供壓力調適與生活適應協助等（Marwit, 1997）；醫療照護團隊亦能依據患者或家屬調適狀態轉介臨床心理師評估與協助，Alexander（2004）研究發現安寧緩和病房中，患者可能以憂鬱、焦慮情緒而被轉介之比率爲最高。而在間接性服務模式中，臨床心理師於跨專業團隊中，藉由提供教育與教學、督導、參與團隊會議或跨領域會議，或提供心理學研究方法與理論取向等方式（Connor, Lycan, & Schumacher, 2006; Jones & Browning, 2009; Lentz & Ramsey, 1988; Payne & Haines, 2002），促進、維繫與跨專業團隊間的合作，提升對患者與家屬之整體性的照護。

　　無論是直接性或間接性的心理社會照護服務方式，臨床心理師參與跨專業團隊照護時，皆回歸至以心理學觀點來思考患者與家屬的整體性。亦即，聚焦於以「人」爲核心，了解人處在疾病末期或臨終處境的心理社會乃至靈性（spiritual）狀態。本文將以整合性照護模式的觀點出發，進行文獻回顧探討安寧緩和醫療照護中患者與家屬臨床處境與心理照護方向。

■ 整合性照護觀點：生物心理社會靈性模式

　　於安寧緩和醫療照護場域，跨專業團隊照護是一種集結不同醫療專業領域，對患者進行評估與照顧。其並非將患者被分割爲不同專業領域所屬，而是重視彼此專業間可能具有的交集，亦能彼此相互補足、深化理解與整合的照護模式。這種周全性或整體性評估（comprehensive assessment），於安寧緩和醫療領域可能包括：評估患者的症狀管理需求（包含生理與心理層面的症狀需求）、社會層面需求（如：功能性與照護需求、經濟或財務需求）、存在層面需求，以及與醫療團隊間的治療同盟需求（如：醫病關係、治療目標）等多面向的照護（Emanuel & Librach, 2011），以擬定後續照護計畫。

　　這種跨專業團隊照護模式的思維，展現出醫療場域中對患者照護概念之進展。於 Thomas（1977）文獻中可窺見醫學進展，在經歷持續探究下如何推進對疾病的理解，以能於十九世紀後期逐漸能辨識疾病中的細菌與病毒，致力於找尋潛藏致病機制與加以控制或治療。至 Engel（1977）則將此以生理因素做為疾病解釋之生物醫學模式（biomedical model），拓展出疾病照護中融入對患者心理社會層面的理解之重要性；於 Engel（1977）提出之「生物心理社會模式」（biopsychosocial model），指出對患者疾病的理解與照護，應在醫療模式上，加入對患者生活背景、醫療環境等社會系統對其疾病影響之考量，並說明這樣的生物心理社會系統內，具有階層性（hierarchical）與連續性（continuous）的關係（Engel, 1977; George & Engel, 1980）。例如：評估患者的心理與情緒狀態時，須同時考量與評估患者生理或疾病可能直接或間接性的影響（如：仍在處理或控制中的疾病或症狀、藥物、代謝異常等因素），或因疾病帶來的生活狀態的改變（如：因疾病或生理狀況而失去控制感或獨立性、環境改變等）而可能的影響（Kinzbrunner, Weinreb, & Policzer, 2002）。於此生物心理社會模式中，生物系統強調疾病之解剖、結構和分子物質對患者生理功能的影響；心理系統則強調發展因素、動機、人格對患者疾病經驗及反應的影響；社會系統則探討文化、環境與家庭對患者疾病表現與疾病經驗的影響（Campbell & Rohrbaugh, 2013）；三者間相互連動與交織影響，帶出患者的適應狀態與處境。回歸至末期患者經驗亦為如此，心理師於理解患者症狀時，也宜同時考量其生理、心理、社會三個層面的相互影響。Suls 與 Rothman（2004）指出，從 1974-1977 年代到 1998-2001 年代間，採用「生物─心理─社會」模式的研究數量，與「生物醫學模式」相較，呈現倍增的演進趨勢。然而，林耀盛（2015）指出，數量上的實徵結果，是否等於模式上的全面性成為健康研究的典範，仍待更多元方法論上的實徵研究，持續進行更長期的探究。由此，無論是生理狀態、疾病或症狀本身，或是疾病帶來的生活改變等，對患者或家屬而言，均可能為一種壓力事件，需要動員時間、體力等各種資源來因應，且可能影響其整體調適狀態，皆為心理照護工作可能聚焦方向之一。

　　當患者或家屬在面對環境或生活事件時，所經歷的調適歷程包含著其對於環境或事件如何進行認知評估、採取何種因應策略來進行處理，也受到其自身所覺知到內在資源（如：人格特質、因應風格）或外在資源（如：金錢或時間等實質資源或社會支持）所影響著（Taylor, 2018）。以 Lazarus 與 Folkman（1984）的觀點，當患者或家屬面對其生理狀態、疾病或症狀，或生活改變等情境時，初級認知評估（primary appraisal）會啟動評估這些情境對安適感所帶來的影響為何，評估結果可能會視為無關緊要（irrelevant）、有益─正向（benign-positive），或可能是感覺具有傷害／失落、威脅或挑戰的壓力感；另一部分，次級認知評估（secondary appraisal）也可能

會啟動，評估自身是否有足夠的資源面對這些有壓力的感覺。對許多慢性疾患患者而言，面對疾病處境之認知評估，可能包含許多失落想法，特別是對自我的需求性，可能感覺到生活受限、人際疏離或感覺造成他人負擔等（Charmaz, 1983）。面對這些可能具有傷害與失落、威脅的處境，患者或家屬是否能具有對應之因應方式，可能影響其適應狀態。特別當在面臨多重處境時，患者與家屬可能須隨著不同處境狀態，調整其調適目標與任務。以面臨慢性疾病或失能的患者而言，常見調適任務包含兩類：其一與其健康或治療狀況相關（包含因應症狀、因應治療與維繫醫病關係）；另一部分則可能與適應日常生活調適相關（包含情緒調適、維持自我意象、保持跟家庭朋友關係，與面對不確定的未來）（Moos & Holahan, 2007）。

　　針對患者與家屬所面臨調適議題之繁複性，吳英璋教授團隊提出「六力一管壓力模式（Six-One stress model）」，提供組織性地分析壓力模式；六力包含：認知思考的「腦力」、情緒感受的「心力」、精神體力的「精力」、問題解決的「行動力」、內在與外在資源的「資源力」，和與壓力源或物質環境、正向事件相關之「環境力」，以及對壓力相關因素進行監控管理之「管理能力」（鄭逸如，2018），臨床心理師依據上述六力一管壓力模式結果，提供患者與家屬對應之心理介入或心理照護。曾嫦嫦（2018）以一位膽管癌末期患者為例，患者面臨可能隨時有大出血風險，於醫療團隊持續溝通下，家屬仍希望患者持續治療；臨床心理師以六力一管壓力模式，評估了解到家屬所擔憂的是若與患者談及安寧，可能讓患者恐慌，亦擔憂患者於安寧病房接觸鄰床死亡經驗時，可能的害怕不安等，而這樣擔憂背後的知識概念與想法（腦力），可能讓家屬在心力上帶來的不捨、恐慌，與精力上的身體緊繃情形；臨床心理師透過上述分析，對應協助家屬鍛鍊腦力，提出疑慮與促進與醫療團隊間的溝通、促進知識與想法上的了解，家屬也能在心力上轉而較放鬆、助於身心安適，帶動整體調適狀態。

　　除了對患者疾病提供生物、心理、社會層次的照護外，Hiatt（1986）於 Engel 提出生物心理社會模式後，點出靈性（spirituality）是與個體存有（being）根基的交會處，影響著患者的心理社會調適歷程，建議於醫療照護中應將靈性納入為生物心理社會模式的第四個層次。對靈性有諸多不同的研究定義，所謂的靈性，可能與宗教信仰相關外，更包含著與自身、上帝、他人和宇宙的相互連結（Carroll, 2001）。而回歸至安寧緩和醫療照護場域對靈性概念的理解，2009 年於美國加州舉行之緩和照護共識會議，該會議由醫師、護理人員、心理師、社工等專業人員共同討論後，將靈性定義為：「靈性是人性的一種面向，作為個體追求、表達其意義和目的，以及與時間、自我、他人、自然、意義性與神聖性連結的方式」（Puchalski et al., 2009）。靈性為可能增強、促進或強化已經存在的生物心理社會系統途徑（Hatala, 2013）。一項癌

症末期患者的研究（Bovero, Leombruni, Miniotti, Rocca, & Torta, 2016）發現，患者在面對其疾病狀況時，靈性的信仰所帶來的安定與力量，為能助益於其因應調適成分之一。但誠如林耀盛（2018）提到，宗教信仰勢必觸及到靈性（spirit），這個字的拉丁文 spiritus 意味著呼吸，指的是根本的生命力，生命的呼吸。即便所有主要宗教的誕生都是在一個特殊的靈性氛圍之中，但現代宗教的形式與表現已喪失許多靈性的本質。受苦的靈性，在形式的意義上他們仍是宗教，但流於教義的宗教卻已忘卻了靈性的核心。在安寧緩和醫療照護末期患者可能經歷到身體的衰退，同時也經歷著臨終與死亡的逼近，從靈性層次思考，患者與外界、世界分離的感受與經驗，以及照顧者的身心狀態，亦為末期照護中之重要議題。

如同 Carroll（2001）所述：「海德格認為我們無法將自己與生活世界分開，當我們以存有來看到這個世界時，我們已經存在於這個世界當中。」亦即，靈性所帶出的是一種連結性的概念，每一個人都有著與外界、世界的連結性；末期疾病患者面臨疾病持續進展的同時，面臨著生命終點的迫近、死亡的逼近，其可能象徵著將要面臨連結性的改變。進言之，死亡，不單僅被視為一種結束，也是一種對於存在或認同消散的經驗，過往個體所理解的「我是誰」這種意義背景、所熟悉世界，已經變得無意義（Aho, 2016）。這種對於自身的意義與自身的連結，可能存在於每一個生命個體之中。

臺灣在靈性緩和醫療的研究，余德慧（2007）首先提出柔適照顧（anima care）倡議。這裡的翻譯，林耀盛（2016）指出可從尉禮賢在翻譯榮格（C. Jung）的《黃金之花的秘密》時，曾將東方的「魄」字用來翻譯一般音譯為阿尼瑪的 Anima 這個字，榮格對此翻譯曾表示贊同。「魄」在字義上是「白鬼」，是落身人間的力量，白色是一種柔性呵護，更是一種肉身氣魄的展示，這是一種無形的氛圍，反而呈現一種更為貼近身體部署感知經驗的照顧技藝，因而翻轉了傳統的「剛性照顧典範」（賦權理論模式）。「柔適照顧」的倡議，是因為觀察到對癌末患者來說，真正的生活品質是來自阿尼瑪的寧靜、休憩與孤獨，而不是社會領域的外部連結。余德慧（2007）具陳的「柔適照顧」配置活動，包括「悅音」使患者傾聽烏有之地的籟聲，因音而悅，而與意義無關。「塗鴉」讓患者見無何之象，與現實無涉。「催夢」的說話促其思及無處之思，促其飄邈之幽貌。在經驗上是藉由無目的塗鴉、無調性的頌缽，與輕柔的撫觸等活動，進入以知覺感受為對象的身體感受作用地帶，打開身體情緒空間，調節其間的經驗形成結構，更動身體疼痛經驗。由於此一空間經驗是貼著感受的流轉，它可說是流轉時間經驗突入於事理安排的線性因果時間，造成空隙所掙出來的空間。此一空間中，經驗者得以暫時脫除世間身分自我，返回人與物交接的初始，形成了一種與周遭的另類締結。整個過程所發展臨終階段的柔適照顧，得以讓臨終者在柔軟安適

的氛圍過世。李維倫（2015）點出這樣的柔適照顧中的時間性與空間性的交纏轉置，許多感受經驗所打開的空間，實際爲線性因果時間脫離，轉爲流轉時間支配經驗者當下的事物經驗，而有置身變化的經驗；在柔適照護中，照顧者與患者進入流轉時間的存有經驗地帶，共構出一個遭逢空間。

　　當提供末期患者心理照護時，對患者與生活世界連結的理解，無法分割而視，亦應整合於生物、心理、社會之中一同評估與照護。臨床心理師在醫療場域之中，對患者與家屬的理解，亦應隨著對人整體性脈絡理解的推展，由單一面向或症狀模式，轉而以「生物心理社會—靈性」（biopsychosocial-spiritual）作爲安寧緩和照護之整合性理解，了解整體的「人」與生活世界的關聯，以及在疾病或死亡的持續迫近下，可能帶出的議題與處境，朝向整體性理解。並留意所謂的生物、心理、社會、靈性爲人的不同面向，每一個面向均相互影響著，無法將其中一個面向由整體中進行切割（Sulmasy, 2002）。

三　患者及家屬的置身所在：以生物心理社會靈性模式理解

　　安寧緩和醫療照護場域中，患者或家屬常見的心理困擾爲焦慮、憂鬱情緒（Nydegger, 2008）。焦慮或憂鬱可能形成的原因眾多，若有機會能回歸至患者或家屬所處的需求與經驗，能更爲貼近帶出患者焦慮或憂鬱情緒之脈絡。患者或家屬可能會經歷末期疾病所形成對患者、家屬或家庭結構、家庭動力上的動盪，彼此間可能經歷相近的處境與感受，也可能同時有著各自面臨的特殊處境。如同 Li、Hales 及 Rodin（2010）提及面對疾病調適的壓力途徑，隨著患者與家屬面對疾病或治療相關因素、心理社會因素，以及個別與人際因素後，彼此相互影響可能產生壓力的連續性。

　　首先，以末期患者自身而言，可能需要面臨的議題與需求層面，包含：（1）生理或身體症狀，包含：持續性疼痛、面對生理狀況的不確定感；（2）心理症狀，包含常見的憂鬱、焦慮情緒，另外在混亂、失眠也爲癌症或非癌末期常見的症狀；（3）靈性和存在性（existential）的痛苦：包含無望感、無意義感、死亡焦慮或恐懼死亡的歷程、擔憂信仰上的懲罰、個人認同威脅、自我價值感的喪失，以及可能同時與過去、現在、未來相關的存在性痛苦有關；以（4）家人／社會痛苦經驗（洪福建，1998；Cherny, Fallon, Kaasa, Portenoy, & Currow, 2015）。這些生理、心理、靈性存在的症狀、人際的連結與功能維持，可能與末期疾病於不同面向間的連結所帶來的撼動或斷裂具有關聯性。Sulmasy（2002）描述末期疾病可能在患者生物心理靈性模式中，所帶來兩個層面的經驗斷裂：其一，是末期疾病對患者內在狀態所造成的連結斷裂，患

者可能面臨在生理或身體各部分的器官組織、生物化學歷程上的改變或失衡外，也連動帶出患者對於自我生理或身體改變後的症狀認知理解、情緒與意義的衝擊或斷裂；其二，則是涉及到患者與外在環境，像是家庭、社會等人際間的關係與生態系統等物理環境的斷鏈，以及超驗性（transcendent）。換言之，患者可能同時面臨雙重經驗的斷軌：一是身體的連續性斷裂，以及二是常人世界的斷裂；而當患者經驗斷裂、失去基礎時，即可能掉落深淵，亦為許多末期臨終患者之終極處境（余德慧，2000）。這種疾病末期或死亡所經歷到的經驗斷裂與失去基礎的狀態，如同 Feifel（1990）所描述的：對很多人而言，死亡的負向意涵，與我們所經驗到失根（rootlessness）的感覺，僅能有最小掌握感而須面對未知的狀態是有關。這種失根的感覺，可能使患者感到熟悉的完整性受到破損，與自我內在或外在環境的連結性斷裂，而可能使末期患者經歷受苦性經驗。

　　Cassell（1982）定義所謂的受苦（suffering），是種威脅到一個人完整性有關的極端痛苦經驗。這樣的受苦性經可能發生於「人」（person）的各個面向，特別強調於「人」，乃為「人」存在於過去、現在、未來之的時間脈絡之中，與家人、他人、文化、社會等關係相連著；因此，所謂的受苦，不僅單純影響人的部分面向，更是一種對人整體性的損壞（Cassell, 1983）。亦即，末期患者可能覺知到疾病帶來身體失能或功能限制，然而這樣失能或功能限制，可能帶出患者的時間性與關係性的改變，使患者經歷著受苦的感覺。Svenaeus（2014）指出個體的受苦性經驗可能源自於三個部分，包含：自我的具身性（embodiment）、與世界中他人的遭逢（engagements in the world together with others），以及自我核心生命價值（core life values）。Daneault 等人（2004）以深度訪談方式探討這些受苦性經驗，整理出癌症末期患者的受苦經驗，主要來自於面對診斷或疾病復發的被迫感、感覺到被剝奪的失落感或超乎負荷的壓倒感，以及需要活在面對未來的不確定性與害怕、未知的掛慮之中有關。

　　隨著疾病進入疾病末期，可能影響著患者的體能或身體功能，面臨著該如何維持自我意象或能堅守著自我生命或生活中的角色。患者感覺到自我自尊或認同的失去或已不再能成為別人眼中樣貌的處境，為患者常見的受苦性經驗（Svenaeus, 2020）。理解末期患者的處境，並非僅單純聚焦於患者生理或身體功能的衰竭或生命末期將至的終結事件本身，非為單一指向生命實體的死亡或結束而已；相反的，這樣的處境對患者而言是一種意義本質的崩塌（collapse）或損害，其崩塌或損壞患者對自我與世界理解的能力（Aho, 2016）。

　　末期患者面臨的調適議題、所在的置身處境，可能形成患者與照顧者所處經驗的落差。這些臨終患者置身處境的特徵，經研究整理後包含：(1) 臨終者的語言是參照到他個人「語言疏鬆」的「內在環境」裡頭，而不參照到外界客觀的環境，更不含有

世界的意義；(2) 患者的話語能夠和世界有所對應的成分已經越來越少，甚至不抵達世界，這使得患者的語言不涉及到他在世界裡頭的行動，也沒有行動的必要性；(3) 話語和世界之物之間的聯繫關係斷掉了，使得患者無法再指認出世界之物，語言與對象之間出現解離的現象；(4) 伴隨解離現象而來的是患者語言的支離破碎；(5) 歸返內在時間，此時的內在時間屬於「純粹時間」，那是「沒有辦法區分這個時間或那個時間，只有一連串連續的流動，一連串現在轉過去的流動」，這種時間的意識無法透過反思捕捉。倫理的意涵，在臨終處境是朝向末期病者與照顧者最遙遠的位置，是無法完全解除病者的死亡和照顧者的存活之距離，病者臣服在死亡之下回到生命底層；而照顧者的存有雖產生巨變，但在經歷時空和生活處境的變化、夙緣關係的清理，以及倫理事務的涉入，照顧者會不斷形成新自我，並轉向面對未來採取新的倫理行動（余德慧、石世明、夏淑怡、王英偉，2006；林耀盛、邱子芸，2015）。蔡逸鈴與林耀盛（2016）指出，癌末臨終者面對存在議題，所謂的身體感知，就不是僅屬於醫療身體的生物意義範疇，而是一種參與生活世界，同時承認自身的置身所在，以一種生命態度回應各種可能性的變動。如此的垂死經驗歷程，也終將在靈性上獲得接應，意義與否的探詢不再是結果，而是追尋的過程，故彌留之際「求」得臨終啟悟，而能走出「囚」途的意涵。

其次，從家屬而言，這樣疾病帶來生活世界的動盪，發生在每一位患者或家屬等參與者中，也可能帶來家庭動力的改變，包含可能覺知到與大家庭更為親近、婚姻關係內的責任轉移、子女責任的增加，以及肯定婚姻內的相互關係等；面對這些動盪，家屬或照顧者可能會透過務實因應、訊息控制或尋求社會支持等方式來因應（林維君、謝文心、黃文聰，2012）。對於家屬而言，對訊息需求重要性依序為疾病相關訊息與照顧工作相關訊息、安寧療護及臨終相關知識、社會福利與其他協助訊息，如何處理心理社會層面的問題，以及靈性與宗教方面的解釋；其中，如何處理心理社會層面問題，為家屬覺得重要未被滿足的反應比例最高，希冀能了解如何照護患者的情緒調適（林維君等人，2003）。

除此之外，家屬共同須面臨的議題與期待能被處理之需求層面，包含：(1) 患者的症狀：希望能促進或有效緩解患者症狀或能提供與患者心智狀態有關的症狀照顧，如：無法溝通、混亂、癲癇等；(2) 人際的連結的撼動：包含患者與家屬對維繫家庭角色與責任改變或與家人或朋友連結的變動；(3) 照護負荷：患者可能隨功能減退狀況下，家屬的照顧負荷、經濟負荷等；(4) 家屬自身的照護與日常維持：如：家屬於照護過程可能擱置的自我生活照顧、人際連結或健康照顧行為等；(5) 可能面臨的哀傷（grief）或分離議題（Cherny et al., 2015; Hull, 1990）。這些需求是否能被理解、照護或滿足，亦可能與患者的身體症狀、焦慮以及生活品質有著明顯關聯（Wang,

Molassiotis, Chung, & Tan, 2018）。

　　林耀盛與蔡逸鈴（2012）指出癌末患者照顧者的心理經驗，呈現罥思心緒（對當下事件的反覆探思）、夙緣結構（對往昔過往的追問）、流變過程（對未來希望的顧盼），及認同機制（對整體生活處境的塑造）的多重構面。林耀盛與邱子芸（2015）進一步指出，癌末照顧者從過去、現在、未來到整體生活，構成循環時間的存在狀態。由此，照顧者與癌末患者的共在處境，有時潛藏在罥思機制或夙緣結構；有時又具現於自我流變或超越認同過程中。當照顧者面對患者脆弱的病容，如此的面對面遭逢，是我們無盡倫理責任的來源（王心運，2008）。當我們與他人的面容會遇，我們就更靠近他人，召喚我們回應面容的召喚。每個面容都是獨特，那個獨特性對我們自己而言，是無法簡化、細分的，因而需要獨特性的回應，無法以普遍性觀點直接套用照顧勞務流程與壓力負擔減除論述（林耀盛，2006）。

　　之後，回到以生物心理社會靈性模式理解上述末期患者與家屬面對的處境與需求，了解患者所經歷內在與外在經驗的斷鏈、失去連結，理解患者在自身、與他人和世界連結所受到被剝落或崩壞，而使過去所熟悉賦予意義或理解的方式不再時，可能會以心理社會與靈性的症狀或狀態來展現，無論是以憂鬱、焦慮、失落威脅或是受苦。在家屬照顧者處境，也可進一步理解汪文聖（2003）指出人在世具有「牽掛」與「操煩」的本性，包含對事物的處理、對他人的照顧，以及對自己病痛死亡的焦慮擔憂，這是人類存在的必要條件。林耀盛（2006）也提到掛慮就是人類存有的本體。面對慢性病患者，當我們試圖照顧之際，不可忽略其除疾苦病痛外，精神（靈魂）的存有狀態也需有所照應，更不可剝奪其置身疾病處境下，對於周遭人事物的牽掛、操煩與料理的本性，否則也將使其喪失生存的意志。家屬照顧者的掛慮擔憂情緒背後，也是一種倫理性關係的責任召喚回應（van Manen, 2002）。臨床心理師於安寧緩和場域之中，非單純立即抹除患者與家屬正經歷的情緒感受，而當能對患者及與家屬的置身所在有所理解，理解患者與照顧者所經驗之存在狀態、心理經驗流變，以及彼此經驗狀態可能的落差，以助於提供適切與對應性的照護，提供貼近與涵容的空間來陪伴患者與家屬。

四　緩和醫療心理照護服務：生物心理社會靈性模式之實徵性

　　臨床心理學於醫療照護場域所提供的照護服務，奠基於廣泛多樣化的理論架構，及強調具有實證性研究結果為基礎，被廣泛應用於生理或心理照護機構之中，也發現藉由臨床心理之個別性治療或團體治療對癌症患者的直接性照護，能改善患者之焦慮、憂鬱或適應性疾患情形（Jones & Browning, 2009）。應用前述生物心理社會靈

性照護模式於患者與家屬調適歷程之心理衡鑑與介入，應全面性的考量患者與家屬之全人需求。包含末期患者或家屬對疾病、症狀、副作用以及治療的理解、患者或家屬的照護需求、能力和因應策略（AAHPM et al., 2004）；含括患者在面對疾病之生理層面（如：疾病的進程、症狀）、思考歷程（如：訊息、記憶、推理、問題解決）、情緒層面、靈性層面（如：意義）的需求，作為提供患者或家屬身心社靈照護之依據（Palmer & Howarth, 2005）。

　　面對末期患者可能會經歷的多重壓力處境，可能同時擔憂自己造成他人負擔、對自我角色感到失落、身體或心理症狀，以及對未來的擔憂等（De Faye, Wilson, Chater, Viola, & Hall, 2006）。臨床工作者面臨需敏感於末期患者經歷不同層面的經驗斷裂與崩壞外，亦須同時面臨患者生理或身體狀態持續的進展、死亡的迫近性，所提供的照護服務也需要保持彈性，或以短期心理社會介入為考量，促進患者整體性適應。Warth 等人（2019）針對 15 篇安寧緩和醫療場域之短期心理社會介入（該研究定義短期為 4 次以內的介入）進行後設分析，支持短期心理社會介入能對末期患者的生活品質、情緒壓力、存在困擾有顯著的助益；另一項研究針對癌症末期患者心理治療進行後設分析（Okuyama, Akechi, Mackenzie, & Furukawa, 2017），亦支持心理治療能舒緩癌症末期患者之憂鬱症狀。目前於安寧緩和醫療場域之心理社會照護服務取向多元，隨著患者臨床議題與需求、生理或疾病狀態而可能選擇不同之對應照護模式。Kasl-Godley、King 及 Quill（2014）回顧整理於安寧緩和醫療照護中，建議之心理治療或介入方式，包含動機性晤談（motivational interviewing）、認知行為治療、接受承諾治療（acceptance and commitment therapy）等。

　　以認知行為治療取向的心理照護為例，其乃透過心理衛教、協助患者認知再評估、學習放鬆／正念方式，或促進其因應技巧作為介入方式，以調整患者之認知想法或行為表現（Teo, Krishnan, & Lee, 2019）；並依循患者的生理功能或狀態，搭配所量身定制不同程度的介入目標與活動形式，協助患者適當穿插其活動與休息之計畫安排並做試行，以期促進患者達成具意義之生活經驗或功能狀態（Greer et al., 2012）。考量患者生理狀態、存活期時間等，末期患者之認知行為治療以短期且具有明確目標可能較具合宜性。Schuyler 與 Brescia（2002）研究發現短期認知治療（提供 6 次介入）能舒緩癌症末期患者的憂鬱、焦慮症狀，讓患者有能力過得更好而減少過度聚焦於可能所剩無幾的感受。Teo 等人（2020）則針對大腸癌末期患者進行短期（提供 4 次介入）個別性心理治療，內容包含教導疾病或症狀心理衛教與放鬆練習、症狀處理之行為技巧、面對擔憂的認知行為策略，以及促進患者社會支持與家庭連結，研究發現短期個別心理介入後，介入組相對於等待控制組，患者雖然在情緒壓力未有明顯的紓緩，然而在面對疾病的態度、因應症狀等自我效能感顯著較高。

Fulton、Newins、Porter 及 Ramos（2018）則回顧 32 篇安寧緩和醫療照護之心理治療進行後設分析，結果發現由心理健康人員所進行之認知行為治療與接受承諾治療，對減緩末期患者之憂鬱情緒具有最顯著效果；其他研究中亦支持短期認知行為治療對緩和患者焦慮症狀（Greer et al., 2012），或是改善生理症狀嚴重度（Sherwood et al., 2005）之成效。由上可見，認知行為治療取向之心理照護服務，可能對患者憂鬱、焦慮症狀，或生理嚴重度減緩之效果。

　　面對末期患者除了經歷憂鬱、焦慮、生理症狀的困擾外，也同時經歷著受苦性經驗，感受到意義本質的崩塌或損害，對於昔日所熟悉的自我與世界意義受到衝擊。近幾年研究亦發現心理治療對於末期疾病患者的意義追尋、目的感與自我價值感等靈性或存在適應的促進，例如：尊嚴療法（dignity therapy）、意義中心心理治療（meaning centered psychotherapy）、支持性表達團體（supportive-expressive group therapy）與生命回顧等心理治療取向（LeMay & Wilson, 2008；Saracino, Rosenfeld, Breitbart, & Chochinov, 2019）。以尊嚴療法為例，其照護模式聚焦於末期疾病患者的心理與存在痛苦，特別是與患者所經歷到的受苦或威脅到患者完好性有關所產生的意義感與目標感，包含協助患者面臨與疾病經驗本身所帶來損害自尊議題以維護患者可能影響其尊嚴的心理和靈性狀態、維護患者實踐尊嚴，及了解可能影響尊嚴之社會互動，提升患者的尊嚴感、目標感、意義性（Chochinov et al., 2005; Chochinov & McKeen, 2011）。在支持性表達治療介入模式中，則聚焦於患者的症狀控制、人際溝通，以及生命意義與目的之照護，亦發現能助於改善癌症末期患者的憂鬱症狀（Rodin et al., 2018）。針對包含上述與靈性或存在適應相關之心理介入，Bauereiß、Obermaier、Özünal 及 Baumeister（2018）回顧 24 篇研究進行分析，探討靈性或存在適應相關之心理介入對癌症患者適應之效果，結果支持靈性或存在適應相關之心理介入能提升癌症患者短期存在安適感、生活適應、希望感以及效能感。這類型心理社會介入，可能以個別或團體作為介入形式，其介入目標多聚焦於患者面對生命末期或疾病進展之生活與生命意義或價值。陪伴末期患者或家屬探索或整理疾病或生命經驗的意義時，值得反思與留意所謂的意義本質，可能並非指向單一向度的話語或是特定事件；亦即，如 Breitbart、Gibson、Poppito 及 Berg（2004）舉例一位乳癌末期患者面對疤痕的意義時，可能憶起乳房對其過往意涵（如：母性）與即將死亡的焦慮感，以指出意義本身可能同時兼具與反映著空間性與時間性兩個部分，所謂的空間性指的是罹病身體所帶出來的空間感，而時間性則可能隱含著即將朝向或走向死亡的時間性。

　　於臺大醫院安寧緩和心理照護服務中，以吳英璋教授的「壓力模式」作為臨床照護之依據，包含認知想法與行為表現外，著重生物心理社會靈性層面的整體性，了解患者與家屬面臨末期疾病之經驗與調適歷程，其共整合五個變項：個人所處的社會

物理環境、個人對其所處社會物理環境的心理反應與生理反應、個人於社會物理環境的因應，以及與上述相關之個人因素（如：心理需要、性格）及社會因素，最後則為前述因素與健康或疾病的相關（鄭逸如等人，2003）。依循評估結果擬定所對應之介入計畫，如：協助患者面對社會物理環境的心理反應時，可能會協助患者覺知相關記憶、感覺連結來源，促進訊息客觀完整性。無論提供患者或家屬心理介入或照護所採取的心理治療取向，都須對應心理衡鑑與個案概念化之連貫性，各種心理治療取向均為可能的選擇，包含前述之認知行為治療、意義治療與存在心理治療等（鄭逸如，2018）。

　　對於臨終處境的存有狀態，余德慧等人（2006）則同時針對臨終患者與照顧者的關係，提出二元複合的陪伴模式，其一是照顧者繼續保持「在世陪伴」模式，亦即將照顧者還保持在自我現實（ego reality）狀態的陪伴，稱作「在世陪伴」模式。換言之，即使患者在整個病程中持續改變，照顧者置身在世陪伴裡，依舊讓自己維持常人的狀態不受改變。其二是照顧者轉化至「存有相隨」模式，亦即在生命的最後時刻，當患者進到與照顧者不同的存在模式之後，照顧者依舊希望能夠在存有經驗的層面上和患者保有接觸。他們認為，當照顧者的自我狀態經過適度的轉化之後，能夠脫離在自我狀態時對疾病無助的共病性和患者即將過世的哀傷感，也不再陷入自我現實裡頭的照顧事務處理，而能進到類似宗教經驗的存有狀態（柔軟、慈悲、菩提心、上帝慈光等不同的宗教經驗描述）時，照顧者能夠暫時性地解除心智自我，而逐漸由內而外生成親密柔軟和慈悲的存在經驗。余德慧等人（2006）指出這樣的二元陪病模式，可以複合的方式存在於臨終陪伴的過程之中。

　　由此，安寧緩和醫療情境提供心理照護的過程，臨床心理師依循對患者或家屬的心理評估提供對應的心理介入或照護服務外，亦需具有彈性，與患者和家屬共同經歷疾病狀況或生命的不確定性與模糊性，以面對可能快速進展或變動之臨床照護情境。除了心理衡鑑與照護取向之選擇外，Aho（2016）也提醒於照護過程中，應去理解與認識患者在末期疾病中失去自我的經驗與處境，提供與保持開放性的互動情境，允許患者（與家屬）能去表達與對自我經驗賦予其意義。關懷與陪伴為提供照護過程與患者或家屬相遇（encounters）的核心（Fan, Lin, & Lin 2015）。Kasl-Godley（2010）亦點出在安寧緩和醫療照護中，能去見證患者的痛苦、認可（validate）其經驗，提供機會能讓患者去談論死亡，讓患者能保有其完整性，在提供患者心理社會與靈性層面照顧之重要性。

五 結語：臨床心理師於安寧緩和之反思實踐

　　末期患者與家屬面臨的處境與挑戰為複雜與交錯的，可能環環相扣、相互連動，透過以生物—心理—社會—靈性的整合性照護模式，以人為中心時所帶出整體系統間的連結性，有機會思考任一層面形成斷裂時，對患者與家屬帶來的動盪，引領更深入思考患者與家屬可能面臨的臨終處境，與提供對應之心理照護服務。臨床心理師以生物—心理—社會—靈性的整合照護模式提供服務性，對於每一個環節的先備知識亦能助於臨床照護工作。但須指出，基於回顧的陳述性，本文以生物心理社會靈性模式，呈現既有成果。但以臺灣緩和醫療心理學研究可知，在此模式下仍有不同側重思考，即壓力取向（吳英璋等人，2019；鄭逸如等人，2003；鄭逸如，2018）與存有取向實踐（李維倫，2015；余德慧等人，2006；余德慧、李維倫、林蒔慧、夏淑怡，2018；林耀盛、蔡逸鈴，2012；林耀盛、邱子芸，2015；蔡逸鈴、林耀盛，2016），呈現緩和醫療現場的認識論與存有論議題。就認識論而言，Bruner（1986, 1990）曾提出兩種思考方式，其一是所謂的「範型思考」（paradigmatic mode of thinking）方式，重在關照學科的內在連結和邏輯關係，以探究事實為焦點。其二是所謂的「敘事思考」（narrative mode of thinking），側重關心事件的個人與社會蔓延支脈，以及意義建構的複雜關係。壓力取向著重在探究事件的評估與因應為主，存在取向側重在意義的複雜度，及其與生活世界關係。在臺灣即使有不同認識論狀態，也都共同回到安寧現場的人性關懷存有論。善終的概念涵蓋的，應該是要照顧臨終患者之身、心、靈與社會四個面向的善終（馬瑞菊、蔡惠貞，2013）。張榮哲與林耀盛（2012）指出，以患者為中心的醫療企圖平衡現代科學理性主義與傳統民俗醫療對人的關心，因此被認為符合新時代健康照護的需求與民眾對醫療的期待。本文認為，臨床實踐的臨終現場，是此在（Dasein）的開顯。Heidegger（1927, 1962）指出，此在是被拋向世界而寓居於世（being-in-the-world），是與世界遭逢、連結，寓居於關係（being-in-the-relation）。項退結（1990）精簡提到「此在」與「他人」休戚相關，無法與「在世」分離，其存有是與他人的「共同存有」。臨終患者、家屬是共命存在，Heidegger（1927, 1962）以虛無對存在的威脅顯示哲學思維中的死亡不是毀滅生存這一事實，而是對死亡的否定性內在於存在中的揭示。他不想在日常生活的向度中理解存在，而在被「朝死而生」所詮釋的對其自身死亡的焦慮上肯認存在的意義。在這裡，可區分「在……之中」（being...in）與「對於……」（about...），朝向死亡的「在……之中」與認知活動的「對於……」不同，前者為存在的過程，而後者被視為知識的造作。臨床心理師的生物心理社會靈性照顧是「在……之中」的存有相隨，不是單純的認知知識造作。知識作為「有」的相關物（如自然或人為知識），這

是作爲理解實踐活動（praxis）的擁有本質。緩和醫療臨床心理服務將知識的「有」轉化爲「是」，以揭示人自身的存在如是的本質時，就是一種從知識到實踐的轉換，這是協助患者與家屬從「有」到「是」的過程，Heidegger 的此在從臨床到臨終的現場開展。由此，呈現緩和醫療的知識理論與實作實踐不是對立，而是合一的臨床心理學貢獻。

　　Payne 與 Haines（2002）提及安寧緩和醫療團隊除了臨床心理師外，跨專業團隊間亦彼此分工，提供不同層次之心理照護，臨床心理師則應兼具各層次之知識與技巧；於層次一中，包含能建立與維持支持性關係，進行溝通或提供訊息之基礎技巧；層次二則爲需要進行專業訓練或取得資格之特定心理介入技巧，並能合適判斷轉介心理專業之時機；層次三則爲能針對複雜議題擬定個別性計畫。其中，心理師於提供末期患者心理照護時，在專業知識培育上，應提升對生物病理概念、相關藥物等專業知識的理解，熟悉生物心理社會靈性模式之心理治療技術與方法，並適時應用心理學專業知識評估患者譫妄、失智、精神心理疾患，提供鑑別診斷與相關建議（Demkhosei & Singh, 2018）。透過專業知識與技巧的累積，臨床心理師於跨專業團隊照護中，有機會與跨專業團隊成員進行對話、提供照護觀點與作爲團隊的支持，特別是對於具挑戰性或複雜患者或家庭（Ann-Yi et al., 2018）。

　　此外，隨著安寧緩和醫療照護概念邁向連續性照護模式，開始提前依循患者疾病進程逐步提供症狀控制的緩和性照護。臨床心理師對末期患者照護之時間軸亦可隨之拓展，於更早期與患者或家屬共同促進對彼此疾病、死亡等想法的理解與準備，介入的形式亦可爲團體或個別性心理照護。過去文獻（Golijani-Moghaddam, 2014; Haley et al., 2003）提出四個可能提供心理照護服務的時間點，作爲臨床心理師提供服務之參佐，包含：疾病進展至末期之前，協助患者預立醫療自主計畫（advance care planning），促進患者與家屬對疾病進展之準備與增進控制感；於疾病診斷後，臨床心理師能協助照護患者與家屬因應各項心理社會議題；而當疾病疾病進展至末期或臨終階段，臨床心理師提供患者與家屬心理照護、調適其所面臨的心理社會與存在、靈性議題；乃至患者離世後，陪伴與照護家屬之哀傷情緒與調適歷程。

　　安寧緩和醫療理念中，強調對患者全家與全程的照護，患者離世後，家屬可能透過身體感知記憶和夢境、位格保留、夙緣關係、文化宗教、時空介質和倫理絆的連通，持續性連結的關係續存，哀悼反應也形成一種自然性（高舒、林耀盛，2018）。於患者離世後，家屬可能經歷難以置信（disbelief）、懷念、憂鬱等感受，多數能隨著時間逐漸恢復人際關係、維持工作與興趣，找到生活中的意義與目的；部分家屬可能有持續性的傷慟反應，並影響生活、社交或職業功能（Zhang, El-Jawahri, & Prigerson, 2006）。心理師應能標定需要介入與照護之家屬、介入時機與選用對用之

方式，包含評估可能影響家屬調適之因素，如：是否具有其他次級壓力源（如：財務）、多重的失落、家庭關係的親近程度，或是否依據與死者關係來定義自我等，依據喪親家屬狀態提供對應性的協助，適時協助或提供複雜性悲傷家屬接受治療，包含：敘事治療、認知行為治療、悲傷療法等（Kasl-Godley et al., 2014）；針對評估有需求之家庭，以家庭為中心悲傷治療（family focused grief therapy）能提升家庭凝聚力、促進想法與情緒交流、處理衝突，減緩家屬壓力或憂鬱情緒（Kissane et al., 2006）。

於安寧緩和醫療情境中，臨床心理師要能嚴謹的依循患者的生理或疾病狀況（如：疲累、疼痛）評估與修正照護計畫（Kasl-Godley et al., 2014）；必須隨患者疾病進展情形，而能靈活運用所使用的治療技術，基於患者的生理與心理狀態、時間或空間的限制、建立關係的時間有限性以及患者與家屬能獲得的資源，提供或給予個別化的考量與心理照護計畫（Ann-Yi et al., 2018）。個別化照護計畫的擬定、臨床決策判斷，回歸至實證基礎（evidence-based practice）的決策歷程，蘊含三項元素的考量：分別為選擇照護取向之研究實徵依據、臨床評估與專業判斷，以及患者（和家屬）之價值觀、偏好與選擇，於上述三項元素中取得交集以擬定與提供照護計畫（Spring, 2007）。亦即，臨床心理師所選擇與應用的心理照護模式、心理評估與介入，應奠基於實證證據，且能熟練與系統性的應用（AAHPM et al., 2004）。而在考量患者與家屬之價值觀、偏好與選擇時，回歸到安寧緩和照護理念之一，乃期待能讓患者與家屬在面對生命進程時，能有更多自主性與自我選擇；如何讓患者在自我選擇歷程中，保有本真自我在決策之中（Carnevale, 2005），亦值得於照護過程保有覺察與提醒部分。如此，才能更貼近以人為中心之整合性照護。

以患者為中心之整合性照護形式，隨患者與家屬對臨終的需求與想法，部分患者也期待能落葉歸根、回歸到熟悉的生活脈絡之中，臨床心理師服務於安寧緩和醫療場域，除了於醫療院所中，亦開始逐步拓展至社區居家場域。回歸至安寧緩和強調的「五全照護」模式，包含：全人、全家、全隊、全程，以及全社區，將末期照護系統由醫院推展至社區照護，連結醫院與社區資源，或納入長期照護機構等服務範疇，儘可能協助尋找資源與提供照顧者支持（彭仁奎、洪壽宏，2011）。國內持續研擬推動安寧居家療護方案，如健保安寧居家療護甲類及乙類照護方案中，即補助醫師、護理師以及其他專業人員（社會工作人員或心理師）居家訪視照護費用（翁瑞萱、徐愫萱、施至遠、黃勝堅，2015）。臨床心理師也有機會能參與於社區安寧團隊之中，共同陪伴患者與家屬走完最後一段生命時光，提供患者與家屬情緒支持、悲傷輔導，也提供團隊成員情緒支持（楊啟正、璩大成、黃勝堅，2018）。

臨床心理師於安寧緩和醫療現場能提供患者、家屬或照顧者，以及醫療團隊專業

臨床心理照護與處置建議。目前隨臺灣醫療與健保體制、對跨專業的認知理解與跨科整合醫療系統的建立等眾多因素，專職於安寧緩和醫療場域之臨床心理師仍相對機會較有限，未來盼有更多臨床心理師能投身於此領域之中，一同拓展與精進，其方向可包含二項。

　　其一，持續建構對安寧緩和臨床心理師之培育與專業支持：安寧緩和臨床心理師的養成，須集結多元心理學領域理解，以期能更深入培育對人朝向死亡的理解，包含：人格心理學、發展心理學、健康心理學等心理學基礎理論，到對相關生理與疾病相關概念的累積與建構，乃至臨床心理所碩士班三年級全職實習；現亦有醫療院所之安寧緩和照護病房，作為臨床健康心理學領域之實習訓練選項，提供理論與實務現場對話空間。為提供更完臻此專業領域發展，臺灣臨床心理學會亦特設置「心理腫瘤與安寧療護發展委員會」，以提供策劃臨床心理師之繼續教育與連結整合整體資源。臨床心理師於安寧緩和在職繼續教育訓練，包含基礎課程（如：安寧緩和相關概論與法規、安寧緩和常用心理治療技巧、臨床心理師角色功能等）與進階課程（如：從個案概念化到心理治療計畫擬定、高自殺風險個案評估與處遇、生命議題倫理議題等）（范聖育、林維君、侯懿真、王欽毅，2013）。除了理論的訓練與熟悉外，倫理的培養、社會的關懷與技術的操練也為臨床心理師訓練與發展的重要環節，倘若距離受苦的現場益形遙遠，也就難以實踐臨床心理工作者的責任（林耀盛，2011）。在安寧緩和照護領域中，面對患者與家屬的受苦經驗，如何同在處於患者或家屬的關係與處境當中，保持理解、洞察與覺知，為臨床心理專業值得共同培育與精進之方向之一。

　　其二，持續累積國內安寧緩和醫療心理照護資料或研究：回到臨床心理師「科學家─實務者」模式（scientist-practitioner model）進行思考，社會對臨床心理學服務具有專業服務，以及研究貢獻兩大需求，其中研究貢獻乃為了促進對人類行為更好的認識、改善診斷歷程的準確性與可靠性、發展更有效的介入方法，以及促進心理衛生及預防適應不良的方法（李維倫，2011）。隨著臨床心理師於安寧緩和醫療領域的投入與經驗累積，臺灣國內面對生命、臨終或死亡的理解、態度與文化脈絡亦具有其獨特性，舉例而言，許敏桃、余德慧及李維倫（2015）探討本土哀悼傷逝文化模式，發現臺灣文化可能以死者關係的再連結是主要的文化哀傷反應。經由本文回顧，可知知識作為「有」的相關物（如自然或人為知識），這是作為理解實踐活動（praxis）的擁有本質。緩和醫療臨床心理服務將知識轉化為「是」，以揭示人自身的本質時，就是一種從理論到實踐的轉換。臨床心理學在緩和醫療或末期照護上的貢獻，在於知識與實踐的合一，協助患者與家屬從「有」到「是」的過程。建議未來除持續深化對臺灣安寧緩和照顧患者與家屬置身處境的理解外，促進無論是壓力取向、存有取向等更多元照護取向間的理論研究與對話，累積各種照護模式於臺灣安寧緩和場域之適用

性與成效，進而有機會開展臨床心理師於安寧緩和服務將知識理論與臨床照護合一之實踐。後續對心理病理研究的深度化、心理衡鑑的在地化特色，以能契入當事人的經驗，與反思倫理化行動，朝向臨床心理師進展之三角座標前行—普遍與特定性、時間向度、空間處境（吳英璋等人，2019）。就普遍與特定性而言，是期許能針對安寧緩和照護的整體性照護模式（如本文提到的生物心理社會靈性模式的普遍），或特定臨床現象與照顧模式（如本文提到的存有照顧陪伴的獨特性）予以交叉對話；就時間向度而言，在既有的回顧性整理外，持續積累實徵性研究，進而深度開發生物心理社會模式壓力觀點、存有與靈性的複雜關係，以構思未來方向及建議；就空間處境而言，期能更豐富呈現臺灣本土臨床照護經驗的全球在地性，促發臺灣與國際之間的交流實踐，為臨床心理學於安寧緩和照護，需深化耕耘拓展的重要議程。

致謝

感謝能有與臨床心理師、安寧緩和醫療跨專業團隊共同奮鬥、實踐與交流。亦向師長同事、患者與家屬、親友家人等一路曾相遇的您們，致上由衷最深的感謝與敬意，這些交會的生命時刻，為身為臨床心理師與身為人的寶貴經驗。

參考文獻

王心運（2008）：〈他者的倫理學〉。《護理雜誌》，55（1），9-13。doi:10.6224/JN.55.1.9

行政院衛生署（2015年8月1日）：〈全民健康保險安寧共同照護試辦方案〉。行政院衛生署國民健康局公開徵求辦理，取自https://www.nhi.gov.tw/Resource/bulletin/5814_1040007177-1.pdf

吳英璋、林耀盛、花茂棽、許文耀、郭乃文、楊建銘、……廖御圻（2019）：〈科學家與實務者：臺灣臨床心理學的共時性顧後瞻前〉。《中華心理學刊》，61，361-392。doi:10.6129/CJP.201912_61(4).0006

李維倫（2011）：〈反思臨床心理學訓練：探究美國「科學家—實務者」模式與專業能力學習的本質〉。《中華心理衛生學刊》，24，173-207。doi:10.30074/FJMH.201106_24(2).0002

李維倫（2015）：〈柔適照顧的時間與空間：余德慧教授的最後追索〉。《本土心理學研究》，43，175-220。doi:10.6254/2015.43.175

汪文聖（2003）：〈本土精神病患照顧倫理的現象學探討〉。《本土心理學研究》，19，65-108。doi:10.6254/2003.19.65

余德慧（2000）：〈臨終病人的事實處境：臨終的開顯〉。《安寧療護雜誌》，5，29-32。doi:10.6254/2003.19.6510.6537/TJHPC.2000.5(2).6

余德慧（2007）：〈柔適照顧典式的導言〉。《東海岸評論》，210，98-103。

余德慧、石世明、夏淑怡、王英偉（2006）：〈病床陪伴的心理機制：一個二元複合模式的提出〉。《應用心理研究》，29，71-100。

余德慧、李維倫、林蒔慧、夏淑怡（2018）：〈心靈療遇之非技術探討：貼近病人的柔適照顧配置研究〉。《生死學研究》，8，1-39。doi:10.29844/JLDS.200807.0001

林維君、黃文聰、廖純眞、謝玉娟、邱智鈴、夏德瑛、曹朝榮（2003）：〈安寧病房中家屬照顧者的資訊需求〉。《安寧療護雜誌》，8，161-174。doi:10.6537/TJHPC.2003.8(2).4

林維君、謝文心、黃文聰（2012）：〈中壯年配偶照顧者在生命末期照顧場域之因應經驗：前導研究〉。《安寧療護雜誌》，17，274-287。doi:10.6537/TJHPC.2012.17(3).3

林耀盛（2006）：〈聆聽受苦之聲：從「咱們」關係析究慢性病照顧〉。《應用心理研究》，29，183-212。

林耀盛（2011）：〈科學、人文與實務之間：析論臨床心理學的訓練和發展〉。《中華心理衛生期刊》，24，279-310。doi:10.30074/FJMH.201106_24(2).0005

林耀盛（2015）：〈慢性病、照顧和健康行爲：建構多樣性議題與多元方法論〉。《中華心理衛生學刊》，28，179-188。doi:10.30074/FJMH.201506_28(2).0001

林耀盛（2016）：〈行深：「臨床」、「臨終」、「治癒」和「療遇」交錯的人文徵候及其超越〉。《本土心理學研究》，46，195-237。doi:10.6254/2016.46.195

林耀盛（2018）：〈在世情懷之書：作爲一種手藝的贈禮〉。見余德慧（主編）：《生命轉化的技藝學》，頁20-24。臺北：心靈工坊出版社。

林耀盛、蔡逸鈴（2012）：〈不可承受之重：癌末主要照顧者的心思經驗探究〉。《教育與心理研究》，35（3），37-66。

林耀盛、邱子芸（2015）：〈臨終處境的陪伴轉化：癌末病患及其照顧者心理經驗與存在現象探究〉。《中華心理衛生學刊》，28，189-219。doi:10.30074/FJMH.201506_28(2).0002

范聖育、林維君、侯懿眞、王欽毅（2013）：〈臨床心理師在安寧療護的繼續教育訓練〉。《安寧療護雜誌》，18，308-319。doi:10.6537/TJHPC.2013.18(3).5

洪福建（1998）：〈癌末患者之焦慮、憂鬱評估〉。《安寧療護雜誌》，10，45-51。doi:10.6537/TJHPC.1998.3(4).7

高舒、林耀盛（2018）：〈哀悼時刻：照顧者從臨床陪伴到「後臨終」情感現象的心理轉化經驗〉。《中華心理衛生期刊》，31，275-301。doi:10.30074/FJMH.201809_31(3).0004

馬瑞菊、蔡惠貞（2013）：〈善終之概念分析〉。《馬偕護理雜誌》，6（2），7-13。doi:10.29415/JMKN.201207_6(2).0001

翁瑞萱、徐愫萱、施至遠、黃勝堅（2015）：〈臺灣社區安寧居家療護之現在與未來〉。《護理雜誌》，62，18-24。doi:10.6224/JN.62.2.18

許敏桃、余德慧、李維倫（2015）：〈哀悼傷逝的文化模式：由連結到療癒〉。《本土心理學研究》，24，49-84。

張榮哲、林耀盛（2012）：〈家庭醫學中的醫病關係與人性關懷〉。《臺灣醫學》，16，660-666。doi:10.6320/FJM.2012.16(6).11

彭仁奎、洪壽宏（2011）：〈社區末期醫療體系的建立：以雲林爲例〉。《臺灣醫學》，15，48-55。doi:10.6320/FJM.2011.15(1).08

項退結（主編）（1990）：《海德格》。臺中：東大圖書公司。

曾嫦嫦（2018）：〈安寧緩和醫療是末期病人給家人最好的照顧〉。見鄭逸如、曾嫦嫦（主

編）：《心理腫瘤照護的實務與解析》，頁213-231。臺北：五南出版社。

楊啟正、璩大成、黃勝堅（2018）：〈以價值為基礎之心理健康照護〉。《北市醫學雜誌》，*15*（2），9-16。doi:10.6200/TCMJ.201806_15(2).0002

衛生福利部醫事司（2021年01月20日）：〈安寧緩和醫療條例〉。全國法規資料庫，取自https://law.moj.gov.tw/LawClass/LawAll.aspx?pcode=l0020066

鄭逸如（2018）：〈全人理念下的壓力照護與實務工作模式〉。見鄭逸如、曾嫦嫦（主編）：《心理腫瘤照護的實務與解析》，頁39-63。臺北：五南出版社。

鄭逸如、呂碧鴻、陳秀蓉、李宇芬、吳英璋、陳慶餘（2003）：〈壓力模式與壓力分析在家庭醫學部病人之應用：初探〉。《臺灣家庭醫學研究》，*1*，22-32。doi:10.29475/TFMR.200310.0003

蔡逸鈴、林耀盛（2016）：〈臨終處境現象：一位癌症末期患者的心理經驗〉。《應用心理研究》，*64*，173-223。doi:10.3966/156092512016060064006

Aho, K. A. (2016). Heidegger, ontological death, and the healing professions. *Medicine, Health Care and Philosophy, 19*(1), 55-63. doi:10.1007/s11019-015-9639-4

Alexander, P. (2004). An investigation of inpatient referrals to a clinical psychologist in a hospice. *European Journal of Cancer Care, 13*(1), 36-44. doi:10.1111/j.1365-2354.2003.00441.x

American Academy of Hospice and Palliative Medicine, Center to Advance Palliative Care, Hospice and Palliative Nurses Association, Last Acts Partnership, & National Hospice and Palliative Care Organization. (2004). National Consensus Project for Quality Palliative Care: Clinical Practice Guidelines for quality palliative care, executive summary. *Journal of Palliative Medicine, 7*(5), 611-627. doi:10.1089/jpm.2004.7.611

Ann-Yi, S., Bruera, E., Wu, J., Liu, D. D., Agosta, M., Williams, J. L., ... Carmack, C. L. (2018). Characteristics and outcomes of psychology referrals in a palliative care department. *Journal of Pain and Symptom Management, 56*, 344-351. doi:10.1016/j.jpainsymman.2018.05.022

Bauereiß, N., Obermaier, S., Özünal, S. E., & Baumeister, H. (2018). Effects of existential interventions on spiritual, psychological, and physical well-being in adult patients with cancer: Systematic review and meta-analysis of randomized controlled trials. *Psycho-oncology, 27*, 2531-2545. doi:10.1002/pon.4829

Bond, C., Lavy, V., & Wolldridge, R. (2008). *Palliative care toolkit: improving care from the roots up in resource-limited settings*. London: Help the Hospices.

Bovero, A., Leombruni, P., Miniotti, M., Rocca, G., & Torta, R. (2016). Spirituality, quality of life, psychological adjustment in terminal cancer patients in hospice. *European Journal of Cancer Care, 25*, 961-969. doi:10.1111/ecc.12360

Breitbart, W., Gibson, C., Poppito, S. R., & Berg, A. (2004). Psychotherapeutic interventions at the end of life: a focus on meaning and spirituality. *The Canadian Journal of Psychiatry, 49*, 366-372. doi:10.1177/070674370404900605

Bruner, J. S. (1986). *Actual minds, possible worlds*. MA: Harvard University Press.

Bruner, J. S. (1990). *Acts of meaning*. MA: Harvard University Press.

Campbell, W. H., & Rohrbaugh, R. M. (2013). *The biopsychosocial formulation manual: A guide for mental health professionals*. Oxfordshire: Routledge. doi:10.1080/09540260600942294

Carnevale, F. A. (2005). The palliation of dying: A Heideggerian analysis of the "technologization" of death. *Indo-Pacific Journal of Phenomenology, 5*(1), 1-12. doi:10.1080/20797222.2005.11433896

Carroll, B. (2001). A phenomenological exploration of the nature of spirituality and spiritual care. *Mortality, 6*(1), 81-98. doi:10.1080/13576270020028656

Cassell, E. J. (1982). The nature of suffering and the goals of medicine. *The New England Journal of Medicine, 306*, 639-645. doi:10.1056/NEJM198203183061104

Cassell, E. J. (1983). The relief of suffering. *Archives of Internal Medicine, 143*, 522-523. doi:10.1001/archinte.1983.00350030136022

Charmaz, K. (1983). Loss of self: a fundamental form of suffering in the chronically ill. *Sociology of Health & Illness, 5*(2), 168-195. doi:10.1111/1467-9566.ep10491512

Cherny, N. I., Fallon, M., Kaasa, S., Portenoy, R. K., & Currow, D. (2015). *Oxford textbook of palliative medicine* (5th ed.). Oxford: Oxford University Press. doi:10.1093/med/9780199656097.001.0001

Chochinov, H. M., Hack, T., Hassard, T., Kristjanson, L. J., McClement, S., & Harlos, M. (2005). Dignity therapy: A novel psychotherapeutic intervention for patients near the end of life. *Journal of Clinical Oncology, 23*, 5520-5525. doi:10.1200/JCO.2005.08.391

Chochinov, H. M., & McKeen, N. A. (2011). Dignity therapy. In M. Watson, & D. W. Kissane (Eds.), *Handbook of psychotherapy in cancer care* (pp.79-88). New Jersey: John Wiley & Sons. doi:10.1002/9780470975176.ch8

Connor, S. R., Lycan, J., & Schumacher, J. D. (2006). Involvement of psychologists in psychosocial aspects of hospice and end-of-life care. In J. L. Werth Jr., & D. Blevins (Eds.), *Psychosocial issues near the end of life: A resource for professional care providers* (pp.203-217). Washington, D. C.: American Psychological Association. doi:10.1037/11262-009

Daneault, S., Lussier, V., Mongeau, S., Paillé, P., Hudon, É., Dion, D., Yelle, L., & Chum. (2004). The nature of suffering and its relief in the terminally ill: a qualitative study. *Journal of Palliative Care, 20*(1), 7-11. doi:10.1177/082585970402000103

De Faye, B. J., Wilson, K. G., Chater, S., Viola, R. A., & Hall, P. (2006). Stress and coping with advanced cancer. *Palliative & Supportive Care, 4*, 239-249. doi:10.1017/S1478951506060317

Demkhosei, V. S., & Singh, S. D. (2018). The clinical roles of psychologists in end-of-life care: a new horizon in indian palliative care. *The Anatolian Journal of Family Medicine, 1*(2), 45-49. doi:10.5505/anatoljfm.2018.09797

Emanuel, L. L., & Librach, S. L. (2011). *Palliative care: Core skills and clinical competencies* (2nd ed.). Philadelphia: Saunders.

Engel, G. L. (1977). The need for a new medical model: a challenge for biomedicine. *Science, 196*(4286), 129-136. doi:10.1126/science.847460

Fan, S.-Y., Lin, W.-C., & Lin, I.-M. (2015). Psychosocial care and the role of clinical psychologists in palliative care. *American Journal of Hospice and Palliative Medicine, 32*, 861-868.

doi:10.1177/1049909114543492

Feifel, H. (1990). Psychology and death: Meaningful rediscovery. *American Psychologist, 45*, 537-543. doi:10.1037/0003-066X.45.4.537

Frank, A. (2002). *At the will of the body: Reflections on illness*. Boston: Houghton Mifflin Company.

Fulton, J. J., Newins, A. R., Porter, L. S., & Ramos, K. (2018). Psychotherapy targeting depression and anxiety for use in palliative care: a meta-analysis. *Journal of Palliative Medicine, 21*, 1024-1037. doi:10.1089/jpm.2017.0576

George, E., & Engel, L. (1980). The clinical application of the biopsychosocial model. *American Journal of Psychiatry, 137*, 535-544. doi:10.1176/ajp.137.5.535

Golijani-Moghaddam, N. (2014). Practitioner psychologists in palliative care: Past, present, and future directions. *Counselling Psychology Review, 29*(1), 29-40. doi:10.4172/2165-7386.1000e127

Greer, J. A., Traeger, L., Bemis, H., Solis, J., Hendriksen, E. S., Park, E. R., ... Safren, S. A. (2012). A pilot randomized controlled trial of brief cognitive-behavioral therapy for anxiety in patients with terminal cancer. *The Oncologist, 17*, 1337-1345. doi:10.1634/theoncologist.2012-0041

Haley, W. E., Larson, D. G., Kasl-Godley, J., Neimeyer, R. A., & Kwilosz, D. M. (2003). Roles for Psychologists in End-of-Life Care: Emerging Models of Practice. *Professional Psychology: Research and Practice, 34*, 626-633. doi:10.1037/0735-7028.34.6.626

Hatala, A. R. (2013). Towards a biopsychosocial-spiritual approach in health psychology: Exploring theoretical orientations and future directions. *Journal of Spirituality in Mental Health, 15*, 256-276. doi:10.1080/19349637.2013.776448

Heidegger, M. (1962). *Being and time* (J. Macquarrie & E. Robinson, Trans.). New York: Harper & Row. (Original work published 1927)

Hiatt, J. F. (1986). Spirituality, medicine, and healing. *Southern Medical Journal, 79*, 736-743. doi:10.1097/00007611-198606000-00022

Hinton, J. (1984). Coping with terminal illness. In R. Fitzpatrick, J. Hinton, S. Newman, G. Scambler, & J. Thompson (Eds.), *The experience of illness* (pp.227-245). London: Tavistock.

Houts, P. S., Harvey, H. A., Hartz, A. J., Bartholomew, M. J. Yasko, J. M., Kahn, S. B., ... Schelzel, G. W. (1988). Unmet needs of persons with cancer in Pennsylvania during the period of terminal care. *Cancer, 62*, 627-634. doi:10.1002/1097-0142(19880801)62:3<627::aid-cncr2820620331>3.0.co;2-1

Hui, D., De La Cruz, M., Mori, M., Parsons, H. A., Kwon, J. H., Torres-Vigil, I., ... Bruera, E. (2013). Concepts and definitions for "supportive care," "best supportive care," "palliative care," and "hospice care" in the published literature, dictionaries, and textbooks. *Supportive Care in Cancer: Official Journal of the Multinational Association of Supportive Care in Cancer, 21*(3), 659-685. doi:10.1007/s00520-012-1564-y

Hull, M. M. (1990). Sources of stress for hospice caregiving families. *The Hospice Journal, 6*(2), 29-54. doi:10.1080/0742-969X.1990.11882670

Jones, G., & Browning, M. (2009). Supporting cancer patients and their carers: the contribution of art therapy and clinical psychology. *International Journal of Palliative Nursing, 15*, 562-567.

doi:10.12968/ijpn.2009.15.11.45496

Kasl-Godley, J. E. (2010). Introduction to end-of-life care for mental health professionals. In S. H. Qualls, & J. E. Kasl-Godley (Eds.), *End-of-life issues, grief, and bereavement: Clinicians need to know* (pp.1-26). New Jersey: John Wiley & Sons.

Kasl-Godley, J. E., King, D. A., & Quill, T. E. (2014). Opportunities for psychologists in palliative care: Working with patients and families across the disease continuum. *American Psychologist, 69*, 364-376. doi:10.1037/a0036735

Kayali, T., & Iqbal, F. (2013). Depression as unhomelike being-in-the-world? Phenomenology's challenge to our understanding of illness. *Medicine, Health Care, and Philosophy, 16*(1), 31-39. doi:10.1007/s11019-012-9409-5

Kinzbrunner, B. M., Weinreb, N. J., & Policzer, J. S. (2002). *20 common problems in end-of-life care.* New York: McGraw-Hill Professional.

Kissane, D. W., McKenzie, M., Bloch, S., Moskowitz, C., McKenzie, D. P., & O'Neill, I. (2006). Family focused grief therapy: a randomized, controlled trial in palliative care and bereavement. *American Journal of Psychiatry, 163*, 1208-1218. doi:10.1176/appi.ajp.163.7.1208

Lazarus, R. S., & Folkman, S. (1984). *Stress, appraisal, and coping.* New York: Springer.

LeMay, K., & Wilson, K. G. (2008). Treatment of existential distress in life threatening illness: a review of manualized interventions. *Clinical Psychology Review, 28*, 472-493. doi:10.1016/j.cpr.2007.07.013

Lentz, R. J., & Ramsey, L. J. (1988). The psychologist consultant on the hospice team: One example of the model. *The Hospice Journal, 4*(2), 55-66. doi:10.1080/0742-969X.1988.11882621

Levy, M. H., Back, A., Benedetti, C., Billings, J. A., Block, S., Boston, B., ... Weinstein, S. M. (2009). NCCN clinical practice guidelines in oncology: palliative care. *Journal of the National Comprehensive Cancer Network, 7*, 436-473. doi:10.6004/jnccn.2009.0031

Li, M., Hales, S., & Rodin, G. (2010). Adjustment Disorders. In J. C. Holland, W. S. Breitbart, P. B. Jacobsen, M. J. Loscalzo, R. McCorkle, & P. N. Butow (Eds.), *Psycho-oncology* (pp. 303-310). Oxford: Oxford University Press. doi:10.1093/med/9780199363315.003.0036

Marwit, S. J. (1997). Professional psychology's role in hospice care. *Professional Psychology: Research and Practice, 28*, 457-463. doi:10.1037/0735-7028.28.5.457

Moos, R. H., & Holahan, C. J. (2007). Adaptive tasks and methods of coping with illness and disability. In E. Martz, & H. Livneh (Eds.), *Coping with chronic illness and disability* (pp. 107-126). New York: Springer. doi:10.1007/978-0-387-48670-3_6

Morasso, G., Capelli, M., Viterbori, P., Di Leo, S., Alberisio, A., Costantini, M., ... Henriquet, F. (1999). Psychological and symptom distress in terminal cancer patients with met and unmet needs. *Journal of Pain and Symptom Management, 17*, 402-409. doi:10.1016/S0885-3924(99)00034-2

Nydegger, R. (2008). Psychologists and hospice: Where we are and where we can be. *Professional Psychology: Research and Practice, 39*, 459-463. doi:10.1037/0735-7028.39.4.459

Okuyama, T., Akechi, T., Mackenzie, L., & Furukawa, T. A. (2017). Psychotherapy for depression among advanced, incurable cancer patients: a systematic review and meta-analysis. *Cancer Treatment Reviews, 56*, 16-27. doi:10.1016/j.ctrv.2017.03.012

Palmer, E., & Howarth, J. (2005). *Palliative care for the primary care team.* London: Quay Books.

Payne, S., & Haines, R. (2002). The contribution of psychologists to specialist palliative care. *International Journal of Palliative Nursing, 8*, 401-406. doi:10.12968/ijpn.2002.8.8.10684

Puchalski, C., Ferrell, B., Virani, R., Otis-Green, S., Baird, P., Bull, J., ... Sulmasy, D. (2009). Improving the quality of spiritual care as a dimension of palliative care: the report of the Consensus Conference. *Journal of Palliative Medicine, 12*, 885-904. doi:10.1089/jpm.2009.0142

Rodin, G., Lo, C., Rydall, A., Shnall, J., Malfitano, C., Chiu, A., ... Hales, S. (2018). Managing Cancer and Living Meaningfully (CALM): A randomized controlled trial of a psychological intervention for patients with advanced cancer. *Journal of Clinical Oncology, 36*, 2422-2432. doi:10.1200/JCO.2017.77.1097

Saracino, R. M., Rosenfeld, B., Breitbart, W., & Chochinov, H. M. (2019). Psychotherapy at the End of Life. *The American Journal of Bioethics, 19*(12), 19-28. doi:10.1080/15265161.2019.1674552

Schuyler, D., & Brescia, F. (2002). Psychotherapy of a patient with terminal cancer. *Primary Care Companion to the Journal of Clinical Psychiatry, 4*(3), 111-112. doi:10.4088/PCC.v04n0306

Sherwood, P., Given, B. A., Given, C. W., Champion, V. L., Doorenbos, A. Z., Azzouz, F., ... Monahan, P. O. (2005). A cognitive behavioral intervention for symptom management in patients with advanced cancer. *Oncology Nursing Forum, 32*, 1190-1198. doi:10.1188/05.ONF.1190-1198

Spring, B. (2007). Evidence-based practice in clinical psychology: What it is, why it matters; what you need to know. *Journal of Clinical Psychology, 63*, 611-631. doi:10.1002/jclp.20373

Sulmasy, D. P. (2002). A biopsychosocial-spiritual model for the care of patients at the end of life. *The Gerontologist, 42*(SpecIssue3), 24-33. doi:10.1093/geront/42.suppl_3.24

Suls, J., & Rothman, A. (2004). Evolution of the biopsychosocial model: prospects and challenges for health psychology. *Health Psychology, 23*(2), 119-125. doi:10.1037/0278-6133.23.2.119

Svenaeus, F. (2014). The phenomenology of suffering in medicine and bioethics. *Theoretical Medicine and Bioethics, 35*, 407-420. doi:10.1007/s11017-014-9315-3

Svenaeus, F. (2020). To die well: the phenomenology of suffering and end of life ethics. *Medicine, Health Care and Philosophy, 23*, 335-342. doi:10.1007/s11019-019-09914-6

Taylor, S. E. (2018). *Health psychology* (10th ed.). New York: McGraw-Hill Education.

Teo, I., Krishnan, A., & Lee, G. L. (2019). Psychosocial interventions for advanced cancer patients: A systematic review. *Psycho-oncology, 28*, 1394-1407. doi:10.1002/pon.5103

Teo, I., Tan, Y. P., Finkelstein, E. A., Yang, G. M., Pan, F. T., Lew, H., ... Cheung, Y. B. (2020). The Feasibility and Acceptability of a Cognitive Behavioral Therapy-Based Intervention for Patients with Advanced Colorectal Cancer. *Journal of Pain and Symptom Management, 60*, 1200-1207. doi:10.1016/j.jpainsymman.2020.06.016

Thomas L. (1977). Biomedical science and human health: the long-range prospect. *Daedalus, 106*(3), 163-171.

Van Manen, M. (2002). Care-as-worry, or "don't worry, be happy". *Qualitative Health Research, 12*, 262-278. doi:10.1177/104973202129119784

Wang, T., Molassiotis, A., Chung, B. P. M., & Tan, J. Y. (2018). Unmet care needs of advanced cancer patients and their informal caregivers: a systematic review. *BMC Palliative Care, 17*(1), 96. doi:10.1186/s12904-018-0346-9

Warth, M., Kessler, J., Koehler, F., Aguilar-Raab, C., Bardenheuer, H. J., & Ditzen, B. (2019). Brief psychosocial interventions improve quality of life of patients receiving palliative care: A systematic review and meta-analysis. *Palliative Medicine, 33*, 332-345. doi:10.1177/0269216318818011

Zhang, B., El-Jawahri, A., & Prigerson, H. G. (2006). Update on bereavement research: Evidence-based guidelines for the diagnosis and treatment of complicated bereavement. *Journal of Palliative Medicine, 9*, 1188-1203. doi:10.1089/jpm.2006.9.1188

國家圖書館出版品預行編目資料

中華心理學刊六十週年：創新與超越／姜定宇,
李思賢, 姜忠信, 趙軒甫, 林佳樺主編. --
初版. -- 臺北市：五南圖書出版股份有限公
司, 2021.12
　面；　公分
ISBN 978-626-317-350-7 (平裝)

1.心理學　2.期刊

170.5　　　　　　　　　　110018318

4B0C

中華心理學刊六十週年：
創新與超越

主　　編 ― 姜定宇、李思賢、姜忠信、趙軒甫、林佳樺

發 行 人 ― 楊榮川

總 經 理 ― 楊士清

總 編 輯 ― 楊秀麗

副總編輯 ― 王俐文

責任編輯 ― 金明芬

封面設計 ― 姚孝慈

出 版 者 ― 五南圖書出版股份有限公司

地　　址：106台北市大安區和平東路二段339號4樓

電　　話：(02)2705-5066　　傳　　真：(02)2706-6100

網　　址：https://www.wunan.com.tw

電子郵件：wunan@wunan.com.tw

劃撥帳號：01068953

戶　　名：五南圖書出版股份有限公司

法律顧問　林勝安律師事務所　林勝安律師

出版日期　2021年12月初版一刷

定　　價　新臺幣550元